国家"211工程"三期重点学科建设项目
"中国—东盟经贸合作与发展研究"资助
国家社会科学基金重大项目阶段性研究成果
广西高校人才小高地"泛北部湾区域经济合作研究创新团队"系列成果

黎 鹏◎著

产业协调与产业
功能区研究

广西大学中国—东盟研究院文库

人民出版社

总　序

阳国亮

　　正当中国与东盟各国形成稳定健康的战略伙伴关系之际,我校以经济学、经济管理、国际贸易等经济学科为基础,整合法学、政治学、公共管理学、文学、新闻学、外语、教育学、艺术等学科力量于 2005 年经广西壮族自治区政府批准成立了广西大学中国—东盟研究院。与此同时,又将"中国—东盟经贸合作与发展研究"作为"十一五"时期学校"211 工程"的重点学科来进行建设。这两项行动所要实现的目标,就是要加强中国与东盟合作研究,发挥广西大学智库的作用,为国家和地方的经济、政治、文化、社会建设服务并逐步形成具有鲜明区域特色的高水平的文科科研团队。几年来,围绕中国与东盟的合作关系及东盟各国的国别研究,研究院的学者和专家们投入了大量的精力并取得了丰硕的成果。为了使学者、专家们的智慧结晶得以在更广的范围展示并服务于社会,发挥其更大的作用,我们决定将其中的一些研究成果结集并以《广西大学中国—东盟研究院文库》的形式出版。同时,这也是我院中国—东盟关系研究和"211工程"建设成果的一种汇报和检阅的形式。

　　中国与东盟各国的关系研究是国际关系中区域国别关系的研究。这一研究无论对于国际经济与政治还是对我国对外开放和现代化建设都非常重要。广西在中国与东盟的关系中处于非常特殊的位置。特别是在广西的社会经济跨越发展中,中国与东盟关系的发展状况会给广西带来极大的影响。因此,中国与东盟及各国的关系是非常值得重视的研究课题。

　　中国与东盟各国的关系具有深厚的历史基础。古代中国与东南亚各国的经贸往来自春秋时期始已有两千多年的历史。由于中国与东南亚经贸关系的繁荣,秦汉时期的番禺(今广州)就已成为"珠玑、犀、玳瑁"等海外产品聚集的"都会"(《史记》卷69《货殖列传》)。自汉代以来,中经三国、两晋、南北朝至隋唐,中国与东南亚各国的商贸迅速发展。大约在开元初,唐朝在广州创设了"市舶使",作为专门负责管理对外贸易的官员;宋元时期鼓励海外贸易的政策促使中国与东南亚各国经贸往来出现了前所未有的繁荣;至明朝,郑和下西洋,加强了中国与东南亚各国的联系,把双方的商贸往来推向了新的高潮;自明代始,大批华人移居东南亚,带去了中国先进的生产工具和生产技术。尽管自明末清初,西方殖民者东来,中国几番海禁,16世纪开始,东南亚各国和地区相继沦为殖民地,至1840年中国也沦为半殖民地半封建社会,使中国与东南亚各国的经贸往来呈现复杂局面,但双方的贸易仍然在发展。二战以后,由于受世界格局的影响以及各国不同条件的制约,中国与东南亚各国的经济关系经历了曲折的历程。直到20世纪70年代,国际形势变化,东南亚各国开始调整其对华政策,中国与东南亚各国的国家关系逐渐实现正常化,经济关系得以迅速恢复和发展。20世纪80年代末期冷战结束至90年代初,国际和区域格局发生重大变化,中国与东南亚各国的关系出现了新的转折,双边经济关系进入全面合作与发展的新阶段。总之,中国与东盟各国合作关系历史由来已久,渊源深厚。

总序发展中国家区域经济合作浪潮的兴起和亚洲的觉醒是东盟得以建立起来的主要背景。20世纪60年代至70年代,发展中国家区域经济一体化第一次浪潮兴起,拉美和非洲国家涌现出中美共同市场、安第斯集团、加勒比共同市场等众多的区域经济一体化组织。20世纪90年代,发展中国家区域经济一体化浪潮再次兴起。在两次浪潮的推动下,发展中国家普遍意识到加强区域经济合作的必要性和紧迫性,只有实现区域经济一体化才能顺应经济全球化的世界趋势并减缓经济全球化带来的负面影响。亚洲各国正是在这一背景下觉醒并形成了亚洲意识。战前,亚洲是欧美的殖民地。战后,亚洲各国尽管已经独立但仍未能摆脱大国对亚洲地区事务的干涉和控制。20世纪50年代至60年代,亚洲各国民族主义的意识增强,已经显示出较强烈的政治自主意愿,要求自主处理地区事务,不受大国支配,努力维护本国的独立和主权。亚洲各国都意识到,要实现这种意愿,弱小国家必须组织起来协同合作,由此"亚洲主义"得以产生,东盟就是在东南亚国家这种意愿的推动下,经过艰难曲折的过程而建立起来的。

东盟是东南亚国家联盟的简称,在国际关系格局中具有重要的战略地位。东盟的战略地位首先是由其所具有的两大地理区位优势决定的:一是两洋的咽喉门户。东南亚处于太平洋与印度洋间的"十字路口",既是通向亚、非、欧三洲及大洋洲之间的必经之航道,又是南美洲与东亚国家之间物资、文化交流的海上门户。其中,每年世界上50%的船只通过马六甲海峡,这使得东南亚成为远东制海权的战略要地。二是欧亚大陆"岛链"重要组成部分。欧亚大陆有一条战略家非常重视的扼制亚欧国家进入太平洋的新月形的"岛链",北起朝鲜半岛,经日本列岛、琉球群岛、我国的台湾岛,连接菲律宾群岛、印度尼西亚群岛。东南亚是这条"岛链"的重要组成部分,是防卫东亚、南亚大陆的战略要地。其次,东盟的经济实力也决定了其战略地位。1999年4月30日,以柬埔寨加入东盟为标志,东盟已成为代表全部东南亚国家的区域经济合作组织。至此,东盟已拥有10个国家、448万平方公里土地、5亿人口、7370亿美元国内生产总值、7200亿美元外贸总额,其经济实力在国际上已是一支重要的战略力量。再次,东盟在国际关系中还具有重要的政治战略地位,东盟所处的亚太地区是世界大国多方力量交汇之处,中国、美国、俄罗斯、日本、印度等大国有着不同的政治、经济和安全利益追求。东盟的构建在亚太地区的国际政治关系中加入了新的因素,对于促进亚太地区国家特别是大国之间的磋商,制衡大国之间的关系,促进大国之间的合作具有极其重要的作用。

在保证了地区安全稳定、推进国家间的合作、增强了国际影响力的同时,东盟也面临一些问题。东盟各国在政治制度等方面存在较大差异,政治多元的状况会严重地影响到合作组织的凝聚力;大多数成员国经济结构相似,各国间的经济利益竞争也会直接影响到东盟纵向的发展进程。长期以来,东盟缺乏代表自身利益的大国核心,不但影响政治经济合作的基础,特别是在发生区域性危机时无法整合内部力量来抵御和克服,在外来不良势力来袭时会呈现群龙无首的状态,对于区域合作组织的抗风险能力的提高极为不利。因此,到区域外寻求稳定的、友好的战略合作伙伴是东盟推进发展要解决的必要而紧迫的问题。中国改革开放以来的发展及其所实行的外交政策,在1992年东亚金融危机中的表现,以及中国加入 WTO,使东盟不断加深了对中国的认识。随着中国与东盟各国的关系的不断改善和发展,进入新世纪后,中国与东盟进入区域经济合作的新阶段。

发展与东盟的战略伙伴关系是中国外交政策的重要组成部分。从地缘上看,东南亚是中国的南大门,是中国通向外部世界的海上通道;从国际政治上看,亚太地区是中、美、日三国的战略均衡区域,而东南亚是亚太地区的"大国",对中、美、日都具有极其重要的战略地位,是中国极为重要的地缘战略区域;从中国的发展战略要求看,东南亚作为中国的重要邻居是中国周边发展环境的一个重要组成部分,推进中国与东盟的关系,还可以有效防止该地区针对中国的军事同盟,是中国稳定周边战略不可缺少的一环;从经济发展的角度看,中国与东盟的合作对促进双方的贸易和投资,促进地区之间的协调发展具有极大的推动作用,同时,这一合作还是以区域经济一体化融入经济全球化的重要步骤。从中国的国际经济战略要求看,加强与东盟的联系直接关系到我国对外贸易世界通道的问题,预计在今后 15 年内,中国制造加工业产值将提高到世界第二位,中国与海外的交流日益增多,东南亚水域尤其是马六甲海峡是中国海上运输的生命线,因此,与东盟的合作具有保护中国与海外联系通道畅通的重要意义。总之,中国与东盟各国山水相连的地理纽带、源远流长的历史交往、共同发展的利益需求,形成了互相合作的坚实基础。经过时代风云变幻的考验,中国与东盟区域合作的关系不断走向成熟。东盟已成为中国外交的重要战略依托,中国也成为与东盟合作关系发展最快、最具活力的国家。

中国—东盟自由贸易区的建立是中国与东盟各国关系发展的里程碑。中国—东盟自由贸易区是一个具有较为严密的制度安排的区域一体化的经济合作形式,这些制度安排、涵盖面广、优惠度高。它涵盖了货物贸易、服务贸易和投资的自由化及知识产权等领域,在贸易与投资等方面实施便利化措施,在农业、信息及通信技术、人力资源开发、投资以及湄公河流域开发等五个方面开展优先合作。同时,中国与东盟的合作还要扩展到金融、旅游、工业、交通、电信、知识产权、中小企业、环境、生物技术、渔业、林业及林产品、矿业、能源及次区域开发等众多的经济领域。中国—东盟自由贸易区的建立既有助于东盟克服自身经济的脆弱性,提高其国际竞争力，又为我国对外经贸提供新的发展空间，对于双边经贸合作向深度和广度发展都具有重要的推动作用。中国—东盟自由贸易区拥有近18亿消费者，人口覆盖全球近30%；GDP近4万亿美元，占世界总额的10%；贸易总量2万亿美元，占世界总额的10%，还拥有全球约40%的外汇；这不仅大大提高了中国和东盟国家的国际地位，而且将对世界经济产生重大影响。

广西在中国—东盟合作关系中具有特殊的地位。广西和云南一样都处于中国与东盟国家的结合部，具有面向东盟开放合作的良好的区位条件。从面向东盟的地理位置看，桂越边界1020公里，海岸线1595公里，与东盟有一片海连接；从背靠国内的区域来看，广西位于西南和华南之间，东邻珠江三角洲和港澳地区，西毗西南经济圈，北靠中南经济腹地。这一独特的地理位置使广西成为我国陆地和海上连接东盟各国的一个"桥头堡"，是我国内陆走向东盟的重要交通枢纽。广西与东盟各国在经济结构和出口商品结构上具有互补性。广西从东盟国家进口的商品以木材、矿产品、农副产品等初级产品为主，而出口到东盟国家的主要为建材、轻纺产品、家用电器、生活日用品和成套机械设备等工业制成品。广西与东盟各国的经济技术合作具有很好的前景和很大的空间。广西南宁成为中国—东盟博览会永久承办地，泛北部湾经济合作与中国东盟"一轴两翼"区域经济新格局的构建为广西与东盟各国的合作提供了很好的平台。还有，广西与东南亚各国有很深的历史人文关系，广西的许多民族与东南亚多个民族有亲缘关系，如越南的主体民族越族与广西的京族是同一民族，越南的岱族、侬族与广西壮族是同一民族，泰国的主体民族泰族与广西的壮族有很深的历史文化的渊源关系，这些都是广西与东盟接轨的重要的人文优势。本世纪之初以来，广西成功地承办了自2004年以来每年一届的中国—东盟博览会和商务与投资峰会以及泛北部湾经济合作论坛、中国—东盟自由贸易区论坛、中越青年大联欢等活动，形成了中国—东盟合作"南宁渠道"，已经显示了广西在中国—东盟合作中的重要作用。总之，广西在中国—东盟关系发展中占有重要地位。在中国—东盟关系发展中发挥广西的作用，既是双边合作共进的迫切需要，对于推动广西的开放开发，加快广西的发展也具有十分重要的意义。

中国—东盟自由贸易区一建立就取得显著的效果。据统计，2010年

1—8月份,中国对东盟出口同比增幅达40%,对这一地区的出口额占我国出口总值的比重达8.9%。当然,这仅仅是一个良好的开端。要继续深化中国与东盟的合作,使这一合作更为成熟并达到全方位合作的实质性目标,还需要从战略上继续推进,在具体措施上继续努力。无论是总体战略推进还是具体措施的落实都需要理论思考、理论研究作底蕴进行运筹和决策。因此,不断深化中国与东盟及各国关系的研究就显得更加必要了。

加强对东盟及东盟各国的研究是国际区域经济和政治、文化研究学者的一项重要任务。东盟各国及其区域经济一体化的稳定和发展是我国构建良好的周边国际环境和关系的关键。东盟区域经济一体化的发展受到很多因素的制约。东盟各国经济贸易结构的雷同和产品的竞争,在意识形态、宗教历史、文化习俗、发展水平等方面的差异性,合作组织内部缺乏核心力量和危机共同应对机制等因素都会对区域经济一体化的进一步发展带来不利影响。要把握东盟各国及其区域经济一体化的走向,就要加强对东盟各国国别历史、现状、走向的研究,同时也要加强东盟区域经济一体化有利因素和制约因素的走向和趋势的研究。

如何处理我国与东盟各国关系的策略、战略也是需不断思考的重要问题。要从战略上发挥我国在与东盟关系的良性发展中的作用,形成中国—东盟双方共同努力的发展格局;要创新促进双边关系发展的机制体系;要进一步深化和完善作为中国—东盟合作主要平台和机制的中国—东盟自由贸易区,进一步分析中国—东盟自由贸易区的下一步发展趋势和内在要求,从地缘关系、产业特征、经济状况、相互优势等方面充实合作内容,创新合作形式,完善合作机制,拓展合作领域,全面地发挥其积极的作用。所有这些问题都要从战略思想到实施措施上展开全面的研究。

广西在中国—东盟关系发展中如何利用机遇、发挥作用需要从理论和实践的结合上不断深入研究。要在中国—东盟次区域合作中进一步明确广西的战略地位,在对接中国—东盟关系发展中特别是在中国—东盟自由贸易区的建设发展进程中,发挥广西的优势进一步打造好中国—东盟合作的"南宁渠道"。如何使"一轴两翼"的泛北部湾次区域合作的机制创新成为东盟各国的共识和行动,不仅要为中国—东盟关系发展创新形式,拓展领域,也要为广西的开放开发,抓住中国—东盟区域合作的机遇实现自身发展创造条件。如何在中国—东盟区域合作中不断推动北部湾的开放开发,形成热潮滚滚的态势,这些问题都需要不断地深化研究。

综上所述,中国与东盟各国的关系无论从历史现状还是发展趋势都是需要认真研究的重大课题。广西大学作为地处中国与东盟开放合作的前沿区域的"211工程"高校应当以这些研究为己任,应当在这些重大问题的研究上产生丰富的创新成果,为我国与东盟各国关系的发展,为广西在中国—东盟经济合作中发挥作用并使广西跨越发展作出贡献。

在中国与东盟各国关系不断发展的过程中,广西大学中国—东盟研究院的学者、专家们在中国—东盟各项双边关系的研究中进行了不懈地探索。学者、专家们背负着民族、国家的责任,怀揣着对中国—东盟合作发展的热情,积极投入到与中国—东盟各国合作发展相关的各种问题的研究中来。"梅花香自苦寒来,十年一剑宝鞘出。"历经多年的积淀与发展,研究院的组织构架日臻完善,团队建设渐趋成熟,形成了立足本土兼具国际视野的学术队伍。在学术上获得了一些喜人的成果,比较突出的有:取得了"CAFTA进程中我国周边省区产业政策协调与区域分工研究"与"中国—东盟区域经济一体化"两项国家级重大课题;围绕中国与东盟各国关系的历史、现状及其发展从经济、政治、文化、外交等各方面的合作以及广西和北部湾的开放开发等方面开展了大量的研究,形成了一大批研究论文和论著。这些成果为政府及各界了解中国—东盟关系的发展历史,了解东盟各国的文化,把握中国—东盟关系的发展进程提供了极好参考材料,为政府及各界在处理与东盟各国关系中的各项决策中发挥了咨询服务的作用。

这次以《广西大学中国—东盟研究院文库》的形式出版的论著仅仅是学者、专家们的研究成果中的一部分。《文库》的顺利出版,是广西大学中国—东盟研究院的学者们在国家"211工程"建设背景下,通过日夜的不辞辛苦、锲而不舍的研究共同努力所取得的一项重大的成果。《文库》的作者中有一批青年学者,是中国—东盟关系研究的新兴力量,尤为引人注目。青年学者群体是广西大学中国—东盟研究院未来发展的重要战略资源。青年兴则学术兴,青年强则研究强。多年来,广西大学中国—东盟研究院着力于培养优秀拔尖人才和中青年骨干学者,从学习、工作、政策、环境等各方面创造条件,为青年学者的健康成长搭建舞台。同时,众多青年学者们也树立了追求卓越的信念，他们在实践中学会成长，正确对待成长中的困难，不断走向成熟。"多情唯有是春草，年年新绿满芳洲。"学术生涯是一条平凡而又艰难、寂寞而又崎岖的道路，没有鲜花，没有掌声，更多的倒是崇山峻岭、荆棘丛生。但学术又是每一个国家发展建设中不可缺少的，正如水与空气之于人类。整个人类历史文化长河源远流长，其中也包括着一代又一代学者薪火相传的辛勤劳绩。愿研究院的青年学者们，以及所有真正有志献身于学术的人们，都能像春草那样年复一年以自己的新绿铺满大地、装点国家壮丽锦绣的河山。

当前，国际政治经济格局加速调整，亚洲发展孕育着重大机遇。中国同东盟国家的前途命运日益紧密地联系在一起。在新形势下，巩固和加强中国—东盟战略伙伴关系，不断地推进和发展中国—东盟自由贸易区的健康发展是中国与东盟国家的共同要求和共同愿望。广西大学中国—东盟研究院将会继续组织和推进中国与东盟各国关系的研究，从区域经济学的视角出发，采取基础研究与应用研究相结合、专题研究与整体研究相结合的方法，紧密结合当前实际，对中国—东盟自由贸易区建设这一重大战略问题进行全面、深入、系统的思考。在深入研究的基础上提出具有前瞻性、科学性、可行性的对策建议，为政府提供决策咨询，为相关企业提供贸易投资参考。随着研究的深入，我们会陆续将研究成果分批结集出版，以便使《广西大学中国—东盟研究院文库》成为反映我院中国—东盟各国及其关系研究成果的一个重要窗口，同时也希望能为了解东盟、认识东盟、研究东盟、走进东盟的人们提供有益的参考与借鉴。由于时间太紧，本文库错误之处在所难免，敬请各位学者、专家及广大读者不吝赐教，批评指正。

是为序。

（作者系广西大学中国—东盟研究院院长）

2011 年 1 月 11 日

目　录

图表目录

随着区域经济一体化的发展,我国周边省区作为中国-东盟自由贸易区的前沿地带,基于开放条件的大背景,对我国周边省区之间以及省区和东盟之间的产业动态协调发展和功能区合理布局进行研究是一项重要的议题。在区域经济一体化不断向前发展、CAFTA进程发展顺利、产业发展不断趋于区域化的背景下进行的研究,对我国周边省区的产业协调发展具有重要意义。作为导论部分,本章对整个课题的研究内容进行了精炼的概括和介绍,如第一节介绍了具体的研究背景、现实研究价值和研究意义,第二节重点介绍了本课题的研究思、研究框架和研究内容,第三节介绍了动态分析和静态分析相结合、定性分析与定量分析相结合、理论研究与实证研究相结合等具体的研究方法和技术路线,第四节则介绍了本课题的研究重点、难点和主要创新点。

第 *1* 章
导　论

1.1　选题背景与意义

　　随着区域经济一体化的发展,我国周边省区作为中国—东盟自由贸易区的前沿地带,基于开放条件的大背景,对我国周边省区之间以及省区和东盟之间的产业动态协调发展和功能区合理布局进行研究是一项重要的议题。在区域经济一体化不断向前发展、CAFTA进程发展顺利、产业发展不断趋于区域化的背景下进行的研究,对我国周边省区的产业协调发展具有重要意义。

1.1.1　选题背景

一、世界及中国的区域经济一体化发展

　　现在,经济全球化、区域化的发展趋势不可逆转,任何一个国家或地区的经济发展要获得更大的进步,都不可能置身于世界经济联系之外,不可避免的会受到外部经济关系的制约和影响。都必须扩大开放程度,加强与其他国家和地区的合作,积极参与国际和国内两个市场的分工与合作。一国范围内的区际合作是参与世界范围内的区域合作的基础,而世界范围内的区域合作是一国范围内的区际合作发展到一定程度的必然结果。两者的内涵本质和特征形式都是一样的,只是生产要素的移动和优化组合的范围大小不同而已。无论是国际上还是国内的区域经济合作,都将促进国际分工体系的不断发展和完善,并促进全球资源配置的进一步优化,从而推动经济的全球化向纵深方向发展。

　　近年来,区域贸易安排(RTA)已经成为各国协调贸易政策的主要力量。按照成员国之间的贸易自由化程度由低到高,区域经贸合作一般包括优惠贸易安排、自由贸易区、关税同盟、共同市场、经济同盟和完全经济一体化这六种形式。六种形式都是对成员国和非成员国实施差别待遇,但是不同的地方在于区内的贸易自由化程度不同。

　　随着RTA的迅速发展,也出现了一些新的特征。首先是RTA对成员国的选择不再局限于地理位置相近的国家,二是RTA的合作内容已

从货物贸易的自由化发展到服务贸易、投资和知识产权等领域进行全面的经济合作。三是 RTA 谈判活动的中心也在发生变化，亚太地区正在成为 RTA 新的主导力量。四是 RTA 的迅速发展导致了大量的重叠型 RTA，即某一个 RTA 的成员国各自又与其他的非成员国建立新的 RTA，形成全球性错综复杂的 RTA 网络，也使得 RTA 发展成为一种新的国际竞争态势。

虽然中国参与区域经济一体化的进程比较晚，但是发展速度比较快。2005 年 10 月，《中共中央关于制定国民经济和社会发展第十一个五年规划的建议》指出，"中国将积极参与多边贸易谈判，推动区域和双边经济合作，促进全球贸易和投资自由化便利化。" RTA 已经成为中国对外经济政策的一个重要组成部分。

在 RTA 的实践中，中国也非常重视 RTA 的政治经济效应。对 RTA 的谈判对象进行选择时考虑的因素通常包括以下方面：一是双方的政治和外交关系良好。二是双方的产业和进出口产品的结构互补性较强，实行自由贸易不会给关系到中国国计民生的产业带来严重冲击。三是对方国家或地区具有一定的市场规模和贸易辐射作用，使所建立的 RTA 能实现较好的经济利益。四是双方均具有建立 RTA 的共同愿望。

二、中国—东盟自由贸易区的建立

中国—东盟自由贸易区是在东盟自由贸易区基础上建立的。CAFTA 构想始于 1999 年第三次 10+1 会议（中国和东盟领导人会议）。当时的东盟刚从亚洲金融危机中缓过气来，急需通过地区经济合作来抵御外来风险，中国在亚洲金融危机中坚持人民币不贬值，减弱了金融危机冲击的同时，也树立了负责任的大国形象。东盟国家普遍希望中国可以在地区经济合作发展中发挥更大的作用，也催生了中国与东盟加强经济合作的想法。考虑到东盟自贸区将于 2002 年启动，为了扩大双方的经贸往来，中国领导人适时提出愿意加强与东盟自贸区的联系，也得到了东盟国家的积极回应。从表 1-1 中我们可以清楚地看到 CAFTA 的谈判和实施过程。

表 1-1　CAFTA 谈判及实施进程

时间	事件
2000 年 11 月	中国领导人提出建议
2001 年 3 月 28 日	成立中国—东盟经济合作专家组,进行可行性研究
2001 年 11 月	双方领导人达成共识,将在十年内建立中国—东盟自贸区
2002 年 5 月 14 日	启动谈判
2002 年 11 月 4 日	签署《中国—东盟全面经济合作框架协议》
2004 年 1 月 1 日	早期收获产品实施关税削减
2004 年 11 月 29 日	签署《框架协议货物贸易协议》、《框架协议争端解决机制协议》
2005 年 7 月 1 日	正常产品实施关税削减
2007 年 1 月 14 日	签署《框架协议服务贸易协议》
2010 年 1 月 1 日	CAFTA 建成

三、产业发展的国际化和区域化趋势

在经济全球化和区域化发展的时代,一个最主要的特征就是产业发展的国际化,在研究国内周边四个省区的经济关系和产业关系时,不能在封闭的环境中研究,而必须与国际接轨,将四个省区的分工和贸易与国际分工和贸易相联系,有意识的将四个省区的经济发展在一定程度上纳入到 CAFTA 整体框架下的相应国际产业分工体系中来,充分利用各个省区的比较优势,逐步完成国际的产业转移和升级。中国的四个省区参与区域经济一体化发展进程,省区作为国家主权内的区域,从理论上来说不存在国家权利的让渡。在这种情况下,如何推进跨国和跨地区的产业区域分工与合作,这是一个比较紧迫的研究课题。

广东、广西、海南、云南作为东盟的近邻,地势因素上都拥有相近的优越性,特别是广西和云南,直接与东盟的越南、老挝和缅甸接壤,是中国—东盟开放的门户。自由贸易区的建立使这些地区的区位优势显现了出来,使其呈现出一种崭新的经济发展格局,并成为我国对外开放以及发展各种与东盟经济联系的活跃地带。但是在各省际间的产业发展中,也出现了一些事与愿违的问题,比如地方政府为了追求地方利益最大化目标,大都热衷于投资高附加值、利润大或者有优惠政策的产业,但是这些产业可能只有短期利益，或者不符合该地区在区域分工中的合理地位与角色。可能会造成盲目投资和低水平的重复建设，造成许多产业结构趋同问题。致使消耗了资源产业却没有发展起来，国际分工中的地位也无法得到改善。

1.1.2 选题意义

随着《中国—东盟自由贸易区框架协议》的签订，我国周边省区与东盟国家之间的经贸、旅游等往来也日益增长。CAFTA 建设的进程，也决定了本课题所研究的区域分工和布局不是单纯的国内分工和布局，而是国际产业发展和贸易影响下的区域分工和布局、甚至是国际产业分工的延伸。因此，探讨中国周边省区区域产业的协调动态发展与区域产业功能区布局有着重大的意义。本课题的研究内容将阐明周边省区的区域分工发生机制、实施准则，以及各个省区的主导产业，省区间和产业间的动态协调以及产业功能区的布局，阐明其产业政策和贸易政策协调的依据和推动因素。

一、现实层面

从现实情况来看，我国周边省区的经济发展水平参差不齐，与东盟多数国家接近，产业结构也非常相似。如果将这一层次的经贸与产业合作深入到地区层面，其合作前景将更加广阔。但是周边省区在资源禀赋、产业结构和生产能力方面各有所长，并形成了一定的产业分工格局，因而在贸易结构方面具有较强的竞争性；特别是以自然资源禀赋形成的专业化分工比重较大，这些资源在各地区均有出口机会。而且，在不合理的区域分工格局下，各区域利益主体独立选择自身利益最大化行为，不可避免的放大了整个区域分工贸易格局的不合理性，从而有可能导致区域间矛盾的深化。为此，广东、福建、广西、云南等省区今后在产业发展方面不仅需要做好国内政策协调，更需要进一步加强与东盟国家的整体合作力度。

此外，目前我国部分省区往往还处在"单打"状态。如果构建出一个能将生产和贸易紧密相连的区域生产—贸易链，并对两者的紧密结合关系做出制度上和法律上的规定，使其具有约束性和稳定性，才能使整个链条上的生产贸易活动自然成链，浑然一体，由此形成区域内生产贸易互动、协调、健康发展的局面，同时可以更有利地培育区域内各地在生产和贸易方面的国际竞争力。如何协调他们之间的产业政策,建立起先进的各省区协调发展的产业链,增加相对优势就成为亟待研究的课题。

二、理论层面

产业结构调整涉及生产要素在各产业部门之间的比例构成及其相互依存、相互制约的变动联系。产业结构调整将通过各种有形物质资源的流动,使经济布局更合理,经济结构得以优化。针对中国—东盟自由贸易区的全新视角,具体分析在这一发展环境下影响周边省区产业结构变化的内部因素和外部环境。重点考察四省区产业结构尤其是产业发展的现状及其变化,研究开放经济条件下四省区产业结构演进的新特点,分析CAFTA进程对四省区产业动态协调发展的作用机制和效应;提出开放条件下区域产业的动态协调发展与产业功能区布局的途径与对策。

三、实践层面

在经济全球化日益加强,特别是CAFTA进程不断推进的过程中,广东、广西、海南、云南等省区的经济往来密切,经济关联度不断提高。周边省区的产业发展环境将产生很大的变化,应对日益开放的外部环境、面向CAFTA的推进和建成,周边省区产业发展的整体筹划、动态协调、合理分工、互补共赢,形成合理的产业功能分区、建立必要的新产业区,构建合理的产业功能区布局体系,保障周边省区产业的动态协调与共赢式和谐发展,具有非常重要的实践意义。

1.2 研究框架和主要内容

1.2.1 研究框架

本课题结合产业经济学、国际经济学、政治经济学等学科理论,对中国周边省区区域产业的动态协调发展和功能区布局进行了深入探讨,具体框架见图1-1。

第一部分是理论支撑部分,主要对国内外学者关于产业动态协调发展和产业功能区布局以及相应的政策建议等研究方法和观点进行了梳理,为本课题的研究提供理论借鉴和学术准备。并在此基础上对区际产

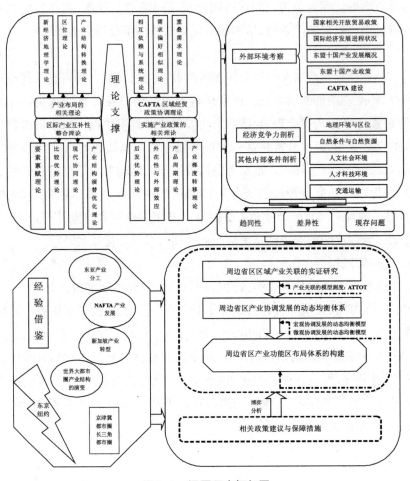

图 1-1 课题研究框架图

业互补性整合理论,新经济地理学理论、区位理论、产业梯度转移理论等比较成熟的相关理论进行了深入的探讨和分析,为课题研究提供理论支撑,本部分内容由第二章和第三章两个章节组成。

第二部分是现状考察和经验借鉴,该部分主要对中国周边省区的内部条件和外部环境分别进行了考察,在此基础上进一步探寻其区域产业发展的趋同性、差异性和现存问题。同时又对国内外地区产业协调发展的地区区域进行分析,为我国周边省区区域产业的协调发展提供借鉴。该部分主要由第四章、第五章、第六章组成。

第三部分重点对中国周边四省区的产业发展进行关联、动态协调分析。首先通过应用投入产出模型对中国周边省区内部及与东盟各国之间产业的发展进行实证分析,在此基础上,创新性的以宏观协调发展的动态均衡模型和微观协调发展的动态均衡模型构筑了区域产业协调发展的动态均衡体系。本部分主要由第七章、第八章组成。

第四部分是中国周边四省区产业功能区布局。首先分析了影响区域产业功能区布局的因素及政府行为对产业布局的影响,并在前文综合分析的基础上构筑了中国周边四省区产业协调发展的功能区布局体系。本部分主要由第九章组成。

第五部分是中国周边省区产业动态协调发展与产业功能区布局的政策建议。该部分主要由第十章组成。

1.2.2 本课题的主要内容

一、中国周边四省区产业发展的现状考察及趋同性、差异性、现存问题分析

文章对中国周边省区的内部条件和外部环境分别进行了考察,同时进行了趋同性、差异性及现存问题分析。

1. 内部条件的剖析

主要分为经济竞争力和其他内部条件剖析两方面,分别对周边四个省区的发展情况尤其是对产业发展具有促进作用的经济情况进行了深入分析,其他内部条件则主要包括地理环境与区位、自然条件与自然资源、人文社会环境、人才科技环境、交通运输等,也分别对四个省区的这些情况进行了考察,结果表明各省在资源禀赋、经济竞争实力等方面有各自的优势和不足。

2. 外部环境考察

外部环境考察则主要从下面五个方面进行考察:一是国家相关开放贸易政策对中国周边省区产业发展的影响;二是从国际经济发展进程状况的角度来分析对周边省区产业造成的影响;三是通过考察东盟十国的产业发展情况来分析对周边省区产业发展的影响;四是通过对东盟国家的产业政策进行分析;分别指出对四个省区的产业发展造成的影响,五是CAFTA进程的发展对四个省区的产业发展分别造成的影响进行分析。

3. 趋同性、差异性及现存问题分析

通过对内部条件进行剖析和对相关外部环境进行考察,最终探寻中国周边省区产业发展的趋同性、差异性与现存问题。本课题采用产业结构相似系数对四个省区的产业结构趋同性进行分析,并对造成这种结构趋同的原因进行剖析。虽然四个省区的产业结构存在一定的相似性,主导产业也有很多重叠的地方,但是四省区的产业发展由于地域分异性、经济基础差异不同而使得其产业发展也有很大的差异性。我们又主要从经济增长、人口与就业情况、财税收入支出情况、农业发展情况、工业与固定资产投资、贸易情况、交通、邮电、旅游产业以及金融业发展情况、能源消耗情况等角度对四个省区的经济基础进行了差异对比分析。并分析了现在存在的主要问题,提出相应的对策建议。

二、国内外产业结构协调发展的经验借鉴

通过分析国内外产业协调发展的成功经验,为我国周边省区区域产业的协调发展提供一定的借鉴意义。主要内容涉及国外大都市圈的产业发展和结构演变,NAFTA 对墨西哥产业结构的影响,东亚的产业分工,新加坡的产业转型,以及国内的主要经济区域产业合作等方面的情况,并分别总结其对我国周边省区产业发展和协调的启示作用和经验借鉴。

1. 国外大都市圈

国外大都市圈主要介绍了东京和纽约的相关经验,它们在城市的发展进程中,产业结构也不断地在进行调整和改进。东京都市圈形成了比较明显的区域分工与合作,这主要得益于日本的国家政策导向。从纽约都市圈的产业发展历程来看,这是一个比较典型的由制造业逐步转向服务业的产业结构升级模式,它的发展速度和进程以及发展的经验都值得我们好好学习和借鉴。从国外大都市圈的产业发展经验来看,我们认为我国周边省区应当打破行政界限,加强政府的合作,并形成合理的产业布局,对于主导产业的选择和转换也要遵循一定的规律并和实际情况相结合。

2. 北美自由贸易区

北美自由贸易区的经验也是值得我们借鉴的,尤其是 NAFTA 对墨西哥的产业结构影响,NAFTA 的建立对墨西哥的产业造成了比较深远的影响,不仅加强了美国和墨西哥之间的生产加工一体化,墨西哥的工业重心也逐步由中部向西北部和北部进行转移,尤其是对农业的影响,更值得我们吸取其教训。我们认为应当扬长避短来发展我国周边四个省区的产业,选择合适的外贸主导产业,优化产业结构,对一些缺乏竞争力的产业要采取循序渐进的原则,并且也不能对东盟国家过分依赖,要掌握美日欧等大市场份额。

3. 东亚的"雁行模式"发展特点

东亚的"雁行模式"发展特点以及随着东亚各经济体的发展和赶超,也使东亚的"雁行模式"发生了一些新的变化,主要表现为日本的雁首效应减弱,中国的产业影响力在增强,我们周边省区同样也要适时的进行产业结构调整,主动承接相应的产业转移,提高周边省区在产业分工中的地位,尤其要改变、转换和增加政府在产业发展过程中的职能和作用。

三、中国周边四省区区域产业协调发展的动态均衡体系及功能区布局体系的构建

首先应用投入产出模型对中国周边省区内部及与东盟各国之间进行产业进行实证分析,在此基础上,构建区域产业协调发展的动态均衡整合框架,创新性的以宏观协调发展的动态均衡模型、微观协调发展的动态均衡模型构筑区域产业协调发展的动态均衡体系。

其宏观层面上的实证结果显示:中国周边四省区第一产业的发展差距逐渐缩小并趋于协调发展,而第二、第三产业发展得相对不协调,有多极分化的现状产生,且若干年的 Kernel 函数动态演进图显示我国区域产业发展中若干发达城市如深圳、广州等地一直处于产业发达区域,而广西、云南等大部分地级及以上城市一直都处于产业发展较落后区域,有一定的固化性,但是大部分非发达地区间产业的发展正在趋于协调,同时,也揭示了中国周边四省区产业的发展速度还没有达到最理想的超越式快速发展。在微观层面上的实证结果表明:

三大产业中五大主体行业两省之间的协调性排名中,海南、广西获得建筑业、工业、批发零售贸易、餐饮业中两省之间协调指数的第一名,广西、广东则在农林牧渔业上得第一,云南广在交通运输、仓储及邮电通信业上获第一;而在三省之间协调指数排名中,海南、广西、广东在农林牧渔业、工业、交通运输、仓储及邮电通信业上得第一,海南、云南、广西在建筑业上得第一,而海南、云南、广东则在批发零售贸易、餐饮业发展方面获第一。而在深入探讨工业中29大细分产业的发展状况时,基于产业高级化

的综合得分,用四分位法将 29 大细分产业划分为:弱势型产业、待发展型产业、潜力型产业及优势型产业四类。在此基础上,进一步探讨 29 大细分行业在四省区间的协调性,其中,包括子协调关系和整体协调关系,前者主要指两省之间的协调和三省之间的协调关系,后者则指四省区之间整体的协调关系,同时都得出了其协调排名。此外,为更深入精确探讨四省区之间细分行业的协调动态趋势,在结论分析三中将 29 大细分行业的四省区协调趋势以图示展示,并结合平均协调指数,将 29 大细分的协调程度划分为:(1)协调较好,适当调节;(2)协调较弱,加强重视;(3)不协调,高度重视。

基于以上区域协调发展的动态均衡体系,同时综合考察整个区域产业的发展现状及内外因素影响,成功构建了区域产业协调发展的功能区布局体系。

四、政策协调与发展对策

通过对产业政策的效果进行博弈分析,即选取地方政府区域分工背景下的产业政策竞争模型,来分析区域分工背景下的地区产业政策协调问题,得出各个省区应当进行产业政策的协调与合作,才能更好地发展周边省区的产业这个结论。提出区域主导产业发展和区域产业布局的一般性对策建议,然后针对我国周边四个省区分别提出具体的产业政策以及产业协调政策的建议。提出我国区域产业政策的新选择,周边省区产业政策协调的目标,以及四个省区的主导产业发展政策建议、产业功能区布局政策建议和产业协调发展政策建议等。

1.3 研究方法与技术路线

1.3.1 研究方法

根据已有的研究和本课题的总体思路,本课题将以理论联系实际为基本研究方法,将理论研究与实证分析结合进行研究。

一、动态分析和静态分析相结合的方法

本课题以开放条件下的区域产业动态协调发展和产业功能区布局为

研究对象。"动态协调发展"需要在动态的过程中进行考察,这样才能科学的分析广东、广西、海南、云南的区域产业协调,以及相应的产业政策和贸易政策协调。因此,应当采用动态分析和静态分析相结合的方法,使用时间序列的数据建立相关模型来分析四个省区的产业结构变化以及产业协调状况。产业布局在静态上表现为形成产业的各部门、要素和链节在空间上的分布和地域上的组合,在动态上表现为各种资源和生产要素甚至是企业和产业为了选择最佳区位而进行配置和再配置的过程,即在空间地域上的流动、转移或者重新组合。因此也需要使用动态分析和静态分析相结合的方法进行研究。

二、定性分析和定量分析相结合的方法

在对四个省区的区域产业动态协调发展和功能区布局以及相应产业政策协调进行分析和研究的过程中,在使用实证分析方法进行客观描述时,需要进行定量分析,否则很难描述和把握区域产业的动态协调发展以及区域产业分工和产业政策协调的运动规律。从规范分析方法来看,理性判断区域产业分工与产业政策和贸易政策协调过程中的相互联系和相互作用时,需要进行定性分析。定性分析是定量分析的基础,定量分析是定性分析的升华,二者相辅相成,结合使用定性和定量分析可以取得更好的效果。当然,这也是本课题研究方法的一个难点。在对广东、广西、海南、云南的区域产业动态协调和主导产业的发展以及产业政策的总体进行定性分析得到一个感性认识之后,通过对历年具体的数据进行详尽分析后,得到更细致的分工和产业结构以及产业协调状况,探讨四个省区之间实施的产业政策,进行产业政策协调的具体政策指导和实施依据,力求得到科学、全面的分析结果。

三、理论研究与实证研究相结合的方法

通过理论研究与一般逻辑推理分析,取得正确的理论与方法论思想是完成本课题研究的关键性基础。有效的实证研究的深化、验证理论研究,是指导具体实践、取得有效应用的关键性保证。课题涉及的实证研究主要使用的方法有投入产出模型、动态协调模型等。

四、多学科综合分析与研究的方法

本课题虽然研究的是开放条件下周边省区的产业动态协调发展和产业功能区布局问题,但是研究的对象所涉及的面比较广,需综合运用区域经济学、政治经济学、制度经济学、经济地理学、国际经济学、产业经济学、国际金融学、财政学以及博弈论等学科的理论、思维与方法手段,来实施项目的具体研究工作。

五、理论分析与理论推进的研究方法

"开放条件下区域产业的动态协调发展与产业功能区布局研究"需要建立在已有的研究基础上,对相关的理论与知识进行理论分析与理论推理。本课题也对相应的产业理论进行了研究和借鉴使用。

1.3.2 技术路线

本课题的技术路线如图1-2所示:

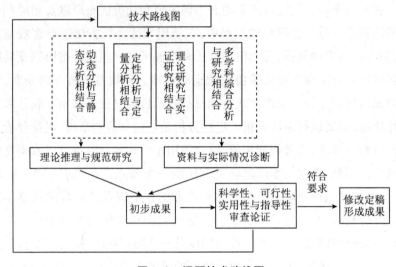

图1-2 课题技术路线图

1.4 研究的重点、难点及主要创新点

1.4.1 本课题研究的重点、难点

本课题研究的是开放条件下的区域产业动态协调与功能区布局问题,研究的重点包括对我国周边四个省区产业发展的内部条件和外部环

境进行考察,分析四个省区的产业发展异同性及存在的问题,以及对周边省区内部与东盟的产业关联进行模型测度,进而对区域产业协调发展的动态均衡体系的构建和对最优化的区域产业功能区布局的分析研究。

研究的难点主要是对区域产业关联进行的实证研究,以及区域产业协调发展的动态均衡体系的构建,尤其是动态均衡体系又主要从宏观和微观两个层面来进行分析和测度,需要对数据进行横向和纵向的搜集和分析,并根据相应的实证分析得出的结果,结合四省区产业发展的内外部条件,最终构筑中国周边省区区域产业协调发展的功能区布局体系,并提出合理的可行性政策建议。

1.4.2 本课题的主要创新点

本课题的主要创新之处包括三个方面,一是对产业的关联性进行模型测度,本课题不仅研究四个省区之间的产业关系,还研究四个省区和东盟的关系,通过对其产业进行投入产出分析,得出区域产业的关联情况。二是创新性的构建区域产业宏观协调发展的动态均衡理论模型和微观协调发展的动态均衡理论模型,在此基础上分别进行实证分析,构筑区域产业协调发展的动态均衡体系。三是根据模型测度出的各省区具有比较优势的产业,形成各省区的主导产业以及产业的合理布局,并针对四个省区提出产业协调发展的具体政策建议。

本章主要对开放条件下区域产业的动态协调发展与产业功能区布局的相关研究文献进行整理和总结，本章主要从六个方面的文献资料进行了归纳，即区域产业动态协调发展、产业功能区布局、产业分工、主导产业的选择、周边省区区域经济竞争力和产业发展、产业协调与功能分区相关的政策这六个方面。从目前的相关研究现状看，学者们对区域产业发展方面的研究比较多，从19世纪起就有西方学者开始涉及相关产业分工和布局方面的研究。而且国内外的学者也针对贸易自由化对产业的发展及相应的对策提出了自己的观点，但是大部分研究还停留在对经验成果的介绍或者事实性的分析以及理论层面上的分析居多，具有实践指导意义的文献比较少，针对四个省区的具体实际情况，在有限的资源条件下，如何进行有效的协调发展并对产业进行合理的布局，以及发展过程中如何制定相应的产业政策和针对东盟的出口贸易政策，需要形成一套实用的理论与实践工具，并形成可行性的政策建议。

第 2 章
文献综述

2.1 关于区域产业动态协调发展的研究综述

2.1.1 关于产业协调的文献综述

产业动态协调发展对于区域经济的协调发展有重要作用,国内外的很多学者有的在某个区域经济的范围内研究产业的协调发展,有的是以整个宏观经济为背景来研究产业的协调发展。

国外的学者对产业协调发展尤其是产业集聚方面的原因和产业集群与经济的相互作用和效应做了比较深入的研究。Henderson（1986）认为产业集聚在一起,可以分享公共服务、基础设施和其他组织机构的产品,能够很好地发挥各组织产品的规模效应。所以,集聚可以细化分工,又可以创造规模效应,自然有利于经济的增长。[1] Audretsch & Feldman（1996）认为产业集聚不但对企业创新有促进作用,而且还能形成新的创新模式,即集群式创新。所以产业集群可以加速技术进步,为经济增长提供动力。[2] Leo, Braun, Winden(2001)通过实证研究,发现产业集群对类似城市或者更小的区域内的经济发展可以发挥决定性作用。在城市经济发展中,产业集群发挥了重要作用。[3] Dayasindhu(2002)以印度的软件业为例,对产业群的全球竞争的持续性和组织系统进行了探索。[4] Airriess（2001）研究了新加坡港成为一个跨国公司的动因,那就是积极响应跨国公司全球生产战略,实施空间集聚与扩散对策。[5] Itsutomo MITSUI(2003)

---

① Hendecson, J. V. *Efficiency of Resource Usage and City Size*, Journal of Urban Economics, 1986.

② Audxetsch, D. B. and Feldman, M. P. , *R&D Spilloves and The Geography of Innovation and Production*, American Economics Review, 1996.

③ Wan den Berg. L, Braun. E. and van Winden. W. *Growth Clusters in European Cities*; *An Integral Approach*, Urban Studies, 2001.

④ N. Dayasindhu, Embeddedness, Knowledge Transfer, *Industry Clusters and Global Competitiveness*: *A Case Study of the Indian Software Industry*, Technovation, 2002.

⑤ Airriess CA. *Regional Production, Information - Communication Technology, and the Developmental State*; *the Rise of Singapore as a Global Container Hub*, Geoforum, 2001.

对全球化背景下的东西方产业进行了比较,主要分析了产业集聚政策和区域发展的不同。①

国内的学者有的从不同的理论出发来论证产业协调发展的重要性,有的也分析了产业发展中的问题并提出自己的建议。周肇光(2006)从另一个全新的视角来研究马克思的产业协调思想,从更深层次上揭示社会生产协调发展的内在规律,这对研究中国新时期的产业协调发展都有重要的现实意义。② 苏明吾(2002)分析了产业政策作用的局限性,也指出政府行为在市场经济中的有限性,并在此基础上提出了产业协调发展的对策。③ 宋明霞(2003)认为产业协调是地区发展的核心,区域经济协调发展要治标更要治本,并认为地区发展差距扩大是标,地区间产业发展失调是本。④ 颜芳芳(2005)认为第三产业是推进城市化进程的直接产业基础,但是现阶段,我国第三产业的发展缓慢阻碍了城市化进程,反过来滞后的城市化水平也制约了第三产业的发展,并对这两者的协调发展提出了对策。⑤ 邓良、王亚新(2010)分析了劳动密集型与资本密集型产业协调发展的可行性与合理性,认为两者可以协调发展,我国必须加强产业转移的力度,提高教育和科技水平等来加强两种产业的协调发展。⑥ 付伟(2005)从一般的区位理论出发进行扩展分析,提出优区位产业协调发展的理论,并阐述其实施模式,指出了资源转换必须遵循的基本原则。⑦ 程淑佳、于国政、王肇钧(2009)从分析我国区域产业协调发展中存在的制度瓶颈出发,阐述了制度变迁在区域产业协调发展中的作用,提出只有创新地方政府管理体制,协调区际关系等才能为区域产业协调发展提供

---

① Itsutomo MITSUI. *Indutrial Cluster Polices and Regional Development in the Age of Globalization*, 30th ISBC in Singapore 2003.

② 周肇光:《论马克思产业协调思想的科学内涵及其现实意义》,《当代经济研究》2006 年第 3 期。

③ 苏明吾:《产业政策作用的局限性与产业协调发展对策》,《中州学刊》2002 年第 7 期。

④ 宋明霞:《产业协调是地区发展的核心》,《市场报》2003 年第 5 期。

⑤ 颜芳芳:《对城市化与第三产业协调发展的思考》,《北方经济》2005 年第 12 期。

⑥ 邓良、王亚新:《金融危机后我国劳动密集型与资本密集型产业协调发展的经济学研究》,《经济体制改革》2010 年第 1 期。

⑦ 付伟:《论优区位产业协调发展理论及实施模式》,《哈尔滨商业大学学报》2005 年第 3 期。

恰当的激励约束机制来促进区际产业的协调发展。① 罗勇(2006)认为区域合作对区域内各成员的社会经济影响已日趋明显,随着区域间的分工联系和生产要素的跨区域流动,区域的供给和需求因素、区域贸易与投资、区域产业政策都会产生重大变化,此时的区域产业结构问题也有必要用新的视角来考虑。②

还有国内的学者针对具体的区域,结合实际分析各个地区的经济与产业发展。比如邢焕峰、谷国锋(2007)认为应从各个角度相结合来确定东北老工业基地区域产业协调发展。③ 高相铎、李诚固(2006)也认为区域协调发展是东北老工业基地改造的关键,应当寻找到适合东北老工业基地区域产业协调发展的主要机制来促进其发展。④ 冯玫(2008)分析了京津冀区域的产业协调发展过程中存在的主要障碍,并试图寻找出可以促进该区域产业协调发展的对策建议。⑤ 黎树式、曾令锋(2005)在分析了广西右江流域的空间经济系统和流域的资源分布后,提出了实现流域产业协调发展的策略来促进区域的可持续发展。⑥

2.1.2 关于区域产业政策协调的文献综述

关于区域产业政策的内容,大多数学者倾向从以下三个角度来研究:国外的区域产业政策对我国区域产业政策的启示作用,不同经济发展时期采取的不同区域产业政策以及地区产业政策之间的结构内容。而研究国外的区域产业政策对我国区域产业政策的启示,多半通过国外产业政策经验,比如西欧、北美、日本等地区的产业政策,总结出一些有利于发挥地区产业政策的经验。比如唐明义、杨波(1998)建议建立专门的区域发

---

① 程淑佳、于国政、王肇钧:《区域产业协调发展中的制度因素分析》,《工业技术经济》2009年第12期。

② 罗勇:《区域合作背景下广西产业结构调整的战略考虑》,《学术论坛》2006年第4期。

③ 邢焕峰、谷国锋:《东北地区产业协调机制研究》,《经济纵横》2007年第2期。

④ 高相铎、李诚固:《东北老工业基地区域产业协调的机制与对策研究》,《东北亚论坛》2006年第1期。

⑤ 冯玫:《京津冀产业协调发展的障碍与对策》,《产业与科技论坛》2008年第9期。

⑥ 黎树式、曾令锋:《广西右江流域产业协调发展初步研究》,《广西师范学院学报》2005年第9期。

展组织,采取灵活多样的政策和资金援助方式等①。陈璟、牛慧恩(1999)主张吸收借鉴日德韩等国的经验,坚持区域经济协调发展,制定有利于产业结构升级的区域产业政策;区域产业政策的实施机制可分为三个方面:综合调控机制、动态协调机制和动态反馈机制。② 刘继光(2003)认为区域产业政策可以分为两个层次,第一层次属于经济合作区一级的,具有明显的计划性和指导性,主要用来指导经济合作区内产业的选择;第二层次是省级行政单位一级的,具有行政执行性和落实性,根据不同的经济利益和要求不同来制定。③ 刘吉发等(2004)认为地区产业政策属于产业政策的中观层次,可以通过产业政策来调整国内同一地区或不同地区各产业之间的关系,从而优化产业结构与布局,建立国内合理的地区分工关系。④ 杨静文(1997)认为区域产业政策的实施主体是地方政府,地方政府根据国家宏观区域政策和产业政策结合本地区的实际情况来制定和实施。⑤ 刘继光(2003)认为区域产业政策包含两方面的内容,区域产业分工与协调政策和区域产业实施机制。⑥崔万田(2008)认为一个区域的产业竞争力取决于这个区域对比较优势产业的选择和培育,并由此形成不同的产业结构。在区域产业政策的选择上,应着重发展和培育本区域的优势产业来提升区域的产业竞争力,并提出区域产业政策的实现途径。⑦徐康宁(2001)论述了产业集群发展与地区相互封锁、对外开放程度的相关性,指出要充分发挥市场在资源配置中的基础性作用。⑧

① 唐明义、杨波:《德国区域经济政策的启示》,《民族经济与社会发展》1998 年第 2 期。
② 陈璟、牛慧恩:《区域产业政策实施机制及其应用探讨》,《地域研究与开发》1999 年第 4 期。
③ 刘继光:《中国区域产业政策的效力分析》,《中国经济评论》2003 年第 7 期。
④ 刘吉发、龙蕾:《产业政策学》,经济管理出版社 2004 年版。
⑤ 杨静文:《产业政策与地区政策的融合:理论与经验》,《经济管理研究》1997 年第 1 期。
⑥ 刘继光:《中国区域产业政策的效力分析》,《中国经济评论》2003 年第 7 期。
⑦ 崔万田:《产业政策的区域特征与设计》,《经济动态》2008 年第 5 期。
⑧ 徐康宁:《开放经济中的产业集群与竞争力》,《中国工业经济》2001 年第 11 期。

2.2 关于产业功能区布局的研究综述

产业的功能区布局在经济学发展初期就有学者对其进行了探讨,随着贸易自由化的发展,也有部分学者针对自由贸易对产业分区和布局进行了研究。

2.2.1 早期学者关于产业区的研究贡献

在经济学发展之初,对产业集群和产业区现象已经有了一些研究。亚当·斯密在《国富论》中从分工角度对企业集群现象进行了初步研究。而马歇尔在《经济学原理》中主要从规模经济和外部经济的角度入手,研究了企业集中形成的"产业区"的现象,被认为是第一次对产业集群理论进行较为详细论述。韦伯(1909)强调了较低的运输成本对集聚经济所产生的巨大作用,企业之间通过降低成本来扩大生产规模,并与其他企业加强相互之间的联系而逐步形成产业集聚。他认为为了实现企业利润最大化,应该选择合理的工业布局以降低生产费用,而影响生产费用的因素主要有运输成本、工资水平以及产业集聚作用。克鲁格曼是第一个运用数学模型来证明集聚将形成产业中心区的经济学家。他将内生增长理论引入地理经济学,认为企业在规模报酬递增,生产要素移动,市场传导机制等的相互作用下,会使企业在发展过程中产生相互依赖和相互作用。日本教授小岛清提出了协议性国际分工理论,即两国通过达成相互提供市场的协议,这种协议必须通过当事国之间的某种协议来实现,即通过经济一体化制度把协议性国际分工组织化,可以共同分享规模经济带来的效益。[①]

艾萨德(1956)认为厂商对产业的布局实质上是在生产成本和运输成本之间进行替代选择以实现利润最大化,但却忽略了企业的市场销售

---

① 罗志慧:《广东省在"泛珠"区域经济合作中的地位及推动作用》,华南师范大学硕士学位论文,2007年。

情况。廖什(1940)认为,利润最大化才是产业布局的原则和目标,应该将产业区位与市场结合起来以实现企业利润最大化。赫克歇尔和俄林(1919)将区位理论与国际贸易理论联系起来,进一步发展了产业协调的区位理论。他们认为不同的国家具有不同的比较优势,各国应当遵循比较优势的原理来实现世界范围内的合理产业布局。胡佛(1937)叙述了不同经济发展阶段的区位结构,并说明了如何达到不同层次的产业集聚的最佳规模。佩鲁(1955)提出了发展极理论,他从区域经济发展的角度出发考察了产业集聚对区域经济增长的作用。巴格那斯科(1977)则从社会学的角度来研究产业集聚形成的原因,提出了"新产业区"理论。他认为相同或相近的背景是企业集聚产生的原因。

2.2.2 贸易自由化对产业布局影响的文献综述

国外的学者关于贸易自由化对产业布局的影响,形成了不同的结论,有的认为贸易自由化对产业布局的影响是不确定的,有的认为贸易促进了产业布局的合理化并形成了不同的产业中心和产业功能区,有的认为贸易使产业布局更加不均衡。

Henderson(1996)认为贸易自由化到底是促进还是分散了国内经济活动的集中还需要考虑该国国内的经济地理结构以及产业的初始分布。Puga, Venables(1999)[1]通过模型来说明产业集聚将形成中心与外围的世界经济景观,在一个或几个国家形成中心,其他国家则处在外围的位置。因此发展是那些取得新的产业集聚中心的国家从穷国到富国跨越的过程。而哪些国家可以成为中心主要看历史和预期的相互作用。Hanson(1998)在研究墨西哥的案例时发现:贸易成本的降低可以增加产业集聚而且有转移产业中心的效果。[2] Amiti(1998)指出,由于产业发展的规模经济特征和上下游产业间的垂直联系,贸易自由化之后,发展中国家可能

---

[1] Diego Puga, Anthony J. *Venables Agglomeration and Economic Development*: *Import Substitution vs. Trade Liberalization*, The Economic Journal,1999.

[2] Gordon H. Hanson. *Regional Adjustment to Trade liberalization*, Regional Science and Urban Economics,1998.

在丧失劳动密集型产业的同时也增加某些产业竞争力。[①] Alonso Villar（1999,2001）[②],Monfort、Nicolini（2000）[③]和 Paluzie（2001）[④]分别在"三个国家"、"两国三地区"和"两国四地区"的框架中说明了贸易自由化和经济活动分布之间呈相反的关系;贸易自由化将提高经济活动的集聚程度。Paluzie（2001）等认为对于发展中国家来说,全球贸易的发展和区域经济一体化可能增加产业的空间集中。Amiti（1999）、Brulhart（2001）[⑤]通过研究认为欧盟实现贸易一体化可以促进产业的地理集中和区域专业化发展。Forslid 等（2002）[⑥]通过建立一般均衡模型,模拟了欧盟贸易自由化与产业集聚之间的关系,并且发现欧盟的产业集聚和贸易自由化之间具有明显的正相关性。Fujita、Hu（2001）[⑦]发现 1985 年到 1994 年之间,中国沿海和内地的差距拉大且产业明显的集聚于沿海地区,他们认为全球化是造成这种现象的主要原因。Crozet、Soubeyran（2002）[⑧]认为,对外开放有助于产业更多地集中于靠近国外市场的区域。Gaulier（2005）通过对贸易平衡的贡献度这一指标进行考察,衡量了中国对外贸易的产品与地域结构。证实了中国已经形成向美国等发达国家出口最终消费品、而从亚太地区大量进口资本品的贸易格局。[⑨] David K. Angel（2002）认为决定企业创新表现和集聚竞争力的一个重要因素是网络结构,由于各企业的

---

① Amiti, M. *Specialization Patterns in Europe*, Weltwirschaftliches Archiv 1999.

② Alonso Villar. Olga. *Spatial Distribution of Production and International Trade: A Note* [J], Regional Science and Urban Economics, 1999. Alonso Villar. Olga. *Large Metropolises in the Third World: An Explanation*, Urban Studies 2001.

③ Montfort, Nicolini. Regional Convergence and International Integration, Journal of Urban E-conomies. 2000.

④ Paluzie E. *Trade Policy and Internal Geography*, Papers in Regional Science 2001.

⑤ Brulhart, M. *Evolving Geographical Specialization of European Manufacturing Industries*, Weltwirschaftliches Archiv 1999.

⑥ Baldwin. R. R. Forslid, P. Martin, G Ottaviano and F. Rober-Nicoud. *The Core-Periphery Model: Key Features and Effects*, Draft Chapter 1of Public Policies and Economic Geography, Princeton University Press,Princeton,2003.

⑦ Fujita, Hu. *Regional Disparity in China* 1985 - 1994: *the Effects of Globalization and Economics Liberation*, the Annals of Regional Science, 2001.

⑧ Crozet, Koeing-Soubeyran. *Trade Liberalization and the Internal Geography of Countries*, CREST Working Paper, 2002.

⑨ Gaulier et al. *China's Integration in East Asia: Production Sharing, FDI&High-Tech Trade*, CEPII Working Paper, 2005.

发展战略不同,所需要的资源也有差异,紧密的网络关系虽然有助于产生信任,却不利于新观点的传播,不紧密的网络虽然不利于培养信任关系却有利于信息的流动,因此企业为了从集群外获得新信息,就应发展不紧密的网络。

国内关于贸易自由化与产业结构优化方面的研究文献比较少,陈志友(1992)认为对外贸易的战略选择与产业结构的演变相互联系和制约,为了适应产业结构的阶段性变化和"顺向型"、"逆向型"两种不同态势的需要,对外贸易战略也分别采取"进口替代"和"出口导向"。张蕴如(2001)认为通过加工贸易可以促进我国的高新技术产业的发展,也可以促进我国的封闭式产业结构向开放式转变。夏刊、王国顺(2000),杨建中(2004)和吴进鸿(2005)等人通过实证分析,认为地方对外贸易能够对产业结构升级产生促进作用。林琳(2005)研究了导致产业内贸易发生的产业特征因素、产业内贸易与国际贸易的政策选择等方面的关系。[1]陈迅、李维、王珍(2004)通过因子分析法对我国1999—2001年的部门行业进行了产业内贸易的影响分析,得出了影响因素包括规模经济、产品差异、市场结构和FDI等。[2]

2.3　关于主导产业选择方面的研究综述

主导产业对一个地区或国家的经济发展都非常重要,国内外的相关学者也对主导产业的发展进行了大量研究。

2.3.1　国外关于主导产业的一般理论

对主导产业选择方面的研究,最早可以追溯到亚当·斯密的绝对优

---

①　林琳:《产业内贸易研究——一般理论与中国的经验分析》,山东大学博士学位论文,2005年。

②　陈迅、李维、王珍:《我国产业内贸易影响因素实证分析》,《世界经济研究》2004年第6期。

势理论和大卫·李嘉图的比较优势理论。美国经济学家赫希曼（A. O. Hirschman）最先明确提出主导产业这一概念，他主要从不均衡的角度分析了主导产业演化的动因，认为在资源有限的发展中国家，应采取不均衡求均衡的发展战略，即政府加大对某种特定产业的投资来造成该产业的供过于求，这种不均衡将对产业关联产生促进作用，而关联产业的发展将使产业整体趋于平衡，然后又在新的层次上确定新的主导产业。赫希曼还认为发展中国家应当优先发展后向关联度较高的最终产品产业。美籍奥地利经济学家熊彼特（J. A. Schumpter）将赫希曼的理论进行了进一步的深化，他用创新观点及打破均衡等观点对经济发展进行解释，为主导产业的形成和发展提供了理论基础。

美国经济史学家 W. W. 罗斯托在吸取赫希曼的不均衡求均衡理论和熊彼特的创新理论基础上，对主导产业进行了系统的研究。他认为，一个产业要成为主导产业，应当具备一些基本的条件，即：具有高创新率，具有高速增长的能力，具有很强的带动其他产业和部门发展的能力。他认为主导产业可以通过前向效应、后向效应和旁侧效应带动其他部门的发展。但是他却没有明确指出在实践中主导产业的选择标准。

日本经济学家筱原三代平也认为主导产业的类型对产业结构的演变具有导向和推动作用。并且根据日本的实际情况，以经济增长的非均衡理论为基础，提出了选择主导产业的两个著名准则，即"需求收入弹性准则"和"生存率上升率准则"。他认为一个国家应该以收入弹性和生产率的高低来选择主导产业。后来的一些国外学者又相继提出了比较优势基准、过密环境基准、劳动内容基准、边际储蓄率基准等，进一步拓展了主导产业选择理论。

比较优势理论本来是用来解释国际贸易问题的，但是后来一些经济学家将其用于主导产业的选择标准，并认为一国的主导产业所生产的产品应该是在国际上具有比较优势的产品。① 过密环境基准和劳动内容基准是日本产业结构审议会在 20 世纪 70 年代提出的，过密环境基准要求选择的主导产业应当能够提高能源的利用效率、强化社会防止和改善公

---

① 大卫·李嘉图：《政治经济学及赋税原理》，商务印书馆 1990 年版。

害的能力,并能够扩充社会资本能力。这是一种着眼于长期发展和社会利益之间的关系而提出的理论。而劳动内容基准要求考虑发展主导产业是否能为劳动者提供舒适稳定的劳动场所,这是着眼于提高社会成员的满意度而提出的较高层次的产业需求。①

2.3.2 国内主导产业选择的研究现状

我国的学者在借鉴国外研究理论结果的基础上,结合我国的实际,解决我国主导产业发展中面临的问题,进一步展开进行了理论分析和实证研究。

国内对主导产业的研究始于 20 世纪八九十年代,王东京(1987)算是我国最早对主导产业进行探讨的,主要介绍和评价了国外的主导产业选择理论和产业政策。② 刘再兴(1996)从市场需求和供给能力两个方面进行了主导产业选择的研究,他选择了 9 个指标,采用加权平均法和综合指数法计算产业综合指数来对主导产业进行选择。③ 王岳平(2001)提出了采用高需求收入弹性原则、高关联度原则、高生产率上升原则、动态比较优势原则和高技术扩散与带动原则等来分析主导产业的选择。④ 周振华(1991)提出的增长后劲基准、瓶颈效应基准和短缺替代弹性基准在国内外都有一定的影响。⑤

主导产业选择研究从国家层面向区域经济层面的转移是在 1996 年以后,在国家提出"九五"计划之后,各省区在制定"九五"计划的过程中,纷纷提出了选择自己的主导产业。从此很多学者将研究的角度转向了区域经济,区域主导产业的选择逐渐成为研究的热点和重点。冯杰,荣朝和(1999)认为,国家和地区在选择主导产业时既有共性又有区别,地区在进行主导产业选择时要坚持的原则包括:有所为,有所不为;加强对市场的分析和预测;要着眼于区域之间的产业分工协作;要协调好与高一级地

① Yamawaki Hideki. *The Evolution and Structure of Industrial Clusters in Japan*. Sma Economics, 2002.

② 李飞:《区域主导产业选择研究综述》,《河南社会科学》2007 年第 3 期。

③ 刘再兴:《区域经济理论与方法》,中国物价出版社 1996 年版。

④ 王岳平:《中国工业结构调整与升级:理论、实证和政策》,中国计划出版社 2001 年版。

⑤ 周振华:《产业政策的经济理论系统分析》,中国人民大学出版社 1991 年版。

区的产业发展布局关系。[①] 阚滨、张德荣、韩长金(1997)从产业的内涵和外延层面探讨了主导产业选择的特点,并引入了"子产业"和"地区个性"两个概念。[②]

冒小栋、王亚平(2005)对江西省在"十一五"期间的主导产业选择进行了研究。[③] 郑长娟(2001)对齐齐哈尔市的工业主导产业的选择进行了研究。[④] 还有很多学者以某个县市为例进行了相应的研究。这些研究成果对各个地区的产业结构调整、主导产业的选择以及区域经济的发展提供了一定的科学决策依据。

在进行主导产业的选择方面,我国的学者建立了很多模型对其进行研究。王宏伟、朱德威(1994)建立了城市主导产业选择的模糊优选模型,对城市选择主导产业提出了自己的看法。[⑤] 蔡艺(2005)选择主成分分析方法对主导产业的选择提出自己的见解。[⑥] 张根明、刘韬(2004)选取的是非参数的 DEA 方法来确定主导产业。[⑦] 王旭、陈嘉佳(2008)在钻石理论的基础上,结合 AHP 方法和 DEA 模型构建了区域主导产业的选择模型。[⑧] 赵永刚、王燕燕(2008)将模糊系数与 AHP 方法相结合来分析主导产业的选择。[⑨] 王艳秋、朱兆阁(2009)基于灰色关联度和主成分分析方法,分析了大庆应当选择何种主导产业。[⑩] 王敏晰、李新(2010)采用

①　冯杰、荣朝和:《关于地区或城市主导产业选择基准与方法的探讨》,《经济地理》1999 年第 6 期。

②　阚滨、张德荣、韩长金:《谈确定地区主导产业及其选择标准》,《宏观经济管理》1997 年第 4 期。

③　冒小栋、王亚平:《"十一五"时期江西工业主导产业选择初探》,《景德镇高等专科学校学报》2005 年第 4 期。

④　郑长娟:《齐齐哈尔市工业主导产业的选择》,《理论观察》2001 年第 1 期。

⑤　王宏伟、朱德威:《城市主导产业选择的模糊优选模型》,《经济地理》1994 年第 3 期。

⑥　蔡艺:《主成分方法在综合评价中的应对》,《中国统计》2005 年第 2 期。

⑦　张根明、刘韬:《基于 DEA 模型的高新区主导产业选择分析》,《技术经济与管理研究》2008 年第 2 期。

⑧　王旭、陈嘉佳:《区域生产性服务业发展主导产业选择模型研究》,《中央财经大学学报》2008 年第 3 期。

⑨　赵永刚、王燕燕:《区域主导产业选择指标体系的设计》,《武汉工程大学学报》2008 年第 9 期。

⑩　王艳秋、朱兆阁:《基于灰关联和主成分分析的大庆主导产业选择》,《辽宁工程技术大学学报》2009 年第 1 期。

粗糙集方法对国家高新区的主导产业选择模型进行了分析,并提出了自己的建议。[①]

此外,国内的很多学者还对区域性的主导产业选择基准的量化方面做了很多相关的探索,根据主导产业的特征确立的指标包括需求收入弹性系数、影响力系数、增加值规模率、比较劳动生产率和感应度系数。又根据区域的比较优势基准增加了一些指标:区位商、市场占有率指标;根据可持续基准增加了万元生产总值污染排放量系数、万元生产总值能耗系数等指标;增加的科技经费比率、科技人员比率、新产品销售收入比率等指标是根据技术进步基准设定的;还根据效益基准增加了出口规模、出口依存度、利税增长率等指标;增加的万元工业增加值从业人员数指标是根据就业基准设定的。整个主导产业的选择基准根据这么多个指标得以量化,而且随着影响因素的增多和科研能力的增强,选择的指标体系构成要素也在不断地进行完善。[②]

2.4 关于产业协调与功能分区的相关政策研究综述

不同学者对产业协调与功能分区的相关政策进行了研究,有相关产业政策协调,并对政府在产业协调发展中的作用进行研究,也有学者对促进产业发展相关贸易政策进行了研究。

2.4.1 关于政府在产业协调发展中的作用研究综述

政府在产业协调发展中起着非常重要的作用。Scott(1992)在关注"第三意大利"中小企业弹性专业化的发展模式时,通过对美国硅谷高新技术产业、好莱坞影视产业集群的总结,分析了制度、政府在产业空间布

---

① 王敏晰、李新:《基于粗糙集方法的国家高新区主导产业选择模型》,《商业研究》2010 年第 1 期。

② 刘洋:《基于泛北部湾经济合作区的广西主导产业选择》,广西师范大学硕士学位论文,2008 年。

局方面的作用。① Garbher(1993)等人将创新理论发展到"区域系统创新"层次上，认为企业的各种创新光和周围的其他因素是分不开的，还必须和区域内的其他产业协调发展，并和制度文化等有机结合，才能不断创新，他们也认为政府等组织结构在提高区域的产业创新上作用往往更大。② Kurgrman(1997)从理论上证明了工业活动倾向于空间集聚，并强调了由于外部环境比如贸易保护、地理分割的影响，产业区的空间格局可以形式多样。③ Hubert Schmiz & Khalid Nadvi(1999)④认为，政府培育产业集群和网络应该是循序渐进的，针对不同类型的产业集群实施不同的政策，对于萌芽时期的产业集群主要为企业的区域内合作提供基础，在较高级的产业集群中，政府主要是促进产业升级和技术创新。Porter(2003)在系统研究了产业集群与竞争优势关系的基础上，提出政府应重视发展产业集群、改善产业区内的环境、完善基础设施、推动相关资源与产业协调发展。⑤

胡志坚(2000)认为，在产业的协调发展中，政府可以在许多领域发挥市场无法完成的重要作用。比如政府可以建立一个稳定可靠的经济政治环境，为市场运行创造有利的框架条件，发挥网络化和知识交流的促进和协调作用，保持正式和非正式的知识交流渠道的畅通，还可以设立促进研究开发的合作计划和竞争项目，提供战略信息，并确保一些公共机构和公共产品与产业界的联系，来促进产业的创新和升级过程⑥。石培哲(2000)认为，世界上的产业功能分区和协调发展一种是自发形成的，一种是政府促成的。比如一些中小企业的发展，基本上是自发起步，当形成一定气候后，政府部门再给予一定的扶持，逐渐发展和壮大为相当规模的中小企业集群或功能模块。⑦

---

① Scott. The Collective Order of Flexible Production Agglomerations : Lessons for Local Economic Development Policy and Strategic Choice. Economic Geography, 1992 Vol. 68.

② Grabher. The Embedded Firms: on the Social −Economics of Industrial Networks. London. EC4P4EE, 1993.

③ Krugman. International Economics: Theory and Policy (Fourth Edition). Addison−Wesley Longman, Inc, 1997.

④ Hubert Schmiz, Khalid Nadvi. Clustering and Industrialization : Introduction, World development 1999.

⑤ Porter. Clusters and New Economics of Competition, Harvard Business, 1998.

⑥ 胡志坚:《国家创新系统——理论分析与国际比较》,社会科学文献出版社 2000 年版。

⑦ 石培哲:《产业集聚形成原因探析》,《经济师》2000 年第 3 期。

2.4.2 促进产业发展的相关贸易政策研究综述

国内外很多学者都针对促进产业发展的相关贸易政策进行了深入的分析,也有不少学者针对贸易政策对相关产业带来的经济效应从不同的角度进行了研究。从国外学者的研究来看,Dixon(1978)认为规模经济和产业内贸易专业化的存在会显著地增强规模经济条件下关税的经济效应。[1] Eaton & Grossman(1986)和 Maikusen & Venables(1988)研究了以不完全竞争为基础的政策研究框架。Eaton & Grossman(1986)指出,在存在市场分割和寡头竞争的情况下,干预政策能否发挥作用主要依赖于行业中企业的数目、企业产品的替代性、企业对竞争对手将会对自己的行为做出反应的预期。[2] Brander & Spencer(1985)认为在引入国内消费的情况下,本国和外国同时干预的条件下会有相同的政策选择,即双方都会制定生产补贴。[3] Eaton & Grossman(1986)引入国内消费来研究贸易和产业政策的托拉斯效应,并且认为如果相关条件得到满足,政府会制定生产补贴。也有不少学者对产业政策和贸易政策的搭配方面进行了研究。Collie(1994)认为如果本国企业与外国企业在本国市场开展垄断竞争,本国的福利水平会因为外国政府的出口补贴而得到提高。Dixit & Grossman(1986)认为如果各垄断性出口产业中投入技术人员等共同要素,会由于共同要素的需求增加而使价格水平上升,也可能抵消个别产业成本的降低。Marukusen & Venables 认为如果本国企业向国内提供产品时边际成本是递增的,则促进出口的政策是不利的。

Fiuza(2002)在供不应求的差异化市场上,运用离散选择模型估算了巴西汽车市场的供求,并对巴西的汽车产业发展历程做了实证分析。

从国内来看,在我国的经济转型过程中,政府一直对某些重要的产业实施贸易保护政策。我国的很多学者也对此进行了关注和研究。有些学

---

[1]　Dick, A. *Does Import Protection Act As Export Promotion*? Evidence From The United States, Oxford Economic Papers, 1994.

[2]　Eaton, Jonthan, Grossman, Gene M. *Optimal Trade and Industrial Policy under Oligopoly*, Quarterly Journal of Economics, 1986.

[3]　Brander, James A., Spencer, Barbara J. *Export Subsidies and International Market Share Rivalry*, Journal of International Economics, 1985.

者通过对国外相关贸易发展和政策进行研究,对我国的贸易政策和产业政策提出相关建议。梁碧波(2004)以美国和巴西的纺织和电脑产业为例,分析了贸易保护的经济效应,得出贸易保护并没有提高美国纺织产业的竞争力,只是起到了维持和保护的作用,贸易保护反而阻碍了巴西电脑产业的发展。[①] 田玉红(2008)借鉴美国和日本在贸易政策与产业政策协调体制方面的经验,分析了中国有关贸易政策与产业政策协调方面的问题,并提出建立相协调体制的建议以及从机构设置和主体多元化方面进行完善等。[②] 戴军(2004)分析了美国克林顿时代战略性贸易政策兴盛的原因,认为是美国当时的国内经济状况、产业的国际竞争力以及国际贸易的新格局等多种因素形成的结果。并认为战略性贸易政策的实践为美国产业的国际竞争力做出了很大贡献。[③] 牛勇平(2005)在比较战略性贸易理论和产业政策理论的基础上,并借鉴日本和韩国贸易政策和产业政策的实施经验,认为需要把这两个政策看作是支持本国公司参与全球经济竞争的两大支柱。[④] 梁滢(2008)在借鉴了美国和印度战略性贸易政策成功实施的经验基础上,提出我国实施战略性贸易政策的产业选择标准,包括市场容量标准、就业标准、战略意义标准、外部性标准和经济发展要求标准。[⑤]

本章小结

本章主要对开放条件下区域产业的动态协调发展与产业功能区布局

① 梁碧波:《贸易保护与幼稚产业的成长——国际的经验与中国的选择》,《国际经贸探索》2004年第3期。

② 田玉红:《美日贸易政策与产业政策协调体制的比较与启示》,《财经问题研究》2008年第5期。

③ 戴军:《战略性贸易政策与美国产业国际竞争力的复兴与再造》,《湖南行政学院学报》2004年第6期。

④ 牛勇平:《战略性贸易政策与产业政策实施的国际经验及其启示》,《山东社会科学》2005年第11期。

⑤ 梁滢:《我国实施战略性贸易政策的产业选择》,《商业时代》2008年第12期。

的相关研究文献进行整理和总结,本章主要从六个方面的文献资料进行了归纳,即区域产业动态协调发展、产业功能区布局、产业分工、主导产业的选择、周边省区区域经济竞争力和产业发展、产业协调与功能分区相关的政策这六个方面。

从目前的相关研究现状来看,学者们对区域产业发展方面的研究比较多,从19世纪起就有西方学者开始涉及相关产业分工和布局方面的研究。而且国内外的学者也针对贸易自由化对产业的发展及相应的对策提出了自己的观点,但是大部分研究还停留在对经验成果的介绍或者事实性的分析以及理论层面上的分析居多,具有实践指导意义的文献比较少,对政府的政策建议也比较笼统,不能形成具有可行性强的具体的政策性建议。虽然有一些学者研究了CAFTA周边省区的经济竞争力和产业发展情况,但是对于区域性的产业政策协调尤其是四个省区的主导产业政策协调研究的比较少,针对周边省区对东盟的外向型出口产业之间的贸易政策、促进产业发展的具体贸易政策研究也比较少。

当前中央政府及四个省区的政府也已经认识到区域产业协调发展的重要性,但是针对四个省区的具体实际情况,在有限的资源条件下,如何进行有效的协调发展并对产业进行合理的布局,以及发展过程中如何制定相应的产业政策和针对东盟的出口贸易政策,需要形成一套实用的理论与实践工具,并形成可行性的政策建议。

在本章中我们对开放条件下区域产业的动态协调与产业功能布局研究所涉及的主要理论进行阐明,这些理论从不同的角度和层次分析了开放条件下产业的协调以及产业功能的布局问题。我们结合实际,在引入一些国际贸易或区域经济中比较经典的理论如要素禀赋理论与比较优势理论的同时,也结合近些年理论界取得的发展成果,引入了一些比较新的理论,如现代协同理论以及新经济地理学等理论。通过这些理论的展开和深化,全面直观的剖析本课题所涉及的问题,对产业的协调和产业功能的布局有一定的指导意义。

第 3 章
区域产业动态协调与产业功能区布局的理论支撑

3.1　区际产业互补性整合理论

产业互补性整合理论是按照产业发展规律对主要整合对象进行跨区域、跨行业和所有制重新配置生产要素的过程。这一部分主要介绍的是比较优势理论和要素禀赋理论、现代协同理论和产业结构的相关理论。

3.1.1　比较优势理论与要素禀赋理论

随着我国融入区域经济一体化、世界经济一体化的步伐的不断加快，我国面临的贸易摩擦和国际竞争也日益激烈。因此在迎接挑战，克服困难，积极开拓海外市场的进程中，如何增强我国各产业的国际竞争能力，已成为当前必须面对的一个重大课题。在开放条件下，我们应该充分做好发挥我国周边各省区的比较优势，结合自身的要素禀赋，完善我国的产业结构，实现我国经济又好又快的发展。长期以来，比较优势理论一直作为解释和说明国际经济贸易存在和贸易利益的主导理论而发挥作用，从亚当·斯密的绝对优势论到李嘉图的比较优势论，再到俄林的要素禀赋论，比较优势理论经过一百多年的发展形成了完整的体系。

一、比较优势理论

比较优势理论最早由大卫·李嘉图在亚当·斯密的绝对优势理论的基础上提出的。亚当·斯密认为，分工有助于提高生产的效率。这一原则不但适用于国内，而且适用于国际贸易。各国由于自然资源或者后天的生产条件不同，生产同一种商品所用的成本并不是一样的。在国际贸易交往中，各国生产自己生产成本最低的产品，然后再与其他国家交换其他产品，这样对贸易双方都是有利的。

李嘉图继承了斯密关于分工能够提高生产效率的命题，在此理论的基础之上，李嘉图提出了比较优势理论。该理论认为，假设一国生产某一种产品的机会成本比另一国低，该国在生产这种产品上就具有比较优势。一国生产自己相对成本低的产品，即具有比较优势的产品，与其他国进行交换，对双方都是有好处的。李嘉图的比较优势理论，揭示了在完全自由贸易条件下,从世界主义的角度而构筑的高度抽象化的国际分工的依据。李嘉图的比较优势理论成为英国工业资产阶级推行自由贸易政策,形成以英国为中心的国际分工格局,进而使资本主义生产方式成为世界的主要生产方式,促进世界生产力的高度发展,起了重要的作用,完成了时代赋予李嘉图的历史使命。李嘉图的比较优势理论体现了英国工业资产阶级提高利润的要求,体现了市场经济的发展方向和价值规律在国际上的作用。李嘉图认为,决定国际贸易的因素是两个国家商品的相对劳动成本,而不是生产这些商品的绝对劳动成本。相对于绝对优势理论,李嘉图的见解更进了一步。在李嘉图的理论体系中,劳动力是假设的唯一的一种生产要素,所以,即使一个国家在生产各种产品上的劳动成本都高于他国,但是只要劳动投入量上不同,还是可以进行国际贸易的,每个国家只要比较劳动投入量的相对水平就可以了。

李嘉图的比较优势理论是建立在古典学派的劳动价值论上的,它建立在以下几条假设的基础上:只有劳动一种生产要素;劳动在一国之内是完全同质的;劳动在一国之内可以自由流动,但在国际间不能流动;规模收益不变;商品和劳动市场都是完全竞争的;不考虑运输成本和其他交易费用;两国的生产函数不一样;两国的消费者偏好一致。

二、要素禀赋理论

要素禀赋理论的经典模型——H-O模型是建立在对现实经济抽象化、简单化的严格模型设定基础上的。该模型的假设条件有:两国相同部门的生产函数相同;两国消费者偏好相同;规模收益不变;所有商品市场、要素市场都是完全竞争的;两国的生产要素供给是既定不变的;假设M国是资本丰富的国家,N国为劳动丰富的国家;生产要素在一国之内可以自由流动,在国际间不能流动;X、Y的生产技术不同,其中X假设为资本密集型产品,Y假设为劳动密集型产品;不存在运输成本或其他贸易障碍。也就是说M、N两国除了要素禀赋不一样外,其他一切条件都是一样的。

在两国生产技术条件完全相同的条件下,国家之间要素禀赋的差异,最终会影响到两国对X、Y两种商品的生产能力从而导致供给能力的差异,进而影响商品相对价格的差异。如图3-1所示,两国的要素禀赋差异决定了两国的生产可能性边界,生产可能性边界反映了一国的生产能力,

M 国的生产可能性边界相对于偏向 X 商品的生产,这也就意味着,在相同的商品相对价格下,M 国在 X 商品上的供给能力将大于 N 国,相反,N 国则在 Y 商品的供给能力上更具有优势。由此我们可以得出如下结论:资本丰富的国家在资本密集型产品上的供给能力比较强,而劳动力丰富的国家在劳动力密集型的产品上供给能力比较强。在图 3-1 中,M 国的均衡点为 $E \sum_{k=1}^{n} x_{ik} + f_j = \sum_{k=1}^{n} x_{kj} + N_j$,N 国的均衡点位 Eh_i^{RS}。因为两国的消费者偏好相同,所以图中的两国社会无差异曲线的形状相同。通过 $Eh_i^{RS} = \frac{t_i^{RS}}{x_i^R}$ 点的相对价格线 P_m 为 M 国的均衡价格,通过 P_n 点的相对价格线为 N 国的均衡价格。在图示中,$P_m < P_n$,这表示 M 国在生产 X 商品上具有比较优势,N 国在生产 Y 商品上具有比较优势。

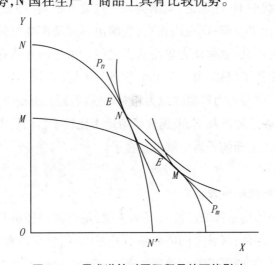

图 3-1 需求逆转对国际贸易的可能影响

资本丰富的国家在生产资本密集型的产品上具有比较优势,劳动力丰富的国家在生产劳动密集型的产品上具有比较优势。上面的例子中,M 国可以输出 X 商品到 N 国和从 N 国输入 Y 商品,或者说,N 国从 M 国输入 X 商品而向 M 国输入 Y 商品。X 商品向 N 国输入的后果是,X 商品的在 M 国的相对价格会提高,在 N 国的相对价格会下降。同理,Y 商品向 M 国输出后,Y 商品在 M 国的价格会下降,在 N 国的价格会上升。最终 X 和 Y 的价格在两国之间会趋于一致,即两国面对相同的国际均衡价格。两国的相互需求决定了两国的均衡价格。由上面的分析可以得出,两国由于要素禀赋的差异导致两种产品的供给能力不同,进而引起两种商品的价格不同。根据比较优势原则,一国出口密集使用其丰富要素的产品进口密集使用其稀缺要素的产品,这就是著名的 H-O 理论。

三、要素禀赋理论的实证与补充

20 世纪 30 年代到 50 年代,要素禀赋理论一直被公认为经济学界一颗璀璨的明珠,经济学家惊异其精巧的模型及严密的逻辑,以及对诸多现实问题的解释能力。但是,随着 50 年代之后,随着经济学家不断对该理论的实证检验,该理论的不足也开始暴露出来。其中最著名的是美国经济学家里昂惕夫对该理论的实证研究。美国相比其他国家是资本密集型国家,根据传统的 H-O 理论,美国应该出口资本密集型的产品。然而在他的检验中,结果与 H-O 理论相反,美国出口劳动密集型的产品而进口资本密集型的产品,故称此为里昂惕夫之谜。里昂惕夫从有效劳动角度对该矛盾现象作了解释,由于劳动素质各国不同,在相同资本配合下,有效劳动高的国家劳动力资源表现为相对丰富,美国的劳动生产率高,有效劳动数量多,在这种解释下,美国成了劳动力比较丰富而资本相对稀缺的国家,这样一来上面的矛盾也就不存在了。

3.1.2 现代协同理论

协同发展始终是区域经济发展的主题,随着区域经济乃至全球经济的不断发展与深化,区域之间的联系日趋紧密:信息交流愈发频繁,技术交换更加广泛,生产要素的流动更加通畅,各经济体已经发展成为一个相互渗透交织的复杂的系统,任何经济体都不可能在不断变化的经济形势下独立存在。相互之间的紧密关系对区域发展提出了新的要求,那就是协同发展。统筹区域之间、城乡之间、产业之间、经济发展与自然资源之间的关系,推动各经济体内部各层面的相互对接,形成良性互动,成为区域协同发展的主要内涵。由此,协同理论引入研究区域协同发展的主要框架,成为区域各项政策制定的主要研究工具之一。

一、现代协同理论

协同理论在各方面应用广泛,该理论主要用于研究开放系统通过内部子系统之间的相互作用形成有序结构的机制和规律,其核心理论为自组织理论。自组织行为产生于协同作用,协同作用即是系统内各子系统之间相互作用和整合的过程。协同作用强调的是子系统之间的差异、相互作用以及有机统一三个部分。系统内的从无序到有序,乃至整个系统形成新的结构或者出现新的功能,就是系统内的子系统通过自组织的方式建立起来的。自组织也可以理解为系统自身具有从不平衡到趋于平衡的能力,这种能力使系统有一种从无序到有序的变化机制和动力,该动力赋予子系统一个参序量,众多子系统在参序量的支配下形成自组织功能,从而使整个系统出现演变与特征。协同理论应用在区域经济方面可以为区域政策制定提供理论指导。区域之间的关系是竞争与协同共存的关系,竞争是经济发展最活跃的动力,但是过分强调竞争会伤害区域整体发展到合力,无法形成整体功能和带来整体效益,因此在竞争的同时需要政策指引带来协作的制度安排。在进行区域协调时必须强调全方位的开放,既是区域内各子系统在同一层面、不同层面在时间空间以及各项联系方面的全部开放,只有全面开放才能使系统不断地与外界进行物质能量信息等方面的交流和更新,从而使系统内部走向整体和局部效益的最佳状态。此外,区域之间需要建立必要的协调机制,制定相关政策,促使区域之间形成良性运转的自组织形式。

二、现代协同理论与区域经贸政策协调

现代协同理论引入区域经济协同发展会涉及区域经济的各个层面,并不局限在区域经贸政策协调这一方面。但区域经贸政策的制定过程必属于区域经济协调发展中的关键一环。区域经贸政策通过强化市场本身的力量创造公平竞争的环境、放宽市场准入并强化契约制度、信用制度等市场交易规则,引导市场主体在逐利过程中客观上促进区域经济的协调发展,从而完成区域大系统内的良性的自组织。通过现代协同理论对制定区域经贸政策进行指导,从宏观上把握区域经贸政策对于协调发展的作用与定位,是现代协同理论用于区域经贸政策制定的现实意义。

3.1.3 产业结构演替规律与产业结构优化理论

产业并不是单独存在的,它作为经济单位既是国民经济的组成部分又是同类企业的集合。产业是介于宏观与微观之间的中观经济单位,从

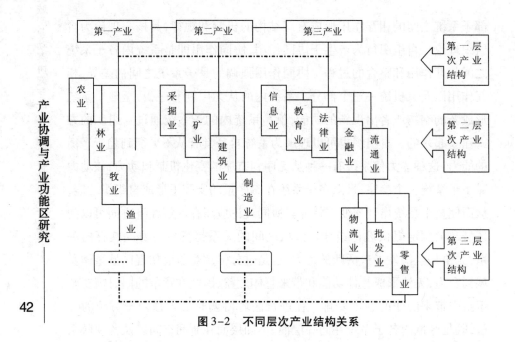

图3-2 不同层次产业结构关系

需求来看,它是以盈利为目的,生产或提供同类或者有替代关系的产品或服务的企业的集群。产业随着社会生产力的发展,社会分工不断向更深层次发展,不断有新的产业独立分化出来。第一、第二、第三产业间要适应社会生产要求按一定的比例协调发展,但是各层次的细分行业存在产业机构问题。不同层次产业结构的关系如图3-2所示。产业结构演替的是各个产业间的构成形式、比例及其相互间的作用,研究目标是使系统获得更大的"结构"效益,各产业间在经济活动中形成的数量比例关系和经济技术关系。当研究资源的合理配置的经济学从简单的微观经济分析、宏观经济分析深入到产业层次后,就出现研究产业间一定技术经济联系和联系方式的产业结构理论。产业结构理论主要包括:产业结构优化理论、产业布局理论、产业结构演进理论、产业结构关联理论等。产业机构的研究包括:产业构成及其相对数量比例关系,它表明一国经济资源在地区产业间的配置状态;产业间经济技术联系,即各个产业间相互依存、相互制约的关系,它包括了各个产业间的约束性、协调性和依赖性关系以及相互协调产生的"结构"效益;产业结构的演变,发现产业间经济技术联系方式变化的规律及影响因素,尤其是经济发展水平的相互影响,使产业结构优化、提高结构效益、促进经济发展。

一、产业结构的优化理论

根据系统论的观点,系统的结构决定了系统的功能。在国民经济中,当生产要素能够充分自由流动时,不管初始的资源配置(产业结构)如何,通过市场总能达到资源最优利用和配置状态。但是,当生产要素处于非完全自由流动或存在流动的交易费用时,资源的初始分配(产业结构)将影响资源的配置效率。换句话说,不同的结构选择将获得不同的效率水平。我们研究产业结构优化升级,就是希望产业发展更有效率。产业结构优化升级包括了产业结构的高度化和合理化这两个方面。

1. 产业结构高级化

(1)"标准结构"法

该方法是将一国的产业结构与其他国家产业结构的平均高度进行比较,以确定本国产业结构的高度化程度。

表3-1　库兹涅茨的"标准结构"①

(1964 年币值的国民生产总值的基准水平)								
	<100	100	200	300	400	500	800	1000	> 1000
产值的部门构成(部门产值占国内生产总值的比例)(%)								
第一产业	52.5	45.2	32.7	26.6	22.8	20.2	15.6	13.8	12.7
制造业	12.5	14.9	21.5	25.1	27.6	29.4	33.1	34.7	37.9
基础设施	5.3	6.1	7.2	7.9	8.5	8.9	9.8	10.2	10.9
服务业	30	33.8	38.5	40.3	41.1	41.5	41.6	41.3	38.6
劳动力部门构成(部门劳动力就业占总劳动力就业的比例)(%)								
初级产业	71.2	65.8	55.7	48.9	43.8	39.5	30.33	25.2	15.9
制造业	7.8	9.1	16.4	20.6	23.5	25.8	30.3	32.5	36.8
服务业	21	25.1	27.9	30.4	32.7	34.7	39.6	42.3	47.3

---

① 资料来源:周振华:《产业结构优化论》,上海人民出版社 1992 年版。

根据"标准结构",就能了解到一国经济发展到哪一个阶段以及产业结构高度化的程度。

（2）相似系数法

产业结构相似系数,主要用来分析不同国家或地区之间产业结构同构化的状况。

设 A 是被比较的产业结构系统,B 是参照系,X_{Ai}、X_{Bi} 分别是产业 i 的总产值在 A 和 B 中的比重,则产业结构系统 A 和参照系 B 之间的相似系数 r_{AB} 为：

$$r_{AB} = (\sum_{k-1}^{n} X_{Ai} X_{Bi})/ \sqrt{\sum_{k-1}^{n} X_{Ai}^2 \sum_{k-1}^{n} X_{Bi}^2}$$

r_{AB} 的值介于 0 与 1 之间。该系数值越大,相似程度越高。

2. 产业结构高级化的直接动因分析

按照熊彼特的观点,所谓的创新,就是导入一种新的产出函数,可以大大提高潜在的产出能力。而产业结构的高度化过程,就是伴随着技术进步和生产社会化程度的提高,不断提高产业结构作为资源转换器的效能和效益的过程。因此,创新也就成为产业结构高度化演进的直接动因。创新对产业结构高度化的直接推动作用,（1）创新导致了技术进步。新的生产函数的导入,其一种表现就是原有生产要素的状态下,通过系统内部结构的调整,提高系统的产出。显然导入新的生产函数,也就导致系统技术进步。而系统技术进步,将带来产业结构的升级。（2）创新带来新的市场需求。新的生产函数的另一种表现是创造了新的产出。新产出的出现,又可以创造新的市场需求,使一部分潜在的市场需求转化为现实需求。而市场需求则可带来国民收入总水平和分配以及需求结构的变化。

3. 产业结构高级化的表现形式

产业发展的五个历史阶段说明,在经济发展的历史长河中,产业结构的高度化及主导产业及其群体不断更替、转换的一个历史演进过程,是一个产业结构由低级到高级,由简单到复杂的渐进过程。

罗斯托指出,经济的发展,就是通过主导产业的更替,不断地从一个阶段迈向另一个新的阶段。

表3-2 产业结构高度化顺序

阶段	主导产业部门	主导产业群
第一阶段	棉纺工业	纺织工业、有色工业、采煤工业、早期制造业和交通运输业
第二阶段	钢铁工业、铁路修建业	钢铁工业、采煤工业、造船工业、纺织工业、机器制造、钢铁动力业、轮船运输业以及其他工业
第三阶段	电力、汽车、化工和钢铁工业	电力工业、电器工具、机械制造业、化学工业、汽车工业以及第二个主导产业群各产业
第四阶段	汽车、石油、钢铁和耐用消费品工业	耐用消费品工业、宇航工业、合成材料工业以及第三个主导产业群各产业
第五阶段	信息产业	新材料、新资源、生物工程度等新兴产业，以及第四个主导产业群各产业

表3-3 罗斯托的经济成长阶段和相应的主导产业

经济成长阶段	相应的主导产业
传运社会阶段	绝大部分以农业为主体
为起飞创造前提阶段	能以农业为主体
起飞阶段	纺织工业、铁路、建筑
向成熟推进阶段	钢铁工业、电力工业
高额大众消费阶段	汽车工业
追求质量阶段	服务业、城效建筑业

应当注意的是,随着经济活动范围的不断扩大和社会分工进一步深化,由单个产业充当主导产业的角色来带动整个经济发展和产业结构演进的现象并不常见,而越来越多的情况是由一组产业形成"主导产业群"来带动经济发展和产业结构升级。如由钢铁、电力、机械和化学等重化工业组成的主导产业群,就曾对国家的重工业化起了主导作用。

4.产业结构合理化的理论框架

产业结构合理化是一个动态、渐进的过程,该过程的极限状态是产业结构最优状态。可以从企业和产业两个层面进行理解。企业层面包括:

产品结构的调整、组织结构的调整、生产方式的转变和管理方式的转变四个方面。产业层面包含：结构比例协调、结构有序变动、资源效率提高和产业布局合理化四个方面。这两个层次之间存在互动关系。

而从长期来看，这种比例关系又是不断变化的。产业结构合理化的意义就在于此。产业结构关联通常可以通过里昂惕夫的投入产出表及其表达式来说明：

$$X = (I - A)^{-1}F, W = AX \text{ 或 } W_i = \sum_j a_{ij}X_j$$

其中，X 为部门产出向量，A 为直接消耗系数矩阵，在一定程度上也代表着一定的技术水平，a_{ij} 为该矩阵元素，F 为最终需求向量，W 为中间需求向量。

通过研究结构关联，可以对一定的产业结构进行波及效果分析、生产诱发程度和派生需求分析，以及对就业、资本投入等要素需求进行测算；同时，通过结构关联程度，结合技术水平和技术进步速度，我们甚至可以进行不同行业的技术扩散与带动程度进行分析。由于工业发展过程中存在不同程度的进入障碍和退出障碍，以及供给结构并非完全有弹性而是存在一定的刚性、甚至是僵化，由此而导致了部门之间生产要素的边际效益并不相等，这是一个十分普遍的现象。即结构关联效应（或结构协调效应），它表现为产业结构的协调或平衡要求。通过改善结构关联效应来提高资源配置效率，主要有两个方面：一是追求减少资源的闲置浪费和短缺，它遵循"木桶效应"原理，即通过结构平衡或协调所产生的效益，犹如木桶装水，是由木桶中最短的一条边所决定的。二是在确定主导部门时，尽量选择与社会技术能力相适应的行业，避免主导部门与相关行业的技术差距过于悬殊，而使得相关行业成为主导部门发展的障碍。

对于第一种结构关联效应是可计算的。例如，对多种产品和多种要素的生产过程以及生产过程的各个阶段，可以用下述模型来描述：

生产函数：$X_i^s = f_x(K_i, L_i, E_i, M_i)$

要素需求函数：$K_i = f_K(p_i, r_i, w_i, q_i, g_i, X_i^s)$

$$L_i = f_K(p_i, r_i, w_i, q_i, g_i, X_i^s)$$

$$M_i = f_M(p_i, r_i, w_i, q_i, g_i, X_i^s) \text{ , } E_i = f_E(p_i, r_i, w_i, q_i, g_i, X_i^s)$$

产品需求：$X_i^d = g(Y, p_i, p_j)$

库存函数：$X_i^s - X_i^d = h(\Delta X_i^d, \Delta p_i, s_i)$

要素价格方程：$r_i = k_r(r)$，$w_i = k_w(w)$，$q_i = k_q(q)$，$g_i = k_g(g)$

产品价格方程：$\Delta p_i = k_p(X_i^s - X_i^d)$

其中：X_i 为 i 部门的产出，K_i、L_i、E_i、M_i 分别为资本、劳动力、能源、原材料等要素投入，p 为产出价格，r_i、w_i、q_i、g_i 等分别为资本租金、工资率、能源价格、材料价格等要素价格，Y 为国民收入水平，上标 s、d 分别表示供给和需求，$t_i^{RS} = c_i^{RS} \cdot t_i^S$ 表示变化值。

通常情况下（自由竞争），最佳的资源配置结构可以通过如下最优模型来实现：

目标方程：$\max S = CX$

约束方程：$AX t_i^{RS} = \dfrac{x_i^R d_i^S}{\sum\limits_R x_i^R} Q_i^{RS} b$

$X = (I - A)^{-1} F$

$X \geq 0$

其中：S 为目标值（如利润总额），C 为各部门的产出单位价值率，X 为各部门的产出向量，b 为资源可供量或其他限制条件（如环境等）的常数向量，$(I - A)^{-1}$ 为投入产出逆矩阵。

满足上述最大化方程的一阶条件是：

每种要素的边际产品的价值必须等于它的价格：

$p \dfrac{\partial f(x^*)}{\partial x} = w_i$，$i = 1, \cdots, n$

每一部门的要素边际产出率必须相等：$\dfrac{\partial f(x^*)}{\partial X_i} = \dfrac{\partial f(x^*)}{\partial X_j}$

凡是对上述最佳资源配置结构的偏离都将造成一定的效益损失。假设存在高效率部门和低效率部门两类部门，其资产存量分别为 $\sum A_i$、$\sum B_i$，而 a_i、b_i 分别为两者的资产利润率，结构调整前、后分别用下标 0 和 t 表示，那么以资产转移为特征的结构调整的效益改进 ΔY 可以表示为：

$$\Delta Y = \frac{\sum a_{it} A_{it} + \sum b_{it} B_{it}}{\sum A_{it} + \sum B_{it}} - \frac{\sum a_{j0} A_{j0} + \sum b_{j0} B_{j0}}{\sum A_{j0} + \sum B_{j0}}$$

M. 赛尔奎因利用资源再配置效应(TRE)模型来测算具有不同要素生产率的部门之间的资源再配置对生产率和经济增长的作用。根据其定义,生产率总增长率和生产率部门增长率的加权平均数的差距测量了在具有不同边际生产率的部门之间资源再配置对增长的作用。这种差距被称为总体再配置效应(TRE)。公式如下:

$$TRE = \frac{1}{V} \sum L_i (f_{Li} - f_L) + \frac{1}{V} \sum K_i (f_{Ki} - f_K)$$

钱纳里等人对工业化进程阶段划分如表3-4所示。根据钱纳里等人对工业化过程的研究,人均收入处于140—280美元(1970年)为结构转变初期,2100—3360美元为结构转变末期。由表3-4可以看出,整个工业化时期是资源再配置效应最高的时期。而当人均收入为3360—5040美元(即完成了工业化进入"成熟经济"时期)时,资源再配置效应急剧下降。

表3-4 多国模型中资源再配置对生产率增长的贡献[①]

人均收入	年均增长率(%)			再配置效应的贡献(%)	
(1970年美元)	TFP	$\sum \rho_i TFP_i$	TRE	TRE/TFP	TRE/G
100—140	0.44	0.4	0.04	9	1
140—280	0.72	0.57	0.15	20	3
280—560	1.4	1.11	0.29	21	5
560—1120	2.28	1.72	0.56	25	9
1120—2100	2.92	2.17	0.75	26	11
2100—3360	3.11	2.71	0.4	13	6
3360—5040	2.8	2.72	0.08	3	2

① 资料来源:M. 赛尔奎因:《生产率增长和要素再配置》,载钱纳里等著:《工业化和经济增长的比较研究》,上海三联书店1990年版。注:表中 TFP 为总的全要素生产率,ρi 为部门 i 的比重,TFPi 为部门 i 的全要素生产率,G 为总产出增长率。

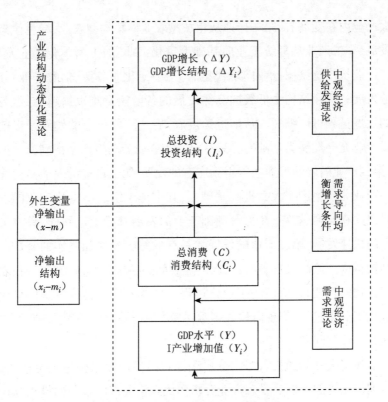

图 3-3 产业结构动态优化理论体系

4. 产业结构优化升级的目标

产业结构优化升级的目标是建立科技含量高、经济效益好、资源消耗低、环境污染少的新型产业结构,使工业整体素质明显提高,国际竞争力和可持续发展能力显著增强。其方向可以总结为:积极发展对经济增长有突破性重大带动作用的科技含量高的行业,使产业结构向着低物质化和高知识化的方向发展;同时,加快利用高新技术和先进适用技术对传统产业的改造,提高资源的利用效率,增加科技含量,增强产业结构的整体素质。

二、产业结构演替规律

关于产业结构的演进包括下面四个时期:前工业化时期、工业化中期、工业化后期和后工业化时期。从主导产业转换来看,从农业为主导、轻纺工业为主导、原料和燃料动力等基础工业为主导、低加工组装型重化工业为主导、高加工组装型工业主导、第三产业主导到信息产业主导;从三大产业内在变动看,第一产业从粗放型农业向集约型农业、绿色生态农业发展,第二产业从轻纺工业向基础型重化工业、加工型重化工业发展,第三产业从传统型服务业向现代型服务、多元化服务业、信息产业、知识产业发展。产业结构由低级向高级发展的各阶段是难以逾越的,但各阶段的发展过程可以缩短。从演进角度看,后一阶段产业的发展是以前一阶段产业充分发展为基础的。只有第一产业的劳动生产率得到充分的发展,第二产业的轻纺产业才能得到应有的发展,第二产业的发展是建立在第一产业劳动生产率大大提高基础上,其中加工组装型重化工业的发展又是建立在原料、燃料、动力等基础工业的发展基础上。同样,只有第二产业的快速发展,第三产业的发展才具有成熟的条件和坚实的基础。产业结构演进理论的发展表明:三次产业之间的结构转变,首先集中在农业向工业化的转变,即所谓的工业化过程。虽然今后的趋势将是信息化过程取代工业化过程,但现阶段大多数国家(特别是发展中国家)所面临的仍然是工业化问题。

里昂惕夫开创的投入产出分析法把封闭型产业结构理论定量化,并发展到最完美的程度。投入产业分析国民经济各部门之间的投入与产业的数量关系,利用投入产业和投入产出系数推断某一部门经济活动的变化对其他部门的影响,计算为满足社会的最终需求生产的各种产品总量,并分析国民经济发展和结构变化的前景。投入产出分析法是产业结构分析的一种重要工具,但由于它是静态分析的方法,并以同质性和比例性作为分析的假定前提,因而这种方法又有一定的局限性。一般说来,它用于短期而不适用分析,适用于分析而不适用于预测。

3.2 产业布局的相关理论解释

产业布局的理论也可以理解为产业的规划,产业结构调整进行整体布置和规划。下面主要介绍的有区位理论、新经济地理学理论、产业结构转换理论和劳动地域分工理论。

3.2.1　区位理论

区位理论是关于人类活动的空间分布及其在空间中的相互作用的学说,是研究人类经济行为的空间区位选择及空间区内经济活动优化组合的理论。区位主体是指和人类相关的社会和经济活动,比如企业经营活动、社会公共团体的活动以及个人活动等。区位主体在空间中的相互关系称为区位关联度,而区位关联度影响投资者和使用者的区位选择。一般来说,投资者选择总成本最小的区位。

一、区位理论的分类

区位理论一般分为农业区位理论、商业区位理论以及工业区位理论。

1. 农业区位理论

农业区位理论的创始人杜能用科学的区位理论解释空间经济活动规律,并创立以成本探讨农业配置区域差异的理论。杜能系统地考虑了农业生产的区位问题,以一个假象的、地理上孤立的城市出发,分析如何解决城市外围均质化土地上作物的种植。他推导出的"杜能圈"对地租、位置以及资源配置给出了很好的解释。该理论认为,由于农场距离城市的远近不同,虽然假设土地的肥沃程度是一致的,但是农业的经营方式也随之改变,以至于农业收益产生差别,从而论证级差地租。

2. 商业区位理论

商业区位理论最早是由龙哈德论证,该理论的主要特点是以商品运费最少、运输距离最短、赢利最多为最终目的的同时,在销售区域的选择中,寻找那些获利机会最多,商业覆盖率最广的区位。

3. 工业区位理论

工业区位理论基础的奠定人是德国经济学家阿尔申尔德·韦伯,研究认为,应该通过对运输、劳动力以及集聚因素相互作用的分析和计算,找出工业产品的生产成本最低点,作为工业企业的理想区位。为了研究的需要,类似以上的农业以及商业区位理论,韦伯也提出了若干假设:工业原料和辅助材料分布在已知的特定点;研究对象是一个均质的国家或地区,在该范围内,除探讨影响工业区位的经济因素外,不涉及其他因素;工业产品的消费地点为需求量不变的已知地点。劳动力供给已知,劳动力不能流动,且在固定的工资率下劳动力是充裕的;运费是重量和距离的函数;只讨论同一产品的生产和销售。

（1）运输成本影响工业区位选择的分析

假定没有其他因素的影响下，只有运费与工业区位之间的关系，那么工业企业应该选择原料和成品二者的总运费最小的地方。运费的大小主要取决于运输距离和运输货物的重量，即运费是货物运输距离与货物重量的函数。韦伯对工业用原料进行了分类，第一类是遍布性原料，指到处都有的原料，此类原料对工业区位的选择影响不大。第二类是限地性原料，该类原料只分布在特定的地方，他对工业区位模式的产生影响非常大。根据上述分类，韦伯提出原料指数的概念来证明运输费用对工业区位的影响。另一个概念运费指数是指需要运输的限地性原料总重量与制成品总重量的比值，即：原料指数＝限地性原料总重量/制成品总重量。

由此可以计算出工业生产中使用不同种原料的原料指数，一般遍布性原料的原料指数为0，纯原料的原料指数为1，失重性原料（在生产过程中，原料在成品中的总重量比原来使用的原材料的总重量减少）的原料指数大于1。限地性原料的失重程度越大，原料指数越大；遍布性材料的使用比例越大，原料指数越小。最终，原料指数的不同导致工业区位的趋势不同。所以，在原料指数不同的情况下，只有选择那些原料、燃料与市场间运费最小的点，才是理想的工业区位。

（2）劳动力成本影响工业区位选择的分析

以上是从运输成本的角度论述了工业区位模式，在此我们分析影响工业区位选择的第二个因素——劳动力成本。所谓劳动力成本是指单位产品中所包含的工人的工资额。他认为，劳动力成本是导致以运输成本确定的工业区位模式产生第一次变形的因素。韦伯认为，如果劳动成本在特定区位对工厂的配置有利时，可以使一个工厂离开或者放弃运输成本最小的区位，而移向劳动力成本比较低的地区选址建厂。但是，前提是，在劳动力上节约的成本必须大于因为厂址搬迁而导致运费上的损失的费用。

（3）集聚与分散因素影响工业区位选择的分析

①集聚因素

集聚因素是指使工业向一定地区集中的因素。集聚因素形成的经济效益也可以像低廉劳动力成本一样来改变由于运输成本最低而选定的区位,集聚所带来的效益可以使运费和工资定向的区位发生偏离,从而形成区位的第二次变形。集聚因素可分为特殊集聚因素和一般集聚因素,其中特殊集中因素是指社会集聚,而一般集中因素是指生产集聚。他们主要通过生产或技术集聚(纯集聚)和社会集聚(偶然集聚)两方面对工业企业的经济效益产生影响。其中,纯集聚对工业效益的影响主要通过两种方式:第一种是指由于企业规模扩大而带来的;第二种是指同一个工业部门中,企业间的协作使得企业的生产在地域上的集中且分工序列化。偶然集聚是由企业外部因素引起的,主要包括两方面,第一,由于大城市的吸引,交通便利以及资源丰富使得工业集中,第二,一个企业选择和其他企业相邻,获得额外收益。一般集中因素是集聚的固定内在因素,特殊集中因素则是偶然的外在因素。在讨论工业区位时,主要注意一般集中因素。

②分散因素

分散因素与集聚因素相反,所谓的分散因素,是指那些不利于工业集中到一定区位的因素。如果集聚给企业带来的利益小于房地产价格上涨所造成的损失,一些工厂宁愿离开工业集聚区,搬迁到其他房地产价格成本低的地方。

3.2.2 新经济地理学理论

新经济地理学理论主要用于解释经济活动出现空间集聚的现象。该理论通过微观经济的一般均衡方法构建模型,通过模型描述促使经济活动聚集和促使经济活动分散这两股力量如何作用形成经济活动的地理结构和空间分布。该理论由中心—外围模型、城市体系模型和国际贸易模型三部分构成,三个部分分别解释了经济活动选址上谁选址、怎么选址和在哪里选址的问题。

一、新经济地理学

1. 中心—外围模型

中心—外围模型为两地区、两部门、两要素的 2×2×2 模型,采用 D-S 模型的垄断竞争假设,并考虑规模报酬递增、运输成本和要素流动。该模型假设有两个区域,每个区域有农业和制造业两个部门,其中农业部门规模报酬不变且完全竞争,制造业部门规模报酬递增且不完全竞争,两部门

53

投入要素分别为农民和工人,工人具有流动性,农民不具备流动性并在两区域均匀分布。农产品没有运输成本,制造业产品运输有正的冰山成本。模型中农民的不可流动性是经济活动分散的动因,而模型中促使经济活动聚集的动因涉及较多方面,这些方面取决于低水平的制造业运输成本、足够多的产品种类和高水平的制造业份额,当这些因素带来的前向和后向联系大于非流动性要素产生的产业分散动因,经济活动会逐渐演化成为以制造业为中心农业为外围的经济聚集结构。在经济聚集形成过程中,运输成本、规模经济以及可移动资源份额等因素的变动会使经济活动产生波动,经济聚集动因的不断积累的地区会逐渐成为中心,而其他区域逐渐变成外围。值得注意的一点是,该模型描述的是经济可以形成而非一定会形成中心—外围结构,在已经发生聚集的地区会稳定在这种状态,而产业均匀分布的地区也能保持稳定,既单中心与多中心的经济地理结构都是稳定的均衡结构。

2. 城市体系模型

城市体系模型为中心—外围模型稍加改动而成。城市体系模型假设两区域变成土地均匀分布的区域,经济体中工人完全同质且能实现自由流动,农业使用土地与农民两种要素,农产品与制造业产品的运输成本均为正值。在该模型中,城市被定义成被农业包围的制造业聚集地,农业用地是不可流动的要素,是促使经济分散的动因。当整个经济体人口逐渐增加、农业用地边缘与中心的距离增加时,一些制造业会向外迁移形成新的城市。在人口继续增加的情况下城市数量继续增加,城市规模与城市间的距离在经济聚集和经济分散动因的作用下会趋近于稳定。经济体中存在多种经济规模和运输成本的部门时,经济体内部会出现分等级的结构,该种结构受市场潜力的影响,而该种结构又决定了经济活动的区位。城市体系模型中有一种观点值得注意,就是自然地理对经济区位有一定的决定作用。自然地理通过影响经济体的运输成本等多个方面决定产业聚集出现,而产业聚集通过空间经济的自组织作用不断发展壮大会淡化最初的区位优势的作用。因此,城市系统是动态系统,在经济体运行过程中会逐渐发生变化。

3. 国际贸易模型

国际贸易模型从产业关联、运输成本和要素流动型三个方面研究产业集聚现象。该模型所指的产业关联是指产业的后向关联与前向关联，而非产业链上的直接关联。该模型认为产业集聚依赖于该产业商品支出，由此一个较大规模的国内产业会带来较大规模的市场，这种由需求引致的后向关联是促进经济集聚的动因。由于较大规模产业可以为别的生产者提供多种中间产品，存在外部规模经济，这会降低该产业的最终商品的成本，这种前向关联促使产生专业化生产，从而制造业会发生产业集中。

二、新经济地理学与产业功能区布局

新经济地理学目前还处于发展阶段，虽然其理论结构有清晰严谨的模型，放开传统贸易理论中要素不可流动和商品运输成本为零的假设，在现实中有一定代表性，其仍然受到质疑，认为其对数学建模的依赖太大，核心模型许多方面对现实描述不完善，对经济集聚动因和经济分散动因的考虑过于简单。新经济地理学未来可通过拓宽研究范围和加强实证研究来不断完善理论本身的缺陷。

虽然新经济地理学理论本身存在一些问题，但其理论体系给我国产业功能区布局提供了一个新的思路。中心—外围模型指出了产业集聚的基本模式，城市体系模型指出了经济体内部等级结构的形成机制，国际贸易模型指出了外部规模经济带来的专业化生产，这些为我国在进行产业功能区布局时提供了一套从怎么集聚到集聚成什么样的完整的思考方法，对政策制定有一定的指导意义。

3.2.3 产业结构转换理论

一般认为，产业结构转换是一个地区的主导产业随着经济的发展而发生质的变化，其变化的同时又对经济的发展起到促进作用，实现产业和经济的共同发展。区域经济的发展不仅是经济水平不断发展进步的过程，也是产业结构不断优化的构成。产业结构的转换能力是指产业结构适应市场变化和保持区域经济稳定、持续、协调发展，从而向更高级别调整和演进的可能条件。要提高区域经济的发展水平，产业结构的转换能力尤为重要。区域产业结构的转换能力强，反映出该区域产业结构的综合能力比较强，因此发展的潜力也大。区域产业结构的现状和转换能力，在决定其在区际分工中的地位的同时，也对该区域内经济增长和人们的收入水平的提高起着至关重要的作用。经济增长与产业结构相互依存、相互联系、相互影响,二者之间存在稳定的内在联系。

地区经济增长呈现出阶段性的演进,变现为一个非线性的过程。不同的发展阶段,产业结构发生不同程度的变化,其体系也是依托经济增长而发生变化。从地区经济层次看,地区产业结构演变和地区经济增长同是地区经济发展的重要侧面,经济增长从总体规模上反映了地区经济发展在数量上的扩张;结构变化则从部门组成方面反映了地区经济发展在质量上的演进。其实质是通过结构的完善来提高产出和效益水平。

一、区域经济发展与产业结构的关系

经济发展与产业结构是相互影响的。一方面,产业结构转换发生于经济发展的过程中。另一方面,产业结构的变化又对经济的发展产生重要的影响。产业结构对区域经济的影响从以下几个方面加以论证:

现代经济的发展在取决于资本和劳动力等要素的投入的时候,还取决于要素的合理配置,而产业的结构状况则在很大程度上决定了要素配置的效果。如果产业结构布局合理,能够充分利用所配置的要素来不断满足消费者的需求结构的变化,则要素的配置是有效的,它会带来经济持续稳定的增长。相反,如果产业结构的状况不合理,则会阻碍经济持续稳定的增长。

二、产业结构转换效应研究

产业结构的变动包括产业结构的规模由小变大,产业结构水平由高到低,产业结构关系由松到紧。产业结构的变动能够在很大程度上促进产业的繁荣,带动经济的增长。产业结构转换对经济增长的引导效应最终表现在它对经济增长的推导效应,在结构转换中寻求经济增长的效益和经济增长的速度。国民经济增长本质上就是国民经济中各个产业部门的增长总和,而各生产部门的有机联系,构成了国民经济体系。当各个部门的经济增长率增高的时候,整个经济的增长率也随之增高;反之,当各部门的经济增长速度放缓的时候,国民经济的增长率也随之下降。由于各个部门的增长率是不同的,有的部门增速较快,有的部门增速较慢。因此,如果增速比较快的部门在国民经济中占的比重越大,那么整个国民经济的增长率也就越大。如果增速慢的部门所占比例比较大的话,那么国民经济的增长率也会相对的减缓。然而,部门增长与国民经济的增长关系并不是简单的各部门经济增长的加总,一些部门增长加速,一些部门增长减速,部门间的增长是不平衡的,其主要表现为结构的变化,产业结构效应具体表现在以下两个方面:

1. 有效产出的增长

有效产出的变动可以影响产业结构的变动,产品寿命周期是产业部门的扩张和收缩的反映,所以,我们通过产量(A)、产品的饱和水平(B)以及时间(t)建立函数关系:

产量 A 的增长速度:$dA/dt = KA(B-A)$

其中 K 是与其生产率的增加率高低密切相关的一个系数,饱和参数 B 的大小与收入弹性的高低密切相关。随着时间的推移,产量的饱和水平与产量之间的差距会越来越少,最后趋近于零。因此(B-A)随着时间 T 的推移而不断减少。而产量 A 将不断地接近产量的饱和水平 B,因此,A 随着时间 T 的推移而不断增大。当一个产业处于成长期的时候,A 值往往远远小于 B 值,因此在成长期(B-A)为正,其收入弹性也比较高,由上面的函数关系可知,在 K 值一定的情况下,产量 A 的增速也越大。但是,随着时间的推移,由于产业的不断扩张,产品趋于饱和的时候,(B-A)逐渐接近于零,因此产量的增速 $dA/dt = kA(B-A)$ 也逐渐趋近于零,这也就意味着产业的扩张开始停止,该产业将进入萎缩阶段。由此,我们从分析中可以得出,所谓的结构成长实际上是那些具有更高的收入弹性,生产率增长迅速的部门通过扩张不断取代衰退产业的过程。在这个时期,这些快速成长的产业势必出现产量增大,成本下降的经济效应,从而促进整体经济发展水平的提升。但是随着原有高速增长的产业部门生产率增速的放缓,随之而来的是这些部门在总产值中所占的份额的不断减少,如果这个时候没有出现其他的生产率高速增长的部门来替代原有的部门,也就是说产业结构的转换或者产业的成长无法得到实现,那么总体的经济增长速度必定会出现减速的情况。相反,如果在这个阶段大力发展收入弹性高的产业经济,及时实现产业结构的转换,以及成功的实现产业的成长,那么这些具有比平均增长率增长水平更高的部门不但能够抵消原有部门增长减缓所造成的影响,而且还能在一定程度上支撑整个经济朝向更高增长率方向的发展,回顾历史,我们不难发现经济增长的过程是新的产业部门不断取代旧的产业部门的过程,所以说,产业结构转换是实现经济高速增长的必然条件。

2. 资源的有效利用和开发

在实际的经济活动中,由于社会对某种产品的需求减少常常出现供大于求,产品积压的现象;同时也存在一些产品,由于需求的旺盛而出现的供不应求,供给无法满足需求的现象。当产品供大于求的时候,往往造成资源的浪费,很多资源得不到有效的利用,当产品出现供不应求的时候,又会显现出资源短缺需求无法满足的弊端。此时,如果能够出现产业结构的转换和调整,将资源从积压部门转移到资源短缺部门,是资源得到有效的利用,既解决了资源闲置和资源短缺的问题,又提高了单位资源的产出效益,促进了经济的整体性增长。从资源的供求来看,有些部门所需要的资源供给有限,随着资源的不断利用,可用的资源越来越少以致资源出现短缺现象,这些资源的价格就会随着需求的增加而上升,从而导致那些需要利用这些资源的产业的增长受到一定的影响;另外,有的产业部门所需要的资金一直比较宽裕,由于大部分资源不能得到有效利用而产生了资源的限制,无法实现资源的有效配置而造成的资源浪费久而久之必将影响产业的健康发展。所以,如果能够及时的调整产业结构,建立新的产业部门来替代那些依赖的资源比较短缺的部门,或者提高那些拥有丰富资源的产业部门的资源利用率,扩大这些产业部门的生产规模,这些都可以促进经济的增长。由此可知,大量的资源投入虽然是经济增长的必然条件,但是资源的有效利用和产业的生产效率在很大程度上取决于产业结构。

三、从产业结构转换的视角看现代经济增长的本质

结构转换是推动经济增长的重要因素。现代经济增长的模式有别于以往的经济增长的显著特征,是经济的高增长率和产业结构的高变动率。产业结构和经济增长有着密切的联系,一来,不同的经济发展水平表现出不同的产业结构特征,二来,产业结构的转变能促进经济的发展。机构主义增长理论以新古典增长公式为起点,引入结构因素重新解释经济增长的过程,其回归方程的一般是变现为:

$Vy = F(I/Y, Va, Xa, Xb, Xc, Xd, Xe)$

其中:Vy 表示经济增长速度;

I/Y 表示投资与 GNP 的比率;

Va 表示发展水平的度量;

Xa 表示出口增长的度量;

Xb 表示劳动或资本自农业转移的度量;

Xc 表示劳动质量的度量;

Xd 表示国际收支逆差的度量;

Xe 表示劳动力的增长。

该方程式所考察的解释变量除了劳动和资本之外,还引入了资本和劳动再分配等结构变量。从该函数式可以看出,结构主义经济增长函数把经济增长看成是要素投入与结构转变共同推进的结果,从而把结构转换的分析和结构转换对经济贡献的考察也纳入到对经济增长分析的各因子之中。钱纳里等经济学家利用这一模型进行了回归分析,得出的结论表明,结构变量对经济增长具有显著的贡献。总之,产业结构的变动带动了现代经济的增长,产业的高增长率以及产业结构的高变动率推动了现代经济的高速增长。

3.2.4 劳动地域分工理论

劳动地域分工理论是指一国或一地区按照各自的要素禀赋和比较优势,着重发展有竞争优势的专业化部门和在产品交换基础上的相互协作,以取得较高的劳动生产率和经济效应。地域间的比较优势的客观存在是劳动地域分工的基础。

劳动地域分工是以一定的运输手段和商品贸易的存在为前提的,通常而言,劳动地域分工之后,该区域生产的产品主要不是为了本地区的消费,而是通过贸易和商品物流,运输到其他的地区,商品的生产地和销售地是分离的。要实现这种模式的顺利进行,就必须保证,商品在生产地的成本与运输费用之和小于商品在消费地生产的成本。劳动地域分工是国家或地区按照某个具有自身优势的生产部门进行专门化的分工生产,是社会分工的地域表现形式。劳动地域分工可以分为:地域绝对分工和地域相对分工。地域绝对分工,是指由于某些特定的自然条件和社会条件的限制,某些地方可以生产一种商品,而其他的地方不能生产该种地域特色浓厚的商品,必须依靠其他地方的输入。相对地域分工,是指某些地方可以生产某一种商品,但是生产该商品的成本高而收益少,从其他地方输入反而能降低成本,以外来输入为好。

3.3　实施产业政策的相关理论解释

实施产业政策的相关理论解释主要包括后发优势理论、外在性与外部效应、产品周期理论与产业梯度转移理论。

3.3.1　后发优势理论

后发优势理论的创立者格申克龙在总结德国、意大利等欧洲较为落后国家经济追赶成功经验的基础上指出:一个工业化时期经济相对落后的国家,其工业化进程和特征在许多主要方面表现出与先进国家(如美国)显著不同,他把这些差异归纳概括为6个重要命题:

(1)一个国家的经济越是落后,其工业化的起步往往越缺乏连续性,从而呈现出一种由制造业的高速成长所致的井喷式启动。

(2)一个国家的经济越是落后,在其工业化进程中强调对大工厂和大企业优先发展的倾向也就越明显。

(3)一个国家的经济越是落后,它就越强调生产资料而非消费资料的生产。

(4)一个国家的经济越是落后,其工业化进程中国民消费水平越低。

(5)一个国家的经济越是落后,其动员工业化所需资本的制度性因素越大。

(6)一个国家的经济越是落后,其工业化中农业的发展就越受到抑制。

格申克龙"后发优势"假说首次从理论高度展示了后发国家工业化存在着相对于先进国家而言取得更高时效的可能性,同时也强调了后发国家在工业化进程方面赶上乃至超过先发国家的可能性。

一、后发优势的经济学解释

从产业经济学的角度来看,所谓后发优势是指后发国家培育一个产业时,由于同一产业及相应的技术、经验与管理方法等已在先发国家中存在和发展,因此不必再花费同样甚至更多的人力、财力进行重复开发和探索,而可以通过引进、学习方式既而创新获得这些技术、经验和管理方法,由此而带来巨大的经济效益。如果后发国家不能有效利用后发优势,可能陷入"后发优势陷阱",限制其产业经济的进一步发展,导致赶超难以实现,甚至与发达国家的差距进一步拉大。

二、后发优势陷阱

后发优势陷阱主要表现为两种:一是制度模仿陷阱;二是技术模仿陷阱。作为后发优势陷阱主要内容的制度模仿陷阱和技术模仿陷阱,它们的形成有着共同的原因:只搞模仿,不搞创新,或者是没有处理好模仿与创新的关系。后发优势的存在的确为后发国家学习与模仿先发国家的经验、知识的制度提供了难得的机会,但是若后发国家紧随先发国家的后尘,一步一个脚印沿袭先发国家,完全模仿、照抄、照搬它们的经验和制度,或者模仿与创新的度没有适当把握好,那么迟早就会坠入陷阱,遭遇曲折和危机。

三、后发国家的经济赶超方式

后发国家通过引进技术促进经济发展,既有优势,又有劣势。如何利用后发优势,把引入的外来技术同本国实际结合起来,是引进技术政策能否最终取得成功的关键。我国作为世界上发展中的大国,生产力水平还比较低,技术较落后,要在本世纪实现"迎头赶上",只有大量引进国际上的先进技术资源。而长期以来,我国在技术引进中,比较注重技术硬件的投入,却忽略了消化吸收和创新过程,结果造成我国技术引进的重复和对国外技术的严重依赖。引进技术却不能转化为自主开发能力,技术引进的效果不明显。因此,探讨适合我国国情国力的技术引进政策和机制,同时提出相应的政策建议,十分重要。

四、后发国家的工业化模式比较研究

一个国家工业化的过程,从其起步时所依据的技术基础看,大致可分为三类:一类主要是建立在本国科学水平发展的基础上;另一类主要是建立在技术引进的基础上;第三类是将发展和引进科学技术相结合。后发国家由于面临工业基础差、资金不足、中间环节薄弱等困难,因此很难完全依靠自己的力量来完成技术创新的全过程。因为这些国家经济实力相对较差,对新技术的研究开发也不能投入足够的经费,即使有些国家拥有较好的科学研究开发基础,能在实验室里做出一些高水平的研究成果,但由于缺乏良好的工业基础和配套支持条件,特别是缺乏把实验室成果转化成商品的中间环节所需的大量资金,结果研究成果往往只能作为样品。后发国家产业结构落后,传统产业大多是围绕农产品加工与原材料产品加工,或者是只能生产中、低档产品,很难依靠自己的力量来发展高技术产业。加上企业内部缺乏创新机制和动力,工人的技术素质和管理水平较低, 信息交流差等, 这些因素都影响着后发国家的工业化进程。

通过对日韩式与拉美式工业化模式的比较,可以看到两种不同的利用后发优势的发展战略。前者充分地将外生型后发优势转化为自身的社会能力,而后者仅仅停留在利用外生型后发优势却不注重其内生化,结果是形成了两种截然不同的工业化结局。以汽车产业的发展为例,日韩式的特点是强调国家发展自主汽车工业(自主知识产权、自有品牌),不倾向于合资,高度重视引进消化工作,重视自有品牌建设,运用市场壁垒保护本国自己的汽车工业,通过与跨国公司合资打入国际市场;而拉美式的特点是鼓励各类跨国公司进来合资合作设厂竞争,不追求“民族汽车品牌”。日韩模式是通过国家确定产业发展目标、实行市场保护与政策倾斜等方式强烈地干预市场且注重自身能力构建的产业发展道路;而拉美模式是遵守国际自由竞争和比较优势论的、政府放任自由的产业发展之路。日韩模式是通过引进与消化技术来发展民族产业,创立自有品牌,虽然要冒技术引进失败、消化不力、掉进引进陷阱的风险,但由于这种方式注重产业自身能力构建,能够避免外国资本控制,有助于振兴民族产业,缩小与国际先发国家产业发展水平的差距;而拉美式是通过出让市场交往技术与国际投资,短期内虽然增进了国民福利、节约了技术的开发费用、减少了产业投资风险与市场风险,但从长远来看,其代价是断送了自己的技术研发与创立自有品牌的愿景。日韩模式不仅强调技术引进消化吸收,也强调国际市场导向,是以自强为目标的内生型后发优势战略;拉美模式的产业发展道路虽然也促进了国民生产总值的稳定增长,但经济体系难以摆脱对美国的依附,即停留于外生型后发优势战略,仍然是依附性发展。

3.3.2　外在性与外部效应

外在性，又称外溢性。自马歇尔在其著作《经济学原理》中提出"外在性"以来，外在性在经济研究领域的讨论也越来越广泛。外在性主要指经济活动中的活动主体对它所处的环境的影响。这种影响可以是直接的，也可以是间接的；可以是有利的也可以是有害的；可以是正向的也可以是负向的。

通俗地说，当一种经济交易的结果对除交易双方之外的第三者发生了影响，而其又未参与该交易的任何决策时，即存在外部效应，外部效应是为在价格中得以反映的经济交易成本或效益。当生产和消费过程中，一个人使他人遭受到额外的成本和收益的时候，而且这些强加在他人身上的成本和收益并不能通过货币形式对当事人加以补偿的时候，外在性就发生了。外在性发生在市场经济运行的生产和消费过程中，离开了市场化的经济活动的生产和消费过程也就无所谓外在性了，例如某些自然灾害而引起的社会或个人的成本和收益的变化不属于外在性。外在性的影响方向和效果具有两面性，分为外部经济和外部不经济。如果一个部门的经济活动能为社会和个人带来收益或者使社会和个人的支出减少、生产成本降低，那么我们称该部门的经济活动具有外部经济的外在性。如果一个部门的经济活动会引起他人和社会的效益减少，以及成本的增加，我们则称该部门的经济活动的外在性是外部不经济。

3.3.3　产品周期理论与产业梯度转移理论

技术差异是国际贸易得以进行的一个重要条件，但是有的经济学家认为比技术差异更为重要的是技术的变化。在现代经济社会，技术的变化日新月异，技术领先的国家往往在市场中具有垄断地位。国与国之间的差异不是一成不变的，随着技术的扩散以及知识的传递，贸易也在国与国之间不断地进行下去。经济学家维农首次提出的产品周期理论对解释技术变化在国际贸易中的作用提供了强有力的理论支撑，该理论从技术变化的角度解释了国际贸易形态的动态变化过程。

一、产品周期理论

一般认为，产品周期理论是一种产品从生产到销售，需要很多各种各样的投入成本,研究开发、资本和劳动力投入等。随着技术的变化,产品像生物一样从出生到衰老,完成一次生命循环。在产品的不同阶段,各种要素成本投入的比重是不相同的。由于各国在要素投入上的比较优势不同,随着时间的变化,某种投入在成本中的相对重要性决定了该产品在不同阶段是否拥有比较优势。例如,在某一阶段,劳动力在生产成本中占主导地位,而劳动力又是某国相对丰富的要素,那么该国在这一时期就处在比较优势地位。根据产品周期理论,产品完成一次循环一般要经过初始期、成长期、成熟期三个阶段:

1. 初始期

产品的初始期是指产品的研发阶段。在这个阶段,产品的技术还不成熟,研发费用在产品的成本中占有很大比重。对于少数先进发达国家来说,由于国内的劳动力比较稀缺,工资水平高,因此寻求节约劳动力的生产方式是他们寻找技术创新的主要原因。而且,这些国家一般拥有比较雄厚的科研力量,可以集中大批高素质的尖端人才进行科研和技术开发。由于这些国家一般资本也比较丰富,可以投入大量的资本在研发人员和研发设备上,由于资本充裕,承担风险的能力也强。因此这些国家在这个阶段,在新产品的生产上具有比较优势,成为新产品的出口国。在初始阶段,新产品或者改进后的产品一般比原有的产品品质更高,价格也更高,所以,在初始阶段,这些商品的贸易主要发生在先进国家与其他发达国家之间,因为他们的收入水平相对来说都比较高,而且收入水平也比较相似,存在贸易的基础。

2. 成长期

当产品进入成长期之后,生产该产品的技术已经确定,并且被广泛的采用,由于企业之间竞争激烈,新进入的厂商不会受到技术上的限制,为扩大生产力度,企业需要加大资金投入的力度,产品进入全面的生产和销售阶段。产品的生产从研发开发型转化成资本密集型。这一阶段,资本成为最主要的成本构成。由于发达国家资本充裕,由要素禀赋理论可知,在这一时期,发达国家具有较强的比较优势,而产品主要从发达国家输送到发展中国家。

3. 成熟期

产品经过成长期后进入了成熟期,在成熟期,产品实现了标准化生产,而且得到了普及,厂商的生产也达到了最佳规模点。不同于前两个阶段,此时原材料和劳动力工资成为成本组成中最重要的部分,尤其是低工资的劳动,包括非熟练和半熟练的劳动,成为本阶段决定比较优势的重要因素。具备这样条件的国家主要是一些发展中国家,特别是一些已经在工业化方面取得一定成效的发展中国家或地区,这些地区不但有低廉的劳动力,而且生产能力也能达到要求。在产品的成熟期,发展中国家相对而言更加具有优势,生产的产品主要销往发达国家。

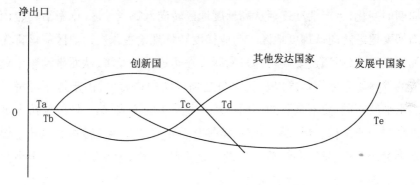

图 3-4　国际贸易的演变状态图

在产品周期理论中,国际贸易的演变可以用图 3-4 来描述。纵坐标表示产品的净出口,横坐标表示时间。在初始时刻 Ta,新产品刚刚由少数先进国家研发出来。因为技术还没有形成,生产规模比较小,所以该产品一般只在国内销售,满足国内消费者的需求。随着时间的推移,到了Tb 时刻开始有来自国外的需求,由于技术的进步,产量也开始有所增加,一部分产品从国内市场打入国际市场。由于产品的品质和价格都比较高,一般只有收入比较高的国家,以及收入水平和原产国比较接近的发达国家进口该产品。一段时间后,进口国掌握了该产品的生产技术,能够在国内自己生产,由此来替代一部分从创新国家的进口品,于是进口开始下降。到了某一时段后,由于发展中国家的需求扩大,创新国家也开始出口少量的商品到发展中国家。到了 Tc 时刻,生产技术已经形成,生产实现了标准化,该产品也由技术密集型产品转化成资本密集型产品,由于发达国家拥有充裕的资本,在这个时期,很多发达国家的厂商大量生产和出口该产品,到了 Td 时刻,原来的创新国家成为净进口国。最后,当产品转变为非熟练劳动密集型产品的时刻(Te),在劳动力上具有比较优势的发展中国家承接该产业,成为该产品的净出口国。由以上分析可以看出,所谓的产业周期演变过程,就是随着时间的推移,当不同要素在产业中所占比重发生转变,产业部门在具有不同比较优势国家中逐步转移的过程。

二、产业梯度转移理论

产业梯度转移理论认为,创新活动是决定区域发展梯度层次的决定性因素,而创新活动也大都发生在高梯度地区。随着时间的推移和生产周期的变化,生产活动逐渐从高梯度地区转向低梯度地区,创新活动也由高梯度地区转向低梯度地区。产业梯度转移理论主张发达地区应该首先加快发展,然后通过要素转移来发展欠发达地区的经济,从而带动整个经济的发展。东盟成员国以及我国与之临近的周边省区,由于地区经济发展水平的不同、要素禀赋的不同以及产业分工的不同,该区域的经济发展水平与产业结构也形成了一定的阶梯状差距。产业梯度转移的存在主要是因为,经济的发展趋势总是由发达地区转向欠发达地区,最后,再由欠发达的地区向落后地区推进。

本章小结

在本章中我们对开放条件下区域产业的动态协调与产业功能布局研究所涉及的主要理论进行阐明,这些理论从不同的角度和层次分析了开放条件下产业的协调以及产业功能的布局问题。我们结合实际,在引入一些国际贸易或区域经济中比较经典的理论如要素禀赋理论与比较优势理论的同时,也结合近些年理论界取得的发展成果,引入了一些比较新的理论,如现代协同理论以及新经济地理学等理论。通过这些理论的展开和深化,全面直观的剖析本课题所涉及的问题,对产业的协调和产业功能的布局有一定的指导意义。

本章综述了我国周边四省区内外部条件和中国东盟自贸区建设对四省区经济发展的影响,如东盟国家的贸易政策对四省出口贸易的影响,东盟国家经济现状为四省区进行以后经济发展的方向。东盟自贸区除了货物贸易自由化外,中国与东盟合作还扩大到金融、旅游、投资、农业、人力资源开发、中小企业、产业合作、知识产权、环境保护、林业及其产品、能源以及次区域开发等领域。部分省区和东盟产业结构存在相似性和同构性出口产品的竞争问题,但是同样具有梯度差异性,如新加坡的工业化水平比较高,产业结构正处于升级的阶段,可以与我国周边工业化比较落后的省份合作。目前,劳动密集型和资源密集型为主的产业已经不符合我国经济发展的步伐,在开放条件下确保边贸结构日趋优化。本章的分析为经济发展,不断提高生产技术水平提供基础依据。

第 4 章
产业发展的内部条件剖析与外部环境考察

本章的任务是从中国周边省区在开放条件下内外部条件两个方面展开剖析,首先对一个经济区域内部的资源、地理、交通、人才科技等方面进行介绍,随着中国与东盟国家经贸往来的加深和中国—东盟自由贸易区建设进程的推进,将为中国和东盟经济的持续发展提供新的动力,双方商贸主要还是靠资源禀赋推动。从国际贸易的特点来看,规模经济在国际贸易中发挥了愈来愈重要的作用。规模经济导致了世界贸易的绝大部分在要素禀赋相似的工业化国家之间进行,大部分贸易是产业内贸易,即相似产品的双向贸易,并且贸易的扩大其绝大部分是在没有大规模的资源重新配置或收入分配影响下形成的。与规模经济相适应,不同层次的区域组织的贸易也表现出上述特点。以国际贸易集团为例,表现为集团内贸易量的扩大和集团对外竞争力的提升。新技术革命极大地改善了经济发展条件的同时,也给社会生产带来了巨大的变革,即受自然条件和自然资源的制约日益减弱,对传统工业的改造和新兴工业的不断创立,带来了生产组织和企业管理的改进等,从而极大地提高了劳动生产率和生产效益。战后尤其是 20 世纪 50—60 年代至今,新技术广泛应用于生产是经济加速发展的直接原因。至于世界经济取得加速发展的事实则是有目共睹的。据托夫勒《第三次浪潮》的分析,由于技术革命浪潮与经济景气浪潮在高科技发展时期几乎是同步上升的,其根源在于科技日益进步与经济结构的优化,新科技于经济的飞跃越来越起着决定性的作用。一个区域要想在经济发展和国际竞争中立于不败之地,最关键的就是要占有科技的优势;没有高科技就失去了经济增长的支柱,各国竞相发展高科技的主要目的就是为了提高经济竞争能力。因此目前国际上以经济实力和科技进步为核心的综合国力竞争中,最根本的焦点之一就在于高新技术的角逐。经济全球化的实质,是一场以发达国家为主导,跨国公司为主要动力的世界范围内的产业结构调整,这一调整,不仅反应到一些产业的整体转移,更重要的是同产业的一部分生产环节的转移。过去,产业结构的调整大多是在一个国家内部进行的,在一国内部进行产业结构调整的代价比起在全球进行的产业结构调整的代价更高,经历的时间更长。所以西方国家,特别是投资和贸易比较开放的国家如英国、美国,由于在全球范围内实行了产业结构调整,正在经历从工业经济向"知识经济"的过渡从而给经济带来了强劲的发展势头。

4.1 开放条件下中国周边省区产业发展的内部条件剖析

一个区域的经济实力直接影响本区域产业的发展,中国周边省的经济实力强的省份对于发展资本密集型产业具有直接的支撑作用,例如广东的家电、电子和通讯企业拥有资本建立营销网络,推出自主品牌产品提高了市场的占有率,又反过来提升了本省的经济实力。

4.1.1 开放条件下广东产业发展的内部条件剖析

从劳动供给、资本和人才科技对经济增长直接的作用,我们首先分析一个区域经济发展的内部条件。广东省经济社会发展的概况:民营经济规模壮大,管理服务网络基本形成,法规政策实现新突破,自主创新能力提升,社会责任感增强,参与国际竞争意识提高。广东省大力促进三大需求均衡拉动,经济实现平稳较快增长;财政收入大幅提高;企业利润大幅增长;金融运行总体平稳。广东贯彻落实国家产业政策,推进产业结构调整升级并出台了《关于促进我省产业结构调整的实施意见》等文件,全年服务业增加值增长 13.0% ;高新技术产品产值 1.87 万亿元,增长19.9% ,自主创新能力明显增强 。在节能减排方面取得新成效,广东大力淘汰落后产能,大力推进火电厂脱硫和试点脱销加强污水处理设施建设。工业化步伐加快,高技术产业快速发展,交通建设取得新进展,能源建设成就显著,对外开放水平不断提高。但是广东的农业欠发达 ,广东农业竞争力的劣势表现在:农业生产效益低,农民收入增长缓慢;农业科技不足,基础较差;农产品品质有待提高;农业发展的结构性不平衡;农业产业化市场化程度不高。

一、开放条件下广东产业发展的经济竞争力剖析

在表4-1 中,它借鉴会计学中资产负债表的表现形式将17 项竞争力评价指标中高于平均值的指标按评价侧面归类,列入表的左方,而将低与平均值的指标列入表的右方,包括其各标准分,标准分数值大于 0 的则为

资产(即优势指标),数值越大说明优势越明显,标准分数值小于0的则为负债(即劣势指标),数值越小(绝对值越大)说明劣势越严重,标准分的绝对值越接近0,则该指标水平越接近5个经济区域的平均水平。广西、广东、云南、海南、越南为5个比较的经济区域。

表4-1 2009年广东经济实力与4个地区比较的资产负债表①

	资产		负债	
	指标名称	标准分	指标名称	标准分
广东经济实力	GDP	1.95	第二产业实际增长率	-0.22
	人均GDP	1.45	总投资	-2.34
	GDP实际增长率	0.46	第一产业GDP比重	-0.17
	人均GDP增长率	1.23		
	个人最终消费实际增长率	0.55		
	政府最终消费支出实际增长率	0.77		
	第一产业实际增长率	0.13		
	第三产业实际增长率	0.64		
	消费品价格上涨幅度	1.65		
	总投资实际增长率	0.07		
	第二产业GDP比重	1.01		
	第三产业GDP比重	0.01		
	人均个人最终消费	2.08		
	政府最终消费支出占GDP比重	2.25		

注:某地区该项指标实际值-5个地区该项指标平均值=该项指标标准分

在表4-1中可以看出,优势指标有14项,其中5项指标的优势比较突出,说明广东省经济增长力强劲,社会经济运行平稳。劣势指标中除了总投资比较明显,其余两项标准分的绝对值都比较接近0,劣势并不明显。必须承认广东发展的经济增长潜力不足,需要在产业结构调整方面

---

① 资料来源:根据《广东2010年年鉴》、《广西2010年年鉴》、《云南2010年年鉴》、《海南2010年年鉴》、《越南2010年年鉴》计算而得。庄丽娟主编:《广东国际竞争力研究》中经济实力的指标。

进行合理的布局,开辟新的经济增长点。广东的第二产业比重过高,但是作为经济增长和社会发展的主要支撑的第三产业却不够发达。广东的发展不均衡,高增长与低效率并存,外向型经济的拉动作用只带动了部分产业,人力资本存量低。

从图4-1中可以看出,广东产业发展的核心竞争力是工业、金融,广东是现代的商业金融中心并且拥有以电子信息为主导的高新技术产业、以装备制造业为主体的先进制造业、以生产性服务业为重心的现代服务业和以品牌带动的优势传统产业。由于自然资源和劳动力资源比较匮乏,主要依附外界。毗邻港澳的地缘优势是广东的基础竞争力。广东省深入贯彻落实科学发展观,转变经济发展方式,推动产业结构优化升级,构建以现代服务业和先进制造业为核心的六大产业以及"珠江三角洲现代产业核心区"、"东西两翼及山区产业转移工业园区"等八大载体的现代产业体系主体框架。

首先,金融方面,改革开放以来,广东省金融发展取得了令人瞩目的骄人成绩:金融业务总量、金融机构密度和金融从业人数位均居全国第一,成立了我国第一家证券公司、第一家金融电子结算中心、第一个外汇调剂中心,发行了我国银行业第一张信用卡等。金融业与地方经济相互促进、同兴共荣,特别是CEPA实施以来,广东充分发挥毗邻港澳的优势,深化区域金融合作,全力建设金融强省,对周边地区的金融辐射力显著增强。目前,广东省已基本形成以货币、外汇、产权等市场为主体的金融市场体系,银行、证券、保险及各类金融机构业务长足发展,大额和小额支付系统的支付清算系统进一步完善,金融服务效率不断提高,金融创新能力日益增强,资源聚集效应逐步显现,上市公司股权分置基本完成,地方金融改革取得重大突破,广东省金融领域步入由大到强的新阶段。

其次,工业方面,广东省的先进制造业主要包括装备制造、汽车、钢铁、石化、船舶制造五个产业。高兴技术产业主要包括电子信息、生物医药、新材料、环保、节能与新能源、海洋生物等六个产业。广东省的优势传统产业,主要包括以高新技术改造提升的产业,如家电、家具、五金、纺织服装、食品饮料、陶瓷、建材等,以及和提高人民生活质量息息相关的产业,如旅游、住宿和餐饮、房地产等两大类产业。广东省以质量效益为发展导向,保持现代农业产业优势,主要包括优质粮食、特色园艺业、畜牧业、渔业、现代林业和农产品精深加工服务业六个产业。这构成了产业竞争力的一个相互密不可分、相互交叉和相互渗透的有机整体。

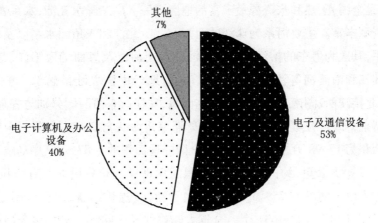

图4-1 广东省高新技术产业的比例①

二、开放条件下广东产业发展的其他内部条件剖析

区位优势对一个区域经济的发展提供了便利,使自然资源优势、劳动力和其他因素能更好地交流。

1. 开放条件下广东地理环境与区位分析

从国际版图上看,广东地处东亚板块与东南亚板块的结合位置,是两个板块之间人流、资金流、信息流的必经之地,是中国与东盟各国沟通的重要桥梁。从国内来看,广东省位于中国大陆最南部,东邻福建,北接江西、湖南,西连广西,南临南海并在珠江三角洲东西两侧分别与香港、澳门特别行政区接壤。广交会自上世纪五十年代设立至今已经使包括东盟在内的世界各国商界对广东印象深刻,中国—东盟自由贸易区的构建将给广交会带来新的生机。广东省是东盟的近邻,由于历史、地理、民族习惯等因素,广东与东盟国家间的贸易有着深远的传统,可上溯到中国的汉代,迄今已有两千年的历史。1975年起,中国与东盟部分国家相继签订了贸易、航空、海运、投资保护协定,相互给予最惠国待遇,双边贸易进入了健康发展的阶段。

---

① 资料来源:《广东省统计年鉴》。

2. 开放条件下广东自然条件与自然资源分析

广东属于东亚季风区,从北向南分别为中亚热带、南亚热带和热带气候,是全国光、热和水资源最丰富的地区之一。广东降水充沛,水系发达,水资源丰富。主要河系为珠江的西江、东江、北江和三角洲水系以及韩江水系,其次为粤东的榕江、练江、螺河和黄岗河以及粤西的漠阳江、鉴江、九洲江和南渡河等流入海河流。广东省地处中国大陆最南部。东邻福建,北接江西、湖南,西连广西,南临南海,珠江口东西两侧分别与香港、澳门特别行政区接壤,西南部雷州半岛隔琼州海峡与海南省相望。全省陆地面积为17.98万平方公里,约占全国陆地面积的1.87%;其中岛屿面积1592.7平方公里,约占全省陆地面积的0.89%。全省沿海共有面积500平方米以上的岛屿759个,数量仅次于浙江、福建两省,居全国第三位。另有明礁和干出礁1631个。全省大陆岸线长3368.1公里,居全国第一位。按照《联合国海洋公约》关于领海、大陆架及专属经济区归沿岸国家管辖的规定,全省海域总面积41.9万平方公里。广东省地貌类型复杂多样,有平原和盆地、谷地,为主要农业用地和建设用地;丘陵、山地主要为林业用地。其他为沿海滩涂和河流水域面积。此外有著名的丹霞山和金鸡岭等;丹霞山和粤西的湖光岩先后被评为世界地质公园;沿海数量众多的优质沙滩以及雷州半岛西南岸的珊瑚礁,也是十分重要的地貌旅游资源。沿海沿河地区是构成耕地资源的物质基础。广东地处欧亚板块与太平洋板块交接处,是国内具有丰富矿产资源的省份之一,有"稀有金属和有色金属之乡"称号。

3. 开放条件下广东交通运输分析

广东省公路发展水平较高,已初步建立起较为发达的公路网,公路基础设施具有较强的竞争力。高速公路网总规划布局以"九纵五横两环"为主骨架,以加密线和联络线为补充,形成以珠江三角洲为核心,以沿海为扇面,以沿海港口(城市)为龙头向山区和内陆省区辐射的路网布局。已有京广、京九、广三和广深等4条铁路经过,其中京广铁路和广深铁路已实现电气化,广深铁路是全国第一条准高速铁路。地铁通车里程约80公里。武广客运专线广东段(新广州站)、广深港铁路客运专线广深段暨广珠城际轨道交通开工建设。

表4-2 广东的运输状况①

指标	客运量(万人)	旅客周转量(亿人公里)	货运量(万吨)	货物周转量(亿吨公里)
铁路	13384	407.06	11276	310.22
公路	406300	1468.88	125015	1514.40
水运	1867	7.02	36558	2923.11
民航	6730	967.41	90	18.77

广东省境内铁路有京广线(双线)、广深线(四线)、京九线(双线)、广茂线(单线)、湛海线(单线)、漳龙线(单线)、畲汕线(单线)、平南线(单线)、河茂线(单线)、黎湛线(双线)等。第六次提速调图顺利实施,运输生产力得到充分释放;铁路建设取得新进展,一批重点工程扎实推进,质量良好;生产资源整合加快,基础改革迈出新步伐;科技进步取得新成果。

广东省沿海港口是我国华南、西南等广大地区经济社会发展的重要基础设施和对外交往的门户。广东省沿海港口分为主要港口和地区性重要性港口两个层次。广东省沿海在现有的港口布局上将形成以广州港、深圳港、湛江港、珠海港、汕头港为主要港口,潮州港、揭阳港、汕尾港、惠州港、虎门港、中山港、江门港、阳江港、茂名港为地区性重要港口的分层次发展格局。其中,广州港、深圳港、湛江港分别是我国珠江三角洲沿海港口群和西南沿海港口群的中心港口,也是国家综合交通大通道的出海口,是连接华南和西南等地区与国际市场的重要门户,是参与经济全球化的重要战略资源,对区域经济发展有重大作用和影响,将逐步发展成为区域性枢纽港口。

广东省目前有广州白云国际机场、广州新白云国际机场、汕头外砂机场、深圳宝安国际机场、湛江机场、梅县机场和珠海三灶机场7个机场,飞行区均为4E标准,飞机起降架次、旅客吞吐量、货邮行吞吐量等指标及安全管理水平都处于全国前列。

4. 开放条件下广东人才科技环境分析

广东作为国内第一经济大省,具有良好的产业基础、丰富的人才、科

---

① 资料来源:《广东2010年年鉴》。

技信息、市场等资源。广东省是全国人才聚集地之一,人才是广东经济的命脉,是广东产业发展的支撑。广东省先后建立了广东院士联络中心、广东科技工作者法律服务中心、广东青年科学家联络中心、广东科技人才服务中心等"四个中心",建立健全了"学术活动周"制度,院士专家"休养考察"制度,省委书记、省长听取院士、专家意见和建议"直通车"制度和"厂会协作"制度等"四项制度"。通过健全制度,完善服务机构,突出工作重点,创新服务方式,提高为科技工作者服务的质量和水平,营造了有利于科技人才脱颖而出和充分发挥作用的良好环境,取得了显著成绩。

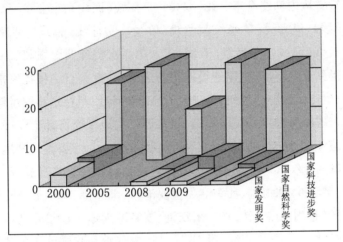

图4-2　近几年广东省的科技成项数①

为全力营造尊重人才、关注人才、让人才真正发挥作用的环境,让各方人才为广东发展作贡献,广东省注重人才的价值,出台的政策向吸引人才方向倾斜。例如面对近年各地风起云涌的人才大战,广东各地相继出台了关于人才资源开发、高层次优秀人才吸纳、专业技术人员管理人员的使用、留学回国人员创业、毕业生就业等多种层次的优惠政策。例如除免城市增容费、对硕士以上人才不限生源、不限专业、不限时间接收;对海外留学人才,广州提出"我们有资金,等你去创业"的口号,对博士后留广州工作的人员给予 10 万元补助,对高新技术人才,启动"人才直通车"。

———————

① 资料来源:《广东省 2009 年年鉴》。

尽力把人才用好,让来自各地的人才真正融入广东。广东注意完善人才使用机制,打破地区、单位、部门的界限,让人才流动起来。此外,建立合理的用人激励机制,营造有利于优秀人才脱颖而出、才尽其用的良好环境,从珠海重奖科技发明人员,到省政府每年奖励一批各行各业的优秀人才,使广东具备了吸引人才的优势。

表4-3 广东高素质人才情况

项目	2000	2006	2008	2009
院士人数	41	67	69	75
享受国家津贴新增人数	164	115	85	
高级职称批准人数	6111	16409	16743	19249
博士毕业生	417	1780	2327	2482

4.1.2 开放条件下广西产业发展的内部条件剖析

广西已经基本形成有色金属、电力、化工、轻工、纺织、制糖、建材、橡胶、食品等门类较为齐全的工业体系,部分产品具有市场竞争力,与东盟欠发达的国家开展合作潜力巨大,但是出口商品的初级化现象明显,特别是机电产品的出口远远低于全国的平均水平。

一、开放条件下广西产业发展的经济竞争力剖析

广西的优势可以发展比如以铝为主的有色金属、经济型轿车为特点的汽车、钢铁为主的冶金、以制糖为主的食品业等支柱产业。广西在农业技术领域,如在水稻的高产的培育、对中低产田的技术改造等,因为与东南亚国家气候的相似性,在这方面拥有广阔的合作前景。广西需要进一步扩大出口载体,加快出口主体结构整体步伐,实行市场多元化的战略。广西对外经济的软硬件方面缺乏吸引力,在国家支持西部大开发的情况下,抓住机遇。广西的2008年国民经济状况:农业生产平稳增长,粮食产量与上年基本持平;工业生产较快增长,七大支柱产业增加值突破1500亿元;全社会固定资产投资平稳较快增长,投资总额接近3800亿元;社会消费品零售总额突破2000亿元,增幅创13年来最高水平;市场物价涨幅高位回落;财政收入平稳增长,金融平稳运行。广西的工业状况,七大支

柱产业对工业生产的贡献率接近八成,食品产业主营业务收入突破千亿元,主要工业产品快速增长,新增工业企业贡献突出,工业品出厂价格持续大幅下滑,企业生产面临巨大压力,工业总量规模小、产品层次不高、企业生产经营的瓶颈环境将进一步成为广西工业提高抗危机能力、加快发展的制约因素,帮助中小企业提高竞争力。

在广西制成品出口额及出口额比重提高的情况下,应对工业制成品的出口结构进行分析,以了解哪一类产品的出口竞争力比较强,哪一类产品的出口竞争力比较弱。这可以用贸易竞争指数来进行计算和说明。

贸易竞争指数 $= (A_j - B_j)/(A_j + B_j)$

用 A_j 代表 j 产品的出口额, B_j 代表产品 j 的进口额。通过计算来看出个别产品的贸易竞争指数,贸易竞争指数为正,表示该国的 j 类产品具有较强的出口竞争力,其产业的国际竞争力也较强。为负则表示竞争力较弱,为 0 表示产业的国际竞争力处于中等水平。表 4-4 为广西制造业部分产品的贸易竞争指数:可以看出,初级产品的贸易指数为负,指数差别不大,说明广西的初级产品在国际市场并不具有国际竞争力,机电产品

表 4-4　广西制造业比较优势变化趋势[①]

项目	TC 指数			
	2006	2007	2008	2009
初级产品	-0.62	-0.70	-0.66	-0.51
机电产品	0.16	0.32	0.37	0.56
高技术产品	-0.38	0.05	-0.006	0.05
医药品	0.83	0.82	0.76	0.89
家用或装饰用木制品	-0.02	-0.75	-0.48	-0.9
纺织纱线、织物及制品	0.94	0.97	0.98	0.98
塑料制品	0.62	0.09	0.60	0.94
未锻造的金属材料	0.91	0.94	0.89	0.41
电子配件	0.53	0.55	0.31	0.81

① 资料来源:《广西壮族自治区统计年鉴》。

的贸易指数为正且逐渐递增的水平,说明广西的机电产品有竞争力,这符合工业竞争优势升级的一般规律。医药品、纺织纱线、织物及制品、塑料制品、未锻造的金属材料及电子配件都具有比较明显的竞争优势。从以上的分析来看,资源优势的企业仍然是广西制造业国际竞争力的主体,但是资本和技术密集型产业的比较优势有增强的趋势。

二、开放条件下广西产业发展的其他内部条件剖析

广西有得天独厚的旅游资源,桂林山水甲天下,美不胜收,一条世界瞩目的旅游带,将成为广西省合作发展的产业链,将有效地促进广西省旅游产业的发展。广西合作共赢,加快发展物流业。广西具有出海通道的优势,广西正在加快建设中国—东盟开放合作的物流基地、商贸基地、加工制造基地和信息交流中心,物流业的发展,将成为促进广西省经济发展的重要纽带,是大有可为的合作领域。

1. 开放条件下广西地理环境与区位分析

广西位于中国大陆沿海地区的西南端,南濒北部湾,东邻广东、海南和港澳,西靠云南、贵州,北接湖南,西南与越南交界,处于华南经济圈、西南经济圈和东盟经济圈的结合部,具有沿海开放、沿江开放、沿边开放等优势,是整个西南地区唯一的沿海省区。在开放条件下,广西地处中国—东盟自由贸易区的中心地带,连接中国国内和东盟两个市场,具有双向沟通中国与东盟的区位优势,是中国唯一与东盟既有陆地接壤又有海上通道的省区。目前已建成出海、出边大通道,形成了与东盟国家的立体交通网络,是中国沿海地区,又是西部地区,是中国最具增长潜力的省份之一。

2. 开放条件下广西自然条件与自然资源分析

广西省气候温暖湿润,阳光充足,利于作物生长,物产丰富多样,主要盛产南亚热带水果、蔬菜、甘蔗、麻类作物、桑蚕、药用作物、香料作物、松脂、桐油、三黄鸡、奶水牛、水产品等农产品。海洋水产资源丰富,主要有经济鱼类 50 多种、虾蟹类 10 多种,是中国著名渔场、南珠产地。沿海红树林面积 7200 多公顷。野生植物 288 科 1717 属 8354 种。广西是全国最大的松香、松节油产区,松香产量约占全国一半,栲胶、八角、茴油、肉桂等均排全国第一,产量占全国的 50%—90%。此外,广西有中草药 4623 种,在全国排第 2 位,其中少数民族用药 1021 种,主要有田七、玉桂、罗汉果、砂仁、绞股蓝等。

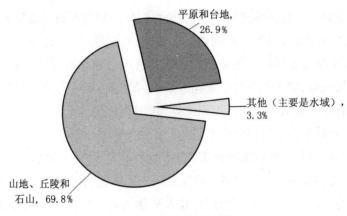

图 4-3　广西省的地理情况

　　广西矿产资源种类多,储量大,全自治区发现矿种 145 种(含亚种),占全国探明资源储量矿种的 45.8%。探明储量的矿藏有 97 种,其中 64种储量居全国前 10 位,12 种居全国第一位。在 45 种重要矿藏中,广西探明资源储量的有 35 种。有色金属矿尤为丰富,是全国十大有色金属矿产区之一。广西南临北部湾,海岸线曲折,溺谷多且面积广阔,形成众多天然良港。基岩海岸和沙砾质线较长,优质沙滩多,旅游开发前景好。广西河流众多,水力资源丰富。水能资源理论蕴藏量 2133 万千瓦,可开发利用 1751 万千瓦。全区拥有单河理论蕴藏量 1 万千瓦以上的河流 246 条,技术可开发量 1897 万千瓦,年发电量 811 亿千瓦时,居全国第 8 位,是全国优先开发的三大水电建设基地之一。红水河水能资源丰富,被誉为中国水电资源的"富矿"。海洋油气资源储量大,潮汐能理论蕴藏量高达140 亿千瓦。

表 4-5　海洋油气资源情况表

海域	圈团面积(km^2)	石油储量(t)	天然气储量(m^3)
北部湾	2087.75	12.59×108	
涠洲与斜阳岛	11	1×108	350×108
合浦盆地	299		

资料来源:《广西壮族自治区统计年鉴》。

3. 开放条件下广西交通运输分析

广西拥有一类口岸 17 个,二类口岸 11 个,广西区海岸线曲折,东起英罗港,西至北仑河的海岸线上港湾众多,这些港口都具有水深、避风、浪小、岸线顺直、纳潮量大、回淤少等优良的自然条件,距港澳地区和东南亚诸国的港口都很近,是中国大西南和大陆最南端的最佳出海处。钦州港在孙中山先生的《建国方略》中被列为南方第二大港,另外还有防城、钦州、北海、珍珠、铁山等 5 个港口,基本形成大型组合港口群的格局,最终开发吞吐能力达 2 亿吨以上。西江水系纵横广西,西接云、贵经广东流入南海。境内贯穿梧州、柳州、南宁、桂林、百色,已建成 5 个内河港口和 4 个内河口岸。梧州至香港水上航程为 436 公里,通过梧州港这一国家级内河港口直通广东和港澳,是大西南通往广东、港澳和东南亚的一条黄金水道。整治后的西江航道,从南宁以下可通千吨级货船,将加强整个西南与广东的经济联系,利用广东沿海和港澳形成的一个重要的国际经济贸易和金融中心为广西的经济提供便利。充分发挥沿江优势,利用这条黄金水道,全面接受广东、港澳的辐射,对广西和整个西南的开放和开发将起到极大的作用。

2009 年,广西二级以上公路达 11781 公里,多条高速公路正在建设中,高速公路网将遍及广西所有城市。而到 2010 年,广西高速公路通车总里程将达 2800 公里,出省出边高速公路通道将有 8 条以上,国际大通道将更加完善。广西区的铁路建设起步较晚,经过多年的铁路建设,目前正在运营的铁路约 2400 公里,已建成湘桂、焦柳、黔桂、南昆、黎湛等铁路干线和南防、钦北、黎钦等铁路支线。在机场方面,广西现有南宁、桂林、北海、柳州、梧州 5 大航空港,开通航线 100 多条,4 小时直航可覆盖东亚和东南亚所有国家首都。广西将把南宁机场建设成为通往东盟各国的国际枢纽港,把桂林机场建设成为国际旅游枢纽。

4. 开放条件下广西人才科技环境分析

广西壮族自治区总人口是 5092 万人,截至 2009 年,广西各级各类教育改革和发展取得了显著成就。基础教育继续得到巩固和发展。普通高中、中等职业教育、高等教育事业均呈现较快发展势头。普通高中教育迅速发展,有效地缓解了初中升学和高校扩招之间的高中"瓶颈"问题。

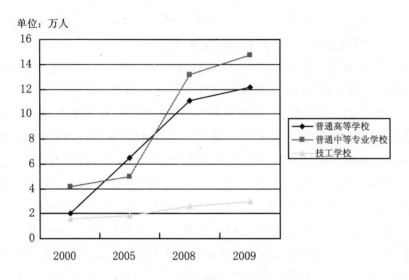

单位：万人

图4-4　广西壮族自治区学校的毕业生人数

资料来源：《广西壮族自治区统计年鉴》。

2009年，广西普通高中学校总数为478所，在校生达到75.28万人。从图4-4中可以看出，广西省的高、中等职业教育发展快速，大大满足了职业市场对高、中等专业人才的需求。高等教育实现跨越发展，毕业生人数的不断增加表明出广西开始进入大众化教育阶段，较高层次人才队伍将会不断扩大。全区现有高等学校68所，硕士研究生教育发展快速。目前有全日制在校研究生18748人，高等教育毛入学率超过15%。广西教育事业的发展为广西的经济社会发展提供了有力的人才支撑和知识贡献，必将有力地促进了全区民族团结、科技进步和经济社会的发展。

4.1.3　开放条件下海南产业发展的内部条件剖析

海南是中国最大的经济特区，在泛珠江三角洲合作中，海南处于十分有利的地理位置，海南北邻广东，处于泛珠江三角区最前沿，广东不能缺少海南省周边的海洋资源，同时海南省也拥有通向东南亚的便捷海上条件。

一、开放条件下海南产业发展的经济竞争力剖析

海南具有较为优越的农业发展资源基础，农业一直是海南的优势产

业,但海南农业品牌的市场影响力与其优越的资源优势相比,并不相称,农业产值占出口比例比较低,属低级别、低价值含量的农业品牌,近年来,海南省着力打造产业特色,加大了农业经济结构的调整力度,大力发展外向型热带高效农业,提高海南农业品牌的价值含量,促进海南农业的发展。海南自 2006 年起一跃成为中国热带农产品出口增长最快的省份。海南的出口比例低,有很多原因,但是由进口国设置越来越严格的技术性贸易壁垒和海南水果生产技术以及生产方式的落后,是海南农产品出口的主要障碍。

海南在政府的扶持和服务下,调整生产结构打造无公害产品和绿色食品,打造一批品质优良、国际竞争力强的出口主打品种。从表4-6 中可以看出,海南有 16 项指标表明了海南省的经济实力:

表4-6 海南与云南、广西等经济实力的对比①

	资产		负债	
	项目指标	标准分	项目指标	标准分
海南的经济实力	人均 GDP	1.02	GDP	-1.45
	GDP 实际增长率	0.58	个人最终消费实际增长率	-2.19
	人均 GDP 增长率	3.61	政府最终消费支出实际增长率	-1.14
	第一产业实际增长率	0.93		-0.24
	第二产业实际增长率	0.02	第三产业实际增长率	-0.56
	国内总投资实际增长率	0.45	消费品价格上涨幅度	-0.73
	第三产业 GDP 比重	1.42	总投资	-1.47
	政府最终消费支出占 GDP 比重	1.36	人均个人最终消费	

从图表中看海南的经济实力在不断地增长,对外贸易快速增长。GDP 的标准分为负,说明在比较的几个区域中,海南的生产总值不占优势,但是其第三产业标准分在所有指标中最高,说明海南的第三产业比较发达,具有竞争优势。从政府最终消费支出占 GDP 比重的标准分看出,政府的扶持力度比较大。海南的加工贸易比重低,现状不容乐观。海南

---

① 所用方法与广东省经济竞争力分析方法相同;数据来源于《海南省统计年鉴》。

作为我国第一个省级经济特区,经济发展取得一定的成绩,经济结构显著改善,带动效果显著,工业产品市场竞争力也显著增强。海南省对社会公共事业和科技投资增长。在生产领域,产品产量规模扩大,平稳发展。

二、开放条件下海南产业发展的其他内部条件剖析

在市场经济条件下,任何一个区域的经济发展都是由其具有优势的产业发展所决定的,而区域优势产业的形成则取决于区域比较优势和企业竞争优势的大小。区域比较优势和企业竞争优势共同决定了区域优势产业的发展,它是市场经济条件下区域产业分工发展的充分必要条件,也是形成一个区域产业竞争力的基础。就海南来讲,该地区具有丰富的自然资源优势,如何从区域发展中找准自己的定位,优化区域优势,打破行政区划界限,有效整合资源与区位优势,充分发挥优势项目对区域产业发展的带动作用就成为区域开发的关键。

1. 开放条件下海南地理环境与区位分析

海南省位于中国最南端,包括海南岛、西沙群岛、中沙群岛、南沙群岛的岛礁及其海域,总面积(不包括卫星岛)3.39万平方公里,是我国面积最大的省份,是我国仅次于台湾岛的第二大岛。全省陆地(主要包括海南岛和西沙、中沙、南沙群岛)总面积3.54万平方公里(其中海南岛陆地面积3.39万平方公里),海域面积约200万平方公里。海南省四面环海,北以琼州海峡与广东划界,西临北部湾与越南民主共和国相对,东濒南海与台湾省相望,东南和南边在南海中与菲律宾、文莱和马来西亚、文莱、印尼等国隔海相望,历来是中国通往中南半岛和东南亚地区的中转站和桥头堡,具有区位优势。由于地理上接近,海南与东盟之间的海上、空中交通运输便利,这为海南省的经济贸易发展提供了良好的地理环境。

2. 开放条件下海南自然条件与自然资源分析

海南岛地处热带边缘,属热带季风气候,素来有"天然大温室"的美称。这里长夏无冬,光温充足,光合潜力高。海南岛入春早,升温快,日温差大,全年无霜冻,冬季温暖,稻可三熟,菜满四季,是我国南繁育种的理想基地。海南热带土地面积占全国的42.5%,有保存完好的热带雨林,小区域物种十分丰富,是中国南方中草药主产地之一。海南是中国七大旅游区之一,拥有滨海度假、潜水探奇、高尔夫运动、热带雨林探险、生态观光、温泉养生、民俗文化等11大类特色旅游资源。海岸带景观在海南

岛长达1500多公里的海岸线上,沙岸约占50%—60%,海水清澈,沙白如絮,海水温度一般为18—30℃,阳光充足明媚,一年中多数时候可进行海浴、日光浴、沙浴和风浴。自海口至三亚东岸线有60多处可辟为海滨浴场。环岛沿海有不同类型滨海风光特色的景点,在东海岸线上的热带海涂森林景观——红树林和一种热带特有的海岸地貌景观——珊瑚礁,均具有较高的观赏价值。海南极力建设成为我国一流的、世界知名休闲度假的热带海岛。

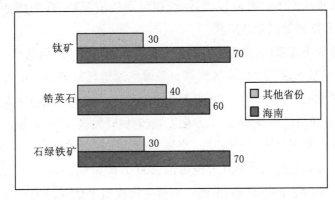

图4-5　海南几种矿产资源占全国的比例

　　经地质普查勘探证实海南有丰富的石油、天然气资源,先后圈定了北部湾、莺歌海、琼东南3个大型沉积盆地,总面积约12万平方公里,其中,对油气勘探有利的远景面积约6万平方公里,已探明开发的有崖13-1气田、东方气田、乐东气田、文昌油气田和陆地福山油气田。目前尚未开发利用、潜力很大的能源资源还有海洋能、太阳能和生物能。

　　3. 开放条件下海南交通运输分析

　　近年来,海南省的公路和港口建设发展迅速,铁路和航空的投资建设热潮也紧跟其后,我国第一条跨海铁路粤海铁路通道全线投入运营,海口美兰和三亚凤凰两个国际机场相继建成。如今,在3.4万平方公里的海南岛上,由公路、铁路、港口、机场、管道五种运输方式组成的立体交通网初具规模,把海南岛与祖国大陆及世界各地紧紧地连在了一起。

　　海南岛陆上交通以公路为主,通车里程达1.7万余公里,以"三纵四横"为骨架,有干线直通各港口、市、县,并有支线延伸到全岛318个乡镇和各旅游景点,形成纵横交错、四通八达的环岛交通网络。东线和西线高速公路已建成通车,大大缩短了本岛北南之间的交通里程和时间,对海南经济的腾飞将起着不可估量的意义。

经济特区的成立,为海南水运事业的发展注入了一剂"强心剂"。海南各港口年吞吐能力日益增强。建省以来,在沿海、近海、远洋运输方面,海南已建起一支多种类、多层次、多功能的且具规模的船舶航运队伍。全省专营和兼营海洋运输的公司达100多家。海南省船队的国内航线可到达沿海及长江中下游各港口,国际航线可到达俄罗斯、日本、朝鲜、东南亚、非洲和欧洲等国家和地区。

交通的快速发展,使海南已名符其实地成为全国的"菜篮子"、"瓜果店"。海口至北京、上海、哈尔滨等5条绿色通道已经开通。随着西线高速公路建成通车、洋浦港二期、粤海铁路通道等一批重点交通建设工程的建成使用,洋浦经济开发区、东方化工城、老城开发区、海口保税区等一批经济开发区发展步入"快车道"。交通基础设施建设的不断完善和发展,促使具有国际先进水平800万吨炼油、100万吨浆纸、120万吨天然气化肥、60万吨甲醇、海口药谷、海汽三期等一批投资上亿元的大项目先后投入建设,一批支撑海南经济长远发展的支柱产业正在加速形成。

4. 开放条件下海南人才科技环境分析

人才科技是提高经济竞争力的重要支撑,海南坚持优先发展教育战略,促进教育事业较快发展,科学技术取得新成果。在国内比较,海南省的人才科技比较落后,整体学历偏低,科研力量不强,高端人才匮乏,但海南积极推进科技创新,取得了丰硕的成果。从2008年的数据中显示:国家认定企业技术中心1家,省级企业技术中心9家。全省取得重大科技成果1项,组织实施国家科技支撑计划项目1项,组织申报国家火炬计划项目11项,国家星火计划项目12项,国家自然科学基金项目48项。全年共申请专利1031项,比上年增长18.1%,其中获得专利授权606项,增长77.7%。海南需要培养和造就一支规模宏大、结构优化、布局合理、素质优良的人才队伍,做到让海南拥有人才竞争的比较优势,更好地服务于海南的经济发展。

海南省委、省政府把人才资源的开发放到优先的位置,在人才的引进、培养和使用方面做了大量的工作,并制定了促进人才资源开发的优惠政策,创造吸引人才的良好环境,主动拉拢技术型人才。海南省对现有的人才,加大考核力度,建立竞争激励机制,积极的推进事业单位人事制度的改革,认真做好专业技术资格评审工作。但是海南省在人才科技方面也存在问题,首先人才总量不足,专业结构不合理,海南省的主要人才需要在农业、旅游业和石油化工等支柱产业。海南的人才市场建设滞后,人才开发配套机制的不健全,并没发挥其应有的作用。

4.1.4 开放条件下云南产业发展的内部条件剖析

一、开放条件下云南产业发展的经济竞争力剖析

在开放条件下云南与其他地区比较,在有色金属、水能、生物资源、旅游资源、气候资源等方面存在比较优势,但比较优势并不等于该地区就具有竞争优势,技术进步日新月异,使外生比较优越如与重要性不断下降,如信息革命与知识经济的出现,如果仅仅依靠廉价的自然资源要素,很难获得持久的区域竞争力优势。云南由于生产能力有限,特别是在技术含量较高的产品上,难以和其他地区的企业竞争,但是云南地理位置的是与缅甸和老挝接壤。云南本身的经济水平比较低,就要抓住开放条件下一切有利的条件,引进外资,开展合作,共谋发展,提高企业普遍规模,提升自身的经济结构。

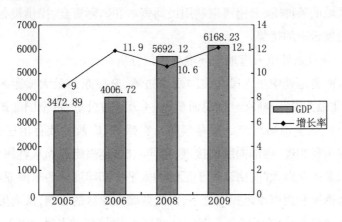

图4-6 云南GDP的增长情况

从图4-6中可以看出,2008年云南的经济增长率同比有所下降,

2009 年又有所回升,但是对云南省的影响不大。云南省的对外贸易依存度不大,说明云南的经济贸易能力不强。如云南的传统骨干优势产业的茶产业,2008 年遭受普洱茶泡沫和金融危机的打击,2009 年市场和价格呈现出回暖的趋势。云南省先后大力调整产品结构,减少普洱茶的产量,提高市场俏销的红茶和高档名优茶的生产量,提升茶叶质量安全水平,加大品牌打造和整合的力度。

云南生产性基础设施的投资,改善企业发展的微观环境,加强研究与开发,细分市场,提高技术水平和产品附加值,发掘市场潜力。积极参与泛珠三角洲合作,通过合作努力实现泛珠发达地区的高新技术向云南传统产业、劳动密集型产业的渗透,加快传统出口产业的技术改造,把高新技术广泛地应用于初级产品,提高出口产品的技术含量和附加值,不断增强产业竞争力。云南利用一个有竞争力的产业带动并创造另一个产业的竞争力,最终形成有竞争力的产业集群,云南要突出比较优势,更要培育产业集群竞争优势效应。

二、开放条件下云南产业发展的其他内部条件剖析

云南可以与东盟国家开展国际旅游,扩大双方旅游品牌的国际知名度,实现共同发展。对于云南省在农业方面,科研能力强,农药,优良种子等都具备了向外扩展的实力,种植养殖技术也水平较高,在澜沧江—湄公河次区域的条件下,云南可以利用民间资本和国际资金,提供设备和技术大力发展云南的优势。

1. 开放条件下云南地理环境与区位分析

云南省地处中华人民共和国西南边陲,全境东西最大横距 864.9 公里,南北最大纵距 900 公里,总面积 39.4 万平方公里,占全国陆地总面积的 4.1%,居全国第八位。云南东部与贵州省、广西壮族自治区为邻,北部同四川省相连,西部同缅甸接壤,南同老挝、越南毗连。从整体位置看,北依广袤的亚洲大陆,南连位于辽阔的太平洋和印度洋的东南亚半岛,处在东南季风和西南季风控制之下,又受西藏高原区的影响,从而形成了复杂多样的自然地理环境。云南省与邻国的边界线总长为 4060 公里,其中:中缅段 1997 公里,中老段 710 公里,中越段 1353 公里。云南自古就是中国连接东南亚各国的陆路通道。有出境公路 20 多条,15 个民族与境外相同民族在国境线两侧居住。与东南亚国家泰国、柬埔寨、孟加拉、

印度等相距不远,交通和运输便利,极大地促进了云南经济贸易的发展。

2. 开放条件下云南自然条件与自然资源分析

云南是一个美丽而神奇的地方,这里被誉为植物、动物、有色金属、花卉王国所带来的集自然景观和人文景观为一体的独特旅游资源,使得这片土地更显得婀娜多姿。有古老悠久的人类遗址,有25个少数民族绚丽多彩的民俗风情。北有雄伟壮丽的雪山冰川;南有广袤的热带雨林和珍稀动植物;西有蜿蜒奔腾的"三江并流"奇观;东有壮观的喀斯特岩溶地貌;中有众多的高原湖泊和四季如春的旅游名城——昆明。云南全省气候类型丰富多样,有北热带、南亚热带、中亚热带、北亚热带、南湿带、中温带和高原气候等7种气候类型。气候特点呈现三个特点:一是气候的区域差异和垂直变化十分明显;二是年温差小,日温差大;三是降水充沛,干湿分明,分布不均。此种特殊的地理位置和立体气候特征,孕育了云南省种类繁多的生物资源,是全国植物种类最多的省份。云南享有"植物王国"、"天然花园"、"动物王国"、"香料王国"、"花卉之乡"、"药物宝库"和"生物资源基因库"等美称。全国约3万种高等植物中,云南占60%以上。热带、亚热带的高等植物约1万种,中草药2000多种,香料植物69科,约400种。有2100多种观赏植物,其中花卉植物1500种以上,有不少是珍奇种类和特产。

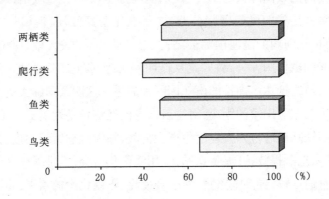

图4-7 云南省的脊椎动物占全国的比例

云南能源资源得天独厚,尤其以水能、煤炭的资源储量较大,经济潜力较大,开发条件优越。另外地热能、太阳能、风能、核能、生物能也有较好的开发前景。由于云南地处高原,空气稀薄、清新,大气层密度小,阳光透过率高,经年太阳高角度大,日照射数长,太阳能资源仅次于西藏、内蒙、青海等省区,为中国最丰富的省份之一。全省年太阳总辐射量3620—6682兆焦耳/平方米,年日照射数960—2840小时。云南地质现象种类繁多,成矿条件优越,矿藏资源极为丰富,素有"有色金属王国"之称,矿产资源具有矿种齐全、储量丰富、分布广、共生、伴生矿多等主要特征。云南省拥有的铅、锌、锡、磷等9种矿产保有储量位居全国首位,全省已探明矿产资源储量潜在经济价值约达3万亿元。铂、锗、硅藻土、铜、锑、镍等12种矿产储量居全国前3位。全省矿产资源的开发利用程度较高,在已探明储量的92种矿产中,已开采利用的有62种,占74.70%全省煤炭资源总储量达697亿吨,已探明保有储量为241亿吨,是全国探明储量在150亿吨以上的12个省、区之一,列全国第八位,是我国南方的重要煤炭基地。在南方省、区中仅次于贵州省居第二位。全省129个县、市中,110个县、市境内皆有煤层赋存。水能资源主要集中于滇西北的金沙江、澜沧江、怒江三大水系,云南水能资源蕴藏量达1.04亿千瓦,居全国第三位。

3. 开放条件下云南交通运输分析

云南的四条国际大通道:一是从昆明经玉溪、思茅、版纳进入老挝最后抵达泰国曼谷的昆曼国际公路;二是从昆明经红河,河口进入越南老街,最终抵达河内的昆河国际公路;三是昆明经楚雄、大理、保山、德宏至缅甸仰光的昆仰国际公路;四是从昆明经大理、保山、腾冲进入缅甸密支那、印度,最终抵达孟加拉的南亚国际大通道。这四条国际大通道为云南省拉近了与东盟国家的距离,对于云南省的经济贸易发展提供了保障。

昆明铁路局通过开展运输生产大会战,加大运输组织力度,加强客货营销,深入挖潜提效,开展货运站,专用线优化整合,推进战略装车点建设和路企直通运输,提高铁路集约化、规模化、正规化运输水平,全面提升运输效率,全面实现了运输经营各项目标。云南省的营业里程在增加3900千米,达到6000千米以上,高于全国的平均水平,云南将从原来的全国铁路网的末梢转变为东南亚国际大通道的前沿,形成布局合理,功能完善,运输能力强大的铁路运输网络。由铁道部和云南省合资建设的蒙河铁路,从蒙自北站引出,经屏边至国家级口岸河口,正线全长144.5千米,线路等级为国铁Ⅰ级,蒙河铁路建成后,与在建的铁路共同构成昆明至河口的通道,并通过套轨铁路与越南铁路网相连,形成云南省出境的国际铁路通道。云南的公路发展迅速:高速公路网和国省干线公路网建设顺利推进;农村交通水平提高;全面完成"兴边富民工程"延边公路网建设;运输服务水平稳步提高。云南省的红河龙博河港口至越南南西河口的红河航运,澜沧江—湄公河航运,珠江水运等都为云南省水运的发展提供了支撑。全省共有客货运船舶841艘/72115总吨/56936净载重吨/13439客位/70791千瓦。2008年云南机场集团有限责任公司累计完成运输起降19.97万架次,或有吞吐量同比增长0.3%。云南扩大航线网络覆盖,新增台北,老挝琅勃拉邦,泸州,运城,达州5个通航城市,新开、复开航线20余条,开通昆明—台湾的直航航班,促进云南航空市场持续、快速、协调发展。

4. 开放条件下云南人才科技环境分析

云南省2008年教育经费总支出339.27亿元,比上年增加63.46亿元,增长23%,主要用于提高各级各类教育的毛入学率;加强中小学布局结构调整;并提出生命教育、生存教育、生活教育,简称"三生教育";加大困难学生的资助力度;确保农村义务教育经费保障机制;展开了教师资格认定机制;成立了云南省招生考试院;创建语言文字规范化示范学校等,都为云南的人才培养打好基础。

2008年,省级科技计划支持开发新产品222个,其中重大新产品50个,云南省积极推进新产品的产业化和新技术,致力于解决产业的重大核心技术。云南省政府与国家自然科学基金委员会在昆明签署"关于设立联合基金的协议书",共同设立每年3000万元联合基金,为云南省搭建起高水平的科学研究平台。联合基金围绕云南省及周边地区经济、社会、科技发展的重大科学问题和关键技术问题,吸引和集聚全国的优秀科技人才展开基础研究,带动云南省的科技发展和人才队伍的建设,提升产业的自主创新能力,促进区域经济和社会的可持续发展。

4.2 开放条件下中国周边省区产业发展的
外部环境考察

中国周边的省区产业的发展由于受到各个国家的货币政策、贸易政策等的影响,国际金融危机与世界经济大调整已经从整体上改变了中国周边省区产业发展的外部环境与内部条件,国内出台的政策对于我国贸易的支持,还需要企业积极参加市场博弈。

4.2.1 国家相关开放贸易政策对中国周边省区产业发展的影响

商务部、海关总署2010年63号公告《增列入加工贸易禁止类目录的商品》公布了新一批加工贸易限制类目录。这个公告的发布对我国周边省区的影响很大,特别是对外贸易依存度比较大的省份,例如广东、浙江等。广东省作为"世界工厂"即"加工作坊"需要做到以下几项:抑制低附加值、低技术含量产品出口过快增长,减少贸易摩擦,缓解外贸顺差过大带来的突出矛盾,推进加工贸易转型升级,实现外贸增长方式的转变和社会经济的可持续发展。

农产品方面,商务部印发了2008年第10号部令,《大宗农产品进口报告和信息发布管理办法(试行)》于2008年8月1日起正式实施。广东、浙江等均为农产品的进口大省,随着我国加入WTO过渡期结束,我国实行关税配额管理的农产品进一步减少,面对全面开放的农产品市场,迫切需要转变观念,创新管理模式。近几年,国际农产品市场波动频繁,在实际进出口贸易中,我国一些企业国际市场经验不足,信息掌握不够全面,盲目进口,国际市场发生变化后,造成很大损失,还导致了不少国际贸易纠纷,耗费大量人力、物力和时间,很多中小企业被迫破产倒闭、被兼并和重组。例如2006年6月份,大豆单月进口创下367万吨的历史最高纪录,广州口岸由于进口过于集中,码头拥挤,船舶卸货困难造成严重滞期,企业缴纳高额滞港费。另外,集中到货还造成后期企业不得不低价销售豆粕,损失巨大。这项政策的实施,为企业提供及时、全面、准确的信息服务,减少进口的盲目性;为政府部门的宏观决策提供依据;转变政府职能,从原来的单纯的管理型向管理、服务型过渡;提高行业凝聚力,加强行业自律。

4.2.2 国际经济发展进程状况及对中国周边省区产业发展的影响

在经济的全球化趋势下,各国相对独立的生产体系渐渐进入全球生产体系中。世界范围内在进行经济结构的调整,科技进步突飞猛进,跨国公司的影响力日益增大,这些都给各国的经济发展带来深刻的影响,中国的周边省区即面临着新的发展机遇,也要面临严峻的挑战。开放的条件下,各个经济区域之间的竞争不仅是政治力量的竞争还有技术水平、可持续发力、创新系统、创新能力、制度优势等,这就是需要越来越强的区域综合实力。中国周边几个省区,如云南、海南、广西等过多的依靠资源禀赋优势,但是目前国际经济发展中已经转变为知识和技术优势。开放的外在环境为我国周边省区的发展提供了前所未有的机遇,应该在充分利用经济全球化的条件下,调整产业结构,慢慢的转移劳动密集型的产业,提高资本密集型产业的创新和开法的能力,发展以信息技术为核心的高科技产业,并以服务业的发展为重点。海南省在开放环境下利用先进的管理和设施把海南建设为一个有机整体,一个宜居、绿色的沿海经济特区。2008 年广东的高新技术产值达 2.2 万亿,继续位居全国首位,在国际竞争环境下,广东需要抓好科技与金融的创新合作,加强自主创新来扩大内需,促进经济的平稳较快发展,构建开放式的产业创新体系,提高产业的国际竞争力。

4.2.3 东盟十国产业发展概况及对中国周边省区产业发展的影响

老挝、柬埔寨和越南等是传统农业国,地处热带和亚热带地区,气候炎热,降水充足,盛产多种水果还有部分国家的水产资源丰富。但是,这些国家加工技术落后,出口仍以原材料为主,附加值低,运输过程中损耗较大,本国政府鼓励外商投资于原材料的加工业,并给予政策优惠,这对于广东、广西、海南等省份可优先考虑投入技术和设备、资金兴办加工厂。

电力和通讯设备、工程机械、家电、视听技术方面汽车、摩托车及其配件等方面,东南亚十国中马来西亚、新加坡的技术较为先进,但是同样面临产业转移的问题,我国周边几个不发达的省份如广西、云南、海南,拥有区位优势,可以争取引进先进的技术,提高经济竞争力。

4.2.4 东盟十国产业政策对中国周边省区产业发展的影响

中国东盟的贸易往来越多,东盟国家的产业政策、贸易政策对中国周边省区合作发展也就越会产生重要的影响。

一、对广东产业发展的影响

东盟一直是广东的重要贸易合作伙伴,东盟的产业政策直接影响广东的产业发展,长远来看,东盟的大部分产业政策为广东产业的发展提供了机遇,因为广东与东盟的部分国家存在互补性。例如2010年6月1日起,外资在泰国设立企业总部(ROH)将免收15年法人所得税。具体规定为,来自国外的收入不需要交纳所得税,之前纳税额为10%;至于在泰国所获得的收入,法人所得税纳税额从30%降至10%;在ROH工作的外国人,8年内个人所得税率为15%,之前只有4年,同时取消50%收入来自国外的规定①。这项规定对广东的产业发展提供了机遇,广东在中国与东盟的贸易中,一直起着非常重要的作用,这与广东的地缘优势是分不开的。另外,东盟各国有很多的华侨,他们中很大一部分是广东籍的,分布在新加坡、泰国、马来西亚、印度尼西亚等国,这些华侨在中国与东盟各国的贸易交往中起着非常重要的作用。越南为鼓励外国投资,设立了专门的工业区和出口加工区,并对工业区、出口加工区外资企业规定了明确的优惠税收政策。广东是制造业比较发达,广东省目前也急需要进行产业的转移,像越南、老挝、缅甸等都是很好的转移地,如果能进行合理的对接,这将是广东制造业发展的出口。外资一直是东南亚各国经济持续增长的引擎。近来,广东是欧美国家和日本投资设厂的首选,这让东南亚各国普遍有强烈的危机感,认为外国制造业对东南亚的投资正在减弱。为吸引外国企业继续对东南亚投资,东盟各国相继出台了一系列鼓励外商投资的政策。2010年8月,泰国政府将外国企业的法人税由30%下调到10%并规定在地区本部内工作2年以上的外国人的所得税下调到15%,

---

① 资料来源:中国东盟自由贸易区网站。

以吸引跨国公司将地区本部设在泰国;新加坡将企业法人税由24.5%下调到20%,并出台了外国企业和机构常驻人员税收优惠措施,力争保住"东南亚中心"的地位;印尼是东南亚各国中劳动力价格最低廉的国家。今年初,印尼将《外国投资法》与《国内投资法》合并为新的投资法,取消了不利于吸引外资的规定。这都是和广东省引进外资相竞争。

二、对广西产业发展的影响

广西由于和东盟国家既有陆地接壤又有海上通道,广西的发展为东南亚国家提供更多的机会,庞大的市场将吸收更多东南亚的出口,这将让广西成为东南亚发达国家产业转移的重点。由于东盟与广西具有相似的农业结构,并且东盟的气候条件更加优越,例如泰国的产业政策:外商来泰投资或在获得优惠投资的企业里持股,农业、畜牧业、渔业、勘探与开采矿业泰籍投资者的持股量必须不低于51%;老挝、缅甸等特别鼓励外商投资于农林业,给予税收优惠、外汇汇款优惠、投资保证等一系列的优惠措施。印尼规定原料进口,本国加工再出口者,可向财政部申请免进口关税、增值税及奢侈品税;如原料要向其他进口商采购,则出口后,可向财政部申请退税;可申请外销低息贷款。这一系列的产业政策都对广西的产业是挑战。自然要素禀赋是区域产业竞争力的核心竞争力之一,这就要求广西的农业需要技术的进步,提高农产品的技术附加值,形成与东盟产品的差异,增加商品的自然附加值。广西是东盟各国与中国贸易的重要物流通道,例如新加坡由于国土资源缺乏,并且是新兴的工业化国家,拥有一定的工业产业资本积累,新加坡开放的产业政策可以让广西引进先进的加工与重装机械制造业,推动临海通道经济的形成和发展。

三、对海南产业发展的影响

我国的南海拥有丰富的油气资源,但是目前并没有一口油井。这对于海南的基础设施的完善,经济建设有重大的意义。南海的开发需要建立尤其配套的输送、冶炼设施的健全,并且南海的发展是国家"十二五"规划的项目,东盟国家的一些产业政策对南海的开发有优势,由于区位的接近,让海南与东南亚国家交流方便,有利于运输降低成本。东盟部分国家的产业政策例如:2010年1月6号菲律宾能源部长Angelo Reyes周二表示,总统阿罗约近来已经签署一项行政命令,取消石油产品进口关税,此前该关税税率为3%。《越南劳动报》9月16日报道,越南财政部消息,目前国际市场成品油价仍居高不下,为减轻成品油企业的压力,自本月21日起越南将下调包括飞机燃油在内的成品油进口关税至20%。印尼向中国企业大力推介石油化工领域的合作机会,引起相关企业的浓厚兴趣。印尼副总统布迪奥诺率印尼的几位部长,与中石油、中国技术进出口总公司、中国寰球工程公司等国有大型企业负责人共同探讨了双方在石化等领域的合作前景。

四、对云南产业发展的影响

云南的烟草加工业是云南唯一一个不处于国际分工体系低端的出口工业,但是东盟部分国家对进口烟草产业的政策比如:2010年11月2日《文莱时报》讯,文莱政府宣布提高进口烟草消费税率至25%,其中香烟税率从每公斤60文元提高到120文元,雪茄税率从100文元提高到200文元(注:1美元约合1.3文元)。根据新税率,每包(20支)香烟将征收消费税5文元。另外,新规定还要求旅客携带香烟入境须申报并上税(旧规定允许17岁以上旅客免税带入不超过200支香烟)。新规定已自11月1日起生效执行;2010年8月2日,缅甸财政和税收部改变税收,本地卷烟的税率从75%下降到50%,而进口卷烟将被征收100%的关税。这些东盟国家的产业政策对于云南产业的支柱烟草产业出口的发展进行了制约。云南和东南亚的部分国家都面临着发展经济,提高人均国民收入水平的紧迫任务,东南亚国家的产业政策大多都是为吸引外资提供优惠,与东南亚的国家相比,云南的投资环境并不乐观,东盟还具有资源优势。这将加大云南吸引外资的难度。

4.2.5 CAFTA 建设对中国周边省区产业发展的影响

中国—东盟所在区域,位于东半球、亚洲的东南部。东临太平洋,东南临大洋洲,西南接印度洋,分别与南亚、中亚和东亚的蒙古、朝鲜、日本及俄罗斯的远东地区为邻。中国—东盟自由贸易区的标准将以东盟自由贸易区为基础,与WTO倡导的贸易自由化宗旨和目标相一致(如便利和促进对与贸易有关的知识产权进行有效和充分的保护),同时,它在市场开放程度上比WTO更进一步。此外,中国—东盟自由贸易区谈判的内容还包括原产地原则,配额外税率的处理,补贴、反补贴措施及反倾销措施的各项规定等。

一、对广东产业发展的影响

广东充分发挥和利用其他省市所不具备的地缘优势和传统优势,在中国和东盟构建 CAFTA 的过程中,利用广东有利的区位优势,发挥众多下"南洋"华侨商人的作用,为广东企业打开东南亚市场、开展投资经营穿针引线,更好地促进两地更加紧密的合作。广东的自然资源十分缺乏,广东的支柱产业是电子设备制造和通信设备制造,而东盟则是亚洲主要的资源和原材料输出地区之一,木材、橡胶、天然气和煤、锡、银等资源的储量、产量和出口量均居世界前列。广东省可以通过直接投资的方式参与合作开发,增加经济发展所需要的资源的获取渠道,为经济的可持续发展提供保障。CAFTA 的建设在总体上为广东产业的健康发展提供了一个广阔的外部环境,结合广东目前所在的一个重要的区域因素——"泛珠三角合作",这将为广东的产业调整及合理发展提供一个更广阔的发展空间。

广东与东盟的合作要重新审视和从更加广阔的地域环境去思考。这主要是因为,广东与东盟的发展模式都属于典型的东亚模式,在发展阶段、依赖外部市场、外向带动的发展战略、产业分工方式等方面有较大的相似性。因此,广东应该加快产业调整的步伐,尽快实现产业结构的优化升级,由原来的以劳动密集型产业为主的外向型发展方式,向资本及技术密集型的产业发展方式过度,把握国际形势,充分利用区域经济合作和区域经济一体化发展的平台,打造更有竞争力的产业。

二、对广西产业发展的影响

随着 CAFTA 的建成时间到来,广西面临多重机遇,目前东盟是广西的第一大对外贸易伙伴,广西在国家面向东盟战略中地位日显突出,广西经济社会发展迅速,成为了中国面向东盟开放合作的前沿和窗口,进入了历史上最好的发展时期

东盟中越南、老挝、柬埔寨等不发达地区和广西的产业具有相似性,这对广西的产业具有竞争性,所以,广西应充分发挥北部湾经济区和西江经济带集聚辐射带动作用,完善产业布局,建设区域性现代商贸物流基地、先进制造业基地、特色农业基地和信息交流中心;加快建设与东南亚十国合作平台,拓展合作领域,扩大合作范围,创新合作机制,构筑国际区域经济合作新高地;依托沿海港口,加强西南出海大通道建设,构建连接

多区域的国际通道,积极发展临海现代产业,培育我国沿海经济发展新的增长极;坚持各民族共同团结奋斗、共同繁荣发展,建设富裕文明和谐的民族地区,使各民族群众生活质量、健康水平、文化素质明显提高,八桂大地生态优良、环境优美,可持续发展能力显著增强①。

三、对海南产业发展的影响

随着 CAFTA 逐渐建成,海南与东盟国家的合作会更便利,合作领域会更广泛,但由于海南省的气候环境和东南亚国家的相似性,东南亚的热带产品大批地涌入我国的市场,这让海南的传统热带高效农业受到打击。东南亚国家由于旅游资源丰富、开发时间早,设施完备,运作成熟等特点,吸引我国大批游客特别是香港澳门地区游客,这必然对海南的旅游业造成影响,但是东盟的部分国家局势不稳定,恐怖事件时有发生,例如 2010年 8 月 23 日香港的 21 名游客在菲律宾马尼拉遭劫持造成 7 人死亡 8 人受伤的惨剧,还有泰国的红衫军持续的游行活动导致泰国政局动荡等。这些都为东南亚国家的旅游业造成不良的影响,由于我国的政局稳定,这对海南的旅游业是优势。海南可以考虑与东盟有关国家进行合作,发展旅游业,改变大陆型旅游业经济发展模式,培育新的经济增长点,在合作和竞争中提升海南的旅游业,有助于海南吸引国外游客,采用国际标准提升产业水平,提高海南旅游业的知名度。

中国与东盟相互投资将更加便利,东南亚十国的自然资源比较丰富,国家的产业政策比较支持农业的发展,但是越南、老挝等国的加工水平低下,海南可以通过进口原材料进行加工,增加产品的附加值,并且海南拥有直面南海运输大通道,海上交通相当便利,这为海南发展热带高效农业提供了便利。

四、对云南产业发展的影响

CAFTA 建成对云南省的产业发展既有挑战又有机遇,如果一方的产能转移与另一方的进口替代相吻合,对转入国必定增大该产业;对转出方国家,该产业不一定会在本国再增大,但技术水平可提高。如云南的茶产业。东南亚十国的自然环境和云南的自然环境具有差异性,这给云南省

---

① 资料来源:国务院常务会议通过《国务院关于进一步促进广西经济社会发展的若干意见》。

的旅游业的发展提供了机遇,把云南建成中国和亚洲地区重要的国际旅游胜地和目的地,实现从旅游大省到旅游经济强省的跨越。

在电力工业方面,在满足本省大量需求的情况下,各方通过合作,各自以自然资源、资金技术相互输入、共同发展。例如:从云南电网公司获悉,云南西双版纳供电局对老挝的供电范围目前进一步扩大,从原来的那磨变电站延伸至巴蒙、琅勃拉邦及沙耶武里变电站。云南电网公司相关人士介绍,老挝南塔省是云南电网公司西双版纳供电局云电外送的第一个合作者,早在2003年,南塔省在西双版纳供电局的帮助下,在勐新县建成了35千伏的班通变电站,电源来自中国勐腊县35千伏勐满变电站。此后,双方保持着良好的合作关系,合作也不断升级。2009年11月,115千伏那磨输变电站工程投产运行,主要满足老挝北部地区的用电需求。该人士表示,通过西双版纳供电局与老挝南塔省多次洽谈,西双版纳供电局将对老挝的供电范围再次扩大,从原来的那磨变电站供电延伸至巴蒙、琅勃拉邦及沙耶武里变电站,这将更好地满足老挝北部地区日益增长的用电需求,促进该地区经济社会的快速发展。①

本章小结

本章综述了我国周边四省区内外部条件和中国东盟自贸区建设对四省区经济发展的影响,如东盟国家的贸易政策对四省出口贸易的影响,东盟国家经济现状为四省区进行以后经济发展的方向。东盟自贸区除了货物贸易自由化外,中国与东盟合作还扩大到金融、旅游、投资、农业、人力资源开发、中小企业、产业合作、知识产权、环境保护、林业及其产品、能源以及次区域开发等领域。部分省区和东盟产业结构存在相似性和同构性出口产品的竞争问题,但是同样具有梯度差异性,如新加坡的工业化水平比较高,产业结构正处于升级的阶段,可以与我国周边工业化比较落后的

---

① 资料来源:中国东盟自由贸易区网站。

省份合作。目前,劳动密集型和资源密集型为主的产业已经不符合我国经济发展的步伐,在开放条件下应确保边贸结构日趋优化。本章的分析为四省区经济发展,不断提高生产技术水平提供了基础依据。

本章分析的重点在于区分我国周边四省区在开放条件下产业发展的趋同性与差异性。在本章的第一部分，通过运用产业结构相似性系数总体把握周边四省区产业发展总体上的相似程度。综合总体相似水平与相似程度较高的产业部门可以发现，导致产业发展趋同的起因主要为经济发展水平、资源禀赋与外生工业、区域经济联系紧密、制度因素四个方面。在本章的第二部分，通过比较周边四省区的地域分异性，可以得知四省区资源禀赋的差异以及地方经济发展的资源基础；通过比较四省区的经济基础差异，可以从更细致的角度把握四省区经济发展水平、外生工业以及相关产业制度的现状及其差异。在找到影响产业发展四个因素的差异后，本章分别指出了四省区产业发展存在的问题。通过本章对周边四省区产业发展现状的分析，准确地把握四省区目前产业的布局情况及其存在的问题，为以下章节铺垫。

第 5 章
产业发展的异同性及存在的问题分析

5.1 开放条件下中国周边省区产业发展的趋同性分析

产业结构趋同性指的是存在经济基础差异和结构性差异的各区域,在地方产业发展过程中出现一些相同的趋势。区域产业结构趋同既不是该地区三次产业结构上的趋同,也不是该区域工农业比例的趋同,而是指地区产业中行业结构的趋同,该现象集中表现在地方工业结构存在趋同现象。

观察最近几年我国周边四省区的产业发展情况,发现各省也呈现出不同的发展特点。广西壮族自治区是东盟十国与中国团结合作的聚会地点。矿产资源丰富,劳动力成本低廉。相对于广东来说第二、第三产业发展滞后,没能形成具有支柱地位的产业集群。广东省正处在产业结构升级的高速发展时期,劳动密集型产业正逐渐萎缩,取而代之的是资本密集型与产业密集型的先进产业。由于资本与技术密集型的产业不会增加过多的劳动力需求,因此,广东的产业结构升级难以满足地方不断增加的就业需求。海南省和云南省相对广西壮族自治区产业发展有一定的相似性。由此,辨别周边四省产业发展现状,掌握产业结构趋同的动态,有利于统筹规划我国周边四省产业结构调整,实现多方共赢的局面。

5.1.1 产业结构相似系数分析

联合国工业发展组织为了准确衡量两个区域的产业结构,提出了相似系数分析的度量方法,其公式如下:

$$s_{ij} = \frac{\sum_{k-1}^{n} x_{ik}x_{jk}}{\sqrt{\sum_{k-1}^{n} x_{ik}^2 \sum_{k-1}^{n} x_{jk}^2}} \times 100\% , (0 \leqslant x_{i,j} \leqslant 1);$$

其中, x_{ik} 、 x_{jk} 分别表示 k 部门占 i 和 j 两个地区产业结构中的比重, s_{ij} 在 $[0,1]$ 之间取值,如果 $s_{ij} = 1$ 则两地 K 部门产业结构完全趋同;如果为 $s_{ij} = 0$,则表示 k 部门在两地区产业结构中地位完全不一样[1]。

---

① 翁计传:《珠江三角洲工业结构趋同性研究》,《世界地理研究》2006 年第 1 期。

依据国际惯例,在评估国家和地区之间产业结构相似度时通常以90%作为判断标准,两地产业结构相似度低于90%时属于一般水平;高于90%时说明两地产业结构存在严重的趋同性问题。依据相似系数计算公式,按照粤桂琼滇四省2009年统计年鉴确定的三次产业划分,对我国广西、广东、海南、云南周边四省产业结构相似系数计算如下:

表5-1　中国周边四省产业结构相似系数表(%)

	广东	广西	海南	云南
广东	1	95.26	82.3415	96.59
广西	95.26	1	91.53	99.88
海南	82.3415	91.53	1	99.11
云南	96.59	99.88	99.11	1

以上产业结构相似系数表显示,我国粤桂琼滇周边四省的产业结构相似性具有以下几个特征:

一、四省产业结构相似程度整体水平较高。四个省区中,相似系数超过90%的有广西与广东、广西与海南、广西与云南、广东与云南、海南与云南,特别是广西与云南、海南与云南相似系数分别达到99.88%和99.11%;云南与其他三省区产业相似系数都超过90%;由于海南省为海岛,地理位置特殊,与其他省区相似程度相对较低。

二、地域相邻的区域其工业相似系数比地域不相邻的高。从地域上来看,云南与广西接壤,广西与广东接壤,海南是独立的海岛,与广西、广东距离相近。其中,广西与广东、云南三省之间的工业结构相似系数都在95%以上,而海南对于广西、广东两省的工业相似系数则比较低。

三、经济欠发达地区的工业结构相似程度较高。通过对比周边四省的历年统计年鉴可知,广西与云南、海南三省相对于广东省比较,其GDP明显落后于广东省,经济总体规模较小。广西、云南、海南三省之间的工业结构相似系数都在90%以上。

5.1.2　专业化程度与分工程度分析

产业结构相似系数用于说明区域产业结构趋同的总体水平,由于该系数不能指出具体行业或者产品趋同的现状,从而只能作为政府在指定政策调控措施时的参考,不能给政府制定调控措施提供有针对性的帮助。区位商指标可以用于弥补工业结构相似系数不足,同时区位商也是考察区域产业结构的重要指标,其公式如下:

$$\theta_{ik} = \frac{x_{ik}}{y_k}, (0 \leqslant x_{ik}, y_k \leqslant 1)，；$$

其中 θ_{ik} 为 i 区域 k 产业的区位商,x_{ik} 表示 i 区域 k 产业在该区域产业结构中的比重,y_k 表示 k 产业在全国产业结构中的比重。如果 θ_{ik} 小于或者等于 1,说明 i 区域的 k 产业在当地发展低于全国平均水平或者与全国平均水平持平,不具备专业化优势;如果 θ_{ik} 大于 1,说明 i 区域的 k 产业专业化程度大于全国的平均水平,是该地区的专业化部门,也是该地区某专业化产品或服务的主要输出部门。值得注意的是区位商是相对指标而非绝对指标,反映的是区域产业的相对化专业程度而非绝对专业程度,由此会出现区位商大于 1,而实际上该产业在该地区的总体规模很小,其专业化的产品或者服务占该地区的比重很小的情况。因此在使用区位商衡量产业在区域的专业化程度时,一般采用区位商大于 1、行业产值占区域总产值比重大于 5% 两重指标确定区域的专业化部门,用以计算我国周边四省的专业化部门[①]。

表 5-2　我国周边四省专业化部门

省区	专业化部门
广东	电子及通信设备制造、电力蒸汽热水生产供应;
广西	食品加工、黑色金属冶炼及压延加工、交通运输设备制造、电力蒸汽热水生产供应;
海南	食品加工、石油加工及炼焦、化学原料及制品制造、电力蒸汽热水生产供应;
云南	烟草加工、化学原料及制品制造、黑色金属冶炼及压延加工、有色金属冶炼及压延加工、电力蒸汽热水生产供应。

通过此标准计算可以发现我国周边四省都存在自己的专业化部门,

---

① 翁计传:《江三角洲工业结构趋同性研究》,《世界地理研究》2006 年第 1 期。

特别云南省专业化部门高达 5 个,而广西和海南两省专业化部门均有 4 个,广东省通过区位商指标发现的专业化部门有 2 个,但与其专业化部门相关的产业规模巨大;区位商计算显示,广东省电子及通信设备制造产业的区位商高达 2.83,是广东省的支柱产业。总的来说,周边四省的专业化部门各有异同,广西、云南、海南三省专业化部门呈现资源密集型和劳动力密集型的特点,广东省的专业化部门则是呈现资金密集型和技术密集型的特点。四省区的电力蒸汽热水供应部门专业化程度都超过全国的平均水平。由此可知,我国周边四省存在工业结构趋同性的问题。四个省区在发展各自的主导产业过程中存在各自为政,没有协调的情况,未能在产业布局、技术支持等方面形成相互辅助的统筹规划,自然形成了四省产业结构的趋同①。

5.1.3 产业结构相似性成因分析

从以上分析可知,我国周边四省存在一定程度的工业结构趋同问题。四省区虽然在各自产业发展过程中有自身的发展特点,但食品生产、黑色金属冶炼与压延加工、电力蒸汽热水生产供应三种产业存在工业同构现象。许多学者在关于区域产业经济发展问题的探索中,都认为区域产业趋同现象来源于区域重复建设与恶性竞争。事实上,周边四省的产业同构现象有内在的必然性,该必然性与各区域经济发展水平、资源禀赋、区域政府行政能力等方面关系密切。

一、与经济发展水平有关

从现代技术经济理论的角度来看,我国周边四省产业结构趋同的现象与各省经济发展水平有关。不同的区域处在相近甚至是相同的发展水平时,区域的供给结构和需求结构近似相同,各区域的资源结构类似的时候会形成近似的生产函数和偏好。区域经济在由低向高发展的过程当中,产业结构会逐渐向重工业、深加工和技术密集型的方向转变,各区域经济发展如果处在相同的发展阶段,就会表现出产业结构趋同现象。由此可知,我国粤桂琼滇周边四省存在区域经济发展水平相近的情况,必然

---

① 谭福河、孔令秋、杨立斌:《长江三角洲地区产业结构趋同化分析》,《商业研究》2003 年第 17 期。

会产生产业结构趋同的现象。

二、与资源禀赋及外生工业有关

我国周边四省在资源禀赋上有许多相似的特点,例如劳动力成本低廉,土地资源和自然资源丰富,市场潜力巨大,国家给予许多优惠政策,此外由于四省毗邻,有特殊的地缘、亲缘关系,所以是有利于转移的产业进行投资。我国周边四省当中,在承接发达国家和地区的劳动密集型产业与资源密集型产业方面最成功的当属广东省。广东省的大部分工业属于外来的转移的产业,这类企业在选择布局和投资时更多考虑的是成本和政策等因素,不会过度考虑行政边界的问题,因此在广东省劳动力成本上升的过程中出现部分产业向内地转移的现象,这一现象在一定程度上会加深工业结构趋同的程度。

三、与区域经济联系紧密有关

紧密的区域经济联系会促使相关经济体之间相互学习和吸取对方产业经济发展模式好的方面,在经济交流中会产生生产要素的流动并由此带来产业的专业化,从而经济联系紧密的区域之间容易形成产业同构现象。我国周边四省地理位置相邻,自然资源和劳动力资源间相互流动频繁,经济联系紧密,乡村城市化在广东省的示范作用下逐渐出现相同的发展特征,充分说明工业结构趋同现象与区域经济联系有关。

四、与制度因素有关

产业同构通常用于反映区域产业重复建设和恶性竞争的程度,而产生产业趋同现象的根源在于地方政府行政能力存在问题。地方政府在进行产业布局时更看重建设项目带来的利润,并经常采用非经济手段干预市场运行。地方政府作为地方经济利益的代表,极易忽略产业布局、区域分工匹配、与地方实际情况相符三者相互匹配的根本问题,出现政府行政"短视"的现象。粤桂琼滇四省政府表现出决策"短视"现象最为典型的例子就是四省发展电力产业,地方政府仅考虑到本省区域经济发展的能源要求,并不注意与周边四省的协调发展,由此出现四省遍地都有小电厂,电力依然紧缺的现象。由此可知,产业结构趋同现象与制度因素有关,并且制度因素会对产业同构起到一定的推动作用。

5.2 开放条件下中国周边省区产业
发展的差异性分析

我国周边四省在产业结构上存在一定程度的趋同性,但是由于地域分异、经济基础差异、经济发展阶段不统一以及各地方政府政策导向性的不同,区域产业结构差异性还是客观存在的。如今在开放条件下,区域经济发展问题不能用静止狭隘的眼光看待,地方政府在进行产业结构布局和协调时不仅需要考虑四省内部的产业协调与优化,更需要考虑周边四省在国际分工中所起到的作用。现如今东盟自由贸易区逐步成型,东盟国家对中国出口增长了48%,中国对东盟的出口增长也达到55%,这些都意味着我国粤桂琼滇四省在今后的产业结构布局当中,需要更加重视将本地区的产业发展置身于区域乃至国际分工的大环境中来考虑。在开放条件下,周边四省产业结构的协调面临新的机遇与挑战,认清周边四省产业结构的差异,更有助于周边四省地方政府了解自身的优势与劣势,做到从实际出发,有针对性地进行产业结构布局。

5.2.1 地域分异性[①]

一、广东省

广东省地处中国大陆最南部,位于北纬20°13′至25°31′,东经109°39′至117°19′之间。北回归线横贯广东省中部。广东省东邻福建省,北邻江西省和湖南省,西邻广西壮族自治区,南边为南海,省内珠江口两侧与香港、澳门两个特别行政区接壤,西南部的雷州半岛隔着琼州海峡与海南省相望。

广东省降水充沛,水系发达,水资源丰富。年均降水总量达到3194亿立方米,省内水系径流总量达到1819亿立方米,另有邻省通过西江等

---

① 资料来源:各省各年统计年鉴。

水系流入广东省的水量2330亿立方米,深层地下水60亿立方米,可开采人均水资源占有达4700立方米。水力资源理论蕴藏量1072.8万千瓦,可开发装机容量665.5万千瓦。此外沿海的风能、潮汐能和波浪能都有一定的开发潜力。省内的最大水系为珠江水系,珠江在广东省内流域总面积为11125平方公里,径流总量为1144亿立方米,水力资源理论蕴藏量489.84万千瓦,可开发量443.75万千瓦,年发电量可达166.64亿千瓦。珠江是我国华南地区水上运输的大动脉,通航能力居全国第二位,仅次于长江,其中以广州市为中心的通航河道达5500公里。此外,广东省内有温泉300多处,饮用矿泉水110处,探明储量全国第一。广东沿海沙滩众多,气候温暖,省内水系发达,温泉广布,在省内最南端的灯楼角有全国唯一的大陆缘型珊瑚礁,开发旅游产业潜力很大。

凭借着优越的自然环境和理想的地理位置,广东省走在改革开放的前沿,迅速成为全国经济发展最快的地区之一,珠三角经济区现在已经实现统一协调规划,基础设施发达,投资环境完善,产业结构趋向于高新技术为主的智力密集型,人民生活率先实现小康水平。今日的广东省经济发展硕果累累,且即将进入蓬勃兴旺发展的新阶段。

二、广西壮族自治区

广西壮族自治区地处我国南部,位于东经104°26′至112°04′,北纬20°54′至26°24′之间,北回归线横穿全区中部,东邻广东省,西邻云南省,西北邻贵州省,东北邻湖南省,南边为北部湾,与海南省隔海相望,西南与越南社会主义共和国接壤。

自治区行政区域总面积23.67万平方公里,占我国总面积2.47%,在全国各省、自治区、直辖市中排第九位。区内山地、丘陵和石山面积占全区总面积的69.8%,平原和台地占26.9%,水域占3.3%,石灰岩地层分布广而厚,为典型的岩溶地貌地区,因此自治区呈现出山多地少的主要特点。全区地势自西北向东南倾斜,在桂东北、桂东、桂南沿江一带有大片适宜种植的土地。截至2007年10月31日(年度土地变更调查时点),广西农业用地面积为1786.89万公顷,其中耕地面积为421.47万公顷,建设用地面积为94.4万公顷,未利用地面积为494.29万公顷。全区地处亚热带,气温较高,空气湿润,阳光充足,利于作物生长。区内实现广泛种植稻谷、玉米等大宗粮食作物,花生、油茶籽等油料作物,甘蔗、黄红麻等大宗经济作物。除此以外,区内还有许多地方特产,例如药用植物中的田七、肉桂、罗汉果等品种,亚热带水果中的荔枝、龙眼、木瓜、香蕉、菠萝蜜等品种,优良禽畜品种中的三黄鸡、香猪、都安山羊等,林产品中的松脂、桐油、紫胶等品种以及大量的珍珠、黄斑、金线鱼等海产品。

自治区地理位置得天独厚,资源丰富,海路交通便捷,沟通西南与华南,面向东南亚各国,是我国的一条极为便捷的出海通道。自治区内大陆海岸线长约 1500 公里,与越南社会主义共和国的边界线长约 637 公里,优越的地理位置使自治区成为中国与东南亚各国进行各项往来的桥头堡。

三、海南省

海南省以岛为界,位于我国的最南部,北面与广东省相隔琼州海峡,西面通过北部湾与越南民主共和国相对,东面与台湾省相隔南海,东南面与菲律宾、文莱、马来西亚相邻。

海南省全省包括海南岛、西沙群岛、中沙群岛、南沙群岛等岛礁和海域,是我国面积最大的省。省内海南岛陆地面积 3.39 万平方公里,包括海南岛、西沙、中沙、南沙群岛在内的全省陆地面积为 3.54 万平方公里,省内海域面积约 200 万平方公里。全省境内现已开发利用的土地约328.04 万公顷,其中可用于大型农业开发的土地面积比重为 90%。未开发利用的土地约 25.5 万公顷,而未开发利用的荒地比较集中,适合机耕,海南后备土地资源较丰富,农业开发潜力较大。海南岛全省处于热带北部边缘,属于热带季风气候,年平均气温在 22 到 26 摄氏度之间,年光照时长为 1750 至 2650 个小时,全岛全年无霜冻,农田可以全年种植,不少经济作物可以实现每年 2 到 3 季的收获。岛内种植面积最大和产值最高的作物是粮食作物,包括水稻、旱稻、小麦、番薯、木薯、芋头、玉米、高粱等多个品种。岛内种植的经济作物有甘蔗、花生、芝麻等品种。岛内还广泛种植经济价值较高的热带作物,主要有橡胶、椰子、油棕、槟榔、咖啡、胡椒、剑麻、可可等品种。此外,岛内水果品种繁多,已经通过栽培实现商品化的水果有菠萝、荔枝、龙眼、香蕉、大蕉、柑橘、芒果、西瓜、杨桃、菠萝蜜、红毛丹、火龙果等品种。

海南省的矿产资源品种较多。在海南全省境内总共发现矿产 88 种,其中有工业价值储量的矿种有 66 种。在探明储量的矿产中,居于全国前列的有天然气、玻璃用砂、钛铁砂矿、锆英砂矿、宝石、富铁矿、铝土矿、饮用天然矿泉水等多个品种。

海南省一直在进行着现代港口体系的建设和完善工作,省内各港口的支线航运连接北部湾,货物运输可通过干线运往东南亚、东北亚地区,极大地缩短了原来北部湾港口货物通过珠江口地区港口中转的航线距离,运输成本降低,物流效率提高,可真正实现港口与企业的双赢。随着中国与东盟自由贸易区的建成,多国之间的商品流通必然日趋兴旺发达。海南省将在今后北部湾地区商品流通中扮演物流枢纽的角色,经济发展潜力巨大。

四、云南省

云南省地处中国大陆西南部,位于北纬 21°8′至 29°15′之间和东经 97°31′至 106°11′之间,北回归线横穿省内南部。云南省东面与贵州省和广西壮族自治区相邻,北面与四川省相邻,西北面与西藏自治区相邻,西面与缅甸接壤,南面与老挝、越南相邻。

云南省水资源丰富,全省大小河流共 600 多条,其中较大的有 180 条,每年河流总流量 2000 亿立方米,过境总水流量 1600 亿立方米,合计人均拥有 1 万多立方米。省内有六大水系,其中金沙江流域面积为 10.9 万平方公里,占全省总面积的 28.6%,是云南省境内流域面积最大的河流。澜沧江的流域面积 8.87 万平方公里,怒江省内流域面积 3.35 万平方公里,南盘江流域面积 5.8 万平方公里,沅江流域面积 7.48 万平方公里,独龙江流域面积 1.88 万平方公里,虽然其流域面积仅占全省面积的 4.9%,但该地区是全省产水量最多的地区。根据普查统计,云南省境内拥有水力资源理论蕴藏量 10364 万千瓦,可开发的装机容量为 7116.79 万千瓦,年发电量为 3944.5 亿千瓦·时,占全国可开发量的 20.5%,居全国第 2 位,可开发率为 71%,居全国首位。此外,云南省是我国湖泊最多的省份之一。省内湖泊总面积 1066 平方公里,总蓄水量约 300 亿立方米。省内的湖泊大多位于崇山峻岭之中,景色秀美,风光如画,其中最著名的是滇池、洱海、泸沽湖等。

山高水深,地势奇秀,旅游业成为云南省的新兴产业。云南省民族风情浓郁,全省 26 个民族,其中 15 个为云南省所独有。云南亦是中华民族的发祥地之一,省内元谋人遗址可以将中华民族的历史追述至 170 多万年以前,在我国唐宋时期,云南省曾经出现过具有独特文化的南诏国和大理国,历史遗存众多。省内目前有 58 个国家级和省级风景名胜区,65 个国家级和省级自然保护区,9 座国家级和省级历史文化名城,12 个 AAAA 级旅游景区以及 187 处重点文物保护单位。悠久的历史加上独特的民族文化,使云南省成为科考旅游和历史文化旅游的重要目的地。

云南省煤炭资源丰富,煤种齐全,现共探明煤炭储量达到 270 亿吨。根据预测省内煤炭资源总量 410 亿吨,是中国南方少数不缺煤的省区之一,也是中国南方重要的优质无烟煤矿区。省内优质无烟煤保有储量 86.45 亿吨,有烟煤保有储量 42.3 亿吨,褐煤保有储量 135.5 亿吨。此外省内还有大量泥炭资源,现在泥炭资源勘查程度低,探明储量仅有 8276 万吨,但预测泥炭资源总量达 7.53 亿吨。据统计,云南省有煤炭产地 150 多处,大中型煤矿 32 处,云南省煤炭资源开发利用程度还很低,有巨大的发展潜力。云南省内还发现大量油气资源。据勘察,预测省内油资源量达 10.52 亿吨,气资源量达 4.45 万亿立方米。现已发现的大牛圈油田探明石油储量 300 亿立方米;大咀子气田探明天然气储量 12.81 亿立方米;永铸街气田探明天然气储量 9.66 亿立方米。

云南省地处东亚、东南亚和南亚接合部,具有一定的区位优势。云南省向东可与珠江三角洲经济圈和长江三角洲经济圈相连;向南延伸可通过泛亚铁路直达河内、曼谷、新加坡和仰光等东南亚地区;向西可通过缅甸直达孟加拉国,深入南亚次大陆,沟通印度洋;向北直指四川省和中国腹地。包括已建成和在建项目在内,省内有 11 条出入境公路,10 条出入境铁路和 3 条出入境水运航道,与周边国家相连接的贸易口岸有 12 个国家一类口岸、8 个二类口岸和 90 个边民互市通道。通过便捷的交通手段,云南省可汇集我国西南、华南地区对南亚、东南亚的大部分进出口物流,这使云南省在东亚、东南亚、南亚地区的经济交流中起到不可替代的中心枢纽作用。

5.2.2 经济基础差异[1]

一、粤桂琼滇四省经济增长对比

---

[1] 资料来源:各省各年国民经济和社会发展统计公报。

截止至 2009 年公布数据显示,广东省全省 GDP 为 39081.59 亿元,同比增长 9.5%。按三次产业区分,第一产业增加值 2006.02 亿元,同比增长 4.9%;第二产业增加值 19270.48 亿元,同比增长 8.7%;第三产业增加值 17805.09 亿元,同比增长 11.0%。在第三产业中,金融保险业同比增长 13.4%,批发和零售业同比增长 15.5%,住宿和餐饮业同比增长 12.7%,房地产业同比增长 19.6%,均实现较大增长幅度,其累计增加值占第三产业增加值的 57.2%。民营经济增加值 16707.89 亿元,同比增长 12.3%。全省近十年生产总值增长经历了一个集中爆发到逐渐平缓的过程。

广西壮族自治区经济增长势头良好,显示了较强的经济活力。广西 2009 年全年 GDP 为 7700.36 亿元,同比增长 13.9%。按三次产业区分,第一产业增加值 1458.71 亿元,同比增长 5.3%;第二产业增加值 3377.72 亿元,同比增长 17.6%;第三产业增加值 2863.93 亿元,同比增长 13.8%。三次产业增加值分别占全区生产总值的 18.9%、43.9% 和 37.2%。自 2002 年开始,全区已经保持连续 8 年两位数的增长。

海南省 2009 年生产总值 1646.60 亿元,同比增长 11.7%。2009 年一季度省内 GDP 同比增长 8.7%,上半年省内 GDP 同比增长 9.3%,前三季度省内 GDP 同比增长 9.8%,全年实现同比增长 11.7%,全年增长具有加快上升的趋势。按照三次产业区分,第一产业增加值 461.93 亿元,同比增长 7.2%;第二产业增加值 443.43 亿元,同比增长 12.6%;第三产业增加值 741.24 亿元,同比增长 14.1%。

云南省全年生产总值 6168.23 亿元,同比增长 12.1%,比全国平均水平高 3.4%。按照三次产业区分,第一产业增加值为 1063.96 亿元,同比增长 5.2%;第二产业增加值 2580.34 亿元,同比增长 13.6%;第三产业增加值 2523.93 亿元,同比增长 13.4%。省内非公有制经济增加值 2412 亿元,占全省生产总值 39.1%,同比增长 0.6%。

由图 5-1 可知,粤桂琼滇四省经济总量最大的为广东省,其经济总量远超另外三省区的经济规模,往后依次为广西壮族自治区、云南省和海南省。广西与云南的经济规模相似,而海南的经济规模远落后于云南。广东、广西、云南三省区经济结构均为第二产业是主导,第三产业为辅助,第一产业是基础,只有海南表现出第二产业落后于第三和第一产业的情况。

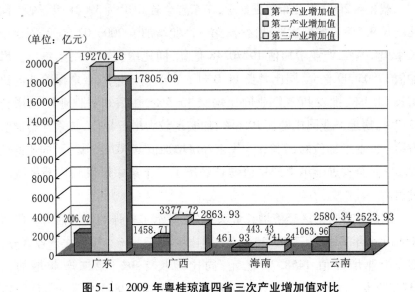

图 5-1　2009 年粤桂琼滇四省三次产业增加值对比

二、粤桂琼滇四省工业与固定资产投资对比

广东省全年工业增加值 17946.34 亿元,同比增长 8.3%。其中规模以上工业增加值 16148.58 亿元,同比增长 8.9%。省内轻工业增长 7.4%,重工业增长 10.0%。全省电子信息、电器机械、石油化工、纺织服装、食品饮料、建筑材料、造纸、医药、汽车九大支柱产业增加值同比增长 9.0%。其中三大新兴产业中的电子信息、电气机械、石油化工增加值分别增长 10.3%、4.9% 和 2.9%;三大传统支柱产业中的纺织服装、食品饮料、建筑材料分别增长 12.7%、16.1% 和 11.0%;三大潜力产业中的造纸、医药、汽车产业分别增长 15.6%、20.0% 和 16.8%。省内医药制造、电子通信设备制造、电子计算机与办公设备制造、航空航天器制造等高技术制造业增加值增长 10.0%。装备制造业增加值增长 10.7%。省内黑色金属冶炼及压延加工、有色金属冶炼及压延加工、非金属矿物制品、化学原料及化学制品制造、电力热力的生产和供应、石油加工炼焦及核燃料加工六大高耗能行业累计增加值同比增长 4.9%。全省工业企业实现利润总额 2643.08 亿元,同比增长 27.7%。亏损企业亏损总额为 349.68 亿元,同比下降 30.0%。全省全年固定资产投资 13353.15 亿元,同比增长 19.5%。按照三次产业区分,第一产业固定资产投资额为 129.85 亿元,同比增长 18.0%；第二产业投资额为 4456.17 亿元，同比增长 13.4%，其中工业投资额为 4439.49 亿元，同比增长 13.7%；第三产业投资额为 8767.13 亿元，同比增长 22.9%。

广西壮族自治区全年工业增加值 2953.37 亿元，同比增长 15.9%。规模以上工业增加值 2265.06 亿元，增长了 18.2%；工业新产品产值 735.56 亿元，同比增长 46.8%，且产品销售率为 94.9%；工业品出口值为 256.85 亿元，同比下降了 15.22%。区内食品、有色、石化、冶金、汽车、机械、电力七大支柱产业增加值合计为 1776.65 亿元，同比增长 17.5%。建材、造纸、电子信息、造船、纺织服装皮革、木材加工、医药制造七大优势产业增加值合计 429.80 亿元，同比增长 21.1%。全年规模以上工业中，农副食品加工业增加值 252.82 亿元，同比增长 8.4%，其中制糖业增加值 108.50 亿元，同比下降 14.8%；黑色金属冶炼及压延加工业增加值 209.38 亿元，同比增长 25.3%；有色金属冶炼及压延加工业增加值 123.19 亿元，同比增长同比 13.6%；非金属矿物制品业增加值 138.11 亿元，同比增长 25.3%；电力、热力生产和供应业增加值 286.78 亿元，同比增长 5.7%；交通运输设备制造业增加值 299.41 亿元，同比增长 33.8%；专用设备制造业增加值 59.02 亿元，同比增长 13.8%；化学原料及化学制品制造业增加值 122.15 亿元，同比增长 15.1%。区内企业汽车产量 118.45 万辆，同比增长 68.8%；区内发电量 922.99 亿千瓦时，同比增长 8.8%；钢材产量 1179.79 万吨，同比增长 23.1%；发动机累计输出 9373.54 万千瓦，同比增长 41.5%；水泥产量 6435.27 万吨，同比增长 24.0%；成品糖产量 824.08 万吨，同比下降 11.5%。区内规模以上经济主营业务收入 6330.32 亿元，同比增长 17.5%；利税总额 589.58 亿元，同比增长 30.1%；盈亏相抵后实现利润总额 260.48 亿元，同比增长 45.7%。其中农副食品加工业实现利润 41.93 亿元，同比增长 89.0%；烟草制品业实现利润 13.58 亿元，同比下降 15.6%；黑色金属冶炼业实现利润 9.96 亿元，同比增长 28.9%；有色金属冶炼及压延加工业实现利润 1.67 亿元，同比下降 53.9%；非金属矿物制品业实现利润 24.33 亿元，同比增长 53.7%；化学原料及化学制品制造业实现利润 4.37 亿元，同比下降 30.6%；交通运输设备制造业实现利润 44.61 亿元，同比增长 62.6%；电力热力行业实现利润 29.68 亿元，同比增长 196.9%。区内全年固定资产投资实现 5706.7 亿元,同比增长 50.8%。其中城镇固定资产投资 5159.34 亿元,同比增长 53.9%;农村固定资产投资 547.36 亿元,同比增长 27.2%。城镇固定资产投资包含基本建设投资 2614.53 亿元,同比增长 44.8%;更新改造投资 1552.55 亿元,同比增长 101.9%。在城镇固定资产投资中,国有投资 2283.88 亿元,同比增长 85.8%;非国有的民间投资 2574.27 亿元,同比增长 38.6%。按三次产业区分,第一产业完成投资 142.12 亿元,同比增长 41.1%;第二产业投资 1918.47 亿元,同比增长 34.5%,其中实现工业投资额 1893.74 亿元,同比增长 35.3%;第三产业投资 3098.74 亿元,同比增长 69.7%。

海南省全年工业完成增加值 300.63 亿元,同比增长 7.4%。其中规模以上工业增加值 277.17 亿元,同比增长 7.5%。省内重工业完成增加值 212.79 亿元,同比增长 7.6%;轻工业完成增加值 64.38 亿元,同比增长 7.4%。按照经济类型区分,国有企业完成增加值 41.72 亿元,同比增长 5.2%;集体企业完成增加值 0.44 亿元,同比下降 0.7%;股份制企业增加值 94.89 亿元,同比增长 12.6%;外资企业增加值 133.37 亿元,同比增长 7.2%;其他经济类型工业完成增加值 6.54 亿元,同比下降 6.4%。全年省内工业产品销售率 99.3%。省内 420 家规模以上工业企业实现利润总额 85.34 亿元,同比增长 190%,资产负债率同比下降 3.1%。省内全年建筑业完成增加值 142.80 亿元,实际增长 28.1%。具有资质的建筑企业单位 151 家,资质内建筑企业全年利润总额 5.85 亿元,同比增长 3.2%,企业上缴税金 4.07 亿元,同比增长 4.4%。固定资产投资继续快速增长。全省全年固定资产投资总额 1002.5 亿元,同比增长 41.4%。其中城镇固定资产投资 943.43 亿元,同比增长 41.3%;农村固定资产投资 59.07 亿元,同比增长 42.7%。在城镇固定资产投资中,第一产业完成投资 14.60 亿元,同比增长 40.3%;第二产业完成投资 141.19 亿元,同比增长 19.5%;第三产业完成投资 787.64 亿元,同比增长 46.0%。全省正在施工项目 1725 个,未包含房地产投资,同比增长 39.7%,其中新开工项目 1117 个,同比增长 38.4%。

云南省全年工业增加值 2088.3 亿元,同比增长 11.2%;规模以上工业增加值 1904.38 亿元,同比增长 11.2%。规模以上工业中,轻工业增加值 884.66 亿元,同比增长 13.0%;重工业增加值 1019.72 亿元,同比增长

9.8%。省内支柱产业烟草制品业增加值689.82亿元,同比增长11.4%;电力生产和供应增加值242.36亿元,同比增长16.6%;矿产业增加值670.57亿元,同比增长6.3%。化学原料与化学制品、非金属矿物制品、电力热力生产供应、黑色金属冶炼压延、有色金属冶炼压延以及石油加工炼焦与核燃料6大高载能行业总计增加值710.82亿元,同比增长9.2%。其中化学原料及化学制品制造业同比增长5.4%、非金属矿物制品业同比增长20.7%、电力热力的生产和供应业同比增长16.6%、黑色金属冶炼及压延加工业同比增长9.1%、有色金属冶炼及压延加工业同比增长3.6%、石油加工炼焦及核燃料加工业同比增长0.9%。省内全年原煤产量8921.02万吨,同比增长3.0%;发电量1173.82亿千瓦小时,同比增长12.9%;粗钢产量1049.05万吨,同比增长16.4%;钢材产量973.3万吨,同比增长16.3%;十种有色金属产量215.8万吨,同比下降0.4%;水泥产量5046.45万吨,同比增长25.8%;卷烟产量691.58万箱,同比增长1.8%;成品糖产量223.91万吨,同比增长6.1%。省内规模以上工业企业实现利税总计941.63亿元,同比增长2.5%;其中利润265.37亿元,同比下降4.7%。省内建筑业完成增加值492.04亿元,同比增长25.7%;具有资质等级的承包建筑企业完成总产值1179.16亿元,同比增长30.0%;上缴税金45亿元,增长25.7%;利润35亿元,同比增长25.3%。全省全年固定资产投资4527.02亿元,同比增长31.7%。按照三次产业划分,第一产业投资197.06亿元,同比增长13.2%;第二产业投资1524.87亿元,同比增长21.1%,其中工业投资1521.55亿元,同比增长23.5%;第三产业投资2805.09亿元,同比增长34.0%。

四省区工业总产值与固定资产投资额由大到小排序为广东、广西、云南、海南。对比四省数据可知,广西、云南、海南三省固定资产投资额均大于其工业增加值,三省正大量投入进行发展工业。广东省固定资产投资额小于其工业增加值,省内在现有的经济基础上投入更多资金主要发展第三产业。

三、粤桂琼滇四省贸易情况对比

广东省年内实现社会消费品零售总额14891.76亿元,同比增长16.3%。城市消费品零售额11181.21亿元,同比增长16.1%;农村消费品零售额3710.55亿元,同比增长16.8%。其中批发和零售业零售额

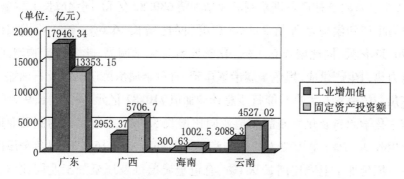

（单位：亿元）

图5-5　粤桂琼滇四省工业增加值和固定资产投资额对比

12631.21亿元，同比增长15.9%；住宿和餐饮业零售额2253.56亿元，同比增长18.4%，而其他行业的则同比下降了15.9%。在限额以上的批发零售业零售额中，粮油类零售额同比下降4.5%，肉禽蛋类同比下降16.2%，汽车类则增长了44.0%，纺织品类同比增长30.6%，石油及其制品类同比下降5.6%，通讯器材类同比增长14.9%，家用电器和音像器材类同比增长10.4%，电子出版物及音像制品类同比下降12.9%，建筑及装潢材料类同比增长40.0%。全省全年进出口总额为6111.18亿美元，同比下降10.8%。其中包括出口3589.56亿美元，同比下降11.5%；进口2521.62亿美元，同比下降9.7%。全省年内新签外商直接投资项目4346个，比上年下降37.9%；实际外商直接投资金额195.35亿美元，同比增长1.9%，其中制造业占56.8%，房地产业占15.1%，商务服务与租赁业占4.8%，批发零售业占10.0%，交通运输、仓储和邮政业总计占2.2%。全省对外承包工程营业额为75.88亿美元，同比增长10.6%；对外劳务合作营业额5.95亿美元，同比增长1.8%。

广西壮族自治区实现全年社会消费品零售总额2790.70亿元，同比增长19.3%。其中城市消费品零售额1667.15亿元，增长19.2%；县及其以下地区消费品零售额1123.55亿元，同比增长19.6%。在限额以上批发零售业零售额中，石油及制品类零售额171.30亿元，同比增长5.6%；通讯器材类零售额8.18亿元，下降5.5%；家用电器和音像器材类零售额44.76亿元，增长19.2%；汽车类零售额177.99亿元，同比增长34.0%；体育娱乐用品类零售额增长3.9%，文化办公用品类零售额增长

4.4%,家具类零售额增长27.0%,建筑及装潢材料类零售额下降9.1%,日用品类零售额增长19.4%。全区年货物进出口总额142.06亿美元,同比增长7.3%。进出口总额中货物出口83.71亿美元,同比增长13.9%;进口58.35亿美元,同比下降0.9%。按照出口企业性质分,国有企业出口10.16亿美元,同比下降45.6%;外商投资企业出口12.78亿美元,同比下降21.1%;私营企业出口59.18亿美元,同比增长65.0%。全区年内境外到位资金2330亿元,同比增长57.1%,实际外商直接投资额10.35亿美元,同比增6.6%。全年对外承包工程以及劳务合作额4.59亿美元,同比增长101.4%。

海南省全年社会消费品零售总额534.51亿元,同比增长19.2%。其中城镇市场零售额425.60亿元,同比增长19.3%;农村市场零售额108.91亿元,同比增长18.6%。按照产业划分,批发业同比增长20.2%,零售业同比增长19.9%,住宿和餐饮业同比增长18.1%,其他行业增长7.3%。在限额以上批发和零售业零售额中,粮油类零售额同比增长50.5%,纺织品类增长44.1%,汽车类增长60.2%,石油及制品类增长3.3%,日用品类增长62.9%,文化办公用品类增长24.8%,通讯器材类增长60.8%,家用电器和音像器材类增长15.1%,电子出版物及音像制品类增长38.1%,家具类增长4.1%,金银珠宝类增长16.8%。全省全年进出口总值89.58亿美元,同比下降14.9%。出口总值为19.0亿美元,同比增长2.0%;进口总值为70.58亿美元,同比下降18.5%。在出口总值中,出口东盟国家5.16亿美元,同比增长97%;出口香港5.16亿美元,同比下降10.3%;出口美国1.87亿美元,同比下降13.8%。全省全年外资投资总额为9.43亿美元,同比减少26.6%。其中外商直接投资为9.38亿美元,同比减少26.9%。新签订可利用外资合同总共88宗,同比下降27.9%;新签订合同规定外商投资额4.18亿美元,同比下降72.5%。全省全年对外承包工程和劳务合作合同金额3365万美元,同比增长2.8%;对外承包工程和劳务合作共完成营业额2173万美元,同比下降35.7%。

云南省年内实现社会消费品零售额总计2051.06亿元,同比增长19.3%。城市消费品零售额1154.57亿元,同比增长20.3%;农村消费品零售额896.49亿元,同比增长18.1%。全省批发零售业零售1555.85

119

亿元,同比增长 18.4%;住宿和餐饮业零售额 381.43 亿元,同比增长 27.9%;其他行业零售额 113.78 亿元,同比增长 7.1%。在限额以上批发零售业零售额中,粮油类零售额同比增长 22.5%,汽车类同比增长 85.2%,石油制品类同比增长 23.2%,通讯器材类同比增长 27.4%,日用品类同比增长 32.5%,文化办公用品类同比增长 30.8%,金银珠宝类同比增长 69.9%,家具类同比增长 28.0%,建筑及装潢材料类同比增长 8.8%。全省全年外贸进出口总额 80.19 亿美元,同比下降 16.5%。其中出口额 45.14 亿美元,同比下降 9.7%;进口额 35.05 亿美元,同比下降 23.8%。年内对欧盟进出口 11.26 亿美元,同比下降 1.5%;对东盟进出口 31.51 亿美元,同比增长 13.8%;对南亚进出口 5.41 亿美元,同比下降 40.1%。省内农产品为出口创汇新龙头,年内农产品出口 9.72 亿美元,同比增长 21.6%;电力出口 2.07 亿美元,同比增长 38.3%;纺织品出口 3.06 亿美元,同比增长 64.6%;机电产品出口 9.03 亿美元,同比下降 7.8%;有色金属产品出口 3.28 亿美元,同比下降 24.0%。在进口商品中,机电产品进口 7.76 亿美元,同比增长 14.6%;农产品进口 4.18 亿美元,同比增长 47.9%;金属原材料进口 15.33 亿美元,同比下降 24.7%;非金属原材料进口 1.52 亿美元,同比下降 85.6%。全年批准利用外资项目 190 个,同比下降 16.7%;合同外资 16.82 亿美元,同比下降 0.2%,实际外商直接投资 9.1 亿美元,同比增长 17.2%。

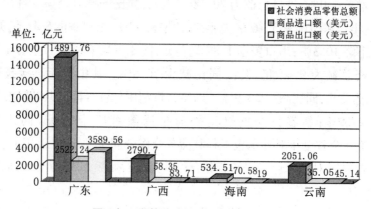

图 5-6 粤桂琼滇四省贸易情况对比

四省社会消费品零售总额由大到小排列依次为:广东、广西、云南、海南。对比四省社会消费品零售总额和进出口总额可以发现:广东省贸易活跃,省内消费与进出口规模远远大于另外三省。广东、广西、云南三省对外贸易方面都是顺差,只有海南的对外贸易出现逆差。广东省加工业发达,带来对外贸易总量的上升;另外三个省区对外贸易处在较为初级的阶段。

四、粤桂琼滇四省金融业情况对比

广东省所有银行业金融机构本外币存款余额 69691.46 亿元,同比增长 24.2%;贷款余额 44510.22 亿元,同比增长 31.9%。其中金融机构人民币消费贷款余额为 9118.33 亿元,同比增长 45.3%。省内银行业全年实现净利润 848.20 亿元,同比增长 2.7%;不良贷款余额减少 13.2%。全省境内有上市公司 225 家,同比增长 11.4%;上市股票 248 只,总市值达 2.98 万亿元,同比增长 152.5%。上市公司上市股权融资额 688.14 亿元,同比增长 41.2%。上市企业中首次公开发行股票有 26 家,直接筹资额为 302.30 亿元。省内有证券类公司 23 家,年内营业收入总额 586.56 亿元,同比增长 52.2%;实现净利润 281.19 亿元,同比增长 65.5%。省内有基金公司 19 家,总共管理 179 只公募基金,基金规模达 10341.27 亿份,同比下降 6.7%;基金净值 11424.02 亿元,同比增长 41.0%。省内有期货公司 25 家,全年代理交易额 22.75 万亿元,同比增长 57.6%;实现利润总额 4.29 亿元,同比增长 129.4%。全省全年保费收入额为 1231.17 亿元,同比增长 9.4%。其中包括人寿保险业务保费收入 805.63 亿元,同比增长 9.7%;财产保险业务保费收入 336.17 亿元,同比增长 14.9%。健康保险和意外伤害保险业务保费收入共计 89.37 亿元,同比下降 8.5%。全年省内支付各项赔付 306.67 亿元,同比增长 8.3%。其中包括人寿保险业务赔付 92.84 亿元,同比增长 9.4%;财产保险业务赔付 181.85 亿元,同比增长 5.7%;健康保险和意外伤害保险总赔付 31.98 亿元,同比增长 21.8%。

广西壮族自治区年末银行等金融机构本外币存款余额 9638.89 亿元,同比增长 36.2%;银行等金融机构本外币贷款余额 7360.43 亿元,同比增长 44.0%。全年金融业增加值 332.68 亿元,同比增长 36.3%。区内上市公司存量为 26 家,总市值 1274.04 亿元,同比增长 164.1%。区内保险公司全年保险保费收入 148.62 亿元,同比增长 11.34%。其中财产保险保费收入 49.71 亿元,同比增长 24.13%;人寿保险业务保费收入 86.32 亿元,同比增长 4.64%;健康和意外保险业务收入 12.58 亿元,同比增长 13.13%。保险公司支付各类赔款给付总计 44.43 亿元,同比增长 4.98%,其中财产险理赔额 23.6 亿元,同比下降 2.3%;人寿保险业务给付 16.29 亿元,同比下降 13.35%;健康和意外保险业务赔款给付 4.55 亿元,同比增长 19.42%。

海南省年末金融机构本外币存款余额为 3175.72 亿元,同比增长 35.0%。金融机构本外币贷款余额为 1940.86 亿元,同比增长 40.1%。银行业金融机构资产总额为 4118.61 亿元,同比增长 37.2%;金融机构实现利润总额 40.31 亿元,同比增长 110%,不良贷款率 2.7%,同比下降 1.5 个百分点。全省年内股权融资额 13.33 亿元,同比增长 22.5%。省内 21 家上市公司股票总市值为 1100.03 亿元,同比增长 160%;证券期货交易总额 12297.76 亿元,同比增长 61.5%。省内保险机构承保金额 17538.94 亿元,同比增长 4.6%;保费收入 33.07 亿元,同比增长 10.0%。其中包括财产保险 11.85 亿元,同比增长 13.0%;人寿保险 18.84 亿元,同比增长 7.5%;人身意外伤害保险 0.89 亿元,同比增长 3.1%;健康保险 1.49 亿元,同比增长 25.4%。全年各项赔款给付总额为 10.62 亿元,同比增长 21.5%。其中包括财产保险赔付 5.47 亿元,同比增长 8.5%;人寿保险赔付 4.62 亿元,同比增长 41.4%;意外伤害保险赔付 0.19 亿元,同比增长 11.6%;健康保险赔付 0.33 亿元,同比增长 30.1%。

云南省年末金融机构人民币存款余额 11119.64 亿元,同比增长 32.1%。其中城乡居民储蓄存款余额 4668.61 亿元,同比增长 23.4%。全省金融机构人民币贷款余额 8779.63 亿元,同比增长 33.1%。其中短期贷款余额 2924.4 亿元,同比增长 16.7%;中长期贷款余额 5585.26 亿元,同比增长 46.3%,个人中长期消费贷款余额 929.77 亿元,同比增长 46.5%。全年省内保险公司保费收入 180.08 亿元,同比增长 8.9%。其中财产保险保费收入 68.17 亿元,同比增长 23.5%;人寿保险保费收入 92.4 亿元,同比增长 0.8%;健康保险和意外伤害保险业务保费收入 19.51 亿元,同比增长 5.5%。年内支付各类赔付 65.12 亿元,同比增长

2.7%。其中财产保险业务赔付34.14亿元,同比增长7.6%;人寿保险业务赔付21.99亿元,同比下降7.3%;健康保险和意外伤害保险赔付8.99亿元,同比增长13.1%。全省共有上市公司26家,总股本127.2亿股;年末总市值2606.85亿元,同比增加1490.24亿元。企业通过股权融资总额120.55亿元,同比增加59亿元。A股再筹资102.55亿元,同比增加41亿元;上市公司通过债券融资总额18亿元。

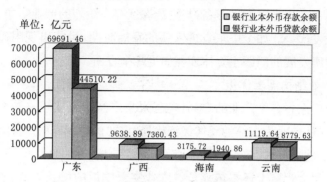

图5-7 粤桂琼滇四省本外币存贷款余额对比

四省区本外部存贷款余额规模由大到小排列为:广东、云南、广西、海南。广东省庞大的经济规模为银行业注入足够的资金,而银行业通过充分利用存款又为市场注入足够的流动性,由此形成良性循环。其他三省总体经济规模较小,但通过对比可知各省区金融业均试图给市场提供足够的货币流动性,用于活跃市场,推动地方经济发展。

5.2.3 粤桂琼滇四省区产业发展的问题分析

一、广东省

广东省的产业发展现状给广东省带来新的机遇。广东省经济基础较好,财政收入、外贸进出口、城乡居民储蓄存款余额、社会消费品零售总额、实际利用外资等指标多年居全国前列;省内居民消费结构转型升级,有利于促进省内工业结构调整优化和现代服务业的发展;产业结构的优化升级,重工业的加速发展,有利于推动经济进入较长的增长周期;交通运输方式的优化,水运和铁路运输正加快发展,为广东省未来的发展提供大运量、低成本的交通支撑;市场化程度高,市场机制完善,给社会经济发展提供持久的动力。所有这些都有助于广东省承接国际产业转移并提升省内产业结构。周边区域有产业合作的内在诉求,广东省可以在粤港澳合作、泛珠三角区域合作、中国—东盟自由贸易区合作的架构下寻求更多发展机会。广东省在开放条件下迎接产业结构升级时也面临着新的挑战。省内经济外向程度提高使广东省容易受世界经济波动的影响;国际贸易保护主义导致广东对外贸易摩擦纠纷增多,广东省进一步扩大国际市场依然存在相当阻力;广东省与周边省区存在激烈的产业竞争,弱化广东省的先发优势。如今广东省进入新的发展时期,目前出现阻碍地方经济持久健康发展的问题主要体现在如下几个方面:

1. 产业结构需要优化

综合广东省各个产业的布局情况,未来广东省要实现高技术产业作为先导、支柱产业为支撑的总体经济格局,需要优化现有的产业结构。

首先农业现代化急需加强,从而转变农业增长方式。如今广东省内农业增长很大程度上还是依靠传统农业靠天吃饭的增长方式,省内农业应该利用广东省加工业发达的优势,通过政府在省内引导形成具有地方特色、区域比较优势和竞争力强的农业主导产业,提高农业综合生产能力。优化农业布局,形成农业规模经济,提升大宗农产品质量和加工水平。转变农业增长方式,建立农业科技创新体系,推广农业优良品种和先进技术;完善农业标准体系和农产品质量安全体系;扶持农业企业和农业专业合作组织发展,促使农业增长转变成科技推动型、质量效益型、集约型增长。

工业产业需要继续升级,真正走上新型工业化道路。省内工业产业仍有发展潜力,仍然可以加强各优势产业的规模。首先做大做强电子信息、石油化工、家电等支柱产业,大力发展新型移动通信产品和数字产品的消费类电子制造业;充分发挥广东沿海深水大港和市场区位的优势,加快发展炼油、乙烯制造的炼化一体化项目;提高家电业高技术产品比重,做强做大知名品牌企业。其次要加快发展汽车、装备制造和钢铁等主导产业;同时积极培育生物、新材料、新能源等战略产业。力争将广东省建设成为有国际竞争力的制造业强省。

省内现代服务业和工农业之间没有实现更进一步的相互促进。完善现代服务业体系可以为农业工业现代化提供强有力的支持。广东省可以以泛珠三角区域合作为契机,推动旅游业的区域合作;大力推行连锁经营、仓储超市、专业配送等组织形式和服务方式;大力发展金融产业,鼓励金融服务创新,发展壮大保险业,继续做大广东省金融总量,做强广东省金融机构,提高广东省金融产业的核心竞争力;同时还需配套管理咨询、法律、会计、资产评估等商务服务,培育起一批能承接国际业务的优秀中介机构。力争将广东省树立成为区域金融服务业中心,并给周边区域提供金融服务业的技术支持,在区域产业发展中起助推的作用。

2. 内源型经济与外源型经济需要协调发展

广东省进一步提高对外开放水平、提升外源型经济与省内内源型经济发展规模不协调,两者没有实现共同发展。

首先,外源型经济中的外资质量和水平有待提高。吸引发达国家跨国公司的投资,鼓励在广东省设立企业地区总部、研发中心、采购中心等核心部门,引导外资投向高新技术产业、装备制造业、现代服务业。从而使广东省实现外源型经济产业的升级换代。广东省还需转变外贸增长方式,鼓励高技术含量、高附加值的产品出口,限制资源性、高耗能、高污染产品出口,提高传统出口产品的技术含量和附加值,承接国际服务业转移,扩大服务贸易出口。从而将广东省的出口经济由原先单一的产品出口转变成为具有高附加值、高增长力的科技型产品与服务出口,提升广东省的区域竞争力。

做大做强内源型经济时还存在对各种所有制经济市场准入的不平等对待。政府在投资管理、融资服务、财税政策、土地使用、对外贸易和经济技术合作方面,民营企业应该与其他企业一视同仁。鼓励民营企业并购、控股、参股国有企业和集体企业。引导民营企业提高自身竞争力,完善企业组织制度。同时需要增强国有经济的控制力和带动力,整合国有企业的人才、技术、资源与品牌优势,发展一批对广东省产业结构调整优化起带动作用的大企业。

3. 区域合作协调需要加强

广东省所处位置带来的地缘优势将使广东省在粤港澳、泛珠三角、泛北部湾地区获得更多的发展前景,目前广东省参与区域合作协调仍需加强。全面、整体的区域产业布局将实现广东省地方经济持续健康的发展,更能实现多方共赢的局面。

首先,省内存在珠三角经济区发展水平不协调的问题。政府应强化广州、深圳两个中心城市对全省经济发展的带动作用,逐步将劳动密集型产业向东西两面和山区转移,加强省内城市之间的分工协作和优势互补,推动珠三角城镇群协调发展。产业转移至东西两面和山区,需要实行差别化产业政策,推动形成珠江三角洲、东西两面、山区的梯度产业分工,从而实现全省整体的全面发展。

粤港澳三地的合作水平还需要继续提高,充分利用 CEPA 框架下广东省与香港、澳门三地建立更紧密经贸关系的安排,吸收港澳现代服务业,提升广东省服务业的竞争力。加强泛珠三角经济区和泛北部湾经济区的产业合作,创新合作方式,消除行政壁垒,完善区域交通网络,完善电力输送、电源建设和煤炭、天然气、油品供应等能源方面的互利共赢,在产业转移方面加强合作,形成区域内全方位的合作格局。

二、广西壮族自治区

自治区如今在泛珠三角经济区和泛北部湾经济区进行产业协调分工的大背景下,依托广东省产业发展的带头作用,有区内和云南省丰富的自然资源的支持,应集中力量投入区内重点产业,加速全区的工业化进程。全区可以重点发展的产业包括有色金属、汽车机械、石油化工、钢铁锰业、电力工业、制糖等产业。

1. 有色金属产业发展需要加强

区内有色金属资源丰富而有色金属产业规模与资源储量不协调。区内可以重点发展冶炼铝和铝制品加工产业。全区冶炼铝和铝制品加工业可在矿山附近建设氧化铝,在电力丰富地区建设电解铝,在消费地和电解铝企业附近发展铝制品加工业。在电解铝规模较大的地区,还可以布局建设大型热连轧生产线,高精度铝板、铝箔、地铁和轻轨车辆用材、汽车和集装箱用材、航空材以及铝合金铸锻件等相关铝制品产业。从而形成由生产到加工销售的完整产业链,形成对有色金属制品的深加工和精加工,提高其附加值,带来规模效益。此外,冶炼铝和铝制品加工产业发展过程当中还可以辐射锡、铅、锑、锌、铟等矿产资源的相关产业,从而在全区形成立体化的产业链,使自治区成为有国际竞争力的有色金属深加工区域。

2. 汽车机械产业发展可以继续加强

区内汽车机械产业有一定的发展基础,但受制于产业链条的不完善,汽车机械产业难以得到继续发展。完整的汽车产业链包括整车生产和向前向后延伸的关联产业。向前延伸包括发动机、传动系、行驶系、转向系、制动系、车身、电器设备;向后延伸包括汽车贸易、维修、消费信贷、物流、保险、二手车交易、汽车租赁。区内在现有基础上应该加强整车生产、汽配工业以及工程机械生产三个核心产业。自治区内现有整车生产企业上汽通用五菱、东风柳汽、一汽柳特、桂客集团、柳州五菱、玉柴南宁专汽这几大公司,自治区应抓住国家鼓励发展柴油汽车的政策,重点发展微型汽车、轿车、小型乘用车、重型载货汽车、客车及工程机械专用车等拥有核心技术的产品,支持玉柴集团利用自己拥有的核心科技联合其他大型汽车生产商发展各类节能环保型柴油车辆。自治区应该配套引进国内外汽配企业,发展汽车零部件生产产业,扩大柳工、玉柴等工程机械生产规模,完善汽车产业的产业链,从而使自治区形成具有区域竞争能力的汽车整车生产配套区域。

3. 石油化工产业可以加强发展

石化产业适宜布局在沿海地区,自治区沿海具有良好的港口条件,涠洲岛、钦州港等港口距中东原油产区近,可直接降低原油运输成本。广东和广西沿海向我国西南地区供应成品油的通道已初步形成。由此自治区沿海地区是发展煤化工、盐化工和精细化工产业的优良选址。然而区内的时候化工产业总体规模与其优势地位不相匹配,石油化工产业在区内还可以深化发展。石油化工产业分为上中下游三部分。上游是以石油、天然气等资源经化学加工得到乙烯、丙烯、丁二烯等石化基本原料的产品链;中游是由石化基本原料深加工衍生出烯烃系列及芳烃系列的产品链;下游延伸至服装面料、塑料、橡胶等种类繁多的产品。区内在现有港口资源的基础上,应该扩大石油化工产能,满足桂滇黔等地区的成品油需求,发展乙烯、丙烯、芳烃等石化产品,延长产业链,加快发展精细化工,提高其产品附加值,从而在区内形成石化产业群,并在此基础上并行发展煤化工和盐化工等化工项目,从而使自治区成为我国西南地区新兴的石油化工制品生产基地。

三、海南省

海南省"十一五"期间经济结构调整成效显著,基础产业和基础设施支撑经济增长的能力逐渐增强,电力工业发展强劲;热带高效农业稳步发展,并积极发展科技、订单、绿色农业。同时旅游业保持较快增长势头。海南省经济得到一定程度的发展,但其经济结构依然存在问题。海南省属于欠发达地区,工业化水平低、城镇化水平低、城乡居民收入水平低、经济总量小;产业结构战略性调整远没有实现,经济增长方式较为原始,体制机制障碍突出,而且对外开放水平还不高。对比粤桂滇三省,海南省经济活力明显不足。海南省产业发展目前尚处于工业化初级阶段,完善基础设施建设和发展地方优势产业是如今海南省发展的当务之急。基于海南省经济发展现状,海南应该从如下几个方面着手提升海南省的经济实力。

1. 农业经济结构需要调整

省内已经出现一批有能力的加工企业,然而省内农业发展水平仍然较低,调整农业经济结构,加快建设现代农业是当务之急。省内应该调减传统低效作物种植面积,扩大高效热带作物种植面积,推进高效作物规模化生产和产业化经营。省内可以建设珍贵用材林基地,发展提升天然橡胶产业,培育壮大花卉产业。加快农业科技进步,提高农业科技水平,力争今后海南省农业进入科技推动型的发展渠道。

2. 产业结构需要升级

海南省的经济总量和质量水平较低,需要总体上进行产业结构的升级。首先可以加快发展新兴工业,鼓励大企业进入并带动省内中小企业发展,走新型工业化道路。壮大石油加工与化工产业,引进林浆纸一体化产业,进行生物制药项目的开发等。此外,无污染或者低污染、高附加值的生物技术、光纤光缆制造等产业,海南省也应该积极引入。省内旅游产业应逐渐升级成为休闲度假旅游目的地,省内旅游资源丰富,地方政府牵头引入外来投资商打造一批精品旅游景区和旅游房地产项目,可在短时间内形成具有竞争力的休闲旅游度假中心。加快发展海洋经济,支持南海油气资源勘探开发,使海南成为南海油气资源勘探开发基地。提高现代服务业发展水平,支持金融保险、交通运输、餐饮服务等服务业的发展,同时,也应与海南省新型工业化道路的发展配套进行。

3. 基础设施建设需要加强

加强基础设施建设,可以为未来海南经济发展提供良好的平台,为海南进行产业结构升级和扩大经济发展规模提供支持。省内道路、港口、供水、供电、排污等基础设施应该成为基础设施建设中的先行部分,加快建设岛内外对接顺畅的海、陆、空立体交通体系。海南省应该逐步建立全省发展的长远规划,并在此基础上逐步展开基础设施建设的各项工作。

四、云南省

云南省在"十一五"期间进入 GDP 增长的加快发展期,省内新型工业化基础较好,大企业战略成效初现,产业竞争力明显增强,省内各产业加快发展的有利条件增多。良好的发展势头下,云南省产业发展依然存在不少问题:全省工业经济总量小、工业增长速度低;产业结构失衡现象严重,烟草业一家独大的现象明显,省内资源型加工产业仍占主导地位,产品附加值低;区域发展不协调;增长方式粗放;能源与原材料持续紧缺;出省物资运力紧张。云南省如今进入新的发展阶段,在西部大开发和泛北部湾经济区的大背景下,与周边地区进行协调分工,更高效地融入周边省区产业的规模经济,从而实现云南省经济持续健康发展,可以从如下几个方面着手。

1. 烟草、能源、有色金属传统支柱产业需要巩固壮大

省内烟草产业在国际上仍然缺乏影响力,因此烟草及配套业应实施品牌扩张战略,在确保国内领先水平的同时努力开拓国际市场。产业布局应以卷烟制造、包装印刷、辅料、烟草机械为基本产业链,在云南省内形成以卷烟产业带动烤烟种植、包装印刷、机械加工等一系列集约配套的完整体系。加强云南省在我国烟草大省的有利地位。加快建设大型水电,积极发展中小水电,加强骨干电网的建设和延伸,为工业产业发展提供有力的能源支持。发展有色金属产业应大力发展深加工,提高附加值,提高锡、铜、铅、铝等常用有色金属生产的经济效益,开发镍、钛、黄金、银等贵金属,争取与广东和广西的有色金属产业之间形成规模经济。

2. 磷化工和煤化工产业发展地位应该突出

磷煤化工两产业在省内已有一定的发展基础,可以在现有的发展规模上继续扩大。发展壮大磷化工,重点是发展精细磷化工,完善磷酸盐阻燃剂、水处理剂、纺织助剂、燃料添加剂、食品添加剂、化学合成农药等精细磷化工系列产品,逐步形成系列精细磷化工产品产销中心。突出发展煤化工,发展煤制合成氨、焦炭、煤气、甲醇以及其他化工产品为一体的煤化工体系,同时还应该利用现有资源配套发展盐化工及氯碱工业,争取在

省内形成以磷化工和煤化工为特色的相关化工产品生产中心,并与广东广西两省区化工产业形成互补,使三省成为化学化工产品产业集群,增强国际竞争力。

3. 信息制造业需要加快发展

云南省内已出现一批有竞争力的信息制造业企业,其中一些企业已经具备自己的优势产品,在此基础上,省政府应该扶持该类企业发展,尤其可以重点发展光电子产业、光机电一体化设备制造业,延伸红外热成像系统产业链,做大做强红外热成像系统产品;培育光伏电池产业链,从而形成光学加工及光学应用系统、光电子器件优势产品生产系列,引进等离子显示器、光存储设备、光电子专用集成电路等生产商以完善省内信息产业产品空白,努力使云南省成为面向东南亚的电子信息产品出口加工基地。

粤桂琼滇四省不论经济总体规模、产业梯度层次和产业布局都有各自的特点,各省区曾经为了发展各地经济,仅根据省区内的实际情况甚至是不顾省区内的实际情况在区域内进行产业布局,该种布局曾在地方经济发展起到一定作用,各省区产业布局的不合理以及省际之间形成的竞争都不同程度限制了地方经济的进一步发展。稍后,地方政府之间为了改善省区之间的恶性竞争在一定程度上进行了接触和调整,但受制于体制障碍和地方利益的阻碍,该种接触并不能从根本上改善省区之间的竞争程度。如今,粤桂琼滇四省面对全新的开放条件,其中既有机遇又有挑战,抓住机遇发展自己是四省区的共识,要实现区域经济在新条件下的长足健康发展,区域产业协调成为地方经济发展的必要选择。回避恶性竞争、加强区域分工和产业协调,使地方产业发展既有区域竞争优势,又能形成规模经济加强四省的国际竞争力,这是四省之间进行产业分工的共同目标。现今,四省区域分工和产业合作还处于较低水平,在今后的一段时间里,通过前瞻性的布局,四省的经济发展必将进入另一个全新的快速增长时期。

本章小结

　　本章分析的重点在于区分我国周边四省区在开放条件下产业发展的趋同性与差异性。在本章的第一部分,通过运用产业结构相似性系数总体把握周边四省区产业发展总体上的相似程度,通过运用区位商指标筛选出周边四省区相似程度较高的产业。综合总体相似水平与相似程度较高的产业部门可以发现,导致产业发展趋同的起因主要为经济发展水平、资源禀赋与外生工业、区域经济联系紧密、制度因素四个方面。在本章的第二部分,通过比较周边四省区的地域分异性,可以得知四省区资源禀赋的差异以及地方经济发展的资源基础;通过比较四省区的经济基础差异,可以从更细致的角度把握四省区经济发展水平、外生工业以及相关产业制度的现状及其差异。在找到影响产业发展四个因素的差异后,本章分别指出了四省区产业发展存在的问题。通过本章对周边四省区产业发展现状的分析,可以准确地把握四省区目前产业的布局情况及其存在的问题,为实现周边四省区产业协调健康发展,四省区现状当中存在的问题必须寻求到解决的答案,而该答案将在后面的章节中通过更细致的分析逐一给出。

本章通过对国内外的产业结构协调发展方面的经验进行了总结和研究，分析了国外大都市圈的产业发展和结构演变，NAFTA对墨西哥产业结构的影响，东亚的产业分工，新加坡的产业转型，以及国内的主要经济区域产业合作等方面的情况，并分别总结其对我国周边省区产业发展和协调的启示作用和经验借鉴。其主要包括：国外的东京和纽约大都市圈、北美自由贸易区、东亚的"雁行模式"发展特点和新加坡，对于国内的主要经济发展区域，我们主要选取了京津冀和长江三角洲两个比较典型的区域，分析了京津冀的产业结构布局和长三角的产业结构特点，同样对周边省区的产业发展也有借鉴意义。

第 *6* 章
国内外产业结构协调发展的经验借鉴

6.1 国外大都市圈产业发展经验及对我国 区域产业协调的启示

在区域经济一体化的过程中,大都市圈地域是各类经济地域的一个典型与缩影,大都市圈的发展不仅对周围地域的影响非常深刻,甚至超越本地域范围,波及到一个国家甚至更大的地域范围。产业结构是经济结构的关键组成部分,都市经济圈城市间协调发展的核心是区域内的产业间协调发展,研究国内外大都市圈经济结构以及产业结构协调与转移,也将为我国周边省区的区域产业协调提供间接的借鉴意义。

6.1.1 国外大都市圈的产业发展

东京、纽约等这些国际性大都市圈在其城市发展进程中都经历了产业结构的不断调整和优化。通过对这些产业结构和协调发展进行研究,可以发现产业结构变动的一般趋势和每个都市圈产业结构演进过程中的特点,进而为更好地调整周边省区的产业结构、促进产业协调发展服务。

一、东京大都市圈的产业布局

东京大都市圈以金融中心东京为核心,是日本最大的城市集聚体。战后日本经济飞速发展,作为行政中心的东京迅速膨胀,使人口、产业过于集中在东京这一个地区,政府根据实际发展需要,提出了"多中心城市"发展规划,逐渐形成了东京大都市圈内的大中小城市联动、协调发展。

目前,东京大都市圈内已经形成了明显的区域职能合作体系和分工体系,即各个中心城市根据自身的资源禀赋、自然环境等特色,充分发挥自身的比较优势,承担不同的职能,在优势互补、分工合作的基础上,发挥整体集聚优势,区域内的各核心城市发展形成了基于自身优势和特点的产业集群。

表6-1　东京都市圈内的产业分布

地区	区内中心城市	职能
东京	东京	国家政治、金融、信息、经济、文化中心
多摩地区	八王子市、立川市	研究开发机构、大学、高科技产业的集聚地
神奈川地区	横滨市、川崎市	工业集聚地,也是部分企业总部、国家行政机关的集聚地,承担着国际港湾职能,其中横滨市拥有国内最重要的对外贸易港——横滨港
崎玉地区	大宫市、浦和市	接纳了东京都区部分政府职能的转移,成为政府机构、生活、居住、商务职能集聚地
千叶地区	千叶市	拥有东京成田国际机场,国际交流和商品展示,国际港湾、空港、国际物流、临空产业工业集聚地
茨城南部地区	土浦市、筑波地区	以筑波科学城为主体的大学和研究机构集聚地,筑波科学城是世界三大信息产业重镇之一

　　东京大都市圈的发展,除了依靠国家的规划引导和法律保障外,还充分利用财政税收等手段引导区域经济内的产业发展。一是国家以项目的形式对地方基础设施进行直接投资,如重点交通设施、港口等,并对一些落后地区的城市发展提供贷款支持。二是通过财政转移支付的方式补贴都市地域发展项目,引导和鼓励企业向大都市外围转移。三是通过政策性,银行进行导向贷款和专项贷款,以表明政府的产业政策,引导市场主体的投资方向。[①]

　　二、纽约都市圈的产业发展路径

　　纽约是美国最早成型的大都市之一。也是国际大都市圈成功的典范。纽约市包括5个相对独立的行政区,分别是曼哈顿、布鲁克林、布朗克斯、皇后区和里士满。纽约产业结构调整是后工业化转型的成功典范。

　　纽约的产业经历了从以制造业为主向以服务业为主的转化过程。在经济发展的每一个阶段,纽约都有相应的产业来支撑其经济发展。

　　可以将纽约的产业结构发展变化分为以下五个阶段:

----

　　①　中国人民银行上海总部课题组:《东京城市经济圈发展经验及其对长三角区域经济一体化的借鉴》,《上海金融》2008 年第 4 期。

第一阶段(1810—1860年),在这一阶段,纽约第二产业的主导产业是轻加工业,以农产品为原料,主要工业部门有蔗糖精炼、酿酒、毛皮和皮革生产等。工厂数和从业人员数占国民经济的比重都比较高。

第二阶段(1860—1910年),在这一阶段,伊利运河和铁路的开通加强了纽约与外界的联系,当时的淘金热对生活用品的需求也刺激了纽约蔗糖加工、服装纺织、机械制造的发展,各种小型企业成了纽约的主导产业的组织形式,以非农产品为原料的轻工业的产值超过了农产品加工工业。这一阶段纽约的主要工业部门是食品、服装、印刷和机械制造等。

第三阶段(1910—1950年),在这一阶段,纽约的人口不断增加导致了众多城市问题的出现。两次世界大战和经济危机也削弱了人们的购买力,制造业在整个国民经济中的比重降低,以非农产品为原料的轻工业上升的比重超过了以农产品为原料的轻工业下降的速度。蔗糖加工已不再是主导产业,主导产业中的采掘工业和加工工业比重也下降了,主导产业逐步由制造业向金融、服务业、商业等第三产业转变。

第四阶段(1950—1980年),在这一阶段,以农产品为原料的轻工业比重进一步降低,重工业的比重有所上升,但是总体来说制造业在国民经济中的比重在进一步的降低,技术含量比较高的新兴产业如电子、精细化工等行业得到了发展。保险业、金融业、商业服务业以及政府公共部门管理等第三产业的比重迅速增加。

第五阶段(1980年至今),在这一阶段,高新技术和传统制造业相结合,以信息产业为依托的科技园区、高新技术产业得到了迅速发展,而且制造业的专业化水平更加突出,并与城市经济、服务业相互促进。并且在这一阶段,纽约显现出从产品经济中心向信息处理中心转化的趋势。从这一趋势也可以看出,未来大都市圈的基本功能将是知识的生产分配和对技术的统治。[①]

6.1.2 国外大都市圈产业结构演变对周边省区产业协调的启示

虽然说大都市圈只是一个比较小的经济区域,但是由于都市圈的经

---

① 王双玲:《日本大都市圈的产业转移与地域演化》,东北师范大学博士学位论文,2007年。

济基础和自身条件比较优越,产业发展和协调的效果比较明显,这对我国周边省区之间的产业协调的启示主要体现在以下几个方面:

一、打破区域内行政区界限,完善政府间的合作机制

市场在资源配置过程中发挥基础作用,只有通过市场竞争和价格变动,才能引领产业结构未来的发展方向。但是政府在产业结构调整上也发挥着重要作用。政府不仅要营造微观经济环境和宏观经济环境来促进产业结构的合理化和高级化调整,也要进行强有力的政策引导。

建立技术和信息共享机制,建立技术转让平台,重视知识产权的保护,加大地区间在研发方面的投资和合作,发挥周边省区产业功能分区对创新活动的促进作用,加强集群内企业的有效竞争。

另外,在金融监管和合作领域,我国周边省区的金融监管当局缺乏信息共享机制,监管的缺位与重叠共存。平级的商业银行之间更多的也是竞争关系,缺乏协调合作,不利于资金的跨区有效配置,自然也阻碍了产业的跨区合作和协调。在周边省区之间,也要建立高效统一的金融市场,优化金融资源的跨区配置。

二、主导产业的转换过程具有顺序性

克拉克法则认为,随着经济的发展和人均收入的增加,生产和劳动构成的比重将由第一产业逐渐向第二、第三产业转移。不同阶段产业结构的演进具有一般的规律,一般来说,要经历以农业为主导、轻纺工业为主导、以原料和燃料动力等基础工业为主的重工业为主导、再到低程度加工型的工业为主导、高程度加工组装型工业为主导、第三产业为主导、再到信息产业为主导等这些阶段。

我国周边省区由于各种因素的影响,导致发展程度和水平有很大的差异,可能有些地方还处在以农业、轻纺工业为主导的比较初级的阶段,广东沿海地区已经进入到以第三产业和信息产业为主导的阶段。落后地区可以发挥后发优势迎头赶上,但这也需要一定的时间,在循序渐进的过程中不能跨越太大,比如直接从轻纺工业为主导直接跳到信息产业为主导,这不仅使人力资源无法跟上,而且很多科技资金等也无法一步到位。因此,周边省区政府应当掌握经济发展规律,适时调整产业结构。

三、区内形成合理的产业布局

从上面的分析可以看出,东京大都市圈内各城市有相对明确的产业

分工,东京作为金融中心,凭借其在信息、技术、资金、人才等方面的优势,为周边的产业提供了更有效的金融服务,而周边地区发展制造业、物流、科技研发等,实体经济的发展也促进了东京金融中心的建设。

在开放条件下,我国周边省区的发展也要根据各地的资源禀赋,发挥省区间的比较优势,强化区域产业结构特色,重视科技创新在产业发展过程中的应用。建立区域内产业分工合作体系,重视发展自有品牌、拥有自主知识产权的产业,提高研发能力,提升省区之间的产业结构和产品的经济附加值。

6.2 NAFTA 对墨西哥产业结构的影响及对我国区域产业协调的启示

近20年来,墨西哥一直在努力地推动区域经济一体化,迄今为止,墨西哥先后通过14个自由贸易协定框架,与42个国家实现了自由贸易往来。借助这些双边自由贸易协定,来为本国谋取一个比较稳定的对外贸易环境。这在多哈回合多边贸易谈判进程受阻的大背景下,墨西哥实行的这一全方位自由贸易模式对它缓解或规避贸易保护主义压力,进而实现经济利益最大化非常重要。[①]

6.2.1 NAFTA 加强了美国和墨西哥之间的生产加工一体化

虽然 NAFTA 各成员国的经济实力存在差异,但是墨西哥、美国、加拿大三国之间仍然存在着经济上的互补性和互利互惠性。例如,墨西哥拥有大量的廉价劳动力,美国则拥有雄厚的资本实力和先进的技术设备,这两个优势相互结合就可以从总体上提高北美制造业的竞争力;墨西哥拥有丰富的能源,而美国是世界上的能源消费大国,这为墨西哥的出口创汇增加了生命力;同样,墨西哥需要引进大量资金和技术设备,这也为美国

① 邹志鹏:《墨西哥:借力自由贸易促进产业调整》,人民网,2010 年第 7 期。

和加拿大提供了巨大的出口机会;等等。

墨西哥的劳动力、加拿大的原材料与美国的管理和技术相结合,形成了以美国为核心的生产和加工一体化。美国和加拿大经济发展水平差异不大并一直有密切的贸易往来,因此,两国的生产一体化主要表现为产业内的分工和协作,两国在钢铁、食品加工、化学品以及飞机汽车等方面存在着密切的产业内贸易联系。NAFTA更主要的是带动了美国和墨西哥的生产和加工一体化。

不过到现在为止,美国和墨西哥生产加工一体化的范围还是有限的,一体化的行业主要集中在汽车、服装和电器这几个行业。NAFTA建立后,由于墨西哥拥有大量的廉价劳动力,对美国的出口税率又低,所以美国的大公司纷纷将那几个行业需要大量劳动力的加工环节搬到墨西哥去,再将产品返销美国。尤其是服装和汽车,主要得益于NAFTA的"原产地规则",自从建立贸易区后,已经成为高度一体化的行业了。①

6.2.2 墨西哥国内工业重心由中部向西北部和北部位移

1986年以前,墨西哥属于封闭的经济体,只存在国内的产业关联,而且产业集中的特点非常明显,当时,墨西哥城是全国产业和经济的中心,大部分的工业企业都集中在墨西哥城、瓜达拉哈拉和蒙特雷伊等几个大都市及其周围。但是自从贸易自由化特别是加入了NAFTA之后,墨西哥与美国的劳动力成本、经济和技术都存在巨大的差异,随着北美统一市场的建立,墨西哥的区位优势逐渐显现出来,成为投资者投资的热土。美国、加拿大的很多工厂纷纷南迁,甚至一些其他的投资者为了享受NAFTA带来的好处,也纷纷在墨西哥建立大量的"关税工厂"。伴随着大量外资的涌入,墨西哥的一些地区形成了产业集聚。尤其是西北部和北部的美—墨边境地区和墨西哥城周围,成为转包型产业,比如纺织业和装配型产业、比如汽车业的首选地点。这些地区的产业集聚特征很明显,集中了大量的客户工厂,形成了一些纺织、汽车和电子产品的生产和组装基地。一些世界著名的跨国公司都在那些地方有制造基地。

---

① 张璟:《论墨西哥加入NAFTA的得失及对我国的启示》,《今日南国》2009年第8期。

墨西哥北部逐渐形成了一个庞大的出口型产业带,中部和南部地区在全国经济中的比重明显下降,墨西哥城以及整个中部地区出现了第三产业化和非工业化的趋势。由于宏观经济政策的调整和经济的开放,中部地区的传统产业面临国外进口产品的激烈竞争,许多企业在经济危机过程中纷纷破产倒闭。中部地区除了纺织业、汽车业和电子产品仍然具有一定竞争力外,其他的传统产业都逐渐萧条。中部地区的就业人数占全国就业总人数中的比重也相对下降。但是这个地区的服务业发展比较迅速,也是墨西哥服务业最发达的地区。南部地区主要从事农业、农产品的加工以及石油化工等。虽然由于中部和北部地区的劳动力价格开始上涨,那些地区的一些劳动密集型产业有向南部转移的趋势,但南部的经济仍然以农业为主。①

6.2.3　NAFTA 对墨西哥农业带来重大影响

从总体上来说,NAFTA 对墨西哥农业部门产生了重大影响。墨西哥国立自治大学经济系教授恩里克·皮特斯说,墨西哥的农业受到自由贸易协定的冲击最为明显,但是签署自由贸易协定仍然是利大于弊的,墨西哥政府正在思考如何改进和优化农业结构。

政府支持出口型农业的发展,但粮食却大量从美国进口,墨西哥加入NAFTA 后,除玉米、菜豆等少数农产品的进口仍有一定限制外,大部分从美、加进口的农产品均已取消了关税。墨西哥的农牧产品的进口和出口每年都有大幅度的增加,但是出口增加的速度远比不上进口的速度。美国有先进的农业生产技术和对农业的补贴政策,墨西哥的粮食生产在美国廉价产品的冲击下不断萎缩,粮食大量依赖进口,也使其农业的失业人口不断攀升。

墨西哥近年来也对农业进行了各种改革,墨西哥政府通过制定贸易法规和对国内进行补贴等方式,仍然对粮食生产有一定的影响。比如政府的相关部门宣布实施"地区市场开发交易补贴计划",对一些生产商提供数量不等的补贴。但是墨西哥的农业改革几乎与北美自由贸易区的启

---

① 季旭东:《NAFTA 对墨西哥产业布局和产业竞争力的影响》,《南京社会科学》2005 年第7 期。

动是同步的,这在一定程度上限制了一些改革措施的到位。墨西哥政府将没有优势的农民推向开放市场却没有对他们进行适当的保护,就不可避免地使农民处于弱势地位。没有必要的资金和技术作基础,即使墨西哥政府通过发放土地产权证使农民可以自由支配土地,也无法改变小农经济的很多劣势。[①]

6.2.4 NAFTA 框架下墨西哥产业变动对我国的启示

我国的周边省区在 CAFTA 框架下,在积极参加自由贸易协定时也应该吸取墨西哥的经验教训。

一、选择外贸主导产业,优化产业结构

墨西哥在 NAFTA 进程的初始阶段,趁着美国进行产业结构调整而向外转移制造业时,接收了一部分相对先进的产业,使本国的产业结构得到了调整,但是后来怠于进行产业结构的调整和优化,致使 NAFTA 内的产业贸易没有得到更好的发展。由于我国周边省区尤其是广西、云南的农业生产技术低、产业结构调整缓慢、工业技术水平低、高新技术产业竞争力不强等,能否优化产业结构,正确选择发展产业贸易的主导产业,不仅是 NAFTA 对墨西哥的深刻教训,也是对我国周边省区与东盟国家开展对外贸易的一个考验。由于周边省区低水平的产业结构、出口产业与国内产业的关联度低制约了产业贸易的发展,因此,中国与东盟国家的产业贸易要稳定地发展下去,优化产业结构,选择外贸主导产业是关键。广东、广西可以重点发展具有增长潜力、技术含量较高并且具有规模经济的产业以促成制造业的结构升级。比如机械设备制造业,特别是发电设备、大型机电一体化工程机械等产业,具有规模经济、加工层次深、生产链条长等特点;电子及通讯产品制造业技术含量高、可创新性强、市场规模大等特点,另外也可以根据各个周边省区不同的产业优势,选择自己的主导出口产业。[②]

二、对周边省区缺乏竞争力的产业应采取循序渐进、逐步开放的原则

NAFTA 虽然给了墨西哥 10 到 15 年的过渡期来进行内部经济的调

① 韩超:《北美自由贸易协定与墨西哥产业结构调整》,对外经济贸易大学硕士学位论文, 2005 年。

② 黄溪航:《北美自由贸易区产业内贸易研究》,广西大学硕士学位论文,2006 年。

整,但是 NAFTA 协定关于投资、贸易自由化的要求还是给墨西哥的许多产业尤其是农业造成了严重的冲击。至少有 7500 家企业自 NAFTA 生效以来倒闭了。所以,我国的周边省区在跟东盟国家进行经济往来时应当坚持循序渐进、逐步开放的原则。对一些优势产业,可以扩大出口的力度,但也要注意各省区避免恶性竞争,对于一些缺乏竞争力的产业,除了要加强四个省区之间的产业协调发展外,在省区内部政府也要建立有效的缓冲机制,因地制宜努力增强产业自身的实力。如何开放、开放程度大小和开放的先后顺序问题也要从实际出发,减少开放对经济的冲击。

三、周边省区应当避免对东盟国家的过度依赖

中国周边省区要谨慎处理与东盟国家之间的经济关系,既要充分利用它们的资本和市场,也要防止在经济和政治上的过分依赖。

要走开放式的区域经济合作道路,墨西哥先后通过 14 个自由贸易协定框架,与 42 个国家实现了自由贸易往来,这种方式也值得我们借鉴。在选择了一种主要的一体化道路之后,仍然可以与世界其他国家形成另一种模式的经济合作,还可以与 CAFTA 区外的国家实行单边贸易优惠等多种形式的经济合作。CAFTA 下的墨西哥实践充分证明,自由贸易区只是一个国家或地区在某个时期实现贸易和经济快速增长的工具,其本身并非是终极目标。周边省区与东盟之间的贸易利益会对国内的其他经济产生直接和间接的影响,但也会带来一系列的社会、经济问题。

6.3　东亚产业分工及对我国区域产业协调的启示

"雁行模式"所描述的是赶超经济体的产业发展,由于它解释了东亚地区的快速增长而闻名于世。[1]"雁行模式"将东亚各经济体划分为三个等级,即日本作为第一等级为"雁头",ANIES[2] 是第二等级为"雁身",中

---

① 秦婷婷:《东亚区域产业转移研究》,吉林大学博士学位论文,2008 年。
② ANIES 指亚洲新兴工业经济群,即韩国、新加坡、中国台湾、中国香港。

国和 ASEAN① 为第三等级即"雁尾"。日本通过国际直接投资将成熟或已经失去比较优势的产业转移到 ANIES,因为这时 ANIES 对这些产业还具有比较优势,但是等到这些产业在 ANIES 发展成熟并且逐步丧失比较优势的时候,日本和 ANIES 再将这些产业转移到发展中国家或地区,如东盟和中国东部沿海等,也是由于这时这些地方仍然对其具有比较优势,而日本又通过 FDI 在 ANIES 建立更高级的产业。从而就勾勒出了一幅具有一定时间差的东亚雁行图景。②

6.3.1 东亚产业分工体系的特点

东亚的产业分工体系具有明显的"雁行"特点,主导产业和产业的分工形式也呈现出一定的态势,现在随着各经济体的发展和赶超,也出现一些新的变化和趋势。

一、东亚产业内分工体系的主导产业

理论上,东亚的产业内分工应以区位优势和要素禀赋差异为基础,以中间产品的专业化生产和产业集聚效应为主要动力,分工的主要产业应与东亚地区要素禀赋的多元化特征相吻合,整个产业链中应该包含密集使用劳动、资本、技术要素的多种增值环节。同时,产业工序中应当有大量的零部件和中间投入品的生产。日本学者增田太郎使用实践数据对1992—2002 年东亚的出口产品进行了测算,得出钢铁、纺织品等产品的区域内出口比重下降,而机械类的产品区域内贸易比重上升了 9% ,机电产品是区域内贸易占世界贸易比率高的产品,尤其是机电类中间投入品,如半导体、电气机械零部件、集成电路和计算机零部件等。③ 由此可见,东亚地区的机电产业不仅符合理论要求的分工对象产业,而且内部贸易也发展到相当程度。

二、产业内分工形式

虽然说东亚区域内以机电产业为主导的产业内分工正在取代"雁行模式"下的产业间分工体系,但由于东亚区域内各个经济体的要素禀赋和

① ASEAN 指东盟各国。为叙述方便,ASEAN 中不包括以上 ANIES 各经济体。
② 张建:《区域产业分工演进与东亚经济合作》,吉林大学硕士学位论文,2007 年。
③ 史智宇:《东亚产业内贸易发展趋势的实证研究——对发展我国与东亚产业内贸易的政策思考》,《财经研究》2003 年第 9 期。

经济发展水平不同,区域内的产业内分工也体现出一些雁行分工的特征,且更多的表现为产业链中依据不同的环节附加值而展开的垂直分工。也就是说,东亚地区的产业内垂直分工主要是利用各经济体在要素禀赋和技术等方面的比较优势而进行的分工,具体地说就是,日本控制着产业链上游的核心技术,中国台湾地区和韩国等以研发和制造为重点,中国和东盟则处于产业链的中下游部分,组成了庞大的元器件生产和加工组装的生产体系。① 这种垂直型工序分工在很大程度上是由于各国的比较优势不同而造成的,并使得东亚各国的经济竞争力得到了加强。但是这种模式过度依赖出口,容易造成经济增长的不稳定,尤其是全球经济发生波动时,东亚经济体对外部冲击的承受能力会很弱。

三、东亚产业内分工发展的趋势

近年来,随着东亚后发经济体的不断发展,东亚各国处于一种相互赶超的竞争状态,产业转移层次也由单一的梯度转向复杂化,许多后发经济体不仅在劳动密集型产业具有比较优势,而且在劳动技术密集型、劳动资本密集型、部分技术密集型和资本密集型产业方面具有一定的竞争力。由于东亚具有比较完善的产业结构,东亚各国可以介入产业内分工的各个层次,也加强了东亚产业内分工的复合式网络化趋势。再者,由于跨国公司使用以建立国际性生产经营网络为主的投资战略,使得这种趋势更加明显。例如随着中国生产技术水平和产业集聚效应的增强,日本企业将一些机电零部件生产、研发后的试产阶段以及零部件的批量生产和销售活动等环节也转移到中国。② 随着东亚各经济体发展水平的不断接近,相互依赖的程度也加深了,这使得不同经济体间的产业内分工以垂直分工为主外,更出现了依据价值创造和价值实现来进行水平分工的新动向。③

6.3.2 东亚产业发展出现新变化

伴随着经济全球化的不断发展,国际产业转移和分工也掀起了一股

---

① 史智宇、易行健:《东亚产业内贸易的发展趋势》,《世界经济》2003 年第 12 期。

② 石静、王鹏:《水平和垂直产业内贸易的实证研究:基于国家特征的视角》,《世界经济研究》2008 年第 4 期。

③ 杨洪杰:《论东亚产业分工体系的不平衡性》,吉林大学硕士学位论文,2009 年。

新浪潮,东亚产业转移作为国际产业转移的主线,也呈现出了很多新的特点。并且随着东亚传统产业在区域转移的规模和速度的不断提升和转移方式的多样化,东亚各国的产业发展也发生了一系列的新变化。

一、日本产业升级放缓,首雁效应削弱

日本国内产业结构调整升级会使边际产业向外扩张转移,进而影响到其他国家产业结构的优化升级。但是由于日本在泡沫经济崩溃和东南亚金融危机中遭受了双重打击,国内经济陷入衰退,最终也使得日本的首雁效应不断削弱。

首先,在技术创新上长期依赖欧美的科研成果导致了日本的基础研究实力相对薄弱,这使得日本在信息技术等高科技产业领域发展相对滞后。技术创新是产业结构调整和优化的推动力,日本在信息技术等高科技产业上的发展滞后也将阻碍新一轮的产业升级,进而减缓国内相关产业向外转移,也最终将削弱日本的首雁效应。其次,日本在 1986 年后的"平成景气"期间,继续加大投资固化以汽车、钢铁、家用电器和石化为主的产业结构,所以当美国产业结构向知识信息产业和高科技产业迅速转换时,日本由于在基础科学研究水平的制约下无法形成高科技主导的产业结构。同时受"产业空心化"的困扰以及日本在产业结构调整上的犹豫,都在客观上减缓了日本产业外移的速度,也降低了日本的首雁效应。此外,由于东亚其他国家在经济上的追赶,日本害怕首雁地位受到动摇而刻意放慢对东亚地区的技术转移以保持技术优势,比如日本就提出在与中国的科技合作中要保持十年到十五年的技术差距。[①] 这种保守的技术输出策略也使"雁行模式"中的其他国家和地区的技术缺口难以填补,产业结构的调整进程也被迫放缓,反过来也削弱了日本的首雁效应。

二、中国产业发展迅速,经济实力提升

中国改革开放以来,也积极融入到国际产业分工体系中来,中国凭借其在劳动力价格和资源方面的优势和巨大的潜在市场,紧紧抓住新一轮国际产业转移的发展契机,吸引外资发展出口导向经济等,逐步成为吸纳全球产业转移的中心地带。

---

① 赵曙东:《日本首雁效应的衰落》,《南京大学学报》1999 年第 8 期。

一方面,中国的劳动力成本长期处于比较低的水平,使得劳动密集型产业在中国具有50年以上的竞争力周期。并且中国人力资源的质量也在不断提高,高素质劳动力的成本也处于比较低的水平,从而保证了技术密集型产业不断向中国转移,这些因素都使得中国有能力吸纳不同层次的产业转移。另一方面,中国又有巨大的潜在市场,中国人的消费能力也不断由潜在变成现实,中国的巨大消费能力也将容纳世界上一部分生产能力。在这两方面因素的影响下,中国迅速成为新一轮国际产业转移的主战场。总之,随着国外资本技术及现代产业等通过国际分工体系逐步渗入到中国产业结构体系中,我国国内的各项产业都得到了快速发展。已形成了从纺织、服装、合成纤维等劳动密集型产业,到信息、新材料、生物等知识密集型产业,再到钢铁、汽车、石化等资本技术密集型产业共同发展的格局。[①] 随着中国产业优化升级的加快,中国经济已成为东亚乃至世界经济的一支重要力量。进入21世纪,中国也将逐步超越雁尾的位置。

三、"四小龙"产业发展加速,成为东亚产业升级新动力

亚洲"四小龙"作为"雁行模式"中的雁翼,在产业发展上一直呈加速态势。进入上世纪90年代以后,"四小龙"又在信息技术等高科技产业方面取得显著成效,甚至在某些领域也与日本形成了水平式分工。这也有力地带动了自身产业结构的调整和优化升级。

"四小龙"在大力发展信息技术等高科技产业的同时,又不断向中国和东盟进行大量投资,逐步转移部分机械、电子、化工等资本密集型产业。并且其对东亚地区的投资总额也已经超过日本,在东亚经济发展中的地位和作用也不断增强。并且随着日本经济的衰退,"四小龙"不断增加对东亚地区的投资和进出口,也部分的替代了日本在东亚产业转移中的首雁作用,成为东亚经济发展的推动力量和产业结构调整升级的新动力。

四、遭遇金融危机,东盟国家产业发展进程暂时受阻

东盟国家的经济发展在1997年的亚洲金融危机中受到了严重打击。而且东盟国家的投资环境也在不断恶化,外资向这些国家的产业转移步

[①] 徐世刚、姚秀丽:《"雁行模式"与东亚地区产业分工的新变化》,《东北亚论坛》2005年第3期。

伐也放慢了。面对新技术革命的发展浪潮,除了马来西亚由于危机前产业发展水平相对较高、受危机影响比较轻,有能力继续推动高新科技产业的发展外,印尼、泰国、菲律宾的高科技产业发展则可能远远落后。① 同时,由于东盟各国在资本、技术市场上对"雁行模式"的过度依赖以及自身经济结构和体制上的缺陷,都使得东盟各国在产业发展上受到不同程度的阻碍。

由此可见,东亚地区原有的以垂直分工为主导的国际分工将被一种多边互补、垂直与水平分工交织的区域分工网络体系所取代,传统的"雁行模式"也正在向东亚各国和地区相互赶超相互牵引的"群马模式"过渡。②

6.3.3 东亚产业分工对我国周边省区产业协调的启示

中国在东亚的产业分工体系中的地位不仅表现在经济总量和贸易领域的变化,而且越来越多的省区开始扮演零部件、中间产品等供应者的角色,并作为东亚市场的现实和潜在的最大需求者,在区域产业分工体系中的作用日益凸现。将东亚的产业格局放在我国周边省区基于中国—东盟框架的产业协调发展来看,也有许多可以借鉴的地方。

一、积极进行产业结构调整,主动应对产业转移

从 20 世纪 90 年代以来,"雁行模式"的效应就开始弱化,东亚区域内的产业转移也出现了与以往不同的特点,产业结构在区域内的重新布局和分工体系的重构也迎来了新的发展契机。一方面,几十年的经济发展使东亚国家和地区之间的差距不断缩小,同一经济层次的国家和地区的产业发展定位也有一定的趋同性,在一定程度上加剧了各国产业结构和出口结构的摩擦;另一方面,制造业的跨国外包和供应链的延长,也使国际分工更加深入和具体,并且由于存在技术转移级差,使产业的后发优势效应降低,区域内外利益目标发生冲突。因此,在应对我国周边省区与东盟国家之间的贸易往来时,也要注重各省区之间的利益冲突,积极引导产业发展模式,认真分析区域产业结构调整和转移中出现的新特征,并根据

---

① 胡少聪:《东亚产业发展的新变化及其影响》,《国际问题研究》2002 年第 5 期。

② 姚瑜滢:《东亚产业转移的地区政治效应分析》,山东大学硕士学位论文,2008 年。

各个省区的实际经济状况,制定合适的产业政策,加强省区之间的产业合作,承接产业转移。[1]

二、提高周边省区企业在产业分工中的地位

在周边省区区域产业发展过程中,尤其是 CAFTA 框架下,应当采取措施鼓励和促进产业链附加值较高的生产环节,提升周边省区企业在产业分工中的地位,改变在整个价值链中利益分配不公平的地位。从东亚产业分区的格局看,我国的很多企业还处于跨国产业链的中低端,在研发、品牌管理和销售等环节的竞争力还比较弱。而且,从东亚产业分工的特点来看,垂直型产业内分工和贸易的比重过高,水平型产业内分工的比重过低。

因此,在进行周边省区的产业协调发展和功能布局的进程中,中国也可以制定相应的政策,鼓励广东省或者其他省资金、技术相对密集的区域生产高附加值产品。也可以有选择的借鉴欧盟经济一体化进程中所推行的措施,逐步提高水平型产业内贸易的比重,提高周边省区和东盟之间对最终消费品的相互需求,增强区域的产业生命力。

三、转变政府在产业发展中的职能

过去,政府对产业结构的调整主要依靠的是行政性的产业政策,人为的确定优先发展产业,甚至靠增加各种要素的投入来引导产业的发展,在"雁行模式"下,这种策略使得当时的一部分东亚国家在当时的历史条件下,实现了"经济赶超"。但是在现在区域经济一体化发展的格局下,政府的作用更多的要通过体制改革和制度创新来实现,要以市场为依托,以企业为调整主体。

在 CAFTA 框架下,中国周边省区与东盟的经济联系更加紧密,只是立足于国内经济发展的产业政策将在跨国经济往来的影响下降低其作用。从周边省区与东盟的投资和贸易发展来看,这种区域的经济合作仍处于比较松散的状态,推动周边省区的产业结构升级的同时也应积极推动与东盟国家和地区合理的国际分工,地方政府应当重视同东盟的经贸往来,创造良好的投资环境,引导资金向优化产业结构的行业流动。

---

[1] 张建平:《东亚各国(地区)产业结构比较研究》,吉林大学硕士学位论文,2007 年。

在经济全球化和区域化发展的大背景下,政府在充分发挥市场调节机制作用的同时,在进行结构调整时应立足于企业。很多企业都希望建立政府与企业之间的对话机制,希望政府直接听取企业对投资便利和投资促进政策的意见。政府在进行产业结构调整时,应当适时调整制度,建立规范的市场机制和规则,保证信息的公开和交流渠道的畅通,并保持市场的竞争性。[①]

6.4 国内主要经济区域产业合作及对周边省区产业协调的启示

6.4.1 京津冀产业结构布局特点

目前,京津冀经济圈已经出现了一些优势产业集聚的现象,如北京中关村的 IT 产业、唐山的钢铁产业、文安的木材加工工业和清河的羊绒加工工业等。虽然说京津冀的产业功能分区跟珠三角和长三角相比还有一定的差距,但是通过对京津冀经济圈的产业结构进行考察,依然可以为我国周边省区的产业协调提供借鉴作用。总体来说,京津冀地区的产业集聚现象可以分为以下几种情况:

一、大型工业基地形成的产业集聚

大型工业基地的产业基础比较雄厚,基础设施较完善,生产经营丰富,区位优势明显,因此也容易产生集聚效应。京津冀地区是我国工业发展的主要区域之一,该地区以化工、能源、食品、冶金、电子、机械等为主导产业,形成了许多大型工业基地。[②]

北京作为中国的首都,工业设施完善,经济基础雄厚,形成了以电子信息产业和装备制造业等为支柱的产业格局,拥有多个大型的工业基地,产业集聚效应非常明显。其中,电子信息产业重点项目进展非常顺利。

---

① 刘心舜:《东亚区域经济一体化与中国产业结构演进》,厦门大学硕士学位论文,2006年。

② 赵峰:《论产业集群对振兴东北老工业基地的战略支持》,《经济纵横》2006年第10期。

亦庄微电子产业基地发展迅速,不仅京东方 TFT-LCD、中芯国际等入区项目进展顺利,中科镓英和砷化镓外延材料生产线也进入生产阶段,都为北京的微电子产业的发展奠定了雄厚的基础。随着一批汽车零部件企业的投产和现代汽车、北京吉普、北汽福田中重型卡车等的陆续生产面市,汽车产业也重新成为经济增长的又一亮点。[①] 而且北京的装备制造业的总产值也稳步提升,已成为北京工业经济的重要支柱。还有大兴生物医药基地依靠中关村的研发创新优势,也逐步建成了集检测、研发、生产、流通、销售于一体的大型医药产业基地。

河北的重工业生产历史比较悠久,目前已形成了以大型企业为主体、可以带动全省经济发展的工业基地。各种门类配套、齐全的企事业相互配合,形成了具有全国最大规模的钢铁工业体系。邯郸、唐山已经基本形成邯钢、唐钢等大型企业集团,其他与之相应发展起来的有机修、耐火、焦化、碳素、铁矿采选、科研、建安、设计和教育等。石家庄已经建立起一个以华药、石药、以岭、神威等制药企业为主体的,包括药材、药品、药械生产、医药经销、服务、教育和科研在内的医药产业体系,使石家庄成为仅次于上海的医药强市。[②]

二、传统经济特色形成的产业集聚

具有地区经济传统特色的经济区由于历史比较悠久,具有品牌效应,因此极易形成产业集聚区。京津冀的传统行业优势明显,尤其在一些轻纺工业领域形成了产业集聚。其中,河北省辛集的皮革、安国的药材、白沟的箱包、清河的羊绒都是具有传统优势的特色行业。其中辛集皮革始于明朝,历史悠久,有"中国皮都"的美誉。形成了完整的制革、制衣、制件产业链和以"皮革城、三个制革区"为主导的发展格局。它的皮革不仅销往国内各地,还远销海外,成为名副其实的皮货集散地。清河的羊绒经销量占到世界总量的40%、全国总量的60%以上,并且也建立了各个环节(分梳、制条、纺纱、针织、梭织、染整)相互配套的产业体系,并以山羊绒为主,绵羊绒及其他动物纤维共同发展的格局,也成立了自己的科技园区。

---

① 北京创造特色产业集群带 http://www.gov.cn。
② 袁培红、樊浩峰:《大力发展产业集群 推动河北结构升级》,《宏观经济管理》2005年第4期。

三、科技园区形成的产业集聚

科技园区由于是政府部门为了实现产业功能分区而设立的特殊区域,一般都享有政策优惠和资金优势。它是产业集聚的一种实践形式,推动产业功能分区的发展。产业园区由于它强大的制度优势,能够形成渗透力较强的溢出效应,促进产业集聚的发展,而区域内产业集聚的数量和质量、速度和强度优势是非常显著的,因此科技园区的发展也将促进区域竞争优势的提高。[①]

北京的中关村软件园、电子城科技园、生命科学园等一批高新技术园区不断发展,逐步成为北京工业发展的主要增长点。例如,中关村的软件园依靠国家的优惠政策,营造了良好的创业和发展环境,吸引了大批优秀的软件企业和软件人才,推动我国的软件业不断向规范化和专业化发展。

河北省在专业化工业园区的建设上也取得了积极进展,各地开发区也相继建成了一批专业化的工业园区,如石家庄常山纺织工业园、廊坊汽车配件产业园、唐山曹妃甸工业园等,也吸引了一大批企业入驻,促进了河北的产业集聚。

6.4.2 长三角产业结构基本特征

国务院在2008年提出关于进一步发展长三角的指导意见,正式将长三角的区域范围扩大到江苏、浙江和上海市。比地理意义上的江苏东南部、浙江杭嘉湖地区和上海地区的范围更广,这一战略性的规划兼顾了区域平衡和互补,将浙江西南部和江苏北部纳入到长三角范围,在土地、人才、资源等方面明显提升了长三角的实力和发展潜力,对拉动整个地区经济发展和促进长三角核心地区产业培植都有重要意义。[②]

20世纪90年代初,以浦东开发开放为标志和龙头,长三角也加快了开放的步伐,各地区以经济技术开发区为载体,不断吸引外商直接投资尤其是跨国公司的投资项目,对本地经济的发展起了巨大的推动作用。也使长三角地区的产业结构不断升级,经济机构也逐步优化。

---

① 张国云:《产业集聚:整合提升各类园区》,《中国经贸导刊》2003年第18期。
② 庞小欢:《长三角产业结构优化研究》,江苏大学硕士学位论文,2009年。

一、三次产业结构调整

从 20 世纪 80 年代中起,长三角开始进入工业化全面推进的新时期,三大产业的比重也发生了明显变化。主要趋势也跟其他地方类似,第一产业的比重逐渐缩小,第二、第三产业的比较逐渐增加,并且第三产业的增长速度明显更快。

二、产业集群初具规模

近年来,随着工业化信息化发展的逐步推进,长三角的产业集群化趋势也逐步加快。在上海,总投资金额超过 80 亿美元的上海化工区中,三十家企业几乎全部是外商独资或者是中外合资的,有重点项目在此地落户的世界化工巨头包括英国石油、德国拜耳以及巴斯夫公司。规划 22 平方公里的浦东微电子产业带中也有 8 家以境外投资为主的投资额过亿美元的企业。据浙江省有关部门统计,浙江已经有 500 多个产业集群区,并且全省的 28 个特色优势制造业中,有 4 个行业的销售收入占全国同行业比重超过 20%,有 13 个行业超过 10%。江苏省以沪宁线为主干,长约 300 公里外延 50 公里左右的区域,也已经形成了一个产业集群区——宁沪信息产业带。

三、制造业发展迅速

可以说制造业打造了长三角,全球范围内每 10 台电脑中就有 1.5 台的主板在此生产,有十分之三的手机液晶显示屏由此提供,有一半的鼠标在此制造。一个以上海潜河径、浦东张江、苏州、无锡、南京浦口等 7 个国家重点高新技术开发区为支撑点,涉及生物工程、微电子、航空航天、新材料和光纤通讯等高新技术领域的高科技产业带正在逐渐形成。种种迹象表明,长三角已成为中国制造业的主力军,并正向中国的产业技术创新中心迈进。[①]

6.4.3 对周边省区产业协调的启示

从对京津冀和长三角的区域产业结构、产业优势和产业集群进行考察,可以为我国周边省区的产业协调发展和产业功能分区提供启示作用。

---

① 王健:《论长江三角洲、珠江三角洲产业结构变化与区域经济发展——兼论对东北地区的借鉴》,吉林大学硕士学位论文,2007 年。

一、创新引资模式

从长三角的产业功能分区即可看出,长三角的化工产业、高新技术产业等很多都是采用境外投资模式的,利用外资和技术可以加快地区的产业结构调整和功能分区。我国吸引外资的政策先后经历了优惠政策阶段和公共关系阶段这两个阶段,现在已经进入了产业引导和企业配套阶段即第三个阶段。因此,我国周边省区可以根据不同的资源条件和政策导向扩大新加坡、文莱等东盟资金的引进,并且在招商引资的工作中,将重点放在有计划有目标的发展当地配套企业上,提高产业配套能力和集群发展能力,加大培育区域集群产业的意识,增强对跨国公司和项目的吸引力。

二、产业互补、配套发展

根据京津冀和长三角的产业布局来看,各个地区的产业都有自己的特色和优势,形成了自己的品牌效应,并且也形成了一定形式的配套发展,不会出现恶意竞争的状况。因此,我国周边省区也要充分发挥自身优势,在区域性的主导产业和支柱产业的形成和发展中寻找自己的定位,因地制宜地配合区域主导产业的发展,着力发展具有特色的产品和产业,提高某些重要优势产业的竞争力。

三、建立区域统一市场,促进要素自由流动

形成区域统一市场,可以促进区域内的生产要素、产品和服务的自由流动,这是推动长三角产业结构调整的重要举措。当然,我国周边省区要实现统一的市场,除了依靠市场的力量外,也需要行政性的推动作用,在统一的区域市场下不断优化生产要素的配置。不仅要对外开放,也要对内开放,加快完善区域内多层次多中心的资本市场、商品市场、劳动力市场、技术市场等。①

本章小结

本章通过对国内外的产业结构协调发展方面的经验进行了总结和研

---

① 庞小欢:《长三角产业结构优化研究》,江苏大学硕士学位论文,2009 年。

究,分析了国外大都市圈的产业发展和结构演变,NAFTA 对墨西哥产业结构的影响,东亚的产业分工,新加坡的产业转型,以及国内的主要经济区域产业合作等方面的情况,并分别总结其对我国周边省区产业发展和协调的启示作用和经验借鉴。

东京和纽约大都市圈在城市的发展进程中,产业结构也在不断地进行调整和改进,东京大都市圈就形成了比较明显的区域分工和合作,这主要得益于日本的国家政策导向。从纽约大都市圈的产业发展历程来看,这是一个很典型的由制造业逐步转向服务业的产业结构升级模式,它的发展速度和进程以及发展的经验都值得我们深思。我国周边省区应当打破行政界限,加强政府的合作,并形成合理的产业布局,对于主导产业的选择和转换也要遵循一定的规律并和实际情况相结合。

北美自由贸易区的经验是值得我们借鉴的,尤其是 NAFTA 对墨西哥的产业结构影响,我们应当扬长避短来发展我国周边四个省区的产业,选择合适的外贸主导产业,优化产业结构,对一些缺乏竞争力的产业要采取循序渐进的原则,并且也不能对东盟国家过分依赖,要掌握美、日、欧等大市场份额。

东亚的"雁行模式"发展特点以及随着东亚各经济体的发展和赶超,也使东亚的"雁行模式"发生了一些新的变化,我们同样也要适时的进行产业结构调整,主动承接相应的产业转移,提高周边省区在产业分工中的地位,尤其要改变、转换和增加政府在产业发展过程中的职能和作用。

新加坡既是东盟的成员国,也是经济发展迅速的新兴经济体,是我国周边省区的贸易伙伴也是竞争对手,它的产业发展对我国周边省区产业也具有非常重要的借鉴意义。尤其是新加坡独特的地理位置和政府作用在产业结构演进过程中的表现,以及其对研发和人才的重视,都值得我们学习和借鉴。

对于国内的主要经济发展区域,我们主要选取了京津冀和长江三角洲两个比较典型的区域,分析了京津冀的产业结构布局和长三角的产业结构特点,同样对周边省区的产业发展也有借鉴意义。

本章我们首先对产业关联理论进行分析，深入研究我国区际经济联系的特征、模式、强度和方向，有利于更为深入地认识我国区域经济发展的驱动机制和发展规律，更深层次地把握我国各区域之间的空间依存关系和区域差距的演化趋势。随后重点结合 AIIOT 模型对中国与东盟的产业关联状况进行了分析，首先对国际产业关联及其意义进行了介绍，一国产业的发展既是一个独立的系统，又通过多种形式的关联机制受到他国产业变动的影响，形成一个彼此相连的交互体系。接着我们对 AIIOT 模型进行了介绍，结合前人的分析结果，我们基于 AIIOT 2000 所介绍的三个基本模型—产业后向关联效应（影响力系数）、最终需求的产出效应和最终需求的增加值效应，系统地给出三个模型的具体应用和相关结论，并区分中、日、美三国在中间品市场和最终产品市场所发挥的作用，以及东亚地区在产业关联方面的差异，并给出了相关分析与建议。

第 7 章
中国周边省区内部及东盟产业关联的实证分析

7.1 相关分析模型

7.1.1 投入产出模型

产业关联的实质是产业结构内不同产业部门之间通过供求机制形成的经济技术联系,即关联效应和程度主要体现为各产业"投入"和"产出"的数量和比例关系,因此,产业关联分析又常常被称为投入产出分析。产业关联分析模型使用的基本工具是投入产出表,它是国民经济核算 SNA 统计体系的一部分,与 GDP 等一起由各国的统计机关发表,GDP 按年按季度发表,而因为要搜集生产统计、贸易统计、国民收入统计等诸多部门的统计资料,尤其是要经过特别的调查才能制成,所以投入产出表每五年发表一次,为了克服这 4—5 年的时差以求发表的同步,各国都有制作超前的所谓延长表,作为外生的统计搜集后一般尽可能用数学方法向前推定,尽管也还存在时差但作为产业五年内不会太过急剧变化,加之不断以最近值补充修正,还是可以得到比较精确的评价。

经济体系中的企业分别属于不同的产业部门,企业的产出有两种流向:一是被各产业部门的其他企业所消耗,被称为中间需求;二是流出生产体系形成政府购买、个人消费、存货以及出口等,被称为最终需求。

表 7-1 投入产出表的基本形式

		中间使用	最终使用	总产出
		(i)部门 1 ⋯ 部门 n		
中间投入	(j) 部门 1 ⋯ 部门 n	x_{ij}	f_j	x_j
最初投入				
总投入				

表中横向反映产出部门的产品或服务提供给各投入部门作为中间需求和最终需求的量,列向反映投入部门在生产过程中消耗各产出部门的产品或服务的量。因此,投入产出表揭示了国民经济各部门之间相互依存、相互制约的技术经济联系,反映了国民经济各部门之间相互依赖、相互提供劳动对象以供生产和消耗的过程,构成了投入产出分析的基础。

一、投入产出模型系数

1. 投入系数

投入系数又称为直接消耗系数,记为 a_{ij},其经济意义是 j 部门实现单位产出所直接消耗的 i 部门产品的价值。用 x_{ij} 表示 j 部门生产经营中所直接消耗的 i 部门的产品或服务的价值,x_j 表示 j 部门的总产出,则投入系数 a_{ij} 计算公式如下:

$$a_{ij} = \frac{x_{ij}}{x_j} \qquad (i, j = 1, 2, \cdots, n) \quad\cdots\cdots\cdots (7\text{--}1)$$

矩阵 $A = (a_{ij})_{n \times n}$ 就是投入系数矩阵,反映了投入产出表中各产业部门间技术经济联系和产品之间的技术经济联系。投入系数是建立投入产出模型的最基本系数,是投入产出模型的核心。

2. 完全消耗系数

各产业部门的生产过程除了与相关产业有直接联系外,还与其他产业有间接联系,因而各产业的产出在生产中除了直接消耗外,还存在着间接消耗。完全消耗系数就是对直接消耗联系与间接消耗联系的全面反映,它比投入系数更本质、更全面地反映一个部门的生产与国民经济各部门之间的技术经济联系。这里将完全消耗系数记为 c_{ij},其经济意义是 j 部门每提供一个单位价值的最终产出,需直接消耗和间接消耗(二者之和为完全消耗)i 部门产品的价值。式(7-2)给出了完全消耗系数的定义,即

$$c_{ij} = a_{ij} + \sum_{k=1}^{n} c_{ik} a_{kj} \quad\cdots\cdots\cdots\cdots\cdots\cdots (7\text{--}2)$$

完全消耗系数矩阵 $C = (c_{ij})_{n \times n}$ 可表示为:

$$C = (I - A)^{-1} - I \quad\cdots\cdots\cdots\cdots\cdots\cdots\cdots (7\text{--}3)$$

3. 列昂惕夫逆阵

根据投入产出表,每个产业部门的总产出都由中间需求与最终需求

构成,可作如下数学表述:

$$x_i = \sum_{j=1}^{n} x_{ij} + f_i = \sum_{i=1}^{n} a_{ij}x_j + f_i \quad\cdots\cdots\cdots\cdots\cdots\cdots\cdots \text{(7-4)}$$

其中,f_i 为 i 产业部门的最终需求。将式(7-4)写成矩阵形式,可化为:

$$x = (I-A)^{-1}f \quad\cdots\cdots\cdots\cdots\cdots\cdots\cdots\cdots\cdots\cdots\cdots \text{(7-5)}$$

式(7-5)中,I 为单位矩阵,$(I-A)^{-1}$ 就是列昂惕夫逆阵,又称为完全需求系数,本文中记为 L。列昂惕夫逆阵与完全消耗系数矩阵仅相差一个单位矩阵,二者的经济意义是不同的。L 中的元素 l_{ij} 表明 j 部门增加一个单位最终需求时,对 i 部门产品的完全需求量。

二、投入产出平衡关系

价值型投入产出表可以按行、按列,以及在行与列之间分别建立起平衡关系,这些平衡关系主要有:

1. 投入产出行平衡关系

将表7-1横向看,i 产业部门中间需求合计 + i 产业部门最终需求合计=第 i 产业部门总产出。用数学符号表示即为式(7-4),反映了各产业部门产出的流向,其矩阵形式为:

$$x = Ax + f \quad\cdots\cdots\cdots\cdots\cdots\cdots\cdots\cdots\cdots\cdots\cdots\cdots\cdots \text{(7-6)}$$

2. 投入产出列平衡关系

表7-1 的列平衡关系表明,j 产业部门中间投入合计 + j 产业部门增加值合计=j 产业部门总投入。其数学表达式为:

$$x_j = \sum_{i=1}^{n} x_{ij} + N_j \quad\cdots\cdots\cdots\cdots\cdots\cdots\cdots\cdots\cdots\cdots \text{(7-7)}$$

各列向的平衡关系说明了各产业部门的价值形成的产出过程,反映了每一产业的产出与各产业部门为之投入的平衡关系。

3. 总量平衡关系

投入产出表的总量平衡关系是指每一产业部门的总投入与总产出相等,即:

$$\sum_{k=1}^{n} x_{ik} + f_j = \sum_{k=1}^{n} x_{kj} + N_j \quad (i=j) \quad\cdots\cdots\cdots\cdots\cdots \text{(7-8)}$$

7.1.2 区域间投入产出模型

美国经济学家瓦西里·列昂惕夫(Wassily W. Leontief)于1936年发表的《美国经济制度中的投入产出数量关系》论文代表着投入产出理论的诞生(Leontief,1936),但直到20世纪50年代初期,由于数据可得性和计算机运算能力等方面的约束,投入产出理论和实证研究发展较为缓慢。20世纪50年代之后,学者们对投入产出模型进行了广泛的理论探讨和实际应用,各个层次的空间投入产出模型不断研制并发展起来,静态(或均衡)投入产出分析经过动态化扩展和最优化理论的补充,已经成为分析产业关联问题的最为重要和有效的工具。投入产出分析有赖于投入产出表格的汇编,目前"投入产出表"限于三个层次:地区投入产出表、国家投入产出表和国际/国家间投入产出表(表7-2)。

表7-2 几种投入产出模型归纳

模型的类型	经典文献	产业间矩阵 (数量,维数)	贸易矩阵 (数量,维数)
国家(National)投入产出模型	Leontief(1936)	$1,m\times m$	$0,na$
地区(Regional)投入产出模型	Isard(1951)	$1,m\times m$	$2,1\times m$
国内(Intranational)投入产出模型	Leontief(1953,1967)	$n,m\times m$	$1,1\times mn$
多区域(Multiregional)投入产出模型	Chenery(1953), Moses(1955), Leontief and Strout(1963)	$n,m\times m$	$m,n\times n$
地区间(Interregional)投入产出模型	Isard(1951)	$n,m\times m$	$1,mn\times mn$
国际/国家间(Intranational/Country)投入产出模型	Wonnacott(1961),IDE-JETRO,REGroningen	$n,m\times m$	$1,mn\times mn/m,n\times n$

上述6类投入产出模型又可以归纳为两类:一是以单一国家或地区为研究对象的投入产出结构,包括国家投入产出模型和地区投入产出模

型;二是以不同国家或不同地区的集合为研究对象的投入产出结构,包括国内投入产出模型、多区域投入产出模型、地区间投入产出模型和国际/国家间投入产出模型。第一类投入产出模型随着1965年和1993年的"国家账户体系"(System of National Accounts,SNA)在世界范围内的积极推广而得到广泛的应用(Inomata,2005),这也是第二类模型的数据和结构基础(Miller and Blair,1985;Oosterhaven and Stelder,2008)。在第二类模型中,国内投入产出模型(Leontief,1953)是基于国家投入产出表推导出来的区域技术系数表,由于只能反映商品(产业)的净流出/流入规模,而不能反映其具体的地区来源和去向(Polenske,1995),因此其实际应用价值打了折扣;地区间投入产出模型(Interregional Input-output,IRIO model)和多区域投入产出模型(Multiregional Input-output,MRIO model)是国际/国家间投入产出模型和国际产业关联理论的重要基础。

区域间投入产出表是在各区域投入产出表的基础上建立起来的多区域连接的投入产出表,可以系统、全面地反映各区域之间和各部门之间的经济联系,比较不同区域之间产业结构和技术差异,分析区域间产业相互关联和影响。

一、区域间投入产出表的基本表式和结构

表7-3 区域间投入产出表的基本表式和结构

	代码	中间需求		最终需求		出口	进口	误差	总产出
代码									
中间投入									
增加值									
总投入									

二、IRIO

地区域间投入产出模型（interregional input–output, IRIO model）由 Isard（1951）首先提出，因此也称 Isard 模型。

在区域间投入产出模型中，Isard 模型是最早也是最基础的模型。该模型从生产地出发，即一个区域生产的某种产品以固定的比例分配给各个区域（包括本区域），这个比例称为区域分配系数。现以 h_i^{RS} 表示这个系数，所以有：

$$h_i^{RS} = \frac{t_i^{RS}}{x_i^R} \quad (R=1,2,\cdots,m;S=1,2,\cdots,m;i=1,2,\cdots,n) \cdots\cdots (7\text{--}9)$$

t_i^{RS} 为区域 S 所购买的区域 R 的部门 i 产品的总量，x_i^R 产为区域 R 生产的 i 产品的总量。因为：

$$\sum_{S=1}^{m} t_i^{RS} = x_i^R \ (R=1,2,\cdots,m;S=1,2,\cdots,m;i=1,2,\cdots,n) \cdots (7\text{--}10)$$

所以有：

$$\sum_{S=1}^{m} h_i^{RS} = 1(R=1,2,\cdots,m;S=1,2,\cdots,m;i=1,2,\cdots,n) \cdots\cdots (7\text{--}11)$$

Isard 模型通过对区域分配系数的应用，很好的简化了区域间投入产出表的编制，并且对于基础数据的要求较低。运用其模型编制的区域间投入产出表的好坏关键取决于区域分配系数的确定。然而由于区域分配系数的确定本身就存在相当的误差，便在很大程度上影响了模型的计算精度。

从内容上来说，区域间投入产出模型将区域间产品和劳务的交流进行了内生化处理。在中间产品部分，详细记录了每个区域的每个部门产品在本区域内和其他区域的投入和使用状况。如果按照相同的区域顺序排列，将区域间模型的中间产品矩阵分成按照以区域分组的子矩阵形式，那么对角线上的子矩阵分别表示本区域各部门产品在本区域内的投入和使用情况，与区域模型的中间产品部分含义一致，非对角线上的子矩阵表示任一区域的每一部门产品在其他区域各部的投入和使用情况。最终需求部门由不同区域的最终需求子矩阵组成，并分别记录了各个区域不同部门产品在每一个区域最终需求的使用状况。类似的，最初投入部分也相应地划分成各个区域的最初投入子矩阵，记录了各区域的各项最初

投入。因此,区域间投入产出模型的行模型可以写为:

$$X_i^R = (x_{i1}^{R1} + \cdots + x_{in}^{R1}) + (x_{i1}^{R2} + \cdots + x_{in}^{R2}) + \cdots + (x_{i1}^{Rm} + \cdots + x_{in}^{Rm}) + F_i^{R1}$$

$$+ F_i^{R2} + \cdots + F_i^{Rm} = \sum_S \sum_j x_{ij}^{RS} + \sum_S F_i^{RS}$$

列模型可以写为:

$$X_j^S = (x_{1j}^{1S} + \cdots + x_{nj}^{1S}) + (x_{1j}^{2S} + \cdots + x_{nj}^{2S}) + \cdots + (x_{1j}^{mS} + \cdots + x_{nj}^{mS}) + V_j^S$$

$$= \sum_R \sum_i x_{ij}^{RS} + V_j^S$$

其中 x_{ij}^{RS} 是区域 R 部门 i 对区域 S 部门 j 的投入或使用,F_i^{RS} 是区域 R 部门 i 的产品所提供的区域 S 的最终需求,V_j^S 是区域 S 部门 j 的最初投入,X_i^R 和 X_j^S 分别是区域 R 部门 i 或区域 S 部门 j 的总产出。

显然,对于每个区域而言,区域间模型和区域模型最大的区别在于对产品和劳务的流入和流出的储量上。

在区域模型中,一般而言,流出仅仅是最终需求中的一列,没有区分其具体流向,流入也没有区分其来源,甚至在许多区域模型中仅有净流出一列。而在区域间模型中,通过流入和流出的内生化,将各区域的投入产出模型连接成议题,对流入、流出中的中间产品,按照每一个区域、每一个部门对其他任一区域、任一部门的投入产出结构研制中间流量矩阵,对最终使用产品也研制对其他任一区域、任一部门的最终使用向量。

三、MRIO

建立 IRIO 模型要求直接编制各区域各产业产品在所有区域不同产业间的贸易矩阵,对基础数据的需求量非常大,编制比较困难,因此,许多学者分别提出了一些对数据资料要求相对较少的模型。Chenery(1953)和 Moses(1955)先后独立提出了多区域间投入产出模型(Multiregional input-output,MRIO model)模型,也称 Chenery-Moses 模型或列系数模型。1997 年中国区域间投入产出表也是采用 MRIO 模型方法编制的。其基本形式为:

$$C \times AX + C \times F + E - M = X$$

其中,F 为各区域的最终需求,E、M 分别为各区域的出口和进口向量,X 为总产出,$A = (a_{ij})_{n \times n}$ 为区域的直接消耗系数矩阵,C_i^{RS} 为区域间贸易系数矩阵,由对角矩阵 C 组成,其对角线上的元素为区域 R 流出到区域 S 的 i 产业产品占区域 S 该产业全部产品流入的比例,

$$c_i^{RS} = \frac{t_i^{RS}}{\sum_R t_i^{RS}} = \frac{t_i^{RS}}{t_i^S}$$

其中，t_i^{RS} 即为利用引力模型计算出的区域间产品贸易量。t_i^S 为地区 S 实际使用的 i 种产品的数量（包括生产消耗及最终需求部分）。

$$t_i^{RS} = c_i^{RS} \cdot t_i^S$$

此式表示，供应系数确定后，知道了某地区对各种产品的需要量，即可计算出各地区对它的供应量。

在 Chenery（1953）的研究基础上，Moses（1955）使用一个"3 地区 -3 产业"的简化模型将产出均衡方程进行改写，分别给出了分块对角矩阵（Diagonal Block Matrix Coefficients）结构的技术系数（Technical Coefficients）矩阵和贸易系数（Trade Coefficients）矩阵。

MRIO 模型运用供给系数，很好的简化了区域间投入产出表的编制，并对基础数据要求较低。和 IRIO 模型的分配系数一样，供应系数也成为影响模型计算精度的关键。但由于 MRIO 模型在编制过程中，能够很好地将生产技术和贸易模式的影响区别开来，较之于 IRIO 模型能更好地贴近现实，从而在某种程度上提高了模型计算的精度。但是 MRIO 模型也有其缺点，它隐含的假设是区域 S 每个部门使用的从区域 R 流入的 i 部门的比例相同，而在实际生产活动中，这个假设能否成立还需要讨论。

7.1.3 区域间流量的估算方法

利用区域间投入产出模型编制区域间投入产出表的关键步骤是估算区域间商品的流量。由于统计系统不够完善，绝大多数国家都难以直接获取编制区域间流量矩阵所需要的流量数据。因此目前更多研究都集中于，如何充分利用现有的数据，根据可靠的数学模型来估算区域间商品的流量。目前世界上对这方面研究比较深入的国家有日本、美国、俄罗斯、芬兰、西班牙等。下面介绍三种比较常见的估算区域间商品流量的方法，分别是区位商法、引力模型方法和回归方程的方法。

一、引力模型

在编制区域间投入产出表中利用引力模型的方法有 Leontief 和 Strout（1963）提出，利用引力模型计算地区间各产业产品的贸易量由以下公式决定：

$$t_i^{RS} = \frac{x_i^R d_i^S}{\sum_R x_i^R} Q_i^{RS}$$

其中，t_i^{RS} 为产业 i 从地区 R 到地区 S 的流出量，x_i^R 为地区 R 的 i 产业的总产出（总供给），d_i^S 为地区 S 对 i 产业产品的总需求（中间需求与最终需求的合计），$\sum_R x_i^R$ 为全部地区 i 产业的总产出（等于总需求），Q_i^{RS} 为 i 产业产品从地区 R 到地区 S 的贸易参数，或称为摩擦系数。

利用引力模型计算地区间各产业产品的贸易量决定于贸易参赛估算方法的选择和各地区分产业和总需求的数据，因而不需要将地区表中的流入、流出按不同区域进行编制。显然，利用引力模型的关键是对摩擦系数 Q 的估算。Leontief 和 Strout 提出了在不同的基础数据条件下相应的估算方法。井原（1979、1996）引入了运输量分布系数（proportional distribution coefficient of interregional commodity flow）来推算不同产品的贸易系数。运输量分布系数方法假定从某一地区向其他地区的物资输送量的分配比例与物资中重要的产品的分配比例存在近似性，因而这个分布系数可以被作为地区间产品流动的摩擦系数 Q_i^{RS}：

$$Q_i^{RS} = \frac{H_i^{RS}}{\dfrac{H_i^{RO} H_i^{OS}}{H_i^{OO}}}$$

其中 H_i^{RS} 为 R 地区到 S 地区的 i 产业中重要产品的运输量，H_i^{RO} 为 R 地区的 i 产业相应产品总的发送量，$\sum \rho_i TFP_i$ 为 S 地区的相应产品总的到达量，$\sum \rho_i TFP_i$ 为全部地区 i 产业相应产品的总发送量（等于总到达量）。

货物运输方式主要有铁路、公路、水路、航空和管道。《中国交通年鉴》提供了国家铁路地区之间货物和煤炭的运输量。由于航空和管道运输量所占比重比较小，而且部门集中度比较高，因此没有单独估算航空和管道的地区间运输量，只是对进行相应合并之后的分货类铁路、公路和水路地区间运输量矩阵进行了适当的调整，计算得到地区间产品流动摩擦系数。

二、系数矩阵求解及初步编表

本章我们根据 MRIO 模型,展开投入产出表编制。区域间投入产出表模型为:

CAX+CF+E−M = X

其中,X 为总产出,F 为各区域的最终需求,E、M 分别为各区域的出口和进口的向量,A 为所有区域的直接消耗系数矩阵,C 为区域间贸易系数矩阵。

X、F、E、M 这几个向量都已经在前期的基础数据准备中已经求出,形式如下:

CAX 这一部分的结果是区域间的中间投入,矩阵形式是一个 72 行 72 列的矩阵,因此在计算的过程中,需要将总产出 X 向量转化为一个方阵,方阵的形式为:

$$X = \begin{bmatrix} X^{(1)} \\ X^{(2)} \\ X^{(3)} \\ X^{(4)} \end{bmatrix} \quad F = \begin{bmatrix} F^{(1)} \\ F^{(2)} \\ F^{(3)} \\ F^{(4)} \end{bmatrix} \quad E = \begin{bmatrix} E^{(1)} \\ E^{(2)} \\ E^{(3)} \\ E^{(4)} \end{bmatrix} \quad M = \begin{bmatrix} M^{(1)} \\ M^{(2)} \\ M^{(3)} \\ M^{(4)} \end{bmatrix}$$

$$X = \begin{bmatrix} X^{(1)} & 0 & 0 & 0 \\ 0 & X^{(2)} & 0 & 0 \\ 0 & 0 & X^{(3)} & 0 \\ 0 & 0 & 0 & X^{(4)} \end{bmatrix}$$

其中,每个 X^R 都是对角矩阵,其对角线上的元素就是区域 R 各个产业的产出。CF 的计算结果是区域间贸易的产品用于最终使用的部分,矩阵形式是一个 32 行 4 列的矩阵,类似的,需要将总产出 F 向量转化为一个矩阵,矩阵的形式为:

其中,F^R 是区域 R 的最终消费的列向量。

$$F = \begin{bmatrix} F^{(1)} & 0 & 0 & 0 \\ 0 & F^{(2)} & 0 & 0 \\ 0 & 0 & F^{(3)} & 0 \\ 0 & 0 & 0 & F^{(4)} \end{bmatrix}$$

$$A = \begin{bmatrix} A^{(1)} & 0 & 0 & 0 \\ 0 & A^{(2)} & 0 & 0 \\ 0 & 0 & A^{(3)} & 0 \\ 0 & 0 & 0 & A^{(4)} \end{bmatrix}$$

$$C = \begin{bmatrix} C^{11} & C^{12} & C^{13} & C^{14} \\ C^{21} & C^{22} & C^{23} & C^{24} \\ C^{31} & C^{32} & C^{33} & C^{34} \\ C^{41} & C^{42} & C^{43} & C^{44} \end{bmatrix}$$

现在关键需要求出两个系数矩阵 A 和 C。根据这两个系数矩阵的定义：

其中，每个 A^R 都是 8 行 8 列的方阵，

$$A^R = \begin{bmatrix} a_{11}^R & a_{12}^R & \cdots & a_{18}^R \\ a_{21}^R & a_{22}^R & \cdots & a_{28}^R \\ \cdots & \cdots & \cdots & \cdots \\ a_{81}^R & a_{82}^R & \cdots & a_{88}^R \end{bmatrix}$$

其中，每个 C^{RS} 都是 8 横 8 列的对角矩阵，

$$C^{RS} = \begin{bmatrix} c_1^{RS} & 0 & \cdots & 0 \\ 0 & c_2^{RS} & \cdots & 0 \\ \cdots & \cdots & \cdots & \cdots \\ 0 & 0 & \cdots & c_8^{RS} \end{bmatrix}$$

C^{RS} 对角线上的元素 c_i^{RS} 为流入区域 S 的 i 产业产品中，来自区域 R 的比例：

$$c_i^{RS} = \frac{t_i^{RS}}{\sum_R t_i^{RS}}$$

其中 t_i^{RS} 即为前一小节利用引力模型算出的区域间产品贸易量。

计算出每个矩阵中的元素，按照各自的排列方式放置各个元素，得到完整的矩阵，可以根据区域间投入产出模型计算出初步的区域间投入产出表。

一般编制投入产出表都需要求解 Leontief 逆矩阵。本文同样根据

Leontief 逆矩阵的公式 $L = (I - CA)^{-1}$ 求解。问题是前面已经对表进行了调整,这样系数矩阵 C 和 A 也应该做相应的调整,才能求出最后的 Leontief 逆矩阵。我们假设在区域间贸易矩阵 C 和直接消耗系数矩阵 A 中,只有区域间贸易矩阵 C 存在误差,而 A 是准确的。这样就可以将缩放系数全部作用到矩阵 C 上,从而求出新的 C,进而可以直接求解 Leontief 逆矩阵。

7.1.4 产业关联度分析

所谓的产业关联度是经济活动中产业及国家间技术关系的体现,一般可分为前方关联效果(Forward Linkage Effect)和后方关联效果(Backward Linkage Effect)。产业关联是指国民经济各部门在社会再生产过程中所形成的直接和间接的相互依存、相互制约的经济联系,产业关联分析主要是用定量的方法来研究上下游产业之间供给推动和需求拉动的相互影响。由于国民经济各产业部门之间的联系错综复杂,某一产业部门的产出、投入等变量发生变化,除影响到与该部门有直接投入产出关系的产业部门外,还通过间接影响波及到其他产业部门。产业关联包括直接关联与间接关联两个层次:直接关联是指产业部门之间所存在的直接提供产品、服务等的经济技术联系;间接关联指产业部门间通过其他产业部门的中介而产生的经济技术联系。

按照产业间相互作用的传递方向,可以将产业关联分为前向关联与后向关联,前向关联是某产业通过供给关系与其他产业部门发生的关联,后向关联是指通过需求联系与其他产业部门发生的关联。产业关联分析就是用定量的方法来研究上下游产业之间供给推动和需求拉动的相互影响,并经常被用来确定能带动国民经济发展的关键产业,已成为产业结构研究的重要内容之一。

应用投入产出方法进行产业关联分析起源于 Chenery 和 Watanabe 等人的开拓性工作,现有的产业关联系数测量方法都是建立在他们的研究基础之上。根据区域间产业不同的维系关系,我们从产业直接前向关联,产业直接后向关联和产业间接前向关联三个方面对我国区域间产业关联状况进行分析。我们可以利用关联指数来对区域间产业关联的效应进行测度。我们首先分析区域间产业直接前向关联效应。

一、产业前向关联效应

产业前向关联是指通过供给联系与其他产业部门发生的关联,在区域间投入产出表中,每一个区域各产业可能向各区域各产业提供中间投入,形成了区域间产业直接前向关联。为了说明的便利,我们暂时简化产业部门,视一个区域只有一个产业部门。首先定义区域间的中间投入矩阵为 $X = (x^{RS})_{m \times m}$,其中,$X$ 的第 R 个行向量为 R 区域(各产业)作为供给者对其他区域(各产业)的投入;而 X 的第 S 个列向量为 S 区域(各产业)作为需求方从其他区域(各产业)所获得的各种投入。区域间产业直接前向关联指数(又称感应度系数)的计算公式为:

$$L_{F(R)} = \frac{\sum_{S=1}^{m} x^{RS}}{x^{R}} \times 100$$

其中,$L_{F(R)}$ 为 R 区域的前向关联指数,如果对 $L_{F(R)}$ 在各区域分解,即得到了区域间中间需求系数,它反映了 R 区域的中间产品生产对 S 区域的市场依赖程度。X^{R} 为 R 区域(各产业)的全部产出,X^{RS} 为 R 区域(各产业)向 S 区域(各产业)提供的中间产品,m 为区域数。

产业感应度系数反映当国民经济各个产业均增加一个单位最终需求时,对任一产业产品的需求感应。在区域间投入产出模型中:

$$区域产业感应度系数 = \frac{\sum_{S} \sum_{i} b_{ij}^{RS}}{\frac{1}{n \times m} \sum_{R} \sum_{S} \sum_{i} \sum_{j} b_{ij}^{RS}}$$

$$区域间产业感应度系数 = \frac{\sum_{S(S \neq R)} \sum_{j} b_{ij}^{RS}}{\frac{1}{n} \sum_{S(S \neq R)} \sum_{i} \sum_{j} b_{ij}^{RS}}$$

区域产业感应度系数反映当每一区域的每一产业均增加一个单位最终需求时,对任一区域的任一产业所产生的全部需求影响,区域间产业感应度系数反映当每一区域的每一产业均增加一个单位最终需求时,对任一区域的任一产业所产生的满足其他区域的需求影响。同样,感应度系数大于1,则表示对该产业的需求影响程度超过平均水平,系数越大,要求该产业所提供的需求越多。

二、产业后向关联效应

产业后向关联是指通过需求联系与其他产业部门发生的关联,在区域间投入产出表中,每一个区域各产业可能需要从各区域各产业得到中间产品作为中间投入,形成了区域间产业直接后向关联。

为了说明的便利,我们暂时简化产业部门,视一个区域只有一个产业部门。首先定义区域间的中间投入矩阵为 $X = (x^{RS})_{m \times m}$,含义同前。区域间产业直接后向关联指数(又称影响力系数)的计算公式为:

$$L_{B(R)} = \frac{\sum\limits_{R=1}^{m} x^{RS}}{x^S} \times 100$$

其中,$L_{B(R)}$ 为 S 区域的后向关联指数,如果对 $L_{B(R)}$ 在各区域分解,即得到了区域间投入产出表中常用的投入系数,它反映了 S 区域的生产对 R 区域的中间产品的依赖程度。x^S 为 S 区域(各产业)的全部产出,x^{RS} 为 S 区域(各产业)从 R 区域(各产业)获得的中间投入,m 为区域数。

产业影响力系数反映当任一产业增加一个单位最终需求时,对国民经济各个产业产出的影响。在区域间投入产出模型中:

$$区域产业影响力系数 = \frac{\sum\limits_{R} \sum\limits_{i} b_{ij}^{RS}}{\frac{1}{n \times m} \sum\limits_{R} \sum\limits_{S} \sum\limits_{i} \sum\limits_{j} b_{ij}^{RS}}$$

$$区域间产业影响力系数 = \frac{\sum\limits_{R(R \neq S)} \sum\limits_{i} b_{ij}^{RS}}{\frac{1}{n} \sum\limits_{R(R \neq S)} \sum\limits_{i} \sum\limits_{j} b_{ij}^{RS}}$$

其中,b_{ij}^{RS} 为区域间模型中列昂惕夫逆矩阵中的元素,上标 R、S 代表区域,下标 i、j 代表部门,m 为区域个数,n 为部门个数,在本文的分析采用 8 个产业的分类,$m=4$,$n=8$。区域产业影响力系数反映当任一区域的任一产业增加一个单位最终需求时,对各区域所有产业所产生的全部生产需求的影响;区域间产业影响力系数反映当任一区域的任一产业增加一个单位最终需求时,对除本区域以外的其他各区域所有产业所产生的生产需求影响。影响力系数大于1,则表示该产业所产生的生产波及影响程度超过平均水平,系数越大,该产业的生产拉动作用越大。

7.2 基于 AIIOT 的中国与东盟产业关联分析

CAFTA(中国—东盟自由贸易区)的建立为我国区域经济合作与产业整合提供了一个新的平台,并将对区域经济发展起到非常大的推动作用。与东盟各国海陆相连的广东、广西、海南、云南我国周边四省区在CAFTA建设进程中将充当桥头堡的作用,其产业的转型与结构调整能否顺利进行、产业分工是否合理、产业结构是否协调都将影响到这些省份的经济发展水平与竞争力,影响到我国沿海沿边地区的经济布局,从而影响到国家的经济发展。而这些地区的就业结构是否顺应产业结构演进的规律、与产业结构调整的步伐是否一致,又将影响着其产业结构的调整与升级,进而影响经济发展。因此,本部分主要以与东盟直接和间接接壤的粤桂琼滇四省区为研究对象,分析CAFTA进程中四省区域与东盟区域的产业关联。

7.2.1 国际产业关联及 AIIOT

一、研究意义

20世纪90年代之后,随着科技、通讯和交通技术的飞速发展,生产要素以更快的速度在全球范围内流动,追求资源在世界范围内的最优配置。随着商品、服务、资本和技术在世界性生产、消费和投资领域中的扩散,世界经济形成了一个以世界市场为纽带,以生产要素流动为媒介,以商品和劳务销售为中心的相互依存体系。在此体系中,各国产业生产紧密相连,彼此影响相互制约。

经济全球化的核心是产业全球化,产业全球化是经济全球化的微观体现,其反映的是产业结构在世界范围内的调整和升级,产业组织在世界范围内的扩张,一国产业政策的执行对其他国家所产生的世界性影响。随着各国产业间相互依存、相互渗透程度的日益加深,产业全球化已成为不可逆转的历史趋势,不仅实现了生产、交换、分配和消费环节突破国界或地域限制在全球范围内进行循环,更促进了国际产业链的形成。在科技和信息技术发展的推动下,产业全球化推动生产要素以空前的规模和速度在全球范围内自由流动,从而使得原先孤立发展的各国各地区产业的发展与他国经济发展日益紧密地联系在一起。

经过改革开放以来30多年的发展,中国已初步建成了开放型市场经济体系,国内产业发展与世界经济的融合日益加深,国际贸易额逐年稳步上升。国内广阔的消费市场,稳定的经济增长环境,低廉的人力成本以及优惠的政策条件,使得众多境外企业将中国作为其产业生产基地,中国已成为全球制造业生产中心。并且随着中国国力的增强,国内金融产业对于世界资本市场的影响力显著增加,中国资本市场的波动将引发全球市场的连锁反应。无论实体产业或是虚拟资本市场,中国均已成为世界经济循环体系中不可缺少的一部分,彼此交互影响。

产业全球化的基础是作为产业主体的微观企业进行大规模的全球化产业布局和运作,企业在全球范围内的生产、销售活动使得产业全球化具有两点显著特征:

1. 产业分工深化

产业全球化是建立在产业分工全球化基础上的,产业分工的不断深化是产业关联发展的内在驱动力。因为生产力的发展提升了对每一生产环节的技术要求,其客观上促使一国产业部门间的分工不断细化,各专所长,形成多层次的分工体系,同时又跨越国界,在邻近区域乃至全球范围形成立体的国际分工体系和国际产业链。同时商品的产销循环需要完整的产业链,这就使得处于不同分工状态下的各产业部门在具有独立性的同时,更多程度上具有广泛的依存与互联性,从而使得各产业间的联系将日趋广泛。

从分工的范围和内容方面看,产业分工从一国地域范围内以传统生产要素为基础的分工逐步发展成为范围更广的以现代工艺、技术为基础的分工;从产业各部门间的分工发展到各产业沿着生产要素界限进行的分工;从沿着产品界限进行的分工到更大范围、更高层次的合理配置;从传统产业分工向新兴产业分工发展。从分工的方式看,产业水平分工与垂直分工并存。其中水平性分工是产业分工的主要形式,其内容包含产品型号分工、产品零部件分工和产品工艺流程的分工,水平分工形成了世界性的产业分工网络,每一生产环节成为世界生产体系的一部分,成为商品价值链中的一个环节。而产业垂直分工是水平分工的对称,其分为两种:一种是指部分国家供给初级原料,而另一部分国家供给制成品的分工形态;另一种是相同产业内部因技术差距所引致的产业内分工,垂直型产业分工是发达国家与发展中国家之间的一种重要的分工形式。

2. 经贸往来密切

产业间经贸往来密切是产业全球化的直观表现,其主要体现在贸易全球化,金融一体化以及跨国产业迅猛发展的三个方面:产业全球化是由企业所推动的,而企业间打破孤立发展,实现优势互补最常用的方式是进行双边贸易。随着经济的发展,国际间与企业间的贸易增长迅速,贸易所涵盖的范围由最初的工业品与农产品,扩展到技术、劳务服务等第三产业,所涉及的贸易品种也大幅增加;同时为顺应产业全球化所带来的贸易扩张趋势,并进一步推动其发展,20世纪90年代之后,全球金融产业开始出现大规模的并购与整合,以欧元诞生为标志的区域金融统一市场产生,金融产业的开放程度日益提高,金融产业迅速扩大,国际资本流动性的增强为产业全球化提供了有力的支持;跨国企业是推动产业全球化的企业主体,其依靠雄厚的资金、先进的技术和管理优势,通过对外直接投资,兼并收购他国企业或进行结盟合作,进行跨国、跨地区、跨行业的生产和经营,在全球范围内进行资源的优化配置,跨国企业的市场行为客观上使得各国产业日益紧密地联系在一起。

二、产业国际间互联的传导机制

如前文所述,在全球化条件下,一国产业的发展既是一个独立的系统,又通过多种形式的关联机制受到他国产业变动的影响,形成一个彼此相连的交互体系。其中国际贸易、国际金融以及跨国公司是主要的连接渠道,并各自发挥着不同的作用。

1. 国际贸易在产业间的传导作用

世界各国的产业发展处在各自不同的阶段,其内部的产业结构水平高低相异,各生产要素的资源禀赋不同,使得各国产业实体的生产侧重点与优势商品各不相同,同时也形成了不同的商品价格结构。这种价格结构的差异在比较优势中得以表现,形成了各国的贸易结构。当一国处于开放条件下时,根据比较优势差异原理,不同国家产业体之间必然出现寻求联系互补的需求,而国际贸易则是进入门槛较低,也是最为常用的互补方式。

由于贸易交换的存在,各国可以从事相对成本较低的专业化生产,使得国际专业化分工水平不断提高,并且通过贸易方式实现各自比较优势获得收益,从客观上密切了各产业体间的相互联系。

在进行专业化生产时,发达国家拥有资本与技术上的优势,会选择在国内进行新产品的研发,拥有新产品的核心技术,首先形成国内市场,促进该产业发展;当本国市场需求趋向饱和之时,通过贸易将其出口到发展中国家,利用全球市场,扩大商品需求;此时,产品的研发技术已经成熟,发达国家将此产业转移至发展中国家,利用其低人力成本优势形成生产能力,以更低的价格将产品返销国内市场,对国内此项产业形成冲击,促使国内企业进行新产品研发,并压缩市场,为新产业发生发展留出空间。而发展中国家从发达国家进口商品,由于本国的产业结构脆弱,经济体系不完整,处于贸易劣势,而市场又对外开放,所以最初市场份额的大部分被进口商品所占据;但国内市场被进口商品开拓之后,引起该产业在本国的发展,发展中国家通过模仿、引进和利用进口产品的生产工艺和技术,并使之与国内的优势资源相结合,不断增加进口商品的国内生产;当发展中国家生产达到一定规模,注重对进口的高新技术转化率的提高后,通过经营管理的改善,并结合原本所具有的低成本生产优势,使进口产品生产具有比进口国更大的成本优势,使产品的销售在国际市场具有较大的竞争优势和市场地位。发达国家原有比较优势的丧失,将促使其改进生产技术提升产品品质,以新一代产品重新建立比较优势,开始新一轮贸易循环。

通过国际间的相互贸易,使得国际产业间的联系密切化,并且这种联系不仅局限于发生在直接进行贸易的产业部门,还将涉及其他相关产业实体。以两国间的产业关联互动为例分析:当一国具有竞争优势的商品出口到另一国时,另一国的消费市场将首先做出反应,由于他国商品的强势介入占据了本国厂商原有的市场份额,使得本土厂商的市场竞争优势削弱,另一国的生产商将根据新的市场需求重新调整生产部署,继而重新确立自身的比较优势商品。由于生产商生产重心的调整,必然影响到另一国国内的生产要素市场供求的平衡,所以,国内的原料、中间产品等相关生产商也将随之调整产量和价格,已达到新的供需均衡。而生产资料和消费市场的结构调整,必然引发另一国国内产业部门的一系列连带反应。当然,以上只是简化分析,现实中的国际贸易传导的作用与效果还受到诸多因素的影响,例如贸易大国与小国间的影响是非对等性;国际商品的流动并非是无摩擦的,要受到贸易壁垒、汇率或价格机制的干扰。但可以肯定的是,随着经济全球化的发展,各国间的贸易往来将日趋频繁,同时意味着各国产业间相互依赖不断加深,一国的产业变动会波及另一国,形成各国产业间的关联性整体发展。

2. 国际金融在产业间的传导作用

与传统的通过国际贸易形成各国间的产业互联相比,国际金融对于异国产业间的影响无需以商品为传导媒介,而直接作用于一国资本价值中枢,是开放条件下国与国或区域间进行经济联系的重要方式,具有把世界经济变动迅速从一国或一地区传播到另一地的重要作用。由于其传播的迅捷与广泛性,国际金融所具有的产业传导作用在不断加强,其对于各国经济发展的重要性也日益凸显。

自从货币作为一般等价物诞生以来,绝大多数的物物交换都将伴随着资本的流动。社会经济活动则可分为实体经济与资本价值两部分,资本价值以实体经济为基础,实体经济由资本价值所反映,两者相互影响和制约。当资本价值总量大幅超过实体经济基础时,将发生通货膨胀,而当资本提供不足时则会出现通货紧缩,当两者相等时将形成结构上的均衡,实现经济的均衡发展。此外,资本向各实体产业间的不同流向,也将改变社会资源在不同产业间的分布比例,引发产业结构变动。在开放体系下资本的流动是无国界的,金融体系通过调节资本运动的流量和存量,对各国实物的流量与存量产生影响,实际上以资本为媒介,将各国实体产业的发展紧密地联系在一起,进而起到了产业传导作用。

国际金融主要以利率和汇率为渠道,发挥其在产业间的传导作用。利率是本币资金市场的一种价格信号;汇率则是外汇市场的一种价格信号,一国或某一地区的资本总供求就是本币资金供求与外汇资金供求之和。

我们首先从利率变动角度加以分析。当一国的实体产业发生变化时,将影响到该国的符号经济,引起该国国内资金的过剩或短缺,造成该国利率的变动。在开放条件下,如果一国利率发生较大幅度的改变,则将引起国际资本流动,资本将寻求从低利率市场向高利率市场的流动。国际资本的大量流动将使得别国国内的资金供求状态发生改变,从而影响他国利率水平,进一步影响他国实体经济。

而汇率是国与国之间经济活动最敏感的指标,一国汇率的变动将引发国际金融市场间的连锁反应,其是通过经济关系进而影响各国实体产业运行和结构变动的重要因素。国际收支长时间非均衡状态会使得异种货币间的汇率发生改变,其具体表现为,一国国际收支的长期顺差使得外币供给增加,引发本币升值,反之长期逆差将引发本币贬值。先就本币升值时对一国产业的影响情况加以分析:在实体层面上,本币的升值将使得一国国内产业实体间利润的分配发生改变,其表现为:具有外汇负债的产业将由于汇兑额的减少而明显受益,原本以出口结汇为行业主营收入的产业将盈利减少,需要进口部件或原材料进行加工制成品销售产业将由于进口成本的下降而获益,由于进口产品的相对价格下降,使得国内企业在市场竞争时面临更多的价格压力。由此出口型产业为维持其行业利润,开始谋求技术革新等一系列措施降低成本,最大程度抵消负面利润损失;进口型产业则可利用升值机会以较低的成本完成进口替代,更新固定资产,提升自身竞争力。在资本层面上,由于升值会产生惯性预期,使得国际热钱进入国内市场,对固定资产行业以及资本市场进行投资,客观上增加了国内的资本供给,带动投资升温,打破原有的资本供需平衡,进而引发国内利率的调整,从而进一步引发国内资金流向的变动,使得国内产业实体优胜劣汰,产业结构进行调整。当本币贬值时的金融传导原理相同,但方向相反。

通过以上分析我们可以看到,当代国际金融市场已经成为连接和沟通各国经济的重要纽带,一国国内金融市场和国际金融市场变动的融合度越来越高,随着国内市场和国际市场向一体化方向发展,资本价值的变动将必然通过传导作用,影响到各国实体经济发展以及产业结构的变动,从汇率变动对进出口的影响来看,如汇率机制传导影响到一国的进出口部门,那么通过国内生产循环,将对非进出口部门产生影响,进而对其他关联产业产生影响,最终使得各国产业变动形成一种互动关联。

3. 跨国公司在产业间的传导作用

开拓国际市场,优化资源配置,降低生产成本,追求最大利益的特性,使得跨国公司成为产业全球化的执行者。作为全球性的生产制造和贸易的主体,跨国公司经营范围已遍布世界各个角落,其影响力也渗透到各国经济的各个产业部门,跨国公司的行为涵盖了国际贸易、金融、直接投资、技术转移等各个方面,是形成各国产业关联机制的核心。

(1)深化国际分工

产业关联化发展的动因之一是产业内分工的深化,而跨国公司的生产基础正是建立在国际分工之上的,跨国公司将产业或服务的制造过程进行分解,并根据不同生产阶段或功能对生产要素和技术的不同要求,以及不同地区成本、资源、物流和市场的差别,在全球范围内进行最有效率的区位配置,从而形成一种由多个国家共同参与某特定产品或服务制造过程的国际分工协作网络。

国际生产网络是国际产业分工发展的高级形态,这种产业分工既不是产业之间的分工,也非产业内部之间的分工,而是基于一个产品或服务价值增值链上,不同生产阶段或不同经营功能上的分工。在这种网络中,发达国家的一些跨国公司可将某些产品的生产和制造功能都转移到其他国家,而只控制了该产品的品牌和营销渠道;另外一些跨国公司则将自己的核心业务定位在产品的研究和开发上;还有的几乎将所有的生产和经营功能都转包出去。随着跨国公司规模的扩展,其本身也成为国际生产力配置和专业化分工生产的组织者,不断夯实产业间关联的基础。

(2)密切产业间联系

跨国公司主要以贸易和直接投资方式在各产业间发挥其传导作用。直接投资建立在国际分工基础之上的,跨国公司将其多余的资本和领先的技术与被投资国具有比较优势的资源相结合,深入被投资国产业部门内部直接建立或合作成立企业。这一过程中往往伴随着生产设备等实物的输入,劳动力的国际流动,领先技术的转让以及相关产业的转移。随着跨国公司大量的对外投资,越来越多的生产和相关经营活动被转移到国外,由于两者有着共同的分工基础,从而两者之间的变动有着密切联系。投资国产业生产技术的革新将带动被投资国的产业升级,被投资国市场的稳定也将直接为母国产业的平稳发展提供支持。此外,跨国公司与被投资国的联系并不局限于直接投资的产业,还包括与直接投资产业有直接联系和较大程度间接联系的其他产业,从而使得产业间的关联更为广化。

国际贸易是跨国公司进行实物流动,利益转移,技术转让等的主要手段。现今的国际贸易额中绝大多数是跨国公司的内部交易,跨国公司内贸易的兴起,使得传统依靠市场调节机制的国际分工逐渐让位于以跨国公司内部管理手段为调节形式的国际分工。跨国公司内部国际分工一方面促使生产分工更加精细,体现在某个国家和某个企业对产品的生产,只是产品的某一个部件,甚至零件,或者只是某一个工业阶段甚至工序;另一方面促使协作的范围更加广泛。与直接进行国际贸易相比,跨国公司内贸易将避开国家贸易壁垒,税收等外在因素的影响,从而加快了科技以及商品的转移速度,使得一旦任意一国的产业发展取得突破,将可以迅速通过跨国公司传递至众多国家或地区,通过此项传导机制可以将世界各国产业发展紧密地联系在一起。

三、国际产业关联的两种理论和方法及其评价

伴随着空间经济学的兴起和迅速发展(Krugman and Venables, 1995),投入产出模型在区域经济相互依赖性(Economic Interdependence)和产业关联研究领域显示出越来越重要的应用价值(Polenske, 1995; Oosterhaven, Stelder and Hiomata, 2007)。AIIOT 是基于地区间投入产出理论及其模型发展而来(Isard, 1951),在东亚区域内产业发展与演进(Meng, 2006)、产业波及效果(Sato, 2006 Kuwamori and Okamoto, 2007)和产业关联效应及其分解(Okamoto and Hiomata, 2006)等三个主要的研究领域得到了广泛应用。

自 1980 年代以来,东亚各经济体产业结构演进的过程遵循着配第一克拉克定律(Meng, 2006),区域内第一产业产值比重相对大幅下降,第二产业比重迅速上升后趋稳,第三产业在美国、日本等发达工业化国家占据着越来越重要的位置。在此过程中,东亚各经济体产业部门间的投入产出关联程度不断提高,美国和日本仍然是区域内产业发展的主要推动力(Kuwamori and Okamoto, 2007),中国通过其后向产业关联提供的巨大需求能力在促进区域产业融合中发挥着越来越重要的作用(Soofi, 1996; Soofi and Moussavi, 2004;李晓、张建平, 2009)。然而,既有研究尚未在中间产品和最终产品领域有效区分各经济体,尤其是中国、日本和美国在区域内产业关联和经济相互依赖性等方面的具体作用机制与范围。

国际、国家间产业关联理论和投入产出数据在分析生产的国际分工、产业间贸易和产业内贸易、全要素生产率(Total Factor Productivity)的国际比较、CGE(Computable General Equilibrium)模型和产业投入产出关联

等诸多方面具有广泛的应用(Oostethaven,Stelder and Inomata,2007)。目前,世界上根据国际产业关联理论定期推出的国际/国家间投入产出表主要有《欧盟国家间投入产出表》(EUIIOT)和《亚洲国际投入产出表》(AIIOT),其中,AIIOT以Isard(2951)的IRIO模型为基础,而EUIIOT则以Chenery(1953)和Moses(1955)的MRIO模型为基础构建(Oosterhaven,Stelder and Inomata,2007)。

本章基于AIIOT 2000所介绍的三个基本模型——产业后向关联效应(影响力系数)、最终需求的产出效应和最终需求的增加值效应,系统地给出三个模型的具体应用和相关结论,并区分中、日、美三国在中间品市场和最终产品市场所发挥的作用,以及东亚地区在产业关联方面的差异。

7.2.2 AIIOT 及其编制过程

下面以《2000年亚洲国际投入产出表》(以下简称为AIIOT 2000)为例说明其编制过程以及所使用的调查与估计方法。AIIOT遵循以下三个步骤建立:第一,根据各经济体已有相关年度的国家投入产出表,应用调查方法(Survey-Based)编制各自的非竞争型投入产出表(Okamoto and Inomata,2006),使其与AIIOT框架相吻合。其中,由于中国、美国、新加坡和中国台湾地区并不在0、5年份出表(例如,中国只在2、7年份发布新表),所以需要收集包括最终需求、增加值和进出口贸易在内的数据,使用修正RAS方法(Vander Linden and Oostethaven,1995;Okamoto and Arakawa,2003;Okuda,2003;Takagawa and Okawa,2004)编制相应的延长表。第二,在上一步的基础上编制进口矩阵,基于调查/半调查方法并将进口统计数据的关税已付价格(Ex-custom Price)转换为生产者价格(Producer's Price)。具体的方法是:第一步得到的各投入产出表的数据体现的是关税已付价格,因此首先需要从中分离进口税费(Duties and Import Tax)得到C.I.F.价格(Okamoto,Sano and Inomata,2005),而进口税费经列项汇总后体现在AIIOT中的单独一行;基于调查/半调查方法和各经济体海关的国际运输和保险(International Freight and Insurance)统计数据,将其从C.I.F价格中分离,可以得到F.O.B.价格,而LF.数据经列项汇总后也体现在AIIOT中的单独一行;最后还需要从F.O.B.价格中扣除因出口而在国内引起的贸易和运输费用(Trade and Transport

Margin on Exports)——后者将被纳入中间需求矩阵,从而最终转换成生产者价格,贸易和运输费用数据可以从各经济体投入产出表中直接获得,如果有必要,仍然可以使用调查方法。第三,在上两步的基础上,将中间需求、最终需求和附加值三个象限联结在一起并进行均衡调整。其中,无法细分进口地区来源的服务贸易数额被加入反映从世界其他地区(R.O.W)进口的行向量中;各产业产出方向的误差单列为一个列向量(Statistical Discrepancies),投入方向的误差包含在增加值行向量中(Okamoto and Hiomata,2006)。

7.2.3 中国与东盟产业关联实证研究

由于 AIIOT 对于数据的详细程度要求较高,而东盟各国的数据可获得性较低,并且我国各省市与东盟的贸易数据更难取得,种种因素导致对四省区域与东盟各国进行实证分析的难度较大,因此本节主要对前人的研究成果进行介绍,并抽取结论。

一、7 部门后向产业关联效应

产业关联分析有赖于投入产出表的研制和编制,目前投入产出分析可以分为以下几个层次:企业投入产出分析(Skolka and Vepfek,1968)、地区投入产出分析、地区间投入产出分析、国家投入产出分析以及国际/国家间投入产出分析(如以 AIIOT 为基础展开的分析),而这几种投入产出模型和数据均无法支持一国某地区对另一国家业关联分析。改革开放以来,中国以东部优先西部、南方快于北方的非均衡发展方式迅速实现了资本的原始积累和经济的快速发展,但同时也造成了经济发展水平、产业基础和经济外向性等方面的地区间差异,各地区在参与东亚国际产业关联方面也是各有特点。因此,研究中国整体对外产业关联的同时也有必要考察各地区对外产业关联的水平和特征,因地制宜地提出和实践有利于促进本地区产业发展和对外经济联系的对策。研究地区对国家产业关联问题,将是对国际产业关联理论的一个有益补充,同时也为研究中国其他地区与东亚各经济体国际产业关联问题提供了一定的借鉴作用。

根据张晓平(2010)的研究,在 AIIOT2000 的 7 部门数据体系下,计算东亚 10 个经济体 7 大产业部门及产业整体的后向产业关联效应(影响力系数),得到表7-4。

表 7-4 东亚后向产业关联效应

部门	印度尼西亚	马来西亚	菲律宾	新加坡	泰国	中国	中国台湾	韩国	日本	美国
001	0.7471	0.9210	0.7813	1.1880	0.8955	1.0550	1.0908	0.9232	0.9762	1.1934
002	0.6813	0.7359	0.8557	1.1210	0.8389	1.0593	0.8382	0.8886	1.0979	0.8808
003	1.0434	1.2552	1.0840	1.1828	1.1266	1.4416	1.2372	1.2227	1.1830	1.1078
004	1.0570	0.8900	1.1831	1.1178	0.9840	1.2623	0.5607	0.8987	0.9339	0.9855
005	1.0633	1.1989	0.9157	1.1675	1.1658	1.4928	1.1998	1.1342	1.0878	1.0759
006	0.8640	0.8440	0.8949	0.9685	0.8680	1.1942	0.7586	0.8708	0.8344	0.8741
007	0.8599	0.8655	0.8189	0.9794	0.9868	1.1624	0.7617	0.8648	0.8409	0.8559
900	0.9023	0.9586	0.9334	1.1036	0.9814	1.2382	0.9210	0.9719	0.9934	0.9962

数据来源：AIIOT 2000（IDE-JETRO,2006:86,Table 4）

在表 7-4 中,001—007 分别代表农林牧渔业、采矿业、制造业、电力燃气和水供应行业、建筑业、贸易和交通运输业、服务业等七大产业类别的后向产业关联效应,900 表示各经济体全部产业的整体影响力系数。

一方面,从 900 行数据可以看出,2000 年东亚产业后向关联效应较大的国家是中国和新加坡,分别是 1.2382 和 1.1036,美国和日本紧随其后,分别是 0.9962 和 0.9934,印尼、中国台湾地区和菲律宾较小,分别是 0.9023、0.9210 和 0.9334。其中,中国、美国和日本通过产业需求对其他经济体的产业发展产生了较为明显的拉动作用,但美国和日本在 1985—2000 年间后向关联效应趋于下降(Sato,2006),而中国无疑成为东亚各经济体产业发展重点依赖的国家。中国各产业的后向关联效应都在 1 以上,003(制造业)和005(建筑业)更是高达 1.4416 和 1.4928,这同中国日益成为区域内最为重要的中间产品市场提供者紧密相关,也反映出中国重化工业的超强发展潜力、巨大的市场需求和较快的经济增长已经成为东亚各经济体产业发展的重要拉动力量。另外,除006(贸易和交通运输业)和007(服务业)外,新加坡其他各产业的后向关联效应都在 1 以上,但与中国不同的是,其后向产业关联效应主要来自于东盟国家。Meng(2006)通过对 1985 年、1990 年、1995 年和 2000 年的 AIIOT 进行研究时发现,美、日和新加坡在吸纳东南亚国家出口方面发挥着重要的作用,而新加坡作为该地区出口目的地的地位日益强化。2008年,新加坡自马来西亚、印度尼西亚、菲律宾、泰国的进口占其总进口额的20%。其中,新加坡和马来西亚通过出口的反馈效应(feedback effect)使双边产业关联不断加深,经济发展的相互依赖性持续增强(Meng and hiomata,2009),这一点尤其体现在电子产品制造业领域(Kuwamori and Okamoto,2007)。而且随着新加坡、马来西亚外交关系的改善、双边经济关系日益密切以及贸易迅速增长,新加坡已经成为东南亚地区的主要市场提供者。当然,新加坡制造业水平相对较高,也为其他东南亚国家出口的原材料和中间品进行深加工提供了技术与管理条件。

另一方面,从各产业后向关联效应上来看,003(制造业)和005(建筑业)在各国的水平都较高,大于所有产业的平均水平,002(采矿业)、006(贸易和交通运输业)和007(服务业)的后向关联效应普遍较小。这主要是因为,东亚区域内部产业合作和贸易的主要内容是制造业,2000年制造业出口贸易占全部出口贸易比重为83.44%,而仅单纯的制造业产业内贸易比重就贡献了区域内总出口贸易比重的66.67个百分点(Meng,2006)。其中,排名前三位的中国、马来西亚、中国台湾制造业后向关联效应分别为1.4416、1.2552和1.2372。1990年代以来,中国加快了工业化的步伐,制造业的需求大幅提高,而其他传统的亚洲NIEs也不断向最终实现重化工业化稳步迈进。另外,美国和日本由于已经实现了工业化,产业结构趋于均衡,制造业增量需求相对有限甚至出现下降的趋势,所以后向关联效应也保持在一个比较稳定的水平;印度尼西亚和菲律宾工业化程度较低、产业结构提升速度较慢导致其制造业后向关联效应(1.0434和1.0839)低于东亚的平均水平。

总的来说,制造业在东亚各经济体之间的融合和渗透比较广泛和深入,相互之间的投入产出联系甚为密切。与此同时,东亚各经济体的采矿业、贸易和交通运输业的后向关联效应比较有限,主要是由于这些产业开放程度较低、区域内双边和多边合作范围有限,其产业关联水平有待进一步提高。而由于AIIOT 2000对东亚区域内服务贸易的数据统计存在一定的遗缺(Oostethaven,Stelder and Inomata,2007),加上服务贸易自由化和便利化的程度在2000年还是处于比较低的水平,因此,各经济体服务产业的后向产业关联效应受到一定的抑制。

二、24 个部门后向产业关联效应

上述 7 部门模型对产业结构的分类比较笼统,下面仍根据后向关联

指数公式 $L_{B(R)} = \dfrac{\sum\limits_{R=1}^{m} x^{RS}}{x^S} \times 100$ 给出 24 部门的后向产业关联效应(见表 7-

5),以便更清晰地观察各经济体的优势产业并对国家、产业间影响力进行横向比较。其中,001—005 是 7 部门分类下农林牧渔业的细分,分别代表稻谷、其他农产品、牲畜和家禽、林业、渔业等 5 个部门;006、007 分别代表原油和天然气、其他采矿业,是对 7 部门下采矿业的细分;008 到 019 是对制造业的细分,依次表示食品饮料和烟草(008)、纺织皮革及其他相关品(009)、木材和木制品(010)、纸浆纸制品和印刷品(011)、化学产品(012)、石化产品(013)、橡胶制品(014)、非金属制品(015)、金属制品(016)、机械(017)、交通运输设备(018)和其他制造业产品(019);020 代表电力燃气和水供应业;021 代表建筑业;022 代表交通和运输业;023 代表服务业;024 代表公共管理。

表 7-5 东亚产业后向关联研究(24 个部门)

	印尼	马来西亚	菲律宾	新加坡	泰国	中国	中国台湾	韩国	日本	美国
1	0.6443	0.9481	0.6479	0.5174	0.7302	0.9779	0.9619	0.6782	0.8503	0.5174
2	0.6785	0.7656	0.6938	1.1423	0.7681	0.9575	0.8636	0.7840	0.8445	0.9758
3	0.9593	1.4116	0.8830	1.1421	1.0877	1.0863	1.4038	1.3182	1.2544	1.3996
4	0.6773	0.7290	0.6814	0.5174	0.6629	0.8331	0.9566	0.7045	0.7853	0.9684
5	0.6992	0.9337	0.7308	1.1346	0.8897	0.9941	0.8466	0.9102	0.9070	0.9102
6	0.6374	0.6950	0.7615	0.5174	0.7534	0.9049	0.6342	0.5174	0.8511	0.8229
7	0.7077	0.8979	0.8114	1.0623	0.8024	1.1656	0.7798	0.8298	1.0443	0.9344
8	1.0193	1.2824	1.0177	1.1979	1.1130	1.2358	1.2910	1.1973	1.0736	1.1848
9	1.0706	1.2174	1.0135	1.0930	1.1684	1.4262	1.2781	1.2264	1.1234	1.1249
10	1.0191	1.0935	0.9808	1.1902	0.9052	1.4117	0.9365	1.1135	1.0750	1.0922
11	0.9343	1.1200	0.9431	1.0233	0.9863	1.2779	1.0310	1.2155	1.0689	1.0015
12	0.9448	1.2348	1.0678	1.0538	1.0675	1.4029	1.1503	1.1995	1.1392	1.0531

	印尼	马来西亚	菲律宾	新加坡	泰国	中国	中国台湾	韩国	日本	美国
13	0.7777	0.9978	0.6818	0.7328	0.6516	1.1202	0.6377	0.6688	0.6609	1.0766
14	0.9875	1.1170	1.0784	1.1557	1.1147	1.4157	1.0962	1.1330	1.1239	1.0489
15	0.9424	1.1066	1.1072	1.1190	0.9970	1.3689	0.9872	1.1051	1.0400	0.9739
16	1.0332	1.1777	1.1146	1.2420	0.9700	1.4771	1.1535	1.2681	1.1499	1.0693
17	1.0417	1.2636	1.1342	1.2578	1.2006	1.4506	1.2564	1.2108	1.1683	1.0169
18	1.0039	1.1479	1.1940	1.2201	1.1515	1.5399	1.1613	1.3751	1.3984	1.1289
19	1.0487	1.1059	1.0049	1.1073	1.0623	1.4350	1.2035	1.2608	1.1550	1.0039
20	1.0097	0.8385	1.0082	0.9471	0.9109	1.2062	0.6402	0.8373	0.8825	0.9523
21	1.0195	1.1394	0.8747	1.1166	1.0933	1.4345	1.1156	1.0938	1.0359	1.0328
22	0.8297	0.7969	0.8328	0.9304	0.8002	1.1371	0.7112	0.8104	0.7997	0.8439
23	0.8386	0.8166	0.7919	0.9386	0.8784	1.1073	0.7241	0.8365	0.8120	0.8244
24	0.7944	0.9567	0.7435	0.9772	1.0926	1.1540	0.7504	0.7926	0.7785	0.8378
90	0.8883	1.0331	0.9083	1.0140	0.9524	1.2300	0.9779	1.0036	1.0009	0.9915

资料来源：AIIOT 2000（IDE-JETRO，2006：315，Table2.3）。

从上图的行向数据来看，可以用来比较后向关联效应在各产业间的分布。008（食品饮料和烟草）、009（纺织皮革及其他相关品）、017（机械）、018（交通运输设备）、019（其他制造业产品）、021（建筑业）的系数在所有经济体内都大于1；012（化学产品）、014（橡胶制品）、016（金属制品）等三个产业部门在一国（印尼或泰国）外的其他经济体相应系数均在1之上；除印尼和菲律宾外，其他经济体的003（牲畜和家禽）部门后相关联效应均超过所有产业的平均水平。以上产业通过需求引致其他产业增加产出和供给，促进了东亚产业的发展，其后向产业关联效应比较大，成为本地区产业整体发展的动力。

简言之，传统三次产业分类法下的第一产业的牲畜和家禽部门、第二产业的制造业大部分部门和建筑业对促进东亚产业国际转移和融合意义重大，构成了区域内主导产业群的主体内容。

通过上述对2000年的AIIOT所提供的数据加工后可以发现，与第一产业和第三产业相比,制造业(除 010、011、013、015)后向关联整体效应居于较高的水平,这既与 21 世纪之前发生在东亚区域内的几次国际产业转移的浪潮有关——以制造业为主要内容的产业在各经济体波浪式地不断向前推进发展(Akamatsu,1943、1961、1962;山泽逸平,2001),也与各经济体竞相实施有利于工业化的产业促进政策有关(Kuchiki,2007)——大量的出口加工区承接了区域内 FDI 为载体的产业要素流动,促进了区域产业转移和主动型产业升级。

在 2000 年之后,东亚商品贸易自由化和便利化进程日趋加速,大量双边 FTA 的建立和货币金融领域的进一步合作促使农产品贸易、服务贸易、投资自由化与便利化安排不断向前推进(张建平、苗子瑜,2009)。可以预见,区域内各产业后向关联效应将会进一步加强,第一产业、第三产业与第二产业尤其是制造业影响力系数的差距有望不断缩小。

从表 7-14 的列向数据来看,中国、日本、韩国、美国、新加坡和马来西亚均有超过半数产业部门的后向关联效应大于 1,分别为 21 个、14 个、13 个、13 个、16 个和 13 个,其中,除中国和新加坡外,其他 4 个经济体的后向关联效应主要强化在制造业。

通过比较 24 个产业部门的后向关联效应(影响力系数)所围成的面积,可以看出每个经济体对东亚产业发展的整体拉动作用。面积较大的主要是中国、新加坡和马来西亚,面积较小的是印尼和菲律宾,其他经济体居中。正如上面 7 部门分析所提到的,东亚经济发展和产业产出的增长主要有赖于区域内后向产业部门的增量需求拉动,中国、新加坡和马来西亚工业化步伐不断加快,中国和马来西亚又是东北亚和东南亚经济容量较大的两个国家,其产业结构的调整与需求的增加势必会带动其他经济体对自身的出口,促进本国产业关联尤其是后向产业关联效应的增加。印尼和菲律宾经济容量有限,况且工业化进程因内部政治局势和社会发展的不稳定常常受到牵制,其产业各部门的有效需求能力自然受到抑制。美国、日本产业结构比较成熟,各产业部门之间的比例关系相对固定,产业发展需求所带来的后向关联效应也日趋稳定。

可见,美国、中国、印尼的产业后向关联效应比较平均,日本居中,中国台湾和韩国的均衡性则较差。有所区别的是,美国是由于产业结构合理化和高级化并重,各产业发展趋于饱和且后向关联能力相当;中国是因为各产业部门发展动力十足、齐头并进;印尼和泰国是因为各产业部门的发展都处于低位;韩国、中国台湾和新加坡等三个 NIEs 的均衡性较差,传统的第一产业和第三产业下的相关部门对东亚发展的需求贡献不足,这和其内部农业保护政策以及服务业级差较大有一定的关系。

更具体的考察可以发现,各经济体在制造业内部的各部门(008—019)间的均衡性要优于其他产业部门,但除美国外,其他经济体在 013(石化产业)的关联效应都有待进一步提高,区域内能源合作和共同开发已经成为东亚各经济体必须积极和认真面对的一个公共课题。东亚国家在这一问题上开始积极探索并已付诸于实际行动,2007 年东亚峰会上《东亚能源安全宿务宣言》的签署为东亚能源合作奠定了基础。之后,东亚国家陆续召开第二十七届东盟能源部长会议、第三届东亚峰会能源部长会议等,有意进一步加强区域能源合作,采取综合政策促进区域能源合作的多元化。值得再次强调的是,中国制造业各部门影响力绝对水平都在 1.2 以上,中国工业化尤其是重化工业化的建设和发展成为拉动区域产业发展的决定性力量。

通过上述分析,我们可以得出以下几点结论:

第一,从东亚后向产业关联效应来看,首先,中国和新加坡分列前两位,美国和日本次之,印尼、中国台湾和菲律宾排名靠后。其中,中国通过其巨大的中间产品需求增量为东亚区域产业发展提供着重要的拉动力量,新加坡的相应作用主要体现在东南亚地区。其次,东亚各经济体的制造业和建筑业后向产业关联效应都比较高,远大于所有产业的平均水平,制造业的不断融合与渗透是东亚产业关联最为重要的特征,而采矿业、贸易及交通运输业、服务业的后向关联效应普遍较低。再次,在制造业内部,食品饮料及烟草、纺织皮革及相关品、化学产品、橡胶制品、金属制品、机械制造业、交通运输设备和其他制造业产品的后向关联效应比较大,木制品、纸浆纸制品及印刷品、石化产业、非金属制品等制造业效应较小。最后,从地区分布来看,东北亚制造业后向产业关联整体水平远高于东南亚,这一点尤其体现在加工度和附加值较高的重化工业。其中,美国、中国、印尼的各制造业部门后向关联效应比较平均,泰国和日本次之,菲律宾、马来西亚、新加坡、中国台湾和韩国的均衡性则较差。

第二,从最终需求的产出诱发效应来看,首先,排名前五位分别是美国、欧盟、日本、中国和韩国,东南亚国家的诱发效应比较低。东亚区域最终产品市场的提供者仍然以美国和日本为主,远高于中国的水平,这尤其体现在高附加值的先进制造业和服务业领域。其次,在制造业领域,美国和东北亚三个经济体是东亚产出增加的主要拉动力量,其承接最终需求的制造业产品供给能力也同样突出。最后,接受产出诱发额越高的经济体对自身的诱发作用越大,占总效应的比重越高;经济体国内工业基础越完善、制造业成熟度越高,其产业发展的自足性越强。

第三,从最终需求的增加值引致效应来看,美国、日本、欧盟和中国是区域内通过提供最终需求拉动各经济体增加值发生的主要国家。经济容量和最终需求规模越大的经济体,增加值发生的对外依赖程度就越低,东北亚三个经济体增加值自足率明显高于东南亚各经济体,马来西亚和新加坡最低,亦表明其经济开放度和对外产业关联度较高。

7.2.4 东亚产业关联、东亚区域合作及对中国的启示

东亚与北美、西欧并列为世界三大经济中心,也是目前世界上最有发展潜力和活力的地区,随着产业关联程度的加深、生产要素流动和贸易、投资的联系加强,以及双边经贸安排的发展和货币金融领域合作的初步实现,区域经济一体化的不断演进将是大势所趋。东亚"10+3"合作框架、东亚峰会等官方合作机制为区域合作提供了新的平台,不仅提出了最终建设"东亚共同体"的长远目标,还详细研究和讨论了近期和中长期的具体合作渠道和措施,在整体推动东亚区域合作和扩大合作领域方面发挥了一定的积极作用。

然而,与北美自由贸易区和欧盟广泛的经贸、货币金融合作和较高的一体化水平相比,东亚区域合作的整体推进尚处于起步阶段,官方合作机制较为松散,且未生成任何实质性的区域层面合作机制。"10+3"机制目前还不是区域经济一体化正式合作组织,仅仅是各成员交换意见、促进合作的沟通平台。区域整体深层次的多边协调机制和合作框架的推进之路还很漫长,短期内并没有任何迹象表明东亚经济一体化会取得突破性进展,究其原因,主要有以下几点:

第一,政治经济体制、产业发展水平差异明显。和东亚多种政治体制并存,民主传统、法制体系差异较大,市场经济发展水平和国内市场开放

程度参差不齐,这使得东亚国家在寻求区域层面的多边合作时存在众多利益分歧。东亚各国经济规模和容量差别较大,在区域产业关联中所处的地位和发挥的作用参差不齐,各自比较优势和主导产业群的构成不尽相同,产业结构存量和增量无论从内容上还是数量上都有根本性的差异,这使得各国就区域全面合作展开的谈判和协商中很难达成一致共识,具有普遍适用性的多边或区域经贸合作安排难以在短期内迅速,货币金融合作由于涉及货币主权让渡等敏感问题也尚未取得实质性进展。

第二,区域整体合作的领导权尚不明朗。区域产业政策协调和货币金融合作的多边框架因缺乏主导力量推动而进展缓慢。与欧盟、北美自由贸易区进程由大国推动和主导完全不同,目前东亚的"10+3"机制和东亚峰会论坛是由东盟发起并主导的,其"小国集团主导、大国参与"(李恒,2005)的合作模式体现了东盟作为主导地位的存在与影响。中国积极推动东亚合作和支持东亚峰会的态度是鲜明的,而且宣称"不争夺东亚合作的主导权,将继续坚定地支持东盟在区域合作中发挥主导作用,愿以中国—东盟合作为依托,与东盟一道推进东亚合作"(刘昌黎,2007)。日本则希望借由本国雄厚的经济实力、科技水平和先进的市场经济经验等,在东亚经济联合中发挥主导作用。从北美和西欧区域经济合作的历史经验来看,经济容量较大国家主导推动区域合作的特征是非常明显的,东盟在东亚影响力有限,难以独立担任推动整个东亚合作的重任,而中、日在诸多问题上互不信任和分歧的现状又限制了双方联合主导区域合作的道路选择,促使区域经济一体化的合作安排难以理性探讨和有效落实。

第三,主权意识及美国因素的干扰。东亚各经济体大部分在二战之后赢得独立并享有充分主权,对区域经贸合作涉及的经济利益割舍、货币金融合作涉及的主权让渡都十分敏感,而且近年来,东亚各国间历史宿怨未解,加之领土、领海主权和能源之争风波不断(陈德民,2005),这些都在一定程度上阻碍了更深层次区域经贸合作的开展。另外,美国对建立东亚经济一体化组织一贯坚守不支持的态度,而且以日本为代表的部分东亚国家固有的"亲美情结"和对东亚以外市场需求和资金的依赖,也是制约东亚多边合作有效发展的重要障碍。

现阶段,随着经济全球化和区域经济一体化的广泛推进,国际政治经济关系日趋复杂,各方利益集团的政治经济力量对比也发生着潜移默化的动荡。因此,东亚各国和地区均在进行着新一轮的经济发展和国际关系战略的调整。在此过程中,双边或区域 FTA 既有经济上的积极意义,又有政治关系上的实用性。

本章小结

本章我们首先对产业关联理论进行分析,深入研究我国区际经济联系的特征、模式、强度和方向,有利于更为深入地认识我国区域经济发展的驱动机制和发展规律,更深层次地把握我国各区域之间的空间依存关系和区域差距的演化趋势。但现有文献大多是从区域经济地理因素和区域政策等角度来分析区域经济增长导向和区域差距演化,从区际产业联系视角来研究区域发展仍然是一个研究不足的问题。接着我们对产业关联的实质以及产业关联方式进行总结,产业关联是产业间以各种投入品和产出品为连接纽带的技术经济联系。这里,各种投入品和产出品可以是各种有形产品和无形产品,也可以是实物形态或价值形态的投入品或产出品;技术经济的联系方式可以是实物形态的联系方式,也可以是价值形态的联系方式,这种产业间以不同依托为基础所建立起来的联系,构成了产业关联的实质性内容。

接着我们对相关分析模型进行介绍,包括 IRIO 以及 MRIO 模型等,区域间投入产出表是在各区域投入产出表的基础上建立起来的多区域连接的投入产出表,可以系统、全面地反映各区域之间和各部门之间的经济联系,比较不同区域之间产业结构和技术差异,分析区域间产业相互关联和影响。接着我们分别对其中的分析系数、分析工具进行概况介绍,如完全消耗系数、列昂惕夫矩阵以及产业关联度等,这些都是进行区域产业关联分析的重要工具。

随后我们对粤桂琼滇四省进行区域分析,我们结合四省的统计年鉴以及中国交通年鉴中的相关数据,按照前面介绍的分析方法进行模型的建立与分析,并进行了相关结论分析,目前四省之间的经济差距较大,因此四省进行产业合作具有一定必要性,目前在 CAFTA 的大框架下,更为四省合作提供了良好的外部环境。

最后,结合 AIIOT 模型对中国与东盟的产业关联状况进行了分析,首先对国际产业关联及其意义进行了介绍,一国产业的发展既是一个独立的系统,又通过多种形式的关联机制受到他国产业变动的影响,形成一个彼此相连的交互体系。其中国际贸易、国际金融以及跨国公司是主要的连接渠道,并各自发挥着不同的作用。国际/国家间产业关联理论和投入产出数据在分析生产的国际分工、产业间贸易和产业内贸易、全要素生产率的国际比较、CGE 模型和产业投入产出关联等诸多方面具有广泛的应用。接着我们对 AIIOT 模型进行了介绍,结合前人的分析结果,我们基于 AIIOT 2000 所介绍的三个基本模型—产业后向关联效应(影响力系数)、最终需求的产出效应和最终需求的增加值效应,系统地给出三个模型的具体应用和相关结论,并区分中、日、美三国在中间品市场和最终产品市场所发挥的作用,以及东亚地区在产业关联方面的差异,并给出了相关分析与建议。

本章从宏观和微观两个层面搭建了区域产业协调发展的动态均衡体系。宏观层面上，首先运用不同的测度方法对区域产业的协调发展进行测度，再次，为更深入的探究其测度结果，本文在完善拓展徐现祥和舒元(2004)所构建的动态协调均衡模型的基础上，构建了区域产业协调发展的宏观动态协调模型，其中包括几何面的动态演进路径模型和代数矩阵角度的量化模型，基于此，实证分析了中国周边四省区区域产业的Kernel动态演进路径和转移矩阵的深层次因素探究。微观层面上，拓展并完善了功能子系统协调发展度评价模型，建立了区域产业微观协调发展的动态协调理论模型，其中，不仅包括测度两区域间的动态协调性，更深化为测度三区域、四区域及多区域间的产业动态协调模型。在此基础上，对中国周边四省区间的产业进行协调趋势的实证分析。

第 8 章
产业协调发展的动态均衡体系

8.1　区域产业宏观协调发展的动态均衡理论模型与实证研究

改革开放 30 多年来,我国创造了经济增长的奇迹。尤其"九五"计划以来,GDP 增长进入上升直通车,但同时区域经济增长中的差距却不断拉大,逐渐引起了理论界、学术界以及官方政府的重视。2003 年,党的十六届三中全会强调提出要重视统筹、协调的科学发展观,经济学家们也开始关注区域经济协调发展问题。然而,产业协调是地区发展的核心,区域经济协调发展既要治标更要治本,地区发展差距扩大是标,地区间产业发展失调是本。[①]　因此,研究区域产业协调发展有着重大的意义。本小节将在分析"九五"计划以来,基于不同方法测度中国周边省区三大产业协调发展程度的基础上,通过构建区域产业协调发展的宏观动态均衡理论模型,并试图进行实证分析,从宏观视角探讨区域产业协调发展的动态均衡,以期为实现区域产业的协调发展,乃至最终实现区域经济的协调发展起到一定的借鉴作用。

8.1.1　基于不同测度方法的区域产业宏观协调程度的现状分析

从查阅的相关文献来看,付伟(2005)从一般的区位理论出发对区域产业发展进行了研究;高相铎和李诚固(2006),邢焕峰和谷国锋(2007)曾对东北老工业基地区域产业的协调发展进行了相关方面的研究;冯玫(2008)则分析了京津冀区域的产业协调发展过程中存在的主要障碍等,但很少有学者对中国周边四省区的产业协调发展进行深入研究。本部分将运用不同的测度方法对中国周边四省区的产业发展进行分析,进而为下文动态模型的定量分析做铺垫(图 8-1):

考虑到 20 世纪 90 年代,若干地区数据的不可得性,我们选取了四省

---

① 　宋明霞:《产业协调是地区发展的核心》,《市场报》2003 年第 5 期。

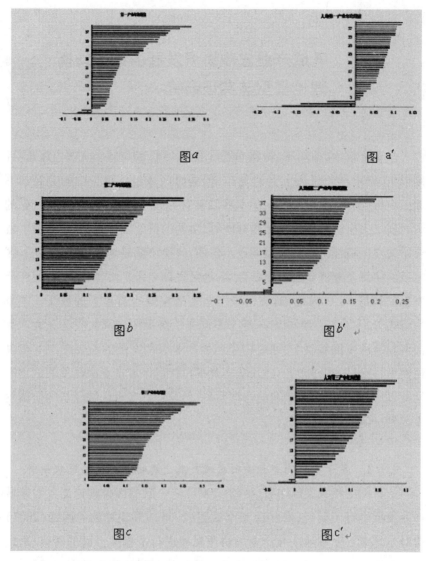

图 8-1 1995—2008 年周边四省地级以上城市三大产业平均年均增长速度（左图）及平均年均人均增长速度（右图）

资料来源：《中国城市统计年鉴》整理而得。

区主要的 40 个地级市三大产业总值及三大产业人均生产总值，进而计算"九五"以来三大产业的平均年均增长速度（图 8-1）。其中，左图 a、b、c 分别为 1995—2008 年我国周边四省区各地级市的第一、第二、第三产业的生产总值发展状况,右图 a'、b'、c' 分别为 1995 以来各地级市三大产业人均生产总值状况。从三大产业总值的平均年均增速来看,除了第一产业有部分地区出现了负增速外,第二、第三产业的增速都呈现正向变动,同时也从侧面反映出"九五"以来,我国经济出现高速增长得益于三大产业的快速发展,尤其第二、第三产业的迅猛发展(见图 b 和图 c),其中第二产业总值的平均年均增速基本都在 20% 左右,有部分地区的年均增速已接近 35%。然而,在看到螺旋式直线上升的同时,我们也应注意各地区的均衡、协调、和谐发展。

一、区域产业发展的普通离散系数测度

普通离散系数测度是指运用统计学上数据分布的离散程度来测量一个国家或地区收入分配不均衡的度量指数。主要包括:1. 极差系数测度指数,通常是以最高收入与最低收入的差值作为测度指数。2. 标准差系数测度指数,也即通常所说的变异系数,是以收入的标准差与收入的算术平均值之比来衡量。这两个系数的主要作用在于对不同的样本数据进行离散程度的对比。离散系数越大,表示不均衡的程度越大,反之则亦然。为此,我们将利用极差系数测度指数和标准差测度指数对中国周边四省区各地级市的三大产业发展进行离散测度,离散指数越大说明产业在地区间的发展越不均衡。

1. 极差系数测度指数

从三大产业的增速,尤其人均年均增速可知,平均年均增速最快的地区与年均增速最慢地区相差有 2~4 个百分点(图8-2)。值得注意的是,以上我们是用平均增速来衡量的,在现实中,尤其广东各地区的发展现状与其他三省发展慢的地区相比的差距将更大。

从中国四省区各地级市三大产业发展极差中,我们发现,各地区之间三大产业的发展有着明显的差距,发展最快地区与最慢地区相差甚远。尤其第二产业人均年均增速极差接近 30%,第二产业的离散指数之大,从而揭示了各地区在第二产业发展上的不均衡,差距之大。而第一产业总值年均增速极差高达 39.43%,人均年均增速极差也高达 30.38%,充分暴露了第一产业的地区差距。

2. 标准差系数测度指数

标准差系数测度指数也即变异系数。刻画了 1995 年以来主要年限

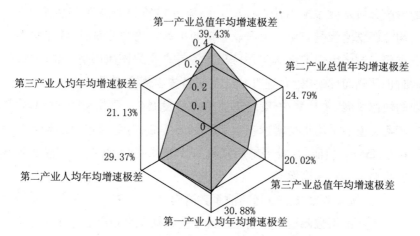

图8-2　中国四省区各地级市三大产业发展极差

资料来源:各年的《中国城市统计年鉴》整理而得。

中国周边四省区各地级市三大产业的变异系数(图8-3)。

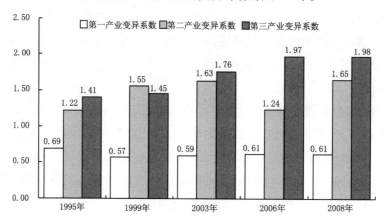

图8-3　中国四省区各地级市产业发展的标准差系数测度指数

资料来源:根据各年《中国城市统计年鉴》整理而得。

　　从图8-3三大产业的标准差系数测度指数中我们发现"九五"以来,第二、第三产业的离散程度逐年增大,和极差系数测度指数反映的相同情况是第二产业的离散程度较大,而有所不同的是极差系数测度指数反映出的第三产业的离散程度相比极差系数测度指数所反映的要大,而第一产业却相对要低些,原因可能在于极差系数测度指数只比较了最大值与最小值的差距,而标准差系数测度指数则选取了若干年份,选取的统计口径不同,所表现出来的结果也有所差异,但这并不影响结论分析,无论是极差系数测度指数还是标准差系数测度指数都反映了我国四省区各地级市三大产业发展的不均衡现象及其差距的扩大问题。有待下文进行深入分析。

二、区域产业发展的集中度测度

集中度测度法最初是用于测度收入分配的,是指通过收入分布与某一其他的基准分布相比较,通过比较两者中的差距不同用不一样的方法表示出来的一种度量方法。最常见的有 1. 洛伦茨指数法,也即我们通常所说的基尼系数和鲁宾霍德指数。2. 总熵指数法,其中泰尔指数是总熵指数法中最为普遍的。由于集中度测度法较普通离散系数测度更能反映样本数据的集中度,从而揭示所考察总体或样本的均衡、公平分布状况,因此,考虑到数据的可得性,本小节将试图采用"基尼系数"和"泰尔指数"来测度中国四省区地级以上城市三大产业发展的公平均衡状况。

1. "基尼系数"测度

原基尼系数是测度收入分配不公平程度应用最普遍也最简易的一个指数。几何图形表示为洛伦茨曲线与45°对角线围成的面积比上45°对角线以下的三角形面积。当分配完全公平时,基尼系数为0,当完全不公平时,基尼系数为1。国家公认的标准为:0.2 ~ 0.3 为相对均衡,0.3 ~ 0.4 为较合理,0.4 则为差距的警戒线。基尼系数越大,表明经济体之间的差异越大,越不均衡。因此,本小节将借鉴刘志伟(2003)[①]中的基尼系数代数形式,构造测度区域产业均衡发展程度的"基尼系数"公式:

$$G = \frac{1}{2n^2 \bar{y}} \sum_{i=1}^{n} \sum_{j=1}^{n} |y_i - y_j|$$

其中 n 代表区域个数,y_i 和 y_j 分别为各个地区某一产业的产值,$\bar{y}$ 为某产业的平均值 $\frac{1}{n}\sum_{i=1}^{n} y_i$。按照以上公式,通过 C#语言程序计算中国周边四省区地区主要年份三大产业的"基尼系数",同时为更好的用"基尼系

---

① 刘志伟:《收入分配不公平程度测度方法综述》,《统计与信息论坛》2003 年第 5 期。

数"指标剖析四省区产业发展的差距,我们选取全国 31 个省直辖市的三大产业用 C#语言编程进行"基尼系数"的对比分析,如(图 8-4)。

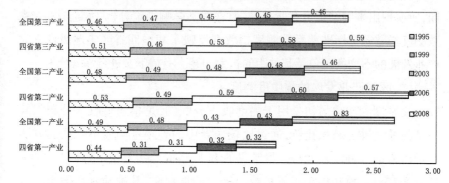

图 8-4　中国周边四省区和全国 30 个省直辖市三大产业总值的"基尼系数"
资料来源:根据各年的《中国城市统计年鉴》和四省区各年的《统计年鉴》整理而得。由于西藏的数据不可得,因此,选取全国 30 个省、直辖市的三大产业数据测度来进行对比分析。

　　从图 8-4 可以看出,"九五"计划以来中国周边四省区的三大产业"基尼系数"都相对较大,并有逐年递增的趋势,说明"九五"计划以来,四省区三大产业的差距在逐年扩大,除第一产业系数在 0.3 左右徘徊外,第二产业和第三产业都已超过 0.5,2008 年,第二产业和第三产业都已分别达到 0.57 和 0.59。和全国 31 个省直辖市的三大产业"基尼系数"相比,我们发现,除四省区第一产业各年的"基尼系数"较全国的小外,第二产业和第三产业的"基尼系数"都比全国的系数大,其中,2008 年第二产业的"基尼系数"较全国的大 11 个百分点,第三产业则大 13 个百分点,且其值也在逐年递增,这与标准差系数测度指数所测度的结果相同。为更公正的分析三大产业的差距,我们将继续构建人均三大产业的"基尼系数",(见图 8-5):

　　图 8-5 的人均三大产业"基尼系数"所反映的情况和三大产业总值"基尼系数"所反应的状况大致相同。相比第一产业,第二产业和第三产业的人均"基尼系数"偏高甚多,且与全国的人均产业"基尼系数"相比,四省区的人均第二产业和第三产业的"基尼系数"分别高出 10 个百分比和 8 个百分比。由此可以看出,中国周边四省区第二、第三大产业发展极

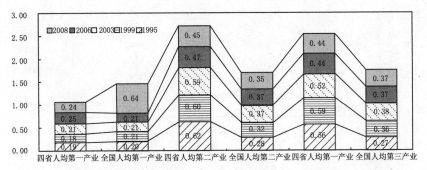

图8-5　中国周边四省区和全国30个省直辖市人均三大产业的"基尼系数"

不协调,而第一产业的差距相对较小。唯一有所不同的是,产业总值"基尼系数"所反应差距与日俱增,而人均产业"基尼系数"所反应的差距在2003年起略有缓和,尤其表现在第二和第三产业发展上面。

2. "泰尔指数"测度

泰尔指数是被广泛应用的不平等系数。泰尔指数源于熵。熵是信息理论中概念平均信息量的意思。将信息理论用于收入不公平程度的测量时,就会得到全新总熵指数的定义公式,当 α 趋向于0时为均值对数偏差指数,而当 α 趋向于1时就为熟悉的泰尔指数。[1]泰尔指数越大,说明收入不公平程度越大。[2] 根据全新总熵指数的定义公式,本小节将试图构建测度区域产业差距程度的"泰尔指数"公式:

$$T = \frac{1}{n}\sum_{i=1}^{n}\frac{y_i}{\overline{y}}\log(\frac{y_i}{\overline{y}})$$

其中,n 代表区域个数,y_i 为各地区某一产业的产值,$\overline{y}$ 为某产业的平均值 $\frac{1}{n}\sum_{i=1}^{n}y_i$ 。因此,按照上述公式运用 eviews6 软件计算中国周边四省区地区主要年份的"泰尔指数",并介于比较分析,我们将全国 30 个省、直辖市三大产业的主要年份"泰尔系数"一并计算:

由图 8-6 和图 8-7,我们发现产业的"泰尔指数"与产业的"变异系

①　刘志伟:《收入分配不公平程度测度方法综述》,《统计与信息论坛》2003 年第 5 期。

②　胡志远:《改革开放以来江苏省区域差异测度分析——基于基尼系数与泰尔指数的比较研究》,《国土与自然资源研究》2008 年第 2 期。

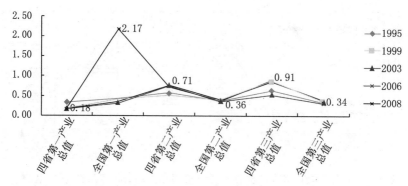

图8-6　中国周边四省区和全国30个省直辖市三大产业总值的"泰尔系数"

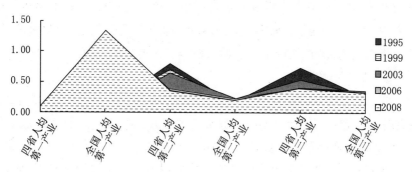

图8-7　中国周边四省区和全国30个省直辖市人均三大产业的"泰尔指数"

数"、"基尼系数"所反映的中国周边四省区产业发展的差距情况基本相同。首先,对于产业总值的"泰尔系数","九五"以来在逐年增大,尤其第二产业和第三产业的"泰尔系数"在2008年分别比全国高出35个百分比和57个百分比,说明第二产业和第三产业总值在四省区之间的差距在日益扩大。再看人均三大产业的"泰尔系数",第二产业和第三产业的差距有逐年缓和的趋势,但相比全国的数值,我们发现四省区的第二产业和第三产业始终处在高峰值,说明了中国周边四省区第二、第三产业发展的不协调。原因可能在于虽然部分发达地区的产业总值发展迅速,与欠发达地区的差距与日俱增,但是因为地区发达导致更多的人聚集于发达地区就业,而人均产业的发展取决于产业总量增幅与人口总量增幅两者之间的对比衡量,当前者小于后者时,其人均产业增幅便偏小,从而使得发达地区与欠发达地区的人均产业差距有所偏小。

相对而言,第一产业的差距有所减小,"泰尔系数"唯一处于峰底,这在产业的"基尼系数"中也有所体现。但我们不能忽略的是在极差系数测度指数中所反映出的第一产业两极端差异的偏大。为验证其测度的结果,在下文我们将进一步构建产业协调发展的动态均衡理论模型,并进行实证分析。

8.1.2　区域产业宏观协调发展的动态均衡理论模型的构建

从上述不同方法的测度指数中我们初步得知,"九五"以来中国周边四省区的三大产业发展差距在不断扩大。因此,研究区域产业宏观协调发展的动态均衡有着重要的意义。从查阅的相关文献来看,研究区域整体经济协调发展的文献多,而研究产业区域协调发展的文献相对偏少,在研究产业区域协调发展中更多的文献偏重于对理论政策的分析,如颜芳芳(2005)[1]从理论上阐述了第三产业对地区产业协调发展的作用;邢焕峰和谷国锋(2007)[2]也从理论角度论述了东北老工业基地区域产业协调发展要注意宽范围思考问题;于国政和王肇钧(2009)[3]提出制度变迁对区域产业协调发展的作用,并提出应创新地方政府管理体制促进区域产业协调发展等。综观国内各文献,主要停留在理论与定性分析,很少有学者对产业的协调发展进行实证定量分析。而在研究整体区域经济协调发展的文献中,徐现祥和舒元(2004)[4]提出了一个研究区域经济协调发展的动态均衡模型,事实上早在1993年Quah(1993,1996)[5]已开始探索此类动态均衡模型来研究经济增长,而Jones(1997,1998)[6]则采用该模型方法预测了全球经济增长分布演进的未来态势。然而,至今为止,学者们偏

---

①　颜芳芳:《对城市化与第三产业协调发展的思考》,《北方经济》2005年第12期。

②　邢焕峰、谷国锋:《东北地区产业协调机制研究》,《经济纵横》2007年第2期。

③　周肇光:《论马克思产业协调思想的科学内涵及其现实意义》,《当代经济研究》2006年第3期。

④　徐现祥、舒元:《中国省区增长分布的演进:1978—1998》,《经济学(季刊)》2004年第3期。

⑤　Quah. *Galton's Fallacy and Tests of the Convergence Hypothesis*, Scandinavian Journal of Economics, 2003(95).

Quah. D. Twin Peaks: *Growth and Convergence in Models of Distribution Dynamics*, The Economic Journal, 1996(106).

⑥　Jones, C. *On the Evolution of the World Income Distribution*, Journal of Economic Perspectives, 1997(11). Jones, C. Introduction to Economic Growth, W. W. Norton & Company, Inc., 1998.

重于将该方法运用于整体经济协调发展的研究之中,并没有涉及其他领域。考虑到三大产业是 GDP 经济增长的三大构成部分,因此,本小节将借鉴并完善拓展徐现祥和舒元(2004)所构建的动态协调均衡模型,试图构建产业协调发展的动态均衡模型。

一、基于几何角度的区域产业动态均衡理论模型

首先,在研究产业动态协调发展中我们约定以研究某一大产业在地区间的协调发展,而并不是研究三大产业之间的协调问题。因此,我们以构建中国周边四省区第一产业动态协调发展模型为目标,在完成第一产业动态协调发展模型的构建后,第二、第三产业的动态模型将与其雷同。为此,我们假设中国周边四省区的第一产业由 n 个地区构成,考虑到公平性问题,我们以人均第一产业来表示: $x_t = (x_t{}^1, \cdots, x_t{}^n)$,其中 x 和 t 分别代表人均第一产业产值和时间。令 $M = max(x_t)$,显然,整个产业空间为 $[0,M]$ 。于是,我们将 $X2_{ij}$ 划分为相邻但不相交的 N 个区间 $m_1, m_2, \cdots, m_n$,且每个区间所代表的人均第一产业水平都是递增的。

进一步,我们将 $f(x_t)$ 表示为在 t 时期,人均第一产业水平在 N 个区间上出现的可能性。即有

$$f(x_t) = \begin{cases} P(x_1 = m_1) \\ \vdots \\ P(x_n = m_n) \end{cases}$$

其中, $\sum f(x_t) = 1$,因此,整个 $f(x_t)$ 即为人均第一产业在 $[0,M]$ 上的密度函数,因而可以通过密度函数在不同时期的演进路径来刻画 n 个区域人均第一产业增长及增长中的差距。

值得注意的是,徐现祥和舒元(2004)[①]在研究我国整个区域经济协调发展过程中所构建的模型中认为经济体是向前发展的。当然,以我国改革开放以来经济的不断增长为研究对象显然是合适的,但若将其一般化,还应考虑倒退和维持现状两种可能。考虑到区域产业发展的特殊性,如部分产业可能因为国外相同或类似产业的竞争而停滞或倒退发展,甚至退出区域

---

① 徐现祥、舒元:《中国省区增长分布的演进:1978—1998》,《经济学(季刊)》2004 年第 3 期。

市场等,我们在构建区域产业协调发展的过程中势必应考虑模型动态演进的一般化(见图8-8),其中水平第二层图 a'、b'、$X6_{ij}$ 为倒退型,水平第三层图 a''、b''、c'' 为前进型,水平最高层图 a'''、b'''、c''' 为维持型。

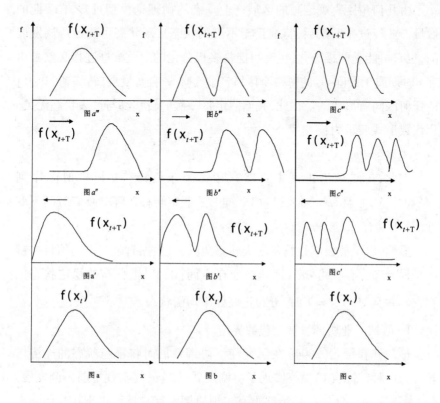

图 8-8 区域产业动态演进路径

图 8-8 刻画了区域产业的演进路径。在纵向分析后,我们进一步进行横向分析。徐现祥和舒元认为,在 t 时刻的单峰,经过 T 时期,最终将演进到双峰或者仍为单峰,前者表示协调发展,后者表示不协调或者出现分化。但是,在模拟刻画区域产业动态演进的过程中,单峰状的更有可能演进为多峰状,如图 $X6_{ij}$、c''、c'''。然而,这并不违背区域协调发展的分析框架,事实上,从数学角度考虑,函数出现多峰现象并不离奇,只是代表多极罢了,双峰其实是多峰的一种特殊情况。因此,图 $X6_{ij}$、c''、c''' 代表着多极分化,图 b'、b''、b''' 代表两极分化,图 a'、a''、a''' 代表协调发展,其

中 a'' 代表协调向前发展,也正是我们所追求的最优发展。

二、基于代数矩阵角度——马尔科夫链的区域产业动态均衡理论模型

由几何角度直观刻画的区域产业动态均衡理论模型可知,在 t 期的区域产业经过 T 时期后,将演进至不同的状态。新状态可能是协调发展的,也有可能是两极分化,更有可能是多极分化的。此演进进程必然是由在 t 时期属于区间 m_i 的每一个区域产业个体 x_t^i 自身发展、转移到 $[0, M]$ 的任何区间所形成的。在此,我们假定每一次的转移都与过去状态无关。用代数形式表示为:

$$P(x_{t+1}^i = m_j / x_t^i = m_i)$$

因此,在此演进进程中必然存在一个非负转移矩阵的时间序列 $\{P_{N \times N}^\tau\}_{\tau=t}^{\tau=\infty}$,并且每一列之和为 1。同时还假定转移矩阵 P 具有时间不变性。[①] 于是有 $f_{t+1} = Pf_t$。

显然,以上假设满足马尔科夫转移矩阵,且根据有限齐次马尔科夫链的平稳分布恒存在可知[②],区域产业在空间 $[0, M]$ 上分布的稳定状态恒存在。并且当 $\sum f = 1$ 时,分布正好处于均衡状态。[③]

1. 区域产业协调发展的代数界定

徐现祥和舒元(2004)在研究经济协调发展时将平稳状态的经济增长分为四种情况:(1)最终实现了协调发展;(2)最终实现了弱协调发展;(3)最终实现了分化;(4)最终没有实现协调发展。然而由于在几何动态协调模型中,徐现祥和舒元(2004)的模型构造并没有一般化以适合区域产业协调发展的模型构造,疏漏了多极化这一重要分布状态,因此,我们有必要对区域产业的协调发展进行新的代数界定。

首先,由稳定状态恒存在可知,产业分布将会实现平稳状态。此时有:

---

① 事实上,产业的发展不可能与过去状态完全无关,但如此假设至少可以为探索产业动态协调发展开创一个好的开端,就像经济学中"完全竞争市场"的假设一样,只是为了更好的分析实际现状,为其提供一个好的理论参照。

② 施仁杰:《马尔科夫链基础及其应用》,西安电子科技大学出版社1992年版。

③ 顾海兵:《实用经济预测方法》,中国人民大学出版社1990年版。

（1）若 n 个地区的第一产业都集中于人均第一产业水平最高的区间 m_N，即 $f^N = 1$，则称区域第一产业最终实现了前进协调发展，即图 8-8 中的图 a'' 状态；

（2）若 n 个地区的第一产业都集中于人均第一产业水平最高或较高的几个相邻区间，即 $f^N + f^{N-1} + \cdots + f^{N-M} = 1$，其中，$M \ll N$，则认为区域第一产业正向协调发展所靠近，最终实现弱协调发展，即处于图 8-8 中的图 a'' 与图 b'' 之间；

（3）若 n 个地区的第一产业都集中于人均第一产业水平最低或较低的几个相邻区间时即 $f^1 + f^2 + \cdots + f^{M'} = 1$，其中，$M' \ll N$，则认为区域第一产业正向协调所靠近，但却是倒退型的，最终实现弱倒退协调发展，即处于图 8-8 中的图 a' 与图 b' 之间；

（4）若 n 个地区的第一产业都集中于人均第一产业水平最低区间 m_1，即 $f^1 = 1$，则称区域第一产业最终实现了倒退协调发展，即图 8-8 中的图 a'；

（5）若 n 个地区的第一产业一部分集中于人均第一产业水平最高区间 m_N，一部分集中于人均第一产业水平最低区间 m_1，即 $f^1 + \cdots + f^N = 1$，则称区域第一产业最终实现了两极分化，若属于最低区间的地区个数小于属于最高区间的地区个数时，称为前进两极分化，即为图 b''，若属于最低区间的地区个数大于属于最高区间的地区个数时，称为倒退两极分化，即为图 8-8 中的图 b'；

（6）若 n 个地区的第一产业分散于各个区间，即 $f^i + f^s + \cdots + f^j = 1$，其中 $i \neq s \cdots \neq j$，则称第一产业最终实现了多极分化，即图 8-8 中的图 c' 或图 c''。

2. 探寻最优协调发展的条件——转移矩阵特征的剖析

从稳定状态出发，即 $P_{N \times N} \times F_{N \times 1} = F_{N \times 1}$。由区域产业协调发展的代数界定：

（1）当 n 个地区的第一产业都集中于人均第一产业水平最高的区间 m_N 时，满足最优化的前进型协调发展。于是有：

$$\begin{pmatrix} p_{11} & p_{12} & \cdots & p_{1N-1} & p_{1N} \\ p_{21} & p_{22} & \cdots & p_{2N-1} & p_{2N} \\ \vdots & \vdots & \cdots & \vdots & \vdots \\ p_{N-11} & p_{N-12} & \cdots & p_{N-1N-1} & p_{N-1N} \\ p_{N1} & p_{N2} & \cdots & p_{NN-1} & p_{NN} \end{pmatrix} \begin{pmatrix} 0 \\ 0 \\ 0 \\ 0 \\ 1 \end{pmatrix} = \begin{pmatrix} 0 \\ 0 \\ 0 \\ 0 \\ 1 \end{pmatrix},$$

进一步计算得:

$$\begin{pmatrix} p_{1N} \\ p_{2N} \\ \vdots \\ p_{N-1N} \\ p_{NN} \end{pmatrix} = \begin{pmatrix} 0 \\ 0 \\ 0 \\ 0 \\ 1 \end{pmatrix}, \text{即有} \ p_{NN} = 1_{\circ}$$

(2)当 n 个地区的第一产业都集中于人均第一产业水平最高或较高的几个相邻区间时,被认为是满足前进型弱协调发展。我们假设各地区第一产业都集中于最高相邻两区间 m_N 和 m_{N-1} 时,则有

$$\begin{pmatrix} p_{11} & p_{12} & \cdots & p_{1N-1} & p_{1N} \\ p_{21} & p_{22} & \cdots & p_{2N-1} & p_{2N} \\ \vdots & \vdots & \cdots & \vdots & \vdots \\ p_{N-11} & p_{N-12} & \cdots & p_{N-1N-1} & p_{N-1N} \\ p_{N1} & p_{N2} & \cdots & p_{NN-1} & p_{NN} \end{pmatrix} \begin{pmatrix} 0 \\ 0 \\ 0 \\ f_{N-1} \\ f_N \end{pmatrix} = \begin{pmatrix} 0 \\ 0 \\ 0 \\ f_{N-1} \\ f_N \end{pmatrix},$$

进一步计算得:

$$\begin{pmatrix} p_{1N-1} & p_{1N} \\ p_{2N-1} & p_{2N} \\ \vdots & \vdots \\ p_{N-1N-1} & p_{N-1N} \\ p_{NN-1} & p_{NN} \end{pmatrix} \begin{pmatrix} f_{N-1} \\ f_N \end{pmatrix} = \begin{pmatrix} 0 \\ 0 \\ 0 \\ f_{N-1} \\ f_N \end{pmatrix}_{\circ}$$

(3)同理假设各地第一产业都集中于最低相邻两个区间 m_1 和 m_2 时,可得倒退型弱协调发展的转移矩阵满足:

$$\begin{pmatrix} p_{11} & p_{12} & \cdots & p_{1N-1} & p_{1N} \\ p_{21} & p_{22} & \cdots & p_{2N-1} & p_{2N} \\ \vdots & \vdots & \cdots & \vdots & \vdots \\ p_{N-11} & p_{N-12} & \cdots & p_{N-1N-1} & p_{N-1N} \\ p_{N1} & p_{N2} & \cdots & p_{NN-1} & p_{NN} \end{pmatrix} \begin{pmatrix} f_1 \\ f_2 \\ 0 \\ 0 \\ 0 \end{pmatrix} = \begin{pmatrix} f_1 \\ f_2 \\ 0 \\ 0 \\ 0 \end{pmatrix},$$

进一步计算得:

$$\begin{pmatrix} p_{1N-1} & p_{1N} \\ p_{2N-1} & p_{2N} \\ \vdots & \vdots \\ p_{N-1N-1} & p_{N-1N} \\ p_{NN-1} & p_{NN} \end{pmatrix} \begin{pmatrix} f_1 \\ f_2 \end{pmatrix} = \begin{pmatrix} f_1 \\ f_2 \\ 0 \\ 0 \\ 0 \end{pmatrix}$$

(4)同理假设当各地第一产业都集中于最低区间 m_1 时,有:

$$\begin{pmatrix} p_{11} & p_{12} & \cdots & p_{1N-1} & p_{1N} \\ p_{21} & p_{22} & \cdots & p_{2N-1} & p_{2N} \\ \vdots & \vdots & \cdots & \vdots & \vdots \\ p_{N-11} & p_{N-12} & \cdots & p_{N-1N-1} & p_{N-1N} \\ p_{N1} & p_{N2} & \cdots & p_{NN-1} & p_{NN} \end{pmatrix} \begin{pmatrix} 1 \\ 0 \\ 0 \\ 0 \\ 0 \end{pmatrix} = \begin{pmatrix} 1 \\ 0 \\ 0 \\ 0 \\ 0 \end{pmatrix}$$

进一步计算得:

$$\begin{pmatrix} p_{11} \\ p_{21} \\ \vdots \\ p_{N-11} \\ p_{N1} \end{pmatrix} \begin{pmatrix} 1 \\ 0 \\ 0 \\ 0 \\ 0 \end{pmatrix} = \begin{pmatrix} 1 \\ 0 \\ 0 \\ 0 \\ 0 \end{pmatrix}$$

(5)假设一部分地区的第一产业集中于最低区间 m_1,而另一部分集中于最高区间 m_N,实现极端化的两极分化时,转移矩阵满足:

$$\begin{pmatrix} p_{11} & p_{12} & \cdots & p_{1N-1} & p_{1N} \\ p_{21} & p_{22} & \cdots & p_{2N-1} & p_{2N} \\ \vdots & \vdots & \cdots & \vdots & \vdots \\ p_{N-11} & p_{N-12} & \cdots & p_{N-1N-1} & p_{N-1N} \\ p_{N1} & p_{N2} & \cdots & p_{NN-1} & p_{NN} \end{pmatrix} \begin{pmatrix} f_1 \\ 0 \\ 0 \\ 0 \\ f_N \end{pmatrix} = \begin{pmatrix} f_1 \\ 0 \\ 0 \\ 0 \\ f_N \end{pmatrix}$$

进一步计算得：

$$
\begin{pmatrix}
p_{11} & p_{1N} \\
p_{21} & p_{2N} \\
\vdots & \vdots \\
p_{N-11} & p_{N-1N} \\
p_{N1} & p_{NN}
\end{pmatrix}
\begin{pmatrix}
f_1 \\
f_N
\end{pmatrix}
=
\begin{pmatrix}
f_1 \\
0 \\
0 \\
0 \\
f_N
\end{pmatrix}
$$

（6）当区域产业最终实现多级分化时，我们假定 n 地区的第一产业分散于 m_i、m_s、m_j 等区间时，则转移矩阵满足：

$$
\begin{pmatrix}
p_{11} & \cdots & p_{1i} & \cdots & p_{1s} & \cdots & p_{1j} & \cdots & p_{1N} \\
\vdots & \vdots & \vdots & \vdots & \vdots & \vdots & \vdots & \vdots & \vdots \\
p_{i1} & \cdots & p_{ii} & \cdots & p_{is} & \cdots & p_{ij} & \cdots & p_{iN} \\
\vdots & \vdots & \vdots & \vdots & \vdots & \vdots & \vdots & \vdots & \vdots \\
p_{s1} & \cdots & p_{si} & \cdots & p_{ss} & \cdots & p_{sj} & \cdots & p_{sN} \\
\vdots & \vdots & \vdots & \vdots & \vdots & \vdots & \vdots & \vdots & \vdots \\
p_{j1} & \cdots & p_{ji} & \cdots & p_{js} & \cdots & p_{jj} & \cdots & p_{jN} \\
\vdots & \vdots & \vdots & \vdots & \vdots & \vdots & \vdots & \vdots & \vdots \\
p_{N1} & \cdots & p_{Ni} & \cdots & p_{Ns} & \cdots & p_{Nj} & \cdots & p_{NN}
\end{pmatrix}
\begin{pmatrix}
0 \\
\vdots \\
f_i \\
0 \\
f_s \\
0 \\
f_j \\
\vdots \\
0
\end{pmatrix}
=
\begin{pmatrix}
0 \\
\vdots \\
f_i \\
0 \\
f_s \\
0 \\
f_j \\
\vdots \\
0
\end{pmatrix}
$$

进一步计算得：

$$
\begin{pmatrix}
p_{1i}f_i + p_{1s}f_s + p_{1j}f_j \\
\vdots \\
p_{ii}f_i + p_{is}f_s + p_{ij}f_j \\
\vdots \\
p_{si}f_i + p_{ss}f_s + p_{sj}f_j \\
\vdots \\
p_{ji}f_i + p_{js}f_s + p_{jj}f_j \\
\vdots \\
p_{Ni}f_i + p_{Ns}f_s + p_{Nj}f_j
\end{pmatrix}
=
\begin{pmatrix}
0 \\
\vdots \\
f_i \\
0 \\
f_{si} \\
0 \\
f_j \\
\vdots \\
0
\end{pmatrix}
$$

综上所知，在不同的假设下，转移矩阵将出现各种不同的状态。其中最优化的前进型协调发展转移矩阵需满足 $\begin{pmatrix} p_{1N} \\ p_{2N} \\ \vdots \\ p_{NN} \end{pmatrix} = \begin{pmatrix} 0 \\ 0 \\ 0 \\ 0 \\ 1 \end{pmatrix}$，即 $p_{NN} = 1$。而徐

现祥和舒元（2004）则认为当转移矩阵为下半矩阵时才是协调发展的。
然而，两者并不冲突，本文所论证的 $p_{NN} = 1$ 的最优化协调发展条件其实
是徐现祥和舒元所指的下半矩阵的一种特殊情况。事实上，我们很容易
理解若转移矩阵出现左下半矩阵时，即属于低位区间的各地区第一产业
都比原本属于的区间更高级的区间跳跃，显然这是一种趋向前进型的协
调发展，当所有下半矩阵中不是 m_N 区间内的元素最后都跳跃至 m_N 区间，
就是本文所论述的最优化的稳定协调发展条件。此外，在本节开头我们
就已约定，以上区域第一产业动态协调模型同样适用于区域第二产业和
区域第三产业。事实上，我们发现，若一个区域的各地某一特定产业，如
制糖业相关数据可得，那么我们也可以通过此模型来探讨制糖业的区域
协调发展问题。进而也可以宽范围的包括整个国家各个产业的动态协调
发展以及全球各个产业的动态协调发展问题等，我们都可以尝试探讨。

8.1.3 区域产业宏观协调发展的动态均衡理论模型的实证分析

在上文构建区域产业宏观协调发展的动态均衡理论模型的基础上，
为深入研究中国周边四省区区域产业的协调发展，本小节我们将尝试进
行以上理论模型的实证分析。

一、几何面直观探析区域产业协调发展动态

由于在上文理论模型构建过程中，我们已约定区域第二、第三产业的
理论动态模型将与区域第一产业动态模型相同。因此，为全面分析中国
周边四省区产业的区域动态协调状况，本小节将对中国周边四省区的三
大产业分别进行实证分析。

1. 模型数据的选取

从各类年鉴以及相关文献中来看，对于地区产业发展的研究多数学
者习惯采用产业总值或产业占比 GDP 等指标，很少采用人均产业。而在
研究地区整体经济差距的过程中，学者们多数采用人均 GDP。然而，考虑

到本文所探讨的是产业协调发展差距问题,因此,我们将借鉴采用人均GDP研究区域经济差距协调问题的方法,选取中国周边四省区45个地级市的人均第一产业、人均第二产业和人均第三产业为研究对象。

考虑到改革开放以前我国主要实行的是以计划为主的经济体制,其市场协调发展的功能不大或者说几乎丧失。因此,为了更好更有意义研究我国实施市场经济体制以来市场对产业发展的协调作用,我们将重点考察"九五"计划以来各年三大产业的发展状况,以及2009年各地级市数据的暂不可得性,事实上由于我们所研究的是一种状态分布,因而一年的数据并不影响整体实证效果。所以,最后数据选取区间为1995—2008年。数据来源于各年的《中国城市统计年鉴》和广东、广西、云南、海南四省各年的《统计年鉴》整理而得。

此外,由于90年代部分地区的数据缺失,在本部分几何分析中并不影响,我们尽量获取年鉴上所有可得数据进行分析,而在下文转移矩阵代数分析时我们约定在缺失部分假定为原概率,具体见下文的转移矩阵量化分析。但由于缺失数据地区较集中,最多的年份也不超过10个地区,所以这并不影响我们整个模型的分析。

2. 模型的实证及结果分析

对于以上理论模型中的密度函数,我们将借鉴研究经济增长的相关文献,运用非参数估计的 Kernel 密度函数:

$$f(x_i) = \frac{1}{nh} \sum_{i-1}^{n} k(\frac{x_i - M}{k})$$

其中 N 为观察值个数,h 为窗宽,M 为地区产业所面临的产业空间范围,$k(\ )$ 为核函数,核函数是一种平滑函数,包括高斯(正态)核、三角核、均匀核、Biweigh 核、Triweigh 核等类型。窗宽很大程度上决定了所估计密度函数的平滑程度,即密度曲线的形态。一般情况下,样本越大,窗宽应越小,然而也不能太小,应为观察值个数 n 的函数。Silverman(1986)[①]论证了其窗宽的最佳设定应为 $h = 0.9 Sen^{-1/5}$,其中,Se 为标准差。本部分将采用基于高斯分布的 Kernel 密度函数,选取其最佳窗宽,运用 eviews6 估计三大产业发展的密度曲线。结果见图 8-9、图 8-10 及图 8-11:

① Silverman, B, W. Density Estimation for Statistics and Data Analysis, Chapman & Hall, 1986.

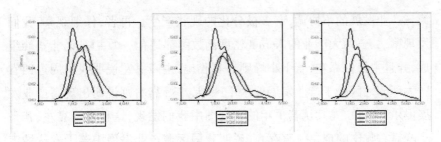

图 8-9　中国周边四省区第一产业发展的 Kernel 密度函数

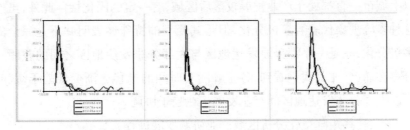

图 8-10　中国周边四省区第二产业发展的 Kernel 密度函数

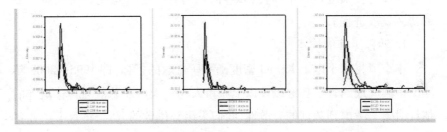

图 8-11　中国周边四省区第三产业发展的 Kernel 密度函数

　　以上三大产业的 Kernel 密度函数直观地刻画了中国周边四省区产业发展的协调状况。首先,三次产业的 Kernel 密度函数都随时间向前推移,说明了我国周边四省区产业发展是向上的、前进的。其中,第一产业的 Kernel 密度函数自"九五"计划以来逐渐趋于缓和,由 1995 年以来的双峰状态在进入二十世纪后逐渐演变为单峰状,且波峰逐渐降低、坡度逐渐缓和,说明了第一产业的发展差距逐渐缩小趋于协调发展,这与上文产业的"基尼系数"测度和"泰尔指数"测度所反映出的状况相同。而第二、第三产业的 Kernel 密度函数则出现了若干小波峰,表明我国周边四省区第二、第三产业发展的不协调,有多极分化的现状产生。再者,仔细观察,我们发现第二、三两大产业的 Kernel 密度函数图都是有一个主峰、若干小峰组成,并且主峰都靠左,若干小峰则靠右收尾,主峰靠左说明我国周边四省区大部分地区处于产业发展低水平区域,小峰靠右则说明出现高产业发展俱乐部现象,尤其从若干年的密度图中我们发现,这种主峰靠左、若干小峰靠右收尾的现象一直存在,说明我国区域产业发展中若干发达城市如深圳、广州等地一直处于产业发达区域,而广西、云南等大部分地级及以上城市一直都处于产业发展较落后区域,有一定的固化性。此外,虽然这种多峰现象代表着多极分化,但是其峰型的特殊性表明并不是完全的多极分化,只是一小部分原发达地区与大部分非发达地区之间的差距一直存在而已,尤其我们看到,各主峰随着时间的推移逐渐变低趋于缓和,说明大部分非发达地区间产业发展正在趋于协调。

二、转移矩阵量化分析区域产业协调发展进程

在直观分析区域产业协调发展动态的基础上,接下来的关键工作是找寻区域产业演进过程中的转移矩阵,以转移矩阵来量化分析区域产业的协调发展进程。

1. 转移矩阵的构建

本小节将基于以上 Kernel 密度函数所选取的指标,即 1995—2008 年间的中国周边四省区各地级及以上城市人均三大产业总值为转移矩阵的估计对象。考虑到数据的分散性,我们采用分位数的方式,将每一产业各地级市的所有样本数据划分为四类:最小值与四分之一分位数以下值的地区为产业不发达地区;四分之一分位数到二分之一分位数间为产业欠发达地区;二分之一分位数到四分之三分位数之间为产业较发达地区;四分之三到最大值之间为产业发达地区。进而基于第一产业 561 个样本,第二、第三产业分别都为 562 个样本,根据马尔科夫转移矩阵原理[1],运用 MATLAB7.0 及 excel 数理分析,分别建立第一、第二、第三产业的转移矩阵(表 8-1、表 8-2 及表 8-3):

---

① 顾海兵:《实用经济预测方法》,中国人民大学出版社 2005 年版。注:由于部分地区在 90 年代的若干年份产业数据的不可得性,我们在计算转移矩阵时,一并约定其概率出现的区间为原区间。

表 8-1 1995—2008 年第一产业转移矩阵

	区间 1	区间 2	区间 3	区间 4
区间 1	0.9231	0.0427	0.0171	0.0171
区间 2	0.2093	0.7209	0.0543	0.0171
区间 3	0.0224	0.2537	0.6567	0.0672
区间 4	0.0070	0.0141	0.2183	0.7606

其中，区间为 [79.645,1295.985)；[1295.985,1708.678)；[1708.678,2194.891)；[2194.891,17563.507)。

表 8-2 1995—2008 年第二产业转移矩阵

	区间 1	区间 2	区间 3	区间 4
区间 1	0.9274	0.0565	0.0000	0.0161
区间 2	0.2047	0.7559	0.0236	0.0157
区间 3	0.0074	0.2148	0.7556	0.0222
区间 4	0.0368	0.0074	0.1397	0.8162

其中区间为 [149.678,1895.604)；[1895.6040.9231,3604.392)；[3604.392,7502.501)；[7502.501,82224.806)。

表 8-3 1995-2008 年第三产业转移矩阵

	区间 1	区间 2	区间 3	区间 4
区间 1	0.9333	0.0583	0.0000	0.0083
区间 2	0.2077	0.7538	0.0231	0.0154
区间 3	0.0074	0.2426	0.7426	0.0074
区间 4	0.0294	0.0074	0.1324	0.8309

其中区间为 [147.565,1798.851)；[1798.851,3137.805)；[3137.805,6168.148)；[6168.148,75025.464)。

2. 矩阵的结果分析

在上文的理论模型构建过程中最优协调发展条件分析中我们知道，

当转移矩阵满足 $\begin{pmatrix} p_{1N} \\ p_{2N} \\ \vdots \\ p_{NN} \end{pmatrix} = \begin{pmatrix} 0 \\ 0 \\ 0 \\ 0 \\ 1 \end{pmatrix}$ ，其中 N 为最值时，或者为特殊情况，当转

移矩阵为左下半矩阵时，区域体实现最优化的前进型协调发展。从对以上三大产业的转移矩阵分析可知，中国周边四省区的三大产业并没有实现协调最优发展。然而，仔细观察表8-1、表8-2、表8-3，我们发现虽然三大矩阵呈现出来的都是多极分化的特征，即概率值遍布于各个区间，但是，三个矩阵的右上半部分的概率值都明显小于左下半部分的值，从而说明各地区的三大产业发展正从低区间趋向于高区间，有协调发展的趋势，这与上文 Kernel 密度函数所刻画的现象相同。虽然四省区的三大产业并没有实现单峰状、最优化协调发展的转移矩阵特征（特殊情况为左下半矩阵），但是其多峰状的密度图都是由一个大峰为主、若干小峰收尾所组成，且主峰波峰逐渐趋于缓和，直观体现了转移矩阵的这种特殊趋势，从而说明了中国周边四省区三大产业有协调发展的趋势，至少在撇开最发达的地区如深圳、广州等地，其他大部分地区的产业发展正趋于协调缓和。

再者，从表8-1、表8-2、表8-3 三大产业的转移矩阵中，我们很容易发现一个特征，即转移矩阵右下倾斜对角线区间上的值都明显大于其他区间，说明各地区三大产业的发展并没有呈现出多地区跳跃发展的最优趋势，虽然有部分地区有跳跃式前进，表现在矩阵中为第一区间的区域体向第三区间、第四区间跳跃及第二区间区域体向第四区间跳跃的概率值不为0，但大部分地区基本上都还停留在原区间，即其产业的发展速度还没有达到最理想的超越式快速发展。

此外，值得注意的是，本转移矩阵是以人均三大产业为研究对象，现实中若以三大产业总值为考察对象，其差距可能会更大。

8.2 区域产业微观协调发展的动态均衡 协调模型与实证研究

上一小节我们从宏观角度定量分析了三大产业的区域协调发展状况,为更深入地了解某一行业,乃至某一个体产业的协调发展情况,本小节将进一步微观探讨中国周边四省区产业协调发展的状况。在完善拓展功能子系统协调发展度评价模型的基础上,构建区域产业微观协调发展的动态均衡理论模型,并试图进行实证分析。同时,为更好地与上文的宏观层面分析相衔接,此部分的微观动态实证分析将从两个层面出发,第一层为"中层",即对三大产业中的代表性行业进行动态协调分析,第二层为"微层",主要对三大产业中举足轻重的第二产业中的主导行业工业进行进一步的分行业微观探讨。以期寻找中国周边四省区产业协调发展的最佳路径,为四省区科学合理的产业功能区布局提供理论支撑。

8.2.1 区域产业微观协调发展的动态均衡协调模型的构建

多年来,学者们对于区域产业协调性方面进行了大量研究。如孟庆松(2000)等人提出了协调机制情况下构建多个子系统的复合系统模型。李国平(2004)则运用 VAR 模型及冲击效应来研究区域之间的经济协调性问题。李尊实等人(2006)运用模糊评价方法构建区域性发展协调度系数。樊华等人(2007)则利用数据包络法将变量之间作为互为投入产出的指标计算出 DEA 有效值,进而计算协调性发展指数。而唐文琳(2009)在研究报告《CAFTA 进程中北部湾(中国)经济区产业政策协调与区域分工》中则运用因子分析法和动态协调度模型相结合的方法计算出了北部湾三省区两两之间的产业协调值。然而,综观各文献,很少有学者对三省、四省、乃至多省之间区域子产业的协调问题进行系统的协调值分析。基于此,本小节将拓展并完善功能子系统协调发展度评价模型,以试图建立区域产业微观协调发展的动态均衡理论模型,为接下来多省之间区域产业协调问题的实证研究理下伏笔。

一、区域产业功能子系统协调发展度评价模型的构建

产业协调体现了产业子系统之间、子系统各要素之间、功能之间实现的和谐、协调和优化关系,而产业协调度则是衡量产业子系统之间以及各要素之间在产业发展过程中和谐一致的程度。

1. 系统之间的协调模型

以广东和广西产业发展为例,设广东产业发展为 a 系统,广西产业发展为 b 系统。则描述此两系统之间相互协调发展状况的状态协调函数为[①]:

$$F(a,b) = \frac{min\{V(\frac{a}{b}), V(\frac{b}{a})\}}{max\{V(\frac{a}{b}), V(\frac{b}{a})\}} , 其中 V(\frac{a}{b}) = exp\{-\frac{(x-x')^2}{S^2}\},$$

$V(\frac{b}{a}) = exp\{-\frac{(y-y')^2}{S^2}\}$ 分别表示 a 系统对 b 系统的适应度和 b 系统对 a 系统的适应度。x 和 y 分别为衡量两个系统产业 a 和 b 的综合得分,x' 和 y' 分别为 b 系统对 a 系统要求的综合得分和 a 系统对 b 系统要

求的综合得分。$S = \sqrt{\frac{\sum_{i-1}^{n}(x_i - \bar{x})^2}{n-1}}$ 表示 a 系统综合得分的标准偏差。

2. 多系统之间的协调模型

借鉴两系统之间的协调度模型,我们将建立区域产业三系统、四系统乃至多系统之间的协调发展模型。将广东、广西、海南、云南四省区的产业发展划分为 a、b、c、d 四大系统。则根据两协调模型,同时借鉴王欣菲(2009)的博士论文[②],推得区域产业发展的三系统协调模型如下:

$$F(a,b,c) = \frac{V(a,b,c) \times \{V(\frac{b}{c}) + V(\frac{c}{b})\} + V(b,a,c) \times \{V(\frac{a}{c}) + V(\frac{c}{a})\} + V(c,a,b) \times \{V(\frac{a}{b}) + V(\frac{b}{a})\}}{V(\frac{b}{c}) + V(\frac{c}{b}) + V(\frac{a}{c}) + V(\frac{c}{a}) + V(\frac{a}{b}) + V(\frac{b}{a})}$$

其中,$V(a,b,c) = exp\{-\frac{(x-x'')^2}{S^2}\}$,$V(b,a,c) = exp\{-$

---

① 唐文琳:《CAFTA 进程中北部湾(中国)经济区产业政策协调与区域分工研究报告》,2009 年。

② 王欣菲:《基于复杂系统理论的区域协调发展研究》,河北工业大学,2009 年。

$\dfrac{(y-y^{''})^2}{S^2}\}$，$V(c,a,b)=\exp\{-\dfrac{(z-x^{''})^2}{S^2}\}$ 分别表示 b、c 系统对 a 系统的适应度，a、c 系统对 b 系统的适应度及 a、b 系统对 c 系统的适应度。$x^{''}$、$y^{''}$、$z^{''}$ 分别表示为 b、c 系统对 a 系统要求的综合得分，a、c 系统对 b 系统要求的综合得分及 a、b 系统对 c 系统要求的综合得分。其他指标与二协调度模型相同。

则类似于三系统模型，可得到区域产业发展的四系统协调模型：

$$F(a,b,c,d)=\frac{\begin{aligned}&V(a,b,c,d)\times\{V(b,c,d)+V(c,b,d)+V(d,b,c)\}\\&+V(b,a,c,d)\times\{V(a,c,d)+V(c,a,d)+V(d,a,c)\}\\&+V(c,a,b,d)\times\{V(a,b,d)+V(d,a,b)\}+V(d,a,b,c)\\&\times\{V(a,b,c)+V(b,a,c)+V(c,a,b)\}\end{aligned}}{\begin{aligned}&V(b,c,d)+V(c,b,d)+V(d,b,c)+V(a,c,d)\\&+V(c,a,d)+V(d,a,c)+V(a,b,d)+V(b,a,d)\\&+V(d,a,b)+V(a,b,c)+V(b,a,c)+V(c,a,b)\end{aligned}}$$

其中，$V(a,b,c,d)$，$V(b,a,c,d)$，$V(c,a,b,d)$，$V(d,a,b,c)$ 分别代表 b、c、d 系统对 a 系统的适应度，a、c、d 系统对 b 系统的适应度，a、b、d 系统对 c 系统的适应度及 a、b、c 系统对 d 系统的适应度。

由二系统、三系统、四系统的协调模型我们进一步推得多系统的协调模型：

$$F(1,2,3,\cdots,n)=\frac{\sum_{k-1}^{n}V^{i}(1,2,3,\cdots,k)\times V^{i}(1,2,3,\cdots,k-1)}{\sum_{k-1}^{n}V^{i}(1,2,3,\cdots,k-1)}$$

其中，$V^{i}(1,2,3,\cdots,k)$ 代表 k 个系统之间的循环适应度。以上多系统的协调模型表明，无论系统个数有多少，只要能求得各个系统之间的循环适应度，也即其他所有系统对某一系统要求的综合得分，进而进行循环前进，就能求得整个多系统之间的协调值。当 $F(1,2,3,\cdots,n)$ 趋向于 1 时，说明所有系统之间协调发展；当 $F(1,2,3,\cdots,n)$ 趋向于 0 时，说明所有系统之间的发展不协调。此功能子系统评价模型最大的特点在于，n 个系统的整体协调状况是基于 $n-1$、$n-2$、$n-3$、$\cdots$ 两个系统之间的协调状况而得的。

二、区域产业微观协调发展的动态均衡协调模型的搭建

在功能子系统评价模型中，我们将中国周边四省区的产业发展划分

为 a、b、c、d 四个子系统,但并没有强调说明其产业发展的界限问题,同时,其综合得分及适应度问题也是问题的关键,尤其对于多系统的协调模型,如何求得复杂的循环适应度问题备受广大学者们的关注。事实上,我们发现功能子系统评价模型实际上是为协调发展问题提供了一个分析框架,最终能否实现其模型的评价效用在于解决以上一系列的问题,而一旦解决了这些问题,也即实现了功能子系统评价模型的实证效用,那么也便成功搭建了区域产业协调发展的动态均衡协调模型。

1. 区域产业协调模型的综合得分问题

各个国家和地区之间基于不同的比较优势和竞争优势进行着不同层次的产业分工,通过分工与协作来提高产业资源的利用效率。而产业分工的不断独立化和专业化演变协调进程促使区域产业往高度化方向转换。主要包括:(1)由劳动密集型产业占主要优势向资金、技术和知识密集型产业占优势的方向演进;(2)由资源型占主要优势的产业向资源和加工混合型产业优势逐步演进;(3)由低加工度产业占主要优势向高加工度的方向逐步演进;(4)由低附加值产业占主要优势向高附加值产业方向逐步演进等等。在 8.1.2 基于几何角度分析的区域产业动态演进路径的分析过程中我们知道,区域产业的最佳协调发展是指前进式的协调发展。所谓的前进式也即区域产业的高度化进程。换句话说也即区域产业的最佳协调发展应考虑区域产业的升级换代、高度的提升以及区域产业结构横向纵向的协调性和产业演进的动态性。因此,区域产业的最佳协调动态发展是多因素综合影响的复杂进程。为此,我们选取以下区域产业协调发展综合得分的评价指标:

下面我们对基本指标进行解释:

(1)区域产业配置系数 $X1_{ij}$,为第 i 省第 j 产业的产值/第 i 省所有产业产值之和,反映了某一产业在四省区域产业结构中的比重,衡量了该产业是否具有成为区域主导产业所应有的规模和产业间的结构高度。

(2)区域产业专业系数 $X2_{ij} = \dfrac{X1_{ij}}{k_j}$,其中,$k_j$ 为第 j 个产业的四省区产值之和/四省区所有产业总产值之和,衡量了某一产业的区域专业化程度,$X2_{ij}$ 越大表明这种产业的专业化程度越高。$X2_{ij}$ 可大于 1,也可以小于 1,当其大于 1 时,表明该产业在区域中的比重高于该区域的平均水平,具有区域性的专业化意义。综合指标 $X1_{ij}, X2_{ij}$,就可以判断某个产业是否具有区域专业化主导产业的性质。

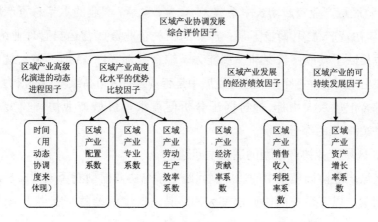

图 8-12 区域产业协调发展的评价指标体系[①]

（3）区域产业劳动生产效率系数 $X3_{ij} = k_i \sqrt{\dfrac{P_{ij}}{L_{ij}}}$ ，其中 P_{ij} 和 L_{ij} 分别表示第 i 个省的第 j 个产业的总产值和从业人员。考虑到 $\dfrac{P_{ij}}{L_{ij}}$ 容易使得低劳动生产率产业的变化被高劳动生产率产业所掩盖，因此采用区域产业劳动生产效率系数。该系数衡量了区域产业的分工与专业化水平。系数值越大表明某一产业的分工与专业化水平越高。

（4）区域产业经济贡献率系数 $X4_{ij}$ ，为第 i 省第 j 产业总值/i 省的GDP 总值，衡量某产业对某子区域经济发展的贡献程度。

（5）区域产业销售收入利税率系数 $X5_{ij}$ ，为第 i 省第 j 产业的利税总额/该产业的销售收入，衡量了某产业的销售收益水平和产业贡献程度。综合指标 $X4_{ij}$ 、$X5_{ij}$ ，就可以判断某省区的某一产业对该省区的经济贡献

---

① 此指标体系主要针对某一具体区域产业的协调问题而设定，如水的生产和供应产业。对于某一大类行业的协调问题，指标 4、5、6 数据不可得，我们将直接采用 1、2、3 指标进行"中层"的分析，事实上，这并不影响"中层"协调问题的研究，唐文琳在研究报告《CAFTA 进程中北部湾（中国）经济区产业政策协调与区域分工》中已采用 1、2、3 指标进行北部湾具体行业两两之间的协调分析，并取得了很好的效果。在此指标体系中，之所以添加 4、5、6 指标主要是考虑到分析得更为全面和严密性，将历来相关研究参考指标进行了综合筛选而得。

程度,值越大,表明该产业的发展对该省的经济发展具有促进作用,占据优势地位。

(6)区域产业资产增长率系数 $X6_{ij}$,为 i 省第 j 产业的本年总资产增长额/年初资产总额,衡量了某一产业的相关企业资产营运与管理业绩,同时也反映了其成长状况和发展能力。综合指标 $X4_{ij}$ 、 $X5_{ij}$ 、 $X6_{ij}$,就可以反映出某产业在整个区域产业发展中是否具有有效可持续发展的潜力。

综合上述六大指标,通过因子分析便可求得区域产业协调模型的1995—2008 年的综合分析。

2. 区域产业协调模型的适应度问题

区域产业协调模型中的适应度问题是整个协调模型能否成功实现的关键因素。以三系统的协调模型为例。其适应度问题就是求得 $V(a,b,c)=exp\{-\dfrac{(x-x'')^2}{S^2}\}$, $V(b,a,c)=exp\{-\dfrac{(y-y'')^2}{S^2}\}$, $V(c,a,b)=exp\{-\dfrac{(z-z'')^2}{S^2}\}$,而式中的 x 、 y 、 z 即为通过因子分析得到的各自的综合分数,标准差 S 也同样可以求得,问题的关键转移到了如何求得 x'' 、 y'' 、 z'' ,即 b、c 系统对 a 系统要求的综合得分,a、c 系统对 b 系统要求的综合得分及 a、b 系统对 c 系统要求的综合得分。若变量少可以通过逐个回归得到,例如 b、c 系统对 a 系要求的综合得分即可通过简单线性回归求得以 a 为应变量,b、c 为自变量的线性函数,其拟合值序列即为所要求的综合得分。但当出现多系统,多变量情况时,此方法将变得复杂,耗时耗力。为此,我们只好另辟蹊径。而事实上,我们发现 VAR 模型恰好能解决此缺点。通过 VAR 模型的单位根检验及用 AIC 和 SC 准则确定滞后期,可以很容易一次性求得三个变量之间的互相关系。当然,此模型也有其缺点,其时间序列的时间跨度要求较长,或多或少会增加工作强度。但对于普通的回归模型而言是一样的。为此,在接下来的实证部分我们将尝试运用 VAR 模型求得"要求综合得分"。

8.2.2 区域产业"中层"协调发展的动态均衡协调模型的实证分析

依据以上所构建的区域产业微观协调发展的动态均衡协调模型,本小节将对中国周边四省区的三大产业进行进一步的微观探析。同时考虑到与宏观层面的衔接问题,我们将首先进行"中层"动态协调模型的实证分析。

一、研究对象、指标的选取及数据的处理

衔接三大产业的动态分析,我们选择第一产业中的农林牧渔业,第二产业中的建筑业和工业,第三产业中的交通运输、仓储及邮电通信业和批发零售贸易餐饮业,共五个行业为研究对象。对于指标的选取,在以上指标体系的设定中我们已经提到,对于大类行业的分析,我们将直接选择指标 1、2、3 进行分析。处理后的数据如下:

表8-4　五行业 1995—2008 年三大系数表①

	区域产业配置系数 $X1_{ij}$				区域产业专业系数 $X2_{ij}$				区域产业劳动生产效率系数 $X3_{ij}$			
	广东	广西	海南	云南	广东	广西	海南	云南	广东	广西	海南	云南
农林牧渔业	0.2436	0.4663	0.5575	0.4995	0.7552	1.4454	1.7282	1.5483	0.3207	0.2872	0.7418	1.7267
	0.2309	0.4839	0.5754	0.3739	0.7553	1.5830	1.8825	1.2232	0.3167	0.2356	0.7763	1.8221
	0.2131	0.4857	0.5712	0.3651	0.7349	1.6753	1.9703	1.2593	0.3041	0.3170	1.2351	3.7241
	0.1999	0.4530	0.5738	0.3385	0.7379	1.6722	2.1178	1.2495	0.3937	0.7401	1.1586	3.8628
	0.1886	0.4285	0.5858	0.3381	0.7305	1.6595	2.2685	1.3095	0.4424	2.4274	1.1615	3.7174
	0.1584	0.3985	0.5921	0.3385	0.6905	1.7376	2.5816	1.4758	0.3669	2.2416	1.0609	3.0502
	0.1431	0.3830	0.5614	0.3290	0.6725	1.8003	2.6390	1.5466	0.8390	2.1295	1.0083	2.7304
	0.1319	0.3632	0.5503	0.3189	0.6609	1.8194	2.7569	1.5975	2.1663	1.6179	3.2672	2.6674
	0.1151	0.3654	0.5542	0.2997	0.6285	1.9961	3.0273	1.6373	2.1489	1.6828	2.7527	1.9983
	0.1092	0.3770	0.5526	0.3011	0.6041	2.0864	3.0578	1.6660	2.3633	1.7458	3.4126	2.2643
	0.1045	0.3635	0.5258	0.2958	0.6072	2.1119	3.0547	1.7187	2.5504	1.7732	3.4280	2.3071
	0.0935	0.3052	0.4769	0.3514	0.5939	1.9387	3.0298	2.2322	2.4290	1.6310	3.2585	2.2091
	0.0875	0.3479	0.4482	0.2866	0.5638	2.2422	2.8885	1.8467	2.5681	1.9277	6.2318	2.2918
	0.0891	0.3404	0.4557	0.2776	0.5686	2.1713	2.9070	1.7710	2.8061	2.2013	7.2606	2.8555
建筑业	0.0761	0.0498	0.0619	0.0948	1.0743	0.7035	0.8739	1.3387	0.0808	0.0608	0.0613	0.1148
	0.0680	0.0495	0.1132	0.0829	0.9427	0.6865	1.5700	1.1502	0.0855	0.0660	0.1073	0.1134
	0.0603	0.0493	0.0586	0.0756	1.0241	0.8369	0.9954	1.2834	0.0424	0.0476	0.0740	0.1230
	0.0589	0.0554	0.0704	0.0731	0.9734	0.9154	1.1622	1.2071	0.0594	0.0725	0.1110	0.1362
	0.0569	0.0566	0.0764	0.0685	0.9487	0.9433	1.2729	1.1416	0.0637	0.0865	0.1229	0.1524
	0.0499	0.0579	0.0724	0.0636	0.9176	1.0638	1.3296	1.1687	0.0637	0.0775	0.1124	0.1402
	0.0469	0.0578	0.0737	0.0621	0.8981	1.1055	1.4099	1.1892	0.0764	0.0870	0.1137	0.1420
	0.0441	0.0585	0.0740	0.0583	0.8792	1.1680	1.4764	1.1629	0.0752	0.0821	0.1160	0.1689
	0.0445	0.0604	0.0771	0.0610	0.8749	1.1856	1.5149	1.1984	0.0803	0.0852	0.1220	0.1726
	0.0421	0.0608	0.0658	0.0659	0.8758	1.2646	1.3671	1.3703	0.0761	0.0920	0.1190	0.1789
	0.0384	0.0617	0.0725	0.0706	0.8303	1.3357	1.5702	1.5286	0.0713	0.0963	0.1292	0.1880
	0.0356	0.0603	0.0919	0.0681	0.7884	1.3351	2.0341	1.5085	0.0697	0.1016	0.1355	0.1359
	0.0331	0.0576	0.0716	0.0702	0.7932	1.3790	1.7145	1.6822	0.0651	0.1013	0.1205	0.1903
	0.0322	0.0584	0.0691	0.0776	0.7767	1.4108	1.6690	1.8729	0.0748	0.1390	0.1295	0.2169

① 资料来源:广东、广西、海南、云南四省各年的统计年鉴,其中从业人员指标来源于各年的《中国城市统计年鉴》。以及云南省个别数据的缺失,我们运用移动平均插值法求得,由于单个数据的缺失补全,并不失却真实可靠性,因而并不影响模型的分析效果。

产业协调与产业功能区研究

区域产业配置系数 $X1_{ij}$				区域产业专业系数 $X2_{ij}$				区域产业劳动生产效率系数 $X3_{ij}$			
0.4127	0.3080	0.5063	0.1212	1.0506	0.7840	1.2888	0.3086	0.8383	0.6821	0.7979	0.6244
0.4159	0.2964	0.3952	0.1263	1.0869	0.7747	1.0327	0.3299	0.8870	0.7216	0.8730	0.6798
0.4162	0.2886	0.3919	0.1266	1.0876	0.7543	1.0243	0.3308	0.7038	0.7160	1.1717	0.9748
0.4178	0.2937	0.3852	0.1337	1.0864	0.7637	1.0017	0.3476	0.9767	1.0046	1.5003	1.0943
0.4143	0.2895	0.3611	0.1329	1.0934	0.7641	0.9530	0.3509	1.0538	1.1675	1.5258	1.2397
0.4155	0.2944	0.3500	0.1337	1.0910	0.7729	0.9190	0.3512	1.2433	1.1651	1.5612	1.3173
0.4104	0.2806	0.3417	0.1689	1.5490	2.4359	2.9669	1.4667	1.0962	0.3974	0.4892	0.4785
0.4109	0.2770	0.3409	0.1734	1.0913	0.7357	0.9053	0.4604	1.6503	1.2112	1.6902	2.0049
0.4347	0.2885	0.3451	0.1852	1.0940	0.7261	0.8685	0.4662	1.8805	1.3119	1.8196	2.1211
0.4498	0.3043	0.3460	0.1849	1.0965	0.7417	0.8434	0.4507	2.0446	1.5826	2.1057	2.3101
0.4686	0.3175	0.3400	0.1841	1.0998	0.7450	0.7979	0.4320	2.2296	1.8136	2.3164	2.5345
0.4778	0.3355	0.4260	0.2108	1.0714	0.7522	0.9552	0.4727	2.4487	2.1333	2.5711	2.2113
0.4797	0.3589	0.3610	0.2276	1.0829	0.8103	0.8150	0.5137	2.5614	2.4173	2.4923	3.3183
0.4834	0.3742	0.3608	0.2201	1.0831	0.8385	0.8086	0.4932	2.7995	2.7020	2.7800	3.6280
0.0730	0.0493	0.0277	0.0676	1.1444	0.7721	0.4349	1.0591	0.1136	0.1165	0.0473	0.1479
0.0740	0.0523	0.0197	0.0709	1.1848	0.8369	0.3154	1.1354	0.1189	0.1266	0.0451	0.1503
0.0826	0.0524	0.0206	0.0771	1.2005	0.7611	0.2996	1.1202	0.1485	0.1053	0.0870	0.1935
0.0828	0.0516	0.0239	0.0900	1.1848	0.7389	0.3421	1.2891	0.1933	0.1783	0.1384	0.2359
0.0829	0.0579	0.0247	0.0889	1.1619	0.8110	0.3463	1.2458	0.2199	0.2113	0.1477	0.2479
0.0874	0.0603	0.0261	0.0892	1.1537	0.7956	0.3442	1.1770	0.2667	0.2238	0.1657	0.2606
0.0925	0.0640	0.0267	0.0876	1.1526	0.7970	0.3327	1.0915	0.3825	0.2683	0.1810	0.2749
0.0893	0.0692	0.0268	0.0850	1.1324	0.8771	0.3396	1.0773	0.4068	0.2584	0.1828	0.3913
0.0797	0.0653	0.0260	0.0815	1.1125	0.9106	0.3632	1.1371	0.3851	0.2288	0.1749	0.3737
0.0753	0.0615	0.0250	0.0815	1.1111	0.9079	0.3688	1.2033	0.3803	0.2530	0.1896	0.3280
0.0443	0.0537	0.0251	0.0965	0.9867	1.1967	0.5602	2.1497	0.2053	0.1630	0.1313	0.2467
0.0426	0.0497	0.0292	0.0937	0.9726	1.1345	0.6679	2.1406	0.2103	0.1646	0.1346	0.1996
0.0404	0.0458	0.0237	0.0920	0.9907	1.1250	0.5826	2.2583	0.2066	0.1727	0.1601	0.2538
0.0389	0.0480	0.0390	0.0871	0.9348	1.1554	0.9369	2.0938	0.2208	0.1988	0.1920	0.2752
0.1092	0.1128	0.0552	0.1427	1.0365	1.0711	0.5244	1.3546	0.1442	0.2215	0.2734	0.2168
0.1168	0.1182	0.0364	0.1398	1.0999	1.1129	0.3426	1.3162	0.1569	0.2441	0.2277	0.2468
0.1215	0.1230	0.0352	0.1412	1.1042	1.1178	0.3195	1.2831	0.1658	0.1674	0.1496	0.2189
0.1258	0.1293	0.0338	0.1377	1.1086	1.1388	0.2978	1.2137	0.2522	0.2943	0.2348	0.2337
0.1270	0.1359	0.0341	0.1337	1.0990	1.1763	0.2955	1.1572	0.2881	0.4264	0.2561	0.2350
0.1277	0.1394	0.0350	0.1309	1.0891	1.1892	0.2981	1.1166	0.3444	0.3897	0.2646	0.2501
0.1282	0.1372	0.0346	0.1253	1.0906	1.1667	0.2946	1.0658	0.5307	0.4902	0.2766	0.2559
0.1304	0.1356	0.0340	0.1197	1.0960	1.1395	0.2857	1.0059	0.6213	0.5466	0.3000	0.6945
0.1268	0.1333	0.0335	0.1172	1.0889	1.1443	0.2877	1.0064	0.6699	0.4418	0.2874	0.5186
0.1231	0.1213	0.0313	0.1149	1.1009	1.0852	0.2801	1.0277	0.6926	0.5269	0.3144	0.5500
0.0994	0.1144	0.0310	0.1189	1.0553	1.2149	0.3289	1.2622	0.5606	0.4715	0.2976	0.4896
0.0972	0.1086	0.0369	0.1184	1.0374	1.1587	0.3944	1.2638	0.5965	0.5097	0.3037	0.3984
0.0902	0.1002	0.0300	0.1162	1.0534	1.1694	0.3499	1.3563	0.5657	0.5127	0.2696	0.4638
0.0926	0.0947	0.0768	0.1183	1.0083	1.0306	0.8365	1.2876	0.6555	0.5907	0.5247	0.5382

行标签（自上而下）：工业；交通运输、仓储及邮电通信业；批发零售贸易餐饮业

表8-5　五行业1995—2008年三大系数平均值表格①

	区域产业配置系数 $X1_{ij}$				区域产业专业系数 $X2_{ij}$				区域产业劳动生产效率系数 $X3_{ij}$			
	广东	广西	海南	云南	广东	广西	海南	云南	广东	广西	海南	云南
1	0.1506	0.3973	0.5415	0.3367	0.6646	1.8528	2.5650	1.5773	1.4297	1.4899	2.6253	2.6591
2	0.0491	0.0567	0.0749	0.0709	0.8998	1.0953	1.4257	1.3430	0.0703	0.0854	0.1124	0.1552
3	0.4363	0.3077	0.3751	0.1664	1.1188	0.8857	1.0843	0.4839	1.6010	1.3590	1.6925	1.7526
4	0.0704	0.0558	0.0260	0.0849	1.1017	0.9157	0.4453	1.4413	0.2470	0.1907	0.1413	0.2557
5	0.1154	0.1217	0.0384	0.1268	1.0763	1.1368	0.3668	1.1941	0.4460	0.4167	0.2843	0.3793

从表8-4中可知,海南在农林牧渔业中各年的区域产业配置系数 $X1_{ij}$、区域产业专业系数 $X2_{ij}$ 和区域产业劳动生产效率系数 $X3_{ij}$ 均大于其他三省,而表8-5的平均值系数也更清晰的反应了此现象,表明海南在四省的农林牧渔业发展中处于优势地位。同时,仔细观察表8-4,我们发现海南农林牧渔业的区域产业专业系数 $X2_{ij}$ 和区域产业劳动生产效率系数 $X3_{ij}$ 有逐年递增的趋势,而区域产业配置系数 $X1_{ij}$ 也始终未低于0.45,保持着绝对优势地位,说明了海南在四省的农林牧渔业发展进程中不仅主导地位依然凸显,其专业化水平和劳动生产率技术也在不断提升,有着良好的发展态势。在建筑业方面,从表8-5中看出,海南省在三个指标中也都略占相对优势,云南其次,再观察表8-4,我们发现,除了广东以外,其他三省的区域产业配置系数 $X1_{ij}$、区域产业专业系数 $X2_{ij}$ 和区域产业劳动生产效率系数 $X3_{ij}$ 自从1995年以来一直有递增的趋势,而广东则略有下降,原因可能是因为广东原有基础较好,自改革开放以来就发展迅速,使得其"九五"以来的发展态势相对其他三省来看略有下降。再看工业,表8-4和表8-5都凸显了广东在工业发展方面,的绝对优势地位,尤其其区域产业劳动生产效率系数 $X3_{ij}$ 更有明显的逐年递增趋势。而广西和海南的工业专业化程度也在逐年发展,而区域产业劳动生产效率系数 $X3_{ij}$ 四省都有明显的递增趋势,说明技术效率的递增,四省区工业有着良

———————————

① 由于表格绘制的需要,行业1、2、3、4、5分别代表五大行业:农林牧渔业、建筑业、工业、交通运输、仓储及邮电通信业、批发零售贸易餐饮业。

好的发展态势。而在交通运输、仓储及邮电通信业发展中,无论是在区域专业化主导地位方面还是在行业分工、专业化方面广东都处于绝对优势地位,广西其次,云南紧跟,海南略显低。最后看批发零售贸易餐饮业,广东、广西、云南的专业化主导地位相差无几,广东稍胜一筹,而海南则发展相对滞后。

二、实证分析一:区域产业协调模型的综合得分——基于 spss 因子分析

基于表8-4的系数指标,对五大行业自1995—2008年每一年进行因子分析,以求得评价每一年每一行业的综合得分。例如1997年工业的 $X1_{ij}$、$X2_{ij}$、$X3_{ij}$ 公共因子 F1 对 $X1_{ij}$ 和 $X2_{ij}$ 的载荷量较大,都达到0.996,而 F2 对 $X3_{ij}$ 的载荷量较大达到0.982。且 F1 和 F2 能解释 $X1_{ij}$、$X2_{ij}$、$X3_{ij}$ 的信息近似达到100%,因此,其综合评价模型为:$F = 67.265F1 + 32.735F2$。以此类推,我们得到五大行业"九五"以来的综合得分(图8–13):

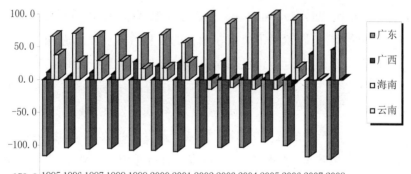

图8-13 四省区农林牧渔业综合发展得分趋势图

从图8-13明显可以看出,海南农林牧渔业的发展态势较为突出。广西次之,云南紧随其后。而广东的农林牧渔业发展得分为负分,说明了广东虽然经济发达,但在四省区中的第一产业发展并不具有优势地位,相反却处于劣势。而海南凭据独有的地理位置和气候条件,在四省中脱颖而出。

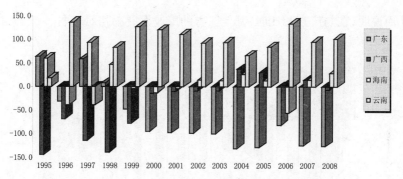

图8-14　1995—2008年四省区建筑业综合发展得分趋势图

从1995年以来四省区的建筑业发展趋势来看,云南发展较好且较平稳,广西和海南次之,广东偏低。原因可能是因为广东原有基础较好,自改革开放以来,就已发展较好,趋于顶峰,因此,"九五"以来,和其他三省之间相对比,发展增速理所当然有所偏弱。尤其从图中广东得分由1995年的正分数逐年递减更说明了此问题。此外,值得一提的是,广西建筑业的发展从1995年以来的负分逐渐变小,并趋于正分,说明了广西自1995年以来建筑业方面的总体发展态势较好。

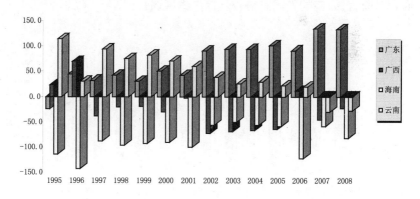

图8-15　1995—2008年四省区工业综合发展得分趋势图

从工业的发展趋势来看,广东在四省的发展中脱颖而出,这与广东经济发达相吻合,也从另一个角度说明了广东经济的发达与工业发展好是脱不开关系的,也说明工业的迅速发展是广东经济快速发展的核心力量。而广西和海南在四省中的工业发展不具优势地位,云南则有递减的趋势。

从而说明,在与广东相比时,其他三省的工业发展都相对较弱。

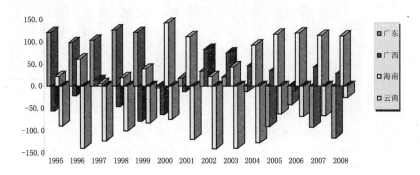

图8-16 1995—2008年四省区交通运输、仓储及邮电通信业综合发展得分趋势图

从图8-16可以看出,广东在交通运输、仓储及邮电通信业发展过程中出现了和建筑业发展相同的态势,由原来的正值逐渐变小,并趋于负值,原因可能和建筑业发展原因相同,广东在此行业中的原有发展基础较好,到1999年已达到顶峰,从而使得1999年以后的发展趋于减缓。而广西的发展态势则较好,由原来的负值趋于正值,包括海南的发展也较好。而相对而言,云南的发展态势较其他三省区弱。

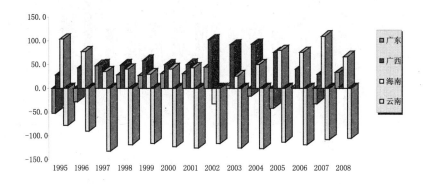

图8-17 1995—2008年四省区批发零售贸易餐饮业综合发展得分趋势图

从图8-17我们得知,广东在批发零售贸易餐饮业方面的发展态势和建筑业、交通运输、仓储及邮电通信业发展态势类似,1995年以来与其他三省区的相对发展态势相比并不凸显。而广西的发展较好,趋于四省区

中的主导地位,包括海南趋于跟上,而云南则相对较弱。

三、实证分析二:区域产业协调模型的适应度及协调度——基于
VAR 模型和协调度模型计量

在实证分析一中,我们已得到五大行业发展的综合得分,并得到相应
的发展趋势图。接下来的工作是解决适应度问题,并最终探求四省区之
间五行业的协调关系。其中,对于适应度问题,我们在理论模型构建过程
中已提及,VAR 模型将很好地解决此问题。

$$F(a,b) = \frac{min\{V(\frac{a}{b}),V(\frac{b}{a})\}}{max\{V(\frac{a}{b}),V(\frac{b}{a})\}} \text{,其中 } V(\frac{a}{b}) = exp\{-\frac{(x-x')^2}{S^2}\} \text{ ,}$$

$V(\frac{b}{a}) = exp\{-\frac{(y-y')^2}{S^2}\}$,由于两省的个自得分已经求出,即 x、y 已知,
相应可以求得 S。接下来关键是探求广东对广西要求的综合得分以及广
西对广东要求的综合得分,即互相的适应度。于是,将广东、广西的综合
得分导入 eviews6 软件,单位根检验结果如下:

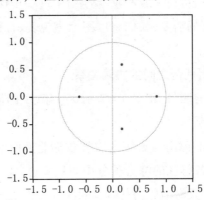

图 8-18 广东、广西综合得分单位根检验

说明广西、广东两省区产业的综合得分序列是平稳的。于是,建立最
优 VAR 模型:

GX = -1.1550 * GX(-1) - 0.4251 * GX(-2) - 1.4426 * GD(-1) -
0.9177 * GD(-2) -232.1295

T 统计量 (-2.137) (-1.171) (-3.602)

（－2.331）　　（－3.744）

GD = 1. 9076 * GX（－1）+ 0. 3654 * GX（－2）+ 1. 7247 * GD（－1）+ 1. 2453 * GD（－2）+ 186. 2816

T 统计量(2. 567)　　　　(0. 732)　　　　(3. 132)　　　　(2. 300)

(2. 185)

R = 0. 889　F = 14. 011　AIC = 9. 421　S. E. = 23. 204

其中,GX、GD 分别代表广西和广东。一式的拟合值即为广东对广西要求的综合得分,二式的拟合值即为广西对广东要求的综合得分。于是根据两系统之间的协调模型可计算得 1997—2008 年每一年的广西与广东两省在建筑业发展中的协调度[①],取其平均值为 0. 1894。以此类推,可以求得不同省份两两之间、三者之间、四省之间乃至多省之间的动态协调关系。由于多变量的 VAR 模型要求较长的时间序列,考虑到数据的可得性,我们将五行业的协调关系测算至三省,通过建立 50 个 VAR 模型,联合协调度模型测算得五行业四省两两之间及三省之间的协调指数。对于四省之间的协调关系将在区域产业"微层"中进一步探讨。此外,介于篇幅的限制,以及分析的需要,我们将以图示直观表示,具体模型的测算值附于附录。

1. 结论分析一:两两之间的协调关系

通过以上模型的测量,得到 1997—2008 年,中国周边四省区两两之间五行业的协调关系。

从图 8-19 可知,海南与云南在农林牧渔业方面的协调几乎为 0,而在上文农林牧渔业各省区的综合得分中我们知道,海南与云南的农林牧渔业发展得较好,尤其海南凭借其特有的区位优势及气候条件,农林牧渔业的发展态势极为好,因此,两省几乎只需要依靠各自省内独自发展就已满足,并不需要依靠双向的协调互补,加上两省的地理位置并不毗连,交通的不便更加剧了其协调性能的弱化。再看海南与广西及海南与广东,若干年的协调关系有所加强,原因可能在于海南虽然与广西、广东不接壤,但是水路交通很便利,虽然三省都处于亚热带,但海南的气候优势较

---

① 由于滞后两期,因此,数据年限推迟到 1997 年。

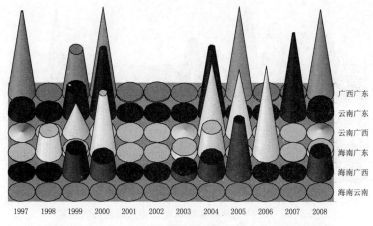

图8-19　1997—2008年农林牧渔业二省之间的协调关系

广西、广东更为突出,有些农作物等需在海南才能获得最佳的生长状态,因而广西、广东与海南在农林牧渔业方面存在着协调性,但是各年的协调关系并不稳定。因此,需加强两广与海南在第一产业方面的协调合作,尤其应加强海南与广东之间的协调合作。对于广东,虽然整体经济实力比较突出,但通过上文的综合评价可知,广东的农林牧渔业发展相对其他三省较弱,从上图中也可以看到,广东和海南、广西、云南都存在着协调关系,即使与地理位置间隔的云南省在若干年份也有着协调合作关系,但是这种协调关系都不稳定。因此,应建议加强四省之间稳定持续协调的发展,更应强调像广东这样的工业化省份在高速发展第二、第三产业的同时应重视第一产业的发展,尤其应凭借其独有的经济科技实力发展高科技专业化农林牧渔业,而不应抛弃或忽视第一产业的发展。此外,海南省在农林牧渔业发展方面有着独到的优势,建议其加强科技投入,培育引进相关专业的科技人才,在第一产业发展中走专业化科技道路。至于广西和云南,也应紧随其上,以实现四省区域第一产业的跨越式最优协调发展。

由图8-20可得,在建筑业发展方面,海南与云南、海南与广西之间在2000—2002年期间发展较为协调,但是在之后的两三年中又出现不协调,而在近两年的协调关系又有所增强,这种不稳定的协调关系可能跟建筑业行业发展的周期有关,包括广东与广西、广东与云南也出现了类似的周期性协调发展。在考虑此类周期性因素的同时,我们也不可排除不同

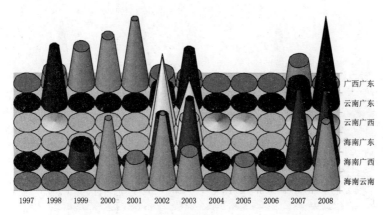

广西广东
云南广东
云南广西
海南广东
海南广西
海南云南

1997　1998　1999　2000　2001　2002　2003　2004　2005　2006　2007　2008

图8-20　1997—2008年建筑业二省之间的协调关系

年份受全国全球宏观经济形势变动的影响。例如,对外经济开放城市广东,其建筑业的发展必然会受到2007年金融危机的影响,从而使得建筑业对外的合作减弱,部分企业转向国内协作,进而使得广东与国内其他省份,尤其与其周围省份之间的协调合作增强,表现在图中是广东与广西、广东与云南在2007年、2008年的协调指数猛然上升。但是,令人遗憾的是,除了2002、2003两年,广东与海南之间的协调指数几乎一直为0,原因可能有多方面的,但海南省自身的内部原因应该是主要的。而在上文综合得分中可以看出,广东的建筑业发展已几乎趋于顶峰,海南、广西、云南却有着较大的发展潜力,尤其海南省,更应重视建筑业的发展。以及另一值得重视的问题是,广西和云南虽然毗连,但是其建筑业的发展却并不协调,两省的协调指数也几乎趋于0。在建筑业综合得分中,云南省得分较好,说明其省内建筑业的自身发展状况较好,而广西的得分自"九五"以来也从负分转向正分,虽然不是特别迅猛,但也出现了好的发展态势,然而,两省之间的发展却并不协调,原因可能在于两省之间缺乏协作,若能在木材、水泥等中间产业发展中做到优势互补,互利互惠,两省将会有更好更为协调最优的发展。此外,仔细观察图形,我们发现云南与隔省的广东、海南协调关系都较好,这也是云南近年来建筑业发展迅猛的原因之一,同时其较好的协调关系也得益于其自身较好的发展,两者互为因果。广西、海南应像云南学习,不仅应加强邻省之间的协作,更应重视与多省多地区之间的协调发展,才能最终实现自身、乃至区域的整体协调发展。

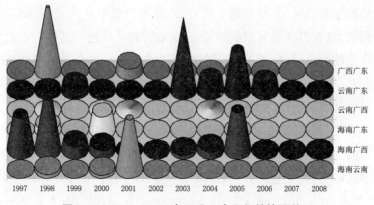

图 8-21　1997—2008 年工业二省之间的协调关系

　　从图 8-21 中可知,四省区两两之间的协调关系并不好。尤其近三年,各两省之间的协调指数几乎都为 0。其中,广西与云南两省之间所有年份的协调指数均趋于 0,作为毗连的两省,而且又同是欠发达地区,其不协调发展值得我们反思。第二产业关系到一个地区一个省乃至一个国家整体的经济发展状况,而工业是第二产业发展中的关键命脉,区域经济的协调发展必然要求第二产业的协调发展,工业的协调发展。为此,我们将在接下来"微层"中进一步探索工业中细分行业的协调关系。

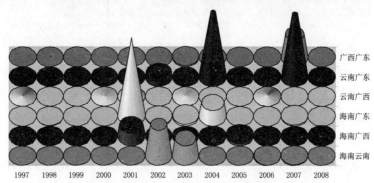

图 8-22　1997—2008 年交通运输、仓储及邮电通信业二省之间的协调关系

　　从图 8-22 可以看出,四省两两之间在交通运输、仓储及邮电通信业方面的协调也欠佳。其中,广西与广东、广西与云南、广西与海南三省两两之间的协调关系几乎都趋于 0。而追溯广西在交通运输、仓储及邮电通

信业中的综合得分,其发展趋势较好,由原来的负值转为正值,但是分数不是很高,没有出现迅猛发展的态势,这也许就是广西与其他三省之间没有协调发展的原因,同时不协调合作发展也导致了其没有实现跨越式发展。因此,广西应加强重视与其他三省之间在交通运输、仓储及邮电通信业发展中的协调合作,以促进广西在该行业中更为快速的协调发展。再看广东,广东与其他三省之间的两两协调也并不好,只有微乎其微的若干年与云南、海南、广西有相对较好的协调关系,海南和广西雷同。综上可得,四省区之间在交通运输、仓储及邮电通信业发展中的两两协调关系欠佳,总体不稳定,因此,建议各省应重视该行业的协调发展,尤其有地理位置优势的广西与云南、广西与广东。

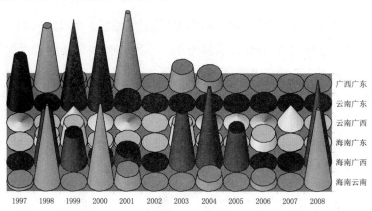

图 8-23　1997—2008 年批发零售贸易餐饮业二省之间的协调关系

从图 8-23 观察可得,相比工业、交通运输、仓储及邮电通信业,四省在批发零售贸易餐饮业行业中的两两协调关系相对较好。尤其在1997—2001 年,海南与云南、海南与广西、海南与广东、云南与广东、广西与广东之间的协调指数都较高,说明此时间区间内,以上省区两两之间在该行业有着较为协调的发展。尤其广西与海南两省,除了 1997、2002、2006、2007 年趋于 0 外,其他年份都有着较好的协调发展,因此,广西与海南应继续保持这种良好的发展态势。而广东与广西、广东与云南之间的协调指数自 2002 年以后都开始递减,尤其广东与云南之间的协调指数从 2002 年后的所有年份都趋于 0,说明了两省之间的发展极不协调,追溯原因,云南在该行业中的综合得分是最低的,说明主要是云南省自身在该行业发展中的落差导致了云南和广东之间协调指数的极小化。因而,云南省应重视在批发零售贸易餐饮业行业的发展。而广西在该行业四省中的综合得分相对最高,云南与广西2002年之后不协调的主要原因可能也在于云南省在该行业发展中处于弱势地位。总体上来看,四省区的批发零售贸易餐饮业发展两两之间的协调关系并不稳定,但都有着较大的协调发展潜力。

2. 结论分析二:三者之间的协调关系

由于地理位置等原因,两省之间某一行业的协调发展需要第三省份做中间媒介,此外,一些产业或行业的协调发展需要三省或多省之间共同的分工合作、互相协调才能实现。因此,有必要对五行业在区域三省之间的协调关系进行进一步的分析。其模型结果见下图:

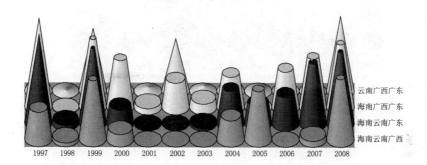

图8-24　1997—2008年农林牧渔业三省之间的协调关系

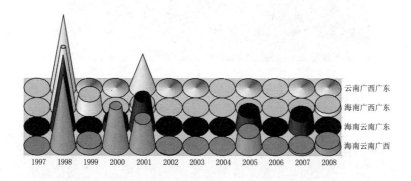

图8-25　1997—2008年建筑业三省之间的协调关系

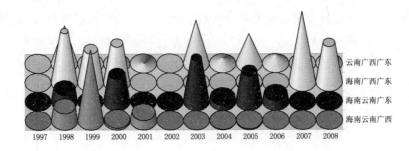

图 8-26　1997—2008 年工业三省之间的协调关系

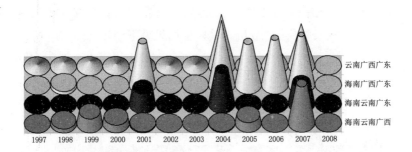

图 8-27　1997—2008 年交通运输、仓储及邮电通信业三省之间的协调关系

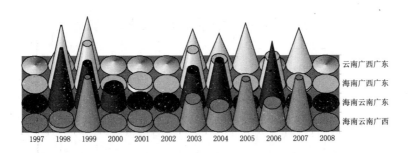

图 8-28　1997—2008 年批发零售贸易餐饮业三省之间的协调关系

从三省之间的协调指数图中我们发现,一些在原有两省之间不协调的行业在三省之间却出现了协调发展。表现得最为明显的是海南、云南、广西三省在农林牧渔业方面的发展状况,海南与云南由于在地理位置上的不便,两省之间在农林牧渔业方面的协调指数几乎各年都为0,而广西与云南虽然毗连,但是由于各自的某些原因,其协调指数也不高,以及海南与广西之间的协调指数也是非常的不稳定,然而三省合为一起讨论时,我们发现三省的协调指数明显增强,广西的加入成为沟通海南与云南协调发展的桥梁。

然而,纵观所有50个复杂合成模型拟合数据的结果来看,包括五行业在四省区两两之间及三省之间的协调发展指数波动都较大。除各年各省份自身发展的原因外,深入分析,本文认为,这种波动主要是因为各省际子系统之间存在着相互依存又相互制约的关系造成的,只有当考察的某一行业的省间子系统均呈现快速且稳定的发展态势,所考察的系统协调指数才会稳定且较高,而从另一个侧面也反映了各行业在区域间的发展并没有呈现出最佳的稳健发展态势。此外,尽管我们是将各省统计局公布的统计年鉴上的所有所需数据作为考察对象,但是,若干数据由于年鉴上公布的直接缺失而采用移动平均及插值法补全,在某种程度上可能会影响到子系统间协调发展指数的结果,然而由于我们所选数据库相对较庞大,根据统计学原理,其误差是在允许的范围之内的。

3. 结论分析三:综合协调指数排名

附录表及图8-20至图8-29显示:1997—2008年间,五行业四省区两两之间及三省区之间的协调发展平均指数为:

表8-6和图8-29显示,1997—2008年间,农林牧渔业发展四省区两两协调得最好的是广西与广东两省,第二是云南与广东,第三为海南与广东;建筑业则海南与广西第一,海南与云南第二,云南与广东第三;工业则海南广西第一,云南广东第二,广西广东第三;交通运输、仓储及邮电通信业则云南广东第一,海南广东第二,海南云南第三;批发零售贸易餐饮业则海南广西第一,海南云南第二,云南广东第三。而表8-7和图8-30显示:1997—2008年间,农林牧渔业四省区三省间协调发展得最好的是海南广西广东,其次为海南云南广东;建筑业则海南云南广西第一,海南云南广东其次;工业则海南广西广东第一,海南云南广东其次;交通运输、仓储及邮电通信业则海南广西广东第一,云南广西广东其次;批发零售贸易餐饮业则海南云南广东第一,云南广西广东其次。为更直观起见,将其制作成表,如下:

表 8-6　五行业两省区之间的平均协调发展指数

	海南/云南	海南/广西	海南/广东	云南/广西	云南/广东	广西/广东
农林牧渔业	0.0000	0.1269	0.1947	0.1829	0.2363	0.3609
建筑业	0.2516	0.2616	0.1049	0.1061	0.2187	0.1894
工业	0.0543	0.1444	0.0254	0.0159	0.1428	0.0685
交通运输、仓储及邮电通信业	0.0466	0.0125	0.0896	0.0094	0.1235	0.0229
批发零售贸易餐饮业	0.2423	0.3291	0.0645	0.0612	0.2016	0.1523

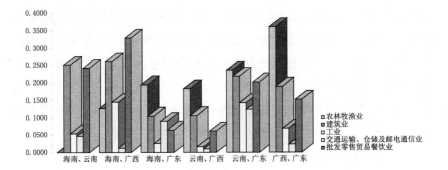

图 8-29　五行业两省区之间的平均协调发展指数对照图

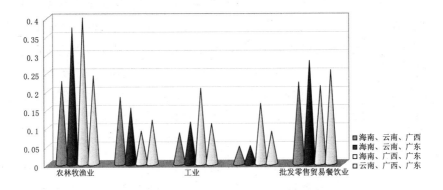

图 8-30　五行业两三省区之间的平均协调发展指数对照图

表 8-7　五行业三省区之间的平均协调发展指数

	海南/云南/广西	海南/云南/广东	海南/广西/广东	云南/广西/广东
农林牧渔业	0.2257	0.3715	0.3981	0.2407
建筑业	0.1820	0.1529	0.0897	0.1192
工业	0.0844	0.1134	0.2058	0.1102
交通运输、仓储及邮电通信业	0.0478	0.0490	0.1650	0.0876
批发零售贸易餐饮业	0.2219	0.2807	0.2117	0.2550

表 8-8　五行业两省区之间协调发展指数排名

	第一	第二	第三	第四	第五	第六
农林牧渔业	广西广东	云南广东	海南广东	云南广西	海南广西	海南云南
建筑业	海南广西	海南云南	云南广东	广西广东	云南广西	海南广东
工业	海南广西	云南广东	广西广东	海南云南	海南广东	云南广西
交通运输、仓储及邮电通信业	云南广东	海南广东	海南云南	广西广东	海南广西	云南广西
批发零售贸易餐饮业	海南广西	海南云南	云南广东	广西广东	海南广东	云南广西

表 8-9　五行业三省区之间协调发展指数排名

	第一	第二	第三	第四
农林牧渔业	海南广西广东	海南云南广东	云南广西广东	海南云南广西
建筑业	海南云南广西	海南云南广东	云南广西广东	海南广西广东
工业	海南广西广东	海南云南广东	云南广西广东	海南云南广西
交通运输、仓储及邮电通信业	海南广西广东	云南广西广东	海南云南广东	海南云南广西
批发零售贸易餐饮业	海南云南广东	云南广西广东	海南云南广西	海南广西广东

8.2.3　区域产业"微层"协调发展的动态均衡协调模型的实证分析

在"中层"四省五行业的协调分析中，我们发现相对其他行业来看，工业在四省之间的协调指数并不高，尤其两省之间的平均协调指数仅高于交通运输、仓储及邮电通信业。而一个地区经济是否发展好，很大程度上以第二产业和第三产业的发展状况来衡量，而第二产业中的工业又占据着核心地位。因此,区域经济是否协调发展取决于各区域产业是否协调发展,而区域产业的协调发展重点要看工业是否协调发展。因而,对工业各细分产业进行协调度分析尤显重要。为此,本小节将在大类五行业协调分析的基础上,进一步运用上文构造的动态均衡理论模型对工业中主要的 29 个细分产业进行区域间的协调分析,以期为中国周边四省区的产业功能区布局提供支撑。

一、研究对象及数据整合处理

考虑到数据的可得性,我们选取各省在统计年鉴中公布的四省共同拥有的 29 个大细分行业。按英文字母排序分别为:1. 电力热力供应业、2. 电气机械制造业、3. 纺织业、4. 非金属矿采选业、5. 非金属矿物制品业、6. 服装及纤维制造业、7. 黑色金属加工业、8. 黑色金属矿采选业、9. 化学及其制品业、10. 家具制造业、11. 交通运输制造业、12. 金属制品业、13. 木材竹藤等制品业、14. 皮革毛皮等制品业、15. 燃气生产和供应业、16. 食品制造业及加工业、17. 水的生产和供应业、18. 塑料制品业、19. 通信计算机及其他电子制造业、20. 通用设备制造业、21. 橡胶制品业、烟草加工业、22. 医药制造业、23. 饮料制造业、24. 印刷记录媒介复制、25. 有色金属加工业、26. 有色金属矿采选业、27. 造纸及纸制品业、28. 专用设备制造业、29.……①指标的选取为上文 8.2.1 中理论模型构建中预设定的指标:$X1_{ij}$、$X2_{ij}$、$X3_{ij}$、$X4_{ij}$、$X5_{ij}$、$X6_{ij}$。为试图测算四省之间的协调指数,因而选取数据年限为 1993—2008 年,由于指标六涉及上一年的资产合计,因而资产合计数据将延长至 1992 年。所有数据均来自各省各年的《统计年鉴》、《中国工业统计年鉴》和《中国城市统计年鉴》。其中,指标 $X6_{ij}$ 中资产的各省统计口径有所不同,但因为考虑到处理后的指标为资产增长率,因而采取各省各自保持各年不变的指标选取。以及个别省份的不同年份在统计产品销售收入指标时也有所不同,有的年份将其产品销售收入直接统计为主营业务收入,由于是其个别年份,且产品销售收入在主营业务收入中的一般占比比较大,因而在这些个若干年份我们直接选用主营业务收入数据。此外,云南省的个别数据不可得,我们采取移动平均及插值

①　为便于下文表格的制作以及分析的需要,我们直接用阿拉伯数字代号表示各产业。

补全法将其补全。由于所有处理后的系数指标值数量达 11136 个,篇幅的限制,将其附于附录,而取其平均值列于下表:

表 8-10   1993—2008 年间区域 29 个大细分行业的平均系数指标

	区域产业配置系数 $X1_{ij}$				区域产业专业系数 $X2_{ij}$				区域产业劳动生产效率系数 $X3_{ij}$			
	广东	广西	海南	云南	广东	广西	海南	云南	广东	广西	海南	云南
1	0.047	0.073	0.089	0.085	1.453	2.503	3.270	2.950	40.860	14.523	14.084	16.511
2	0.113	0.026	0.020	0.014	2.020	0.458	0.358	0.260	33.987	23.821	29.784	23.233
3	0.050	0.026	0.021	0.009	1.945	0.965	0.881	0.287	11.815	6.013	10.403	4.579
4	0.004	0.009	0.006	0.006	1.431	3.118	2.409	3.015	1.222	0.785	0.530	0.653
5	0.046	0.072	0.050	0.038	1.641	2.549	1.789	1.385	11.916	7.256	10.630	8.486
6	0.048	0.005	0.012	0.002	2.068	0.172	0.496	0.061	8.310	4.971	6.591	4.664
7	0.017	0.074	0.018	0.077	1.073	4.609	1.234	4.986	14.419	8.937	13.766	7.830
8	0.001	0.006	0.025	0.005	0.771	4.703	21.046	4.637	0.544	0.414	0.381	0.367
9	0.054	0.076	0.075	0.088	1.561	2.196	2.225	2.572	28.573	13.360	23.550	14.897
10	0.010	0.002	0.011	0.001	1.979	0.389	2.148	0.224	2.533	1.350	2.977	1.218
11	0.048	0.108	0.178	0.021	1.567	3.547	5.858	0.673	24.657	16.835	27.019	11.898
12	0.051	0.014	0.033	0.008	1.980	0.539	1.271	0.299	13.967	8.935	18.578	7.400
13	0.009	0.016	0.019	0.006	1.588	3.147	3.433	1.198	2.779	1.700	2.538	1.336
14	0.030	0.008	0.005	0.001	2.030	0.595	0.308	0.070	5.550	5.139	4.818	2.951
15	0.003	0.001	0.006	0.003	1.650	0.327	4.272	2.602	2.268	0.607	0.956	0.682
16	0.044	0.180	0.170	0.055	1.230	5.527	5.004	1.673	22.239	15.534	15.503	13.213
17	0.005	0.005	0.009	0.003	1.615	2.453	4.597	1.799	2.418	0.664	0.613	0.834
18	0.044	0.010	0.013	0.008	2.002	0.466	0.573	0.374	11.857	7.259	9.099	9.270
19	0.240	0.013	0.009	0.005	2.087	0.123	0.096	0.048	105.99	48.860	47.122	56.055
20	0.020	0.044	0.003	0.013	1.600	3.388	0.187	1.010	6.557	4.405	7.748	3.838
21	0.007	0.007	0.012	0.005	1.735	1.617	2.367	1.061	1.709	1.257	1.058	1.616
22	0.007	0.023	0.017	0.322	0.347	1.231	0.898	15.955	20.106	15.115	16.033	24.577
23	0.016	0.029	0.077	0.019	1.494	2.986	7.947	2.062	6.682	3.847	6.076	6.134
24	0.018	0.021	0.069	0.011	1.627	2.245	6.514	1.265	6.289	4.074	6.191	3.104
25	0.012	0.007	0.010	0.020	1.688	0.964	1.324	2.643	3.376	2.112	2.231	5.404
26	0.018	0.066	0.003	0.119	1.036	3.913	0.208	6.556	13.845	9.317	14.921	10.062
27	0.002	0.026	0.007	0.023	0.457	7.982	2.703	8.004	1.540	1.057	1.742	0.931
28	0.022	0.026	0.029	0.015	0.053	0.062	0.066	0.035	250.101	154.203	209.547	192.370
29	0.014	0.029	0.005	0.016	1.488	3.780	0.618	2.078	3.780	3.543	1.952	2.581

	区域产业配置系数 $X4_{ij}$				区域产业专业系数 $X5_{ij}$				区域产业劳动生产效率系数 $X6_{ij}$			
	广东	广西	海南	云南	广东	广西	海南	云南	广东	广西	海南	云南
1	0.056	0.042	0.037	0.056	0.183	0.188	0.123	0.244	0.293	0.191	0.378	1.933
2	0.126	0.014	0.008	0.009	0.059	0.056	0.135	0.162	0.270	0.095	0.155	0.296
3	0.051	0.014	0.009	0.005	0.032	0.023	0.020	-0.010	0.139	0.019	0.406	0.102
4	0.004	0.005	0.002	0.004	0.106	0.119	0.109	0.128	0.170	0.095	0.085	0.132
5	0.048	0.039	0.020	0.024	0.053	0.071	-0.023	0.090	0.220	0.079	0.207	0.401
6	0.049	0.002	0.005	0.001	0.044	0.043	-0.028	0.028	0.250	0.055	-0.011	0.138
7	0.020	0.044	0.007	0.051	0.057	0.093	-0.180	0.139	0.248	0.171	1.227	0.245
8	0.001	0.003	0.010	0.004	0.182	0.114	0.196	0.157	0.206	0.133	0.128	0.360
9	0.060	0.041	0.032	0.057	0.136	0.074	0.166	0.077	0.232	0.110	0.329	0.161
10	0.012	0.001	0.004	0.001	0.056	0.060	0.038	-0.023	0.314	0.144	0.312	1.915
11	0.054	0.060	0.073	0.013	0.111	0.077	0.113	0.040	0.285	0.166	0.394	0.189
12	0.057	0.007	0.013	0.005	0.071	0.067	0.049	0.045	0.299	0.064	0.440	0.769
13	0.009	0.009	0.007	0.004	0.070	0.068	0.031	0.026	0.212	0.159	0.470	0.191
14	0.032	0.005	0.002	0.001	0.035	0.014	0.039	-0.389	0.276	0.060	4.621	1.420
15	0.003	0.000	0.003	0.002	0.019	0.012	0.117	0.012	0.277	0.316	0.294	0.281
16	0.047	0.098	0.066	0.035	0.067	0.118	0.050	0.063	0.156	0.149	0.109	0.149
17	0.005	0.003	0.004	0.002	0.242	0.114	0.027	0.152	0.264	0.137	0.335	0.637
18	0.048	0.006	0.005	0.005	0.055	0.055	0.052	0.043	0.227	0.049	0.385	0.933
19	0.280	0.007	0.004	0.003	0.062	0.057	0.000	0.064	0.348	0.122	4.415	0.312
20	0.022	0.023	0.001	0.008	0.074	0.083	0.008	0.075	0.178	0.049	0.307	0.161
21	0.007	0.004	0.004	0.003	0.056	0.046	-0.070	0.019	0.208	0.067	0.071	2.433
22	0.007	0.013	0.007	0.199	0.526	0.538	0.442	0.667	0.138	0.102	0.082	0.218
23	0.016	0.016	0.031	0.012	0.147	0.161	0.180	0.223	0.158	0.129	0.354	0.337
24	0.018	0.012	0.027	0.007	0.158	0.141	0.078	0.113	0.141	0.113	0.259	0.277
25	0.013	0.004	0.004	0.012	0.081	0.075	0.111	0.165	0.258	0.076	0.644	0.588
26	0.022	0.037	0.001	0.082	0.047	0.099	-0.053	0.103	0.230	0.229	0.603	0.312
27	0.002	0.013	0.003	0.015	0.132	0.129	0.033	0.114	0.128	0.085	0.095	0.162
28	0.024	0.014	0.014	0.009	0.069	0.032	0.054	0.101	0.249	0.124	1.355	0.174
29	0.015	0.017	0.002	0.010	0.081	0.053	0.005	0.061	0.192	0.134	3.655	0.087

二、实证分析一:各省细分行业发展的四分位数分类——基于产业高级化的综合得分

将 2003—2008 年间,四省区各省 29 个产业的六个综合评价因子,共 11136 个数据分行业进行因子分析,获得各行业在各年的产业高级化综合得分。由于技术模型与上文五行业分析的方法相同,因而,在此不再重复,直接分析各产业的综合得分情况。具体各年的分数见附录。表 8-13 为通过 spss 因子分析获得的各省在各行业发展中的平均综合得分情况:

表 8-11　1993—2008 年间各细分行业的平均综合得分

	广东	广西	海南	云南
电力热力供应业	−21.854	−25.262	3.351	43.764
电气机械制造业	102.959	−45.905	−9.568	−47.486
纺织业	92.855	−10.431	−12.472	−69.951
非金属矿采选业	−41.037	47.482	−25.212	18.768
非金属矿物制品业	16.082	56.572	−15.297	−57.357
服装及纤维制造业	100.479	−31.128	−19.576	−49.774
黑色金属加工业	−66.046	52.509	−60.926	74.463
黑色金属矿采选业	−41.422	−29.537	101.653	−30.695
化学及其制品业	−16.815	−17.778	−12.635	47.229
家具制造业	58.813	−49.842	45.515	−54.486
交通运输制造业	−38.408	39.683	78.218	−79.493
金属制品业	89.168	−43.002	8.945	−55.112
木材竹藤等制品业	−9.001	22.512	55.318	−68.830
皮革毛皮等制品业	101.896	−22.938	−26.262	−52.697
燃气生产和供应业	11.532	−84.747	59.927	13.287
食品制造业及加工业	−49.577	68.136	36.496	−55.055
水的生产和供应业	44.917	−33.505	38.446	−49.858
塑料制品业	99.790	−39.770	−17.539	−42.481
通信计算机及其他电子制造业	110.030	−33.985	−34.232	−41.813

	广东	广西	海南	云南
通用设备制造业	19.648	66.293	-56.133	-29.808
橡胶制品业	21.433	-7.581	17.402	-31.254
烟草加工业	-41.918	-29.648	-38.651	110.216
医药制造业	-38.549	-10.785	96.638	-47.305
饮料制造业	-8.376	-10.721	89.208	-70.111
印刷记录媒介复制	21.331	-57.645	-39.596	75.910
有色金属加工业	-33.999	15.499	-66.821	85.321
有色金属矿采选业	-55.202	46.276	-44.065	52.992
造纸及纸制品业	35.499	24.087	-38.802	-20.784
专用设备制造业	18.530	67.609	-84.175	-1.963

1. 产业四分位数区分法

查阅相关文献,对于主导产业、优势产业、专业化产业等的分类,历来学者有着不同的观点,但是至今还没有一个统一的划分标准。本文试图尝试运用上文转移矩阵的分类方式。① 将各省各年所有产业的综合得分采取分位数的方式进行分类,将产业高级化的综合得分按分位数的方式分成四类:位于样本四分之一分位数以下为弱势型产业;四分之一分位数到二分之一分位数之间为待发展型产业;二分之一分位数到四分之三分位数之间为潜力型产业;四分之三分位数以上为优势型产业。将所有产业高级化的综合得分,共 1856 个样本划分为四个区间,记为分别为:(∞, -54.253]、(-54.253, -11.737]、(-11.737, 54.872]、(54.872, ∞)。显然,区间越高,其代表的综合分值越高,即产业高级化水平越高。

此外,考虑到所有综合得分的时间序列性,又综合考察各行业各省之间得分的离散程度,基本上都在 30 左右徘徊,由于以上区间的划分是综合各年份的所有样本得到的,因此对比其区间段的分值,此离散程度并不大。为此,我们选择所有行业的各年产业高级化综合得分的均值进行区

---

① 虽然没有理由说,用四分位分类产业一定客观,但至少可以这样尝试,可为区域产业的研究提供一个新的分析路径。

间的录入。

2. 产业四分位分类

根据以上产业四分位数区分法,将各省在 29 个大细分行业中的发展情况分类如下:

表 8-12 四省区 29 个大细分行业的四分位分类情况

	弱势型产业	待发展型产业	潜力型产业	优势型产业
广东	有色金属矿采选业 黑色金属加工业	化学及其制品业 电力热力供应业 有色金属加工业 交通运输制造业 医药制造业 非金属矿采选业 黑色金属矿采选业 烟草加工业 食品制造业及加工业	水的生产和供应业 造纸及纸制品业 橡胶制品业 印刷记录媒介复制 通用设备制造业 专用设备制造业 非金属矿物制品业 燃气生产和供应业 饮料制造业 木材竹藤等制品业	通信计算机及其他 电子制造业 电气机械制造业 皮革毛皮等制品业 服装及纤维制造业 塑料制品业 纺织业 金属制品业 家具制造业
广西	印刷记录媒介复制 燃气生产和供应业	化学及其制品业 皮革毛皮等制品业 电力热力供应业 黑色金属矿采选业 烟草加工业 服装及纤维制造业 水的生产和供应业 通信计算机及其他 电子制造业 塑料制品业 金属制品业 电气机械制造业 家具制造业	黑色金属加工业 非金属矿采选业 有色金属矿采选业 交通运输制造业 造纸及纸制品业 木材竹藤等制品业 有色金属加工业 橡胶制品业 纺织业 饮料制造业 医药制造业	食品制造业及加工业 专用设备制造业 通用设备制造业 非金属矿物制品业
海南	通用设备制造业 黑色金属加工业 有色金属加工业 专用设备制造业	纺织业 化学及其制品业 非金属矿物制品业 塑料制品业 服装及纤维制造业 非金属矿采选业 皮革毛皮等制品业 通信计算机及其他 电子制造业 烟草加工业 造纸及纸制品业 印刷记录媒介复制 有色金属矿采选业	家具制造业 水的生产和供应业 食品制造业及加工业 橡胶制品业 金属制品业 电力热力供应业 电气机械制造业	黑色金属矿采选业 医药制造业 饮料制造业 交通运输制造业 燃气生产和供应业 木材竹藤等制品业

	弱势型产业	待发展型产业	潜力型产业	优势型产业
云南	家具制造业 食品制造业及加工业 金属制品业 非金属矿物制品业 木材竹藤等制品业 纺织业 饮料制造业 交通运输制造业	造纸及纸制品业 通用设备制造业 黑色金属矿采选业 橡胶制品业 通信计算机及其他 电子制造业 塑料制品业 医药制造业 电气机械制造业 服装及纤维制造业 水的生产和供应业 皮革毛皮等制品业	有色金属矿采选业 化学及其制品业 电力热力供应业 非金属矿采选业 燃气生产和供应业 专用设备制造业	烟草加工业 有色金属加工业 印刷记录媒介复制 黑色金属加工业

由表8-12可知,(1)广东的优势产业主要在电气机械制造业、通信计算机及其他电子制造业等高端产业以及由于广东外来打工人员的高度密集,使得广东的纺织业、服装及纤维制造业、皮革毛皮等制品业、塑料制品业等成为了优势发展产业,加上广东经济的发达,建筑业、房地产业等的高速发展,使得相关行业金属制品业、家具制造业也有了迅猛的发展,成为了该省的优势产业;(2)而广西的优势产业在于食品制造业及加工业、专用设备制造业、通用设备制造业和非金属矿物制品业。食品制造业之所以成为优势产业的原因主要在于其糖类的生产及加工,具有关资料显示,广西是中国甘蔗的主产区,甘蔗产量占全国的40%以上,食糖产量占全国食糖总产量的63%以上,广西制糖工业企业生产经营总体规模位于全国各省区第一。再看非金属的发展,其非金属矿物制品业为优势产业,非金属矿采选业为潜力型产业,说明此产业的发展是一条链上的。此外,我们发现广西的黑色金属加工业、有色金属矿采选业及加工业都属于广西的潜力型产业,说明广西在该类资源型产业的发展有着较大的潜力,包括造纸及纸制品业、木材竹藤等制品业、纺织业、医药制造业都已纳入省重点发展的14个千亿元产业,有着较大潜力优势;(3)海南的优势产业为黑色金属矿采选业、医药制造业、饮料制造业、交通运输制造业、燃气生产和供应业、木材竹藤等制品业,其中医药制造业主要得益于其药用植物的品种种类之多,达3500余种,占全国植物药品种总数的1/3,其"天然药库"美称并非徒有虚名;(4)云南的优势产业主要为烟草加工业、有色

金属加工业、印刷记录媒介复制、黑色金属加工业,其中云南的烟草业曾占据全国烟草利润的半壁江山,云南素有"烟草王国"的美称。

三、实证分析二:各省细分行业发展的协调性分析——基于产业动态发展的协调指数

在实证分析一的基础上,运用四省各年29个细分行业的综合得分进一步进行动态协调指数的测算,将1856个综合得分样本进行两省之间、三省之间及四省之间的适应度求值,共建立319个VAR模型,进而根据所求得的适应度值,联合功能子系统评价模型进行各行业动态协调指数的测算。其中,两省之间及三省之间的测算方法与五行业测算方法相同,因而具体实证步骤不再重复,而四省之间整体协调度的测算则根据上文8.2.1中多系统之间的协调模型进行实证分析。本小节将在分析两省之间、三省之间协调关系的基础上重点考察29个大细分行业在整个四省区之间的协调关系。

1. 结论分析一:四省区29个大细分行业的子协调关系

根据整个动态协调模型的实证,我们得到1997年至2008年间,29个大细分行业在四省区两两之间及三者之间分别有2088及1392个协调指数数据结论,介于篇幅,将其附于附录。表8-13为两省及三省之间的平均协调指数:

表8-13 两省之间29个大细分行业的平均协调指数

	海南云南	海南广西	海南广东	云南广西	云南广东	广西广东
电力热力供应业	0.0024	0.0017	0.0471	0.0549	0.0499	0.0712
电气机械制造业	0.0266	0.0370	0.0912	0.0650	0.0949	0.1043
纺织业	0.0428	0.0290	0.1065	0.0704	0.2056	0.0674
非金属矿采选业	0.2072	0.1622	0.1417	0.1098	0.0047	0.0278
非金属矿物制品业	0.1556	0.1029	0.0127	0.1457	0.0000	0.2043
服装及纤维制造业	0.0872	0.1218	0.0291	0.0758	0.0586	0.2011
黑色金属加工业	0.0795	0.1094	0.1771	0.0775	0.1402	0.1916
黑色金属矿采选业	0.2821	0.1135	0.2399	0.1034	0.2293	0.0671
化学及其制品业	0.0885	0.2181	0.0353	0.0394	0.1206	0.0770

	海南云南	海南广西	海南广东	云南广西	云南广东	广西广东
家具制造业	0.1023	0.1881	0.0130	0.1582	0.0215	0.1833
交通运输制造业	0.1193	0.0364	0.0838	0.1951	0.0928	0.2452
金属制品业	0.0196	0.0995	0.4819	0.2192	0.1696	0.3216
木材竹藤等制品业	0.2027	0.0910	0.0855	0.0566	0.2162	0.1610
皮革毛皮等制品业	0.0367	0.0535	0.1149	0.0795	0.2051	0.1504
燃气生产和供应业	0.1625	0.1952	0.2676	0.5146	0.2194	0.0165
食品制造业及加工业	0.0704	0.3865	0.0053	0.2848	0.0491	0.2454
水的生产和供应业	0.0524	0.0115	0.0241	0.1672	0.0511	0.1951
塑料制品业	0.1228	0.1791	0.0886	0.2238	0.0756	0.1318
通信计算机及其他电子制造业	0.0256	0.1366	0.1210	0.0242	0.0779	0.1455
通用设备制造业	0.2158	0.0903	0.0195	0.1116	0.0147	0.2455
橡胶制品业	0.0520	0.0327	0.0377	0.0634	0.0363	0.1798
烟草加工业	0.1399	0.1844	0.0854	0.1247	0.1846	0.0848
医药制造业	0.0777	0.1720	0.3431	0.0698	0.1138	0.2269
饮料制造业	0.0373	0.2468	0.0416	0.0084	0.0721	0.0298
印刷记录媒介复制	0.0414	0.0330	0.0785	0.0907	0.2231	0.0029
有色金属加工业	0.0617	0.1182	0.0896	0.0751	0.2857	0.1906
有色金属矿采选业	0.0509	0.0893	0.1496	0.0063	0.1499	0.0652
造纸及纸制品业	0.0648	0.1355	0.0655	0.0557	0.0283	0.1492
专用设备制造业	0.0785	0.1191	0.0954	0.0851	0.1094	0.1373

表8-12和表8-13显示,1997—2008年期间,(1)在电力热力供应业行业发展中,广东与广西、云南与广西协调得相对较好。尤其对于广东和广西两省,虽然都是广东、广西各省的待发展产业,相比产业高级化水平较高的其他行业,其在两省中的发展都不是很突出,但是相对其他两省之间的发展,广东与广西在该行业中的发展却协调得很好,由此判断,若两省在保持这种良好的协调发展的前提下,进一步重视并加大该产业的发展,将会有很

好的发展前景;相对而言,海南和广西在该行业中的协调较弱,协调指数均值只有0.0017,观察表8-9发现,电力热力行业在广西属于待发展产业,而在海南则属于潜力型产业,该行业在两省之间各自的产业高级化水平的差异导致了两省在该行业的协调指数的低下。(2)对于电气机械制造业,广东与广西、广东与云南协调得较好。然而,表8-12中却显示出电气机械制造业在广东属于优势型产业,而在广西、云南都属于待发展产业,但是都与广东协调得很好,原因可能在于广西、云南与广东在该行业中协调合作得较好,例如对于同一电气业,广东负责生产高科技高资金密度的核心部件,而广西和云南则生产劳动密度较高的零配件,从而使得该整体行业在广西、云南两省的产业高级化水平不高,但却和广东协调发展得较好,这也从另一个侧面反映了该行业在广东与广西、广东与云南之间分工协作得较好,建议保持这种良好的发展态势;相对而言,海南和云南在该行业发展中协调得较弱,原因可能不仅在于该行业在海南属于潜力型产业、在云南属于待发展产业,更主要的因素在于两省在地理位置上的不便,加上在经济、科技实力上并没有一省较突出,因而不可能像广东与云南之间的互相协作,因而导致两省之间在该行业发展中相对较低的协调指数。(3)在纺织业发展中,广东与云南、广东与海南相对协调得较好。纺织业在广东为优势型产业,而在云南和海南则分别为弱势、待发展产业。显然,其原因可能和电气机械制造业在广东与广西、广东与云南之间协调得较好相同。相对而言,海南与广西则协调得相对较弱。(4)对于非金属矿采选业,海南与云南、海南与广西协调得相对较好,非金属矿采选业属于海南的待发展产业,而属于广西的潜力型产业,云南的弱势产业,从而说明了,即使不是某一省份的最优势产业,只要协调得好,依然会获得很好的发展;相对而言,云南和广东则协调得较弱,在此,建议云南省应加强与广东这样的经济、科技实力较强的省合作,充分发挥自身资源密集型的优势,实现双双共赢。(5)值得一提的是,在非金属矿物制品业发展中,广东与广西,海南与云南协调得较好。该行业在广西属于优势产业,在广东属于潜力型产业,在海南和云南则分别属于待发展产业和弱势产业,我们发现强强之间的联合、弱弱之间的联合都将得到很好的协调发展。

此外,服装及纤维制造业、黑色金属加工业、家具制造业、金属制品业、皮革毛皮等制品业、水的生产和供应业、通信计算机及其他电子制造业、通用设备制造业、橡胶制品业、医药制造业、有色金属加工业、造纸及纸制品业、专用设备制造业都在广东与广西之间协调得较好。尤其水的生产和供应业，广东的电力等工业的发展离不开水，但其自身的水资源又相对较缺乏，相对而言，广西的水资源则较为丰富，又处在广东的上游，因而可以较好的供给广东，两省的协调发展互利互惠。因而，若能保持这种良好的协调态势，并进一步加强重视，广西的待发展产业水生产和供应业将会有很好的发展。再看通用设备制造业和专用设备制造业，两者同属于广西的优势产业以及广东的潜力型产业，并不是说广西在通用设备制造业和专用设备制造业中较广东强势，主要是因为广东在这两行业中生产高端技术产品，而广西则生产中低端部件，可能在数量规模上较为庞大，两省之间较高的协调指数表明了两省在这两类产业中分工协作得较好，应予以鼓励。同时，广西在发展该类优势产业的同时，不仅要保持这种劳动力优势，建议更应重视加大科技投入，使其发展中低端产业的同时逐步向中高端产业迈进。再看医药制造业，该产业在广东属于待发展产业，而在广西则刚刚跨进潜力型产业行列，并不是说广东在医药制造业中落后于广西，而且，从查阅的相关资料来看，广西的医药制材品量多，种类丰富，排名全国第二，说明广西在该行业的发展中有着较好的潜力优势，而在技术上显然不及广东，因而应加大科技的投入，相关该行业科技人才的引进，重视医药制造业的发展。而广东的医药制造业之所以还处于待发展产业，并不是其缺乏先进的医药科技和相关专业人才，而是缺乏丰富的医药制材来开发。因此，应加强广西与广东的协调合作，广西应学习广东先进的医药科学技术，而广东则应引进广西种类繁多的医药制材品，共同促进区域医药制造业的更为高级化发展。

表 8-14　三省区之间 29 个大细分行业的平均协调指数

	海南/云南/广西	海南/云南/广东	海南/广西/广东	云南/广西/广东
电力热力供应业	0.1907	0.1314	0.2211	0.1406
电气机械制造业	0.0946	0.1537	0.2094	0.2093
纺织业	0.1225	0.1488	0.0363	0.2100

	海南/云南/广西	海南/云南/广东	海南/广西/广东	云南/广西/广东
非金属矿采选业	0.1980	0.0125	0.0972	0.1281
非金属矿物制品业	0.2125	0.1497	0.1868	0.0979
服装及纤维制造业	0.1307	0.2338	0.3006	0.1846
黑色金属加工业	0.1303	0.3383	0.4114	0.2414
黑色金属矿采选业	0.1343	0.2556	0.2463	0.2357
化学及其制品业	0.3369	0.2102	0.3192	0.2535
家具制造业	0.1779	0.1584	0.1946	0.1977
交通运输制造业	0.1627	0.1210	0.2050	0.1735
金属制品业	0.3852	0.4086	0.3206	0.4035
木材竹藤等制品业	0.3438	0.3332	0.2132	0.1941
皮革毛皮等制品业	0.1509	0.2400	0.1523	0.2057
燃气生产和供应业	0.3324	0.3411	0.0969	0.2202
食品制造业及加工业	0.2197	0.1630	0.1856	0.2046
水的生产和供应业	0.2194	0.0883	0.0815	0.1978
塑料制品业	0.3017	0.2598	0.3015	0.2422
通信计算机及其他电子制造业	0.1871	0.1118	0.2918	0.1429
通用设备制造业	0.2858	0.3733	0.2445	0.2450
橡胶制品业	0.1501	0.2101	0.1125	0.1912
烟草加工业	0.2813	0.3087	0.1923	0.2901
医药制造业	0.3293	0.4041	0.3679	0.3166
饮料制造业	0.0700	0.0402	0.1125	0.0352
印刷记录媒介复制	0.2009	0.1406	0.0008	0.0186
有色金属加工业	0.4557	0.3242	0.2400	0.3513
有色金属矿采选业	0.0663	0.1967	0.1348	0.1888
造纸及纸制品业	0.2396	0.2300	0.2153	0.3057
专用设备制造业	0.1349	0.0840	0.0660	0.0851

由表8-14可知,广西和海南、广东三省之间在电力热力供应业、电气机械制造业、服装及纤维制造业、黑色金属加工业、交通运输制造业、通信计算机及其他电子制造业、饮料制造业中的协调指数相对较高;而广西、广东、云南三省在纺织业、家具制造业、造纸及纸制品业发展中协调关系较好;以及广西、云南、海南三省则在非金属矿采选业、非金属矿物制品业、化学及其制品业、木材竹藤等制品业、食品制造业及加工业、水的生产和供应业、塑料制品业、印刷记录媒介复制、有色金属加工业、专用设备制造业方面发展得较为协调。为直观起见,将各行业三省之间的平均协调指数排名制成表8-15:

表8-15 29个大细分行业三省区之间的平均协调指数排名

	第一	第二	第三	第四
电力热力供应业	海南广西广东	海南云南广西	云南广西广东	海南云南广东
电气机械制造业	海南广西广东	云南广西广东	海南云南广东	海南云南广西
纺织业	云南广西广东	海南广西广东	海南云南广西	海南广西广东
非金属矿采选业	海南云南广西	云南广西广东	海南广西广东	海南云南广东
非金属矿物制品业	海南云南广西	海南广西广东	海南云南广东	广西广东广东
服装及纤维制造业	海南广西广东	海南云南广西	云南广西广东	海南云南广西
黑色金属加工业	海南广西广东	海南云南广东	云南广西广东	海南广西广东
黑色金属矿采选业	海南云南广东	海南广西广东	云南广西广东	海南云南广西
化学及其制品业	海南云南广西	海南广西广东	云南广西广东	海南云南广东
家具制造业	云南广西广东	海南广西广东	海南云南广西	海南云南广东
交通运输制造业	海南广西广东	云南广西广东	海南云南广西	海南广西广东
金属制品业	海南云南广东	云南广西广东	海南云南广西	海南广西广东
木材竹藤等制品业	海南云南广西	海南云南广东	海南广西广东	云南广西广东
皮革毛皮等制品业	海南云南广东	云南广西广东	海南广西广东	海南云南广西
燃气生产和供应业	海南云南广东	海南云南广西	云南广西广东	海南云南广东
食品制造业及加工业	海南云南广西	云南广西广东	海南广西广东	海南云南广东
水的生产和供应业	海南云南广西	云南广西广东	海南云南广东	海南广西广东
塑料制品业	海南云南广西	海南广西广东	海南云南广东	云南广西广东
通信计算机及其他电子制造业	海南广西广东	海南云南广西	云南广西广东	海南云南广东

	第一	第二	第三	第四
通用设备制造业	海南云南广东	海南云南广西	云南广西广东	海南广西广东
橡胶制品业	海南云南广东	云南广西广东	海南云南广西	海南广西广东
烟草加工业	海南云南广东	云南广西广东	海南云南广西	海南广西广东
医药制造业	海南云南广东	海南广西广东	海南云南广东	云南广西广东
饮料制造业	海南广西广东	海南云南广西	海南广西广东	云南广西广东
印刷记录媒介复制	海南云南广西	海南云南广东	云南广西广东	海南广西广东
有色金属加工业	海南云南广西	云南广西广东	海南云南广东	海南广西广东
有色金属矿采选业	海南云南广东	云南广西广东	海南广西广东	海南云南广西
造纸及纸制品业	云南广西广东	海南云南广西	海南广西广东	海南广西广东
专用设备制造业	海南云南广西	云南广西广东	海南云南广东	海南广西广东

2. 结论分析二:四省区 29 个大细分行业的整体协调关系

在分析了两两之间、三省之间的协调关系后,本小节将进一步重点分析 29 个大细分行业在四省区整体之间的协调关系。在求得两省、三省之间适应度的基础上,进一步求四省区之间的适应度,以最后求得各年的协调指数。以电力热力供应业为例①。

将四省区电力热力供应业自 1993—2008 年的综合得分取倒数,运用 eviews6 首先进行单位根检验,其检验结果如下:

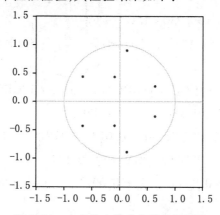

图 8-31　电力热力供应业单位根检验

---

①　为求得最优的 VAR 模型拟合值,在个别行业的建模过程中,我们采取给变量取倒数的形式进行建模,在最后拟合值求解过程中,还原为原变量。

说明各变量间是协整平稳的。进一步进行 VAR 模型建模,取其最优模型,用海南、云南、广西、广东在产业高级化中的综合得分指标取其倒数进行建模分别以 1/HN,1/YN,1/GX,1/GD 表示(见下各方程模型)在此基础上,方程左右整体取其倒数即得到四省区各自综合得分的拟合序列,即为三省对其中一省的要求得分。(注明:是用倒数求得的,VAR 模型的拟合方程,整体倒数后即和普通 VAR 模型一致)

$$1/HN = 0.303 * 1/HN(-1) - 0.046 * 1/HN(-2) - 0.076 * 1/YN(-1)$$
$$- 0.035 * 1/YN(-2) - 0.134 * 1/GX(-1) + 0.470$$
(2.026)　　　(−0.334)　　　(−0.270)　　　(−0.135)

(−0.178)　　(0.243)
$$* 1/GX(-2) - 1.020 * 1/GD(-1) + 12.29 * 1/GD(-2) + 0.309$$
(−0.522)　　　(6.164)　　　(1.586)

$$1/YN = -0.075 * 1/HN(-1) - 0.053 * 1/HN(-2) - 0.135 * 1/YN$$
$$(-1) - 0.147 * 1/YN(-2) + 0.291 * 1/GX(-1) - 0.062$$
(−0.325)　　　(−0.252)　　　(−0.313)　　　(−0.371)

(0.251)　　(−0.021)
$$* 1/GX(-2) - 0.484 * 1/GD(-1) - 0.684 * 1/GD(-2) + 0.251$$
(−0.161)　　　(−0.223)　　　(0.837)

$$1/GX = 0.014 * 1/HN(-1) + 0.156 * 1/HN(-2) + 0.017 * 1/YN(-1)$$
$$- 0.130 * 1/YN(-2) + 0.230 * 1/GX(-1) - 0.192$$
(0.600)　　　(7.185)　　　(0.375)　　　(−3.184)　　　(1.928)

(−0.626)
$$* 1/GX(-2) + 0.047 * 1/GD(-1) + 0.375 * 1/GD(-2) - 0.035$$
(0.153)　　　(1.188)　　　(−1.139)

$$1/GD = -0.002 * 1/HN(-1) + 0.010 * 1/HN(-2) + 0.0071/YN(-1) -$$
$$0.008 * 1/YN(-2) + 0.109 * 1/GX(-1) - 0.144$$
(−0.041)　　　(0.305)　　　(0.097)　　　(−0.126)　　　(0..588)

(−0.303)
$$* 1/GX(-2) - 0.352 * 1/GD(-1) - 0.140 * 1/GD(-2) - 0.012$$
(−0.735)　　　(0.287)　　　(−0.223)

$$R = 0.914 \quad F = 6.658 \quad AIC = 1.782 \quad S.E. = 0.519$$

上述模型拟合得较好。其中 1/HN、1/YN、1/GX、1/GD 分别代表海南、云南、广西、广东在产业高级化中的综合得分取倒数。在此基础上,取其各方程的倒数,得到四省区各自综合得分的拟合值序列,即为三省对其中一省的要求得分。接下来根据适应度公式分别求得四省中三省对其中一省的适应度。进而依据上文推导的四省区协调指数公式:

$$F(a,b,c,d) = \frac{\begin{aligned}&V(a,b,c,d)\times\{V(b,c,d)+V(c,b,d)+V(d,b,c)\}+V(b,a,c,d)\times\{V(a,c,d)+V(c,a,d)+V(d,a,c)\}\\&V(c,a,b,d)\times\{V(a,b,d)+V(b,a,d)+V(d,a,b)\}+V(d,a,b,c)\times\{V(a,b,c)+V(b,a,c)+V(c,a,b)\}\end{aligned}}{\begin{aligned}&V(b,c,d)+V(c,b,d)+V(d,b,c)+V(a,c,d)+V(c,a,d)+V(d,a,c)\\&+V(a,b,d)+V(b,a,d)+V(d,a,b)+V(a,b,c)+V(b,a,c)+V(c,a,b)\end{aligned}}$$

求得四省区在电力热力供应业发展中的动态协调度指数,取其平均值为 0.1817。具体动态协调指数趋势,见图 8-32:

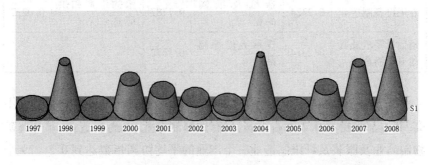

图 8-32 1997—2008 年四省区电力热力供应业动态协调发展趋势

以此类推,我们将对其余的 28 大细分行业分别进行相同的整个动态协调模型建模,得到每一行业 1997—2008 年间的动态协调指数。其 29 个大细分行业的协调指数平均值按从大到小排序(见表 8-16):

表 8-16 29 个大细分行业四省区之间的平均协调指数排名

饮料制造业	0.3192	化学及其制品业	0.2287	食品制造业及加工业	0.1590
医药制造业	0.3079	橡胶制品业	0.2274	燃气生产和供应业	0.1557
非金属矿物制品业	0.3051	电气机械制造业	0.2186	家具制造业	0.1474

服装及纤维制造业	0.3012	黑色金属矿采选业	0.2160	非金属矿采选业	0.1435
塑料制品业	0.2673	有色金属加工业	0.2145	木材竹藤等制品业	0.1408
有色金属矿采选业	0.2672	烟草加工业	0.1889	印刷记录媒介复制	0.1216
通用设备制造业	0.2441	电力热力供应业	0.1817	纺织业	0.0896
金属制品业	0.2382	黑色金属加工业	0.1790	交通运输制造业	0.0410
专用设备制造业	0.2324	造纸及纸制品业	0.1787	水的生产和供应业	0.0272
通信计算机及其他电子制造业	0.2314	皮革毛皮等制品业	0.1672		

从表8-16协调指数均值排名中可以看出,整体行业的协调指数并不高,基本都维持在0.2左右徘徊,只有饮料制造业、医药制造业、非金属矿物制品业及服装及纤维制造业三个产业的平均协调指数达到0.3。29个行业中,没有行业的平均协调指数超过0.5,只有六个行业的平均协调指数超过0.25。以及纺织业、交通运输制造业、水的生产和供应业三个产业的平均协调指数都不足0.1,说明此三个行业在四省区之间的发展极不协调,尤其水的生产和供应业,其排名为倒数第一位,揭示了三省之间在该行业发展中的极度不协调,而电力等其他行业的发展都离不开水的生产和供应,尤其像广东这样工业高度发达的省份对水的需求更大,广西及其他两省在对其协调合作的同时自身其他行业的发展也离不开水的生产和供应,因此,该行业的协调发展应引起有关部门的高度重视。以及纺织业和交通运输制造业的协调发展也应高度重视。本文认为,若以平均协调指数来衡量各行业的协调程度,那么所有平均协调指数低于0.25的产业都应被作为协调对象,其中平均协调指数0.2以下产业的协调发展应予以高度重视,平均协调指数在0.2—0.25之间的产业应加强重视,0.25—0.3之间的产业应给予适当的协调。

3. 结论分析三:四省区29个大细分行业的动态协调趋势分析

在没有其他更好方法衡量时,样本均值不失为一个好的测度方式,然而该测度方式只有在各样本值的离散程度极小或者说其标准差与样本点之间的差距极其小时才有较好的测量效果。为此,我们首先看各细分行业在 1997—2008 年间的协调指数离散程度,见图 8-33:

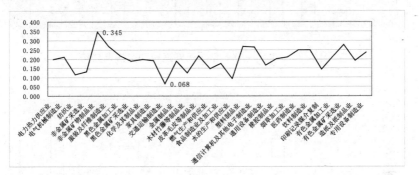

图 8-33　1997—2008 年间四省区 29 个大细分行业动态协调发展指数的离散程度

图 8-33 表明,29 个大细分行业动态协调发展指数的标准差基本上都处于区间 [0.068,0.345] 内波动,虽然各标准差数值较小,但是对照各均值点的数值,该离散程度相对来说是比较大的,因此,有必要对各细分行业进行动态协调趋势的分析。

(1)平均协调指数在 0.25 以上产业的动态协调趋势

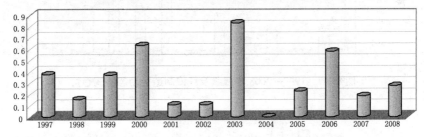

图 8-34　1997—2008 年饮料制造业动态协调趋势①

从平均协调指数相对较好的六大产业动态协调趋势来看,饮料制造

---

① 由于涉及所有 29 个大产业各年的协调指数分析,其数值相差悬殊,为更好地进行同一行业不同年份的直观比较,各动态协调趋势图 y 轴的坐标区间设置并不相同。

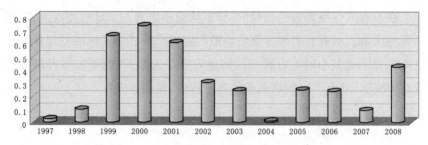

图 8-35　1997—2008 年医药制造业动态协调趋势

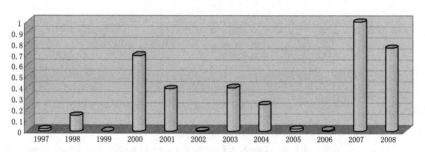

图 8-36　1997—2008 年非金属矿物制品业动态协调趋势

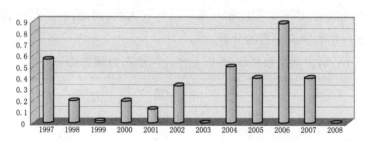

图 8-37　1997—2008 年服装及纤维制造业动态协调趋势

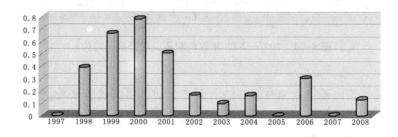

图 8-38　1997—2008 年塑料制品业动态协调趋势

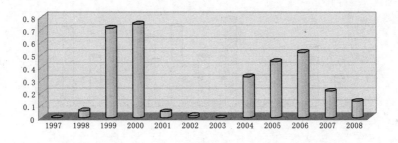

图8-39　1997—2008年有色金属矿采选业动态协调趋势

业和医药制造业自2004年以后的协调指数趋势相对较稳定,都维持在0.3左右徘徊,而2004年以前则波动较大,尤其饮料制造业在2003年度的协调指数高达0.83,而在2004年则几乎降为0,但2004年后基本保持较为平稳的协调,而医药制造业则在1999—2001年三个年度的协调指数较高,突破0.6,分别达0.66、0.74和0.61,此后逐年锐减,除2004年外各年的协调基本较为平和,以及有色金属矿采选业也有类似的状况。此外,非金属矿物制品业在2007年以前其协调指数较低且波动剧烈,但在2007、2008两年却协调得非常好,其协调指数分别高达0.998和0.757,以及服装及纤维制造业的协调呈现明显的递增趋势,说明该类产业有着区域协调高级化发展的潜力优势。以上五大产业的动态协调基本都呈现出较好的发展态势,应保持该种协调发展态势,必要时给予适当调节即可。相对而言,塑料制品业的协调指数自2000年以来逐年递减,在2005和2007年两年的协调指数几乎趋于0,虽然其协调指数均值达0.267,但其近年的协调发展态势并不乐观,因此,应引起有关部门的重视,加强四省区之间该产业的协调发展。

(2)平均协调指数在0.2—0.25之间产业的动态协调趋势

从图8-40可以看出,通用设备制造业的平均协调指数虽然不高,只有0.244,但是除2005年外,近几年的协调指数都高于其平均协调指数,2006—2008年的协调指数分别为:0.245、0.390、0.400,而2001—2004年四年的协调指数也在0.3左右徘徊,说明近年来该产业的区域发展相对来说是比较协调的,个别一年的不协调可能是因为外在宏观经济的影响等,因而,应保持该种协调发展态势,必要时给予适当调节即可。

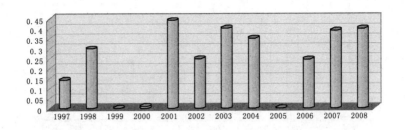

图 8-40　1997—2008 年通用设备制造业动态协调趋势

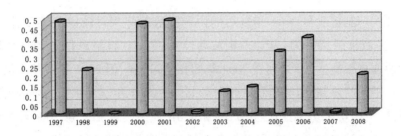

图 8-41　1997—2008 年金属制品业动态协调趋势

　　从图 8-41 可得,金属制品业除 2007 年以外,自 2003 年以来其协调发展指数一直保持递增趋势,说明其发展态势相对较好,但由于其基础协调指数普遍较低,2003 年也只有 0.115,因此,还需要加强协调发展。

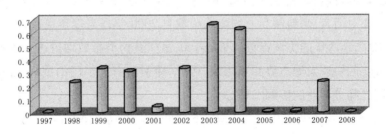

图 8-42　1997—2008 年专用设备制造业动态协调趋势

　　从图 8-42 可得,专用设备制造业在 2005 年以前都保持着较好的协调发展态势,但 2005 年后却出现了两年的协调指数趋于 0,虽然 2007 年趋于缓和,但其协调指数也只有 0.231,而 2008 年又趋于 0。协调关系极不平稳,因而,应引起有关部门的高度重视。

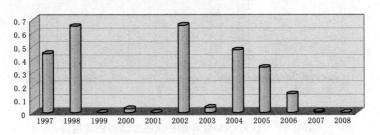

图 8-43　1997—2008 年通信计算机及其他电子制造业动态协调趋势

通信计算机及其他电子制造业的协调发展态势也不容乐观。自 2004 年来呈现出逐年递减的趋势,2007、2008 两年几乎都趋于 0,因此,该产业区域间的协调发展也应引起有关部门的高度重视。

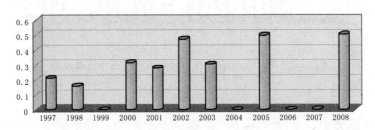

图 8-44　1997—2008 年化学及其制品业动态协调趋势

化学及其制品业的协调发展也不稳定,尤其近几年,除 2005、2008 两年的协调指数较高外,其余三年 2004、2006、2007 都几乎趋于 0,因而,该产业也应加强其协调发展。

橡胶制品业近几年发展的协调指数虽然没有像化学及其制品业那样 3 年都趋于 0,但是其协调指数并不高也不稳定,2005、2006、2007、2008 四年的协调指数分别为 0.199、0.003、0.421、0.058。因而,对该产业的协调发展也是不容忽视的。

电气机械制造业在 2006 年前的协调发展得较稳定,但是在近三年的协调趋势却不容乐观,应对其加强重视。

黑色金属矿采选业区域间的协调发展趋势类似于化学及其制品业,

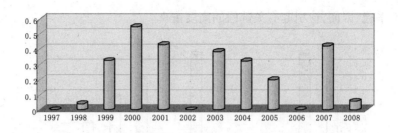

图 8-45　1997—2008 年橡胶制品业动态协调趋势

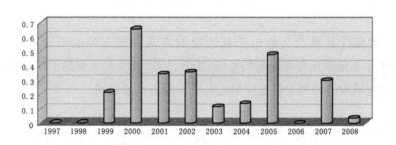

图 8-46　1997—2008 年电气机械制造业动态协调趋势

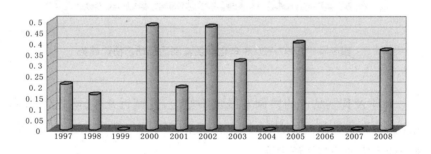

图 8-47　1997—2008 年黑色金属矿采选业动态协调趋势

近些年协调的不稳定引起重视。

有色金属加工业的协调发展指数自 2006 年的猛然跌落后开始缓慢上升,但是其协调指数依然比较低,到 2008 年也只有 0.245,因而也不应放弃对该产业协调发展的调节。

综上所述,平均系数在 0.2—0.25 之间的产业,根据不同的协调发展

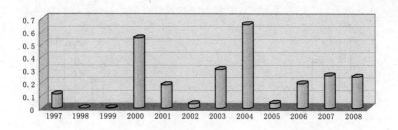

图 8-48　1997—2008 年有色金属加工业动态协调趋势

趋势,应给予不同程度的重视:通用设备制造业虽然其评级系数不高,但是协调发展趋势较好,应保持其发展态势,必要时给予适当的协调即可;金属制品业、化学及其制品业、黑色金属矿采选业、有色金属加工业应加强协调发展;专用设备制造业、通信计算机及其他电子制造业、橡胶制品业、电气机械制造业的协调发展应给予高度重视。

（3）平均协调指数在 0.1—0.2 之间产业的动态协调趋势

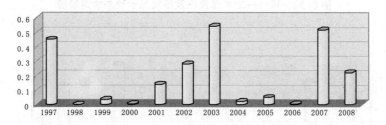

图 8-49　1997—2008 年烟草加工业动态协调趋势

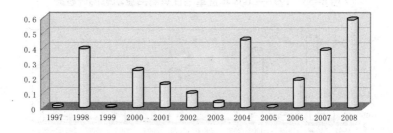

图 8-50　1997—2008 年电力热力供应业动态协调趋势

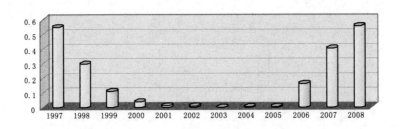

图 8-51　1997—2008 年黑色金属加工业动态协调趋势

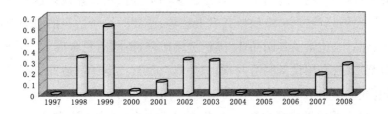

图 8-52　1997—2008 年造纸及纸制品业动态协调趋势

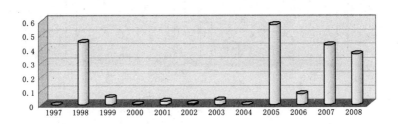

图 8-53　1997—2008 年皮革毛皮等制品业动态协调趋势

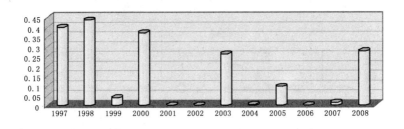

图 8-54　1997—2008 年食品制造业及加工业动态协调趋势

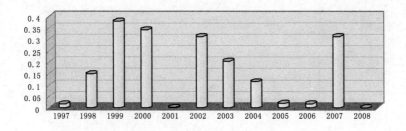

图 8-55　1997—2008 年燃气生产和供应业动态协调趋势

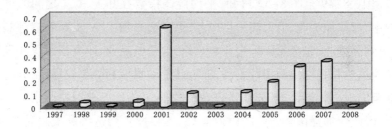

图 8-56　1997—2008 年家具制造业动态协调趋势

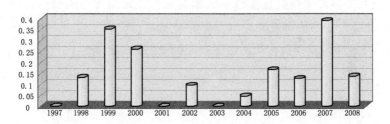

图 8-57　1997—2008 年非金属矿采选业动态协调趋势

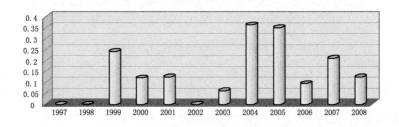

图 8-58　1997—2008 年木材竹藤等制品业动态协调趋势

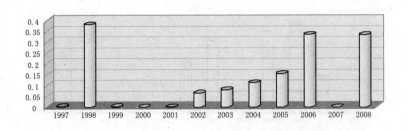

图 8-59　1997—2008 年印刷记录媒介复制动态协调趋势

　　由图 8-49 至图 8-59 可知,平均协调指数在 0.1—0.2 之间的产业发展中,烟草加工业、电力热力供应业、黑色金属加工业、皮革毛皮等制品业、家具制造业、非金属矿采选业、木材竹藤等制品业、印刷记录媒介复制等产业虽然其平均协调指数不高,但近几年的发展趋势都较稳定,有的产业甚至出现协调指数逐年递增的趋势,然而,又由于其普遍协调指数相对较低,因此应加强该类产业的协调发展。相对而言,造纸及纸制品业、食品制造业及加工业、燃气生产和供应业等产业近年的发展极度不协调,有的产业其协调发展指数直接趋于 0,而有的产业则呈逐年递减的趋势,因而,对此类产业的协调发展应给予高度重视。

　　(4)平均协调指数在 0.1 以下产业的动态协调趋势

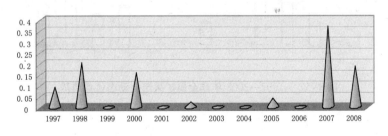

图 8-60　1997—2008 年纺织业动态协调趋势

　　从以上三个平均协调指数在 0.1 以下的产业动态协调趋势来看,纺织业和交通运输制造业在近年的发展开始出现弱微协调,但是均不稳定,而水的生产和供应业除 1997 年一年有所协调发展外,其余各年的协调发展指数都趋于 0,说明该产业的发展极度的不协调,各省之间似乎一直没有重视该产业的协调发展,而在上文已经指出,该产业的协调发展尤其重

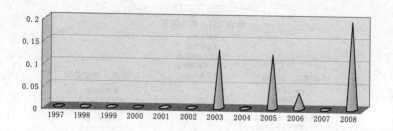

图8-61 1997—2008年交通运输制造业动态协调趋势

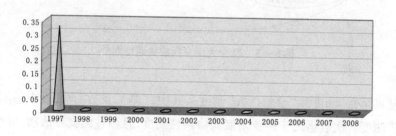

图8-62 1997—2008年水的生产和供应业动态协调趋势

要,不仅有利于广东这样的工业发达省份,更有助于广西等其他三省自身的发展,因而应引起有关部门的高度重视。

综上所述,通过对29个大细分行业的平均协调度分析以及动态协调趋势分析,根据各产业的不同协调发展程度,给予不同程度的重视协调,进而划分为三大类:

本章小结

本章从宏观和微观两个层面搭建了区域产业协调发展的动态均衡体系。宏观层面上,首先运用不同的测度方法对区域产业的协调发展进行测度,其中包括:1.区域产业发展的普通离散系数测度,主要指极差系数测度指数、标准差系数测度指数;2.区域产业发展的集中度测度,主要有

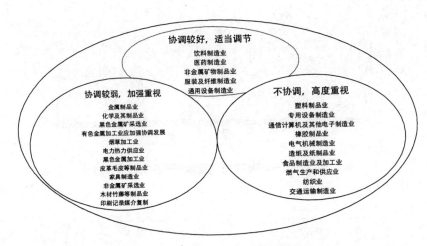

协调较好，适当调节

饮料制造业
医药制造业
非金属矿物制品业
服装及纤维制造业
通用设备制造业

协调较弱，加强重视

金属制品业
化学及其制品业
黑色金属矿采选业
有色金属加工应加强协调发展
烟草加工业
电力热力供应业
黑色金属加工业
皮革毛皮等制品业
家具制造业
非金属矿采选业
木材竹藤等制品业
印刷记录媒介复制

不协调，高度重视

塑料制品业
专用设备制造业
通信计算机及其他电子制造业
橡胶制品业
电气机械制造业
造纸及纸制品业
食品制造业及加工
燃气生产和供应业
纺织业
交通运输制造业

图 8-63   29 个大细分行业协调性划分

"基尼系数"测度和"泰尔指数"测度。其中，"基尼系数"测度和"泰尔指数"测度首次被运用于产业发展的协调性测度，且四种测度方法测度的结果显示，中国周边四省区第一产业的协调在逐渐增强，而第二、第三产业的协调相对较弱。再次，为更深入的探究其测度结果，本文在完善拓展徐现祥和舒元(2004)所构建的动态协调均衡模型的基础上，构建了区域产业协调发展的宏观动态协调模型，其中包括几何面的动态演进路径模型和代数矩阵角度的量化模型，基于此，实证分析了中国周边四省区区域产业的 Kernel 动态演进路径和转移矩阵的深层次因素探究，前者直观结果显示，中国周边四省区第一产业的发展差距逐渐缩小并趋于协调发展，而第二、第三产业发展得相对不协调，有多极分化的现状产生，且若干年的Kernel 函数动态演进图显示我国区域产业发展中若干发达城市如深圳、广州等地一直处于产业发达区域，而广西、云南等大部分地级及以上城市一直都处于产业发展较落后区域，有一定的固化性，但是大部分非发达地区间产业的发展正在趋于协调。后者在定量上的分析结果和前者相同，但更进一步揭示了中国周边四省区产业的发展速度还没有达到最理想的超越式快速发展。

微观层面上，拓展并完善了功能子系统协调发展度评价模型，建立了区域产业微观协调发展的动态协调理论模型，其中，不仅包括测度两区域间的动态协调性，更深化为测度三区域、四区域及多区域间的产业动态协调模型。在此基础上,对中国周边四省区间的产业进行协调趋势的实证分析。主要分为"中层"和"微层"两个部分,前者主要探讨三大产业中五大主体行业的协调性,主要包括两省之间和三省之间的协调趋势关系,并在此基础上获得了两省及三省之间在五大主体行业中的平均协调指数排名,其中,海南广西获得建筑业、工业、批发零售贸易餐饮业中两省之间协调指数的第一名,广西广东则在农林牧渔业上得第一,云南广东在交通运输、仓储及邮电通信业上获第一;而在三省之间协调指数排名中,海南广西广东在农林牧渔业、工业、交通运输、仓储及邮电通信业上得第一,海南云南广西在建筑业上得第一,而海南云南广东则在批发零售贸易餐饮业发展方面获第一。后者则深入探讨工业中29个大细分产业的发展状况,首先,基于产业高级化的综合得分,用四分位法将29个大细分产业划分为:弱势型产业、待发展型产业、潜力型产业及优势型产业四类。在此基础上,进一步探讨29个大细分行业在四省区间的协调性,其中,包括子协调关系和整体协调关系,前者主要指两省之间的协调和三省之间的协调关系,后者则指四省区之间整体的协调关系,同时都得出了其协调排名。此外,为更深入精确探讨四省区之间细分行业的协调动态趋势,在结论分析三中将29个大细分行业的四省区协调趋势以图示展示,并结合平均协调指数,将29个大细分的协调程度划分为:1.协调较好,适当调节;2.协调较弱,加强重视;3.不协调,高度重视。

本章在前文现状考察、国内外经验借鉴以及区域产业间的协调发展体系探析的基础上，找寻区域产业功能区布局的影响因素，包括主要因素中的地域层次分析、区位指向分析、区域产业布局指标体系的构建，以及其他影响因素中的新区位因素和政府行为对产业布局的影响。在此基础上，进一步探测世界产业布局的新特征与演化方向，构思中国区域产业区建设。基于此，构建中国周边四省区的产业功能区布局体系，其中包括四省区区域产业发展的总体空间布局，以及四省区各自产业发展的空间布局。

第 *9* 章

开放条件下我国周边省区的产业功能区布局体系

9.1 影响区域产业功能区布局的主要因素分析

影响区域产业功能区布局的主要因素有：(1)地域层次分析；(2)区位指向分析；(3)区域产业布局指标体系的构建。

9.1.1 产业布局的地域层次分析

产业的空间布局，在地域层次上具有差异性，在不同的区域范围内，产业布局的目标、要求和决策要素也存在非常明显的差别。产业布局同样也是由宏观、中观和微观这三个布局层次构成的系统。根据地域层次的不同可以分为地区布局、地点布局和厂址布局三个层次。

一、产业布局的地区层次

1. 地区布局

地区布局是产业布局中的战略环节，它所确定的是产业在整个区域内的宏观地带间的最优布局，具体包括确定各个地带的发展在全区经济总体中的战略地位、每个地带的产业发展方向以及需要建立那些有区域意义的产业基地。

产业的地区布局，要遵循的基本原则包括：一是要充分有效地利用各种资源，如人力资源、自然资源和经济技术条件等，从而促进整个区域和地区的经济协调发展；二是要进行合理的产销规划，保证产品从生产到运输，最后到达消费者手中，整个过程的总支出最小，这里的区位理论中的运费最低原则仍然起主导作用；三是要在发挥地区优势的基础上，积极推进专业化生产，地区的专业化生产意味着在某一个地区内对某种产品进行生产，具有有利条件并且生产成本低，不仅可以满足区内的需要，还可以有相当部分的输出。专业化的生产也是社会劳动进行地域分工的主要表现形式，也必然能加强地区之间的协作。

2. 地点布局

在确定了产业布局的区域宏观总体安排后，产业布局问题就开始向寻找建设条件和生产条件好的地点或城市进行转化了。当然，这里的"地点",范围大致与一般的地级市范围相等。地点布局的目标主要是建成地域生产综合体,因此地区的配套合作条件也是需要被考虑的重要问题。其次,要看具体地区的相对优势,是否有条件对这种项目进行相应的配置,是否可能给这个地区的造成某种状态的不平衡影响。进行地点布局,包括使基础设施的建设费用达到最小、达到城市性质要求、不危害区域里的生态和环境状态、促进地方资源的开发利用等。比如对高技术工业进行地点布局,主要考虑的条件包括:有优美和无污染的地理环境、靠近高校和科研单位的地区、具有相应的辅助工业设施条件、有迅速方便的电讯和运输条件等。

3. 厂址布局

厂址布局的主要任务就是在对地区进行产业布局以及地点进行配置优化的基础上,再在一定的地点范围内确定厂址的地段或位置。厂址布局的主要目标就是保证企业在以后的生产过程中,能够具有较好的生产条件,比如地形地质地貌、对外交通、供水供电、职工生活等条件,从而节省基本建设费用,也有利于生产中的原料和燃料动力的供应。厂址的布局也要与所在的小区域规划相协调,比如城市的整体规划、产业区和运输枢纽等小区规划等。

二、不同层次地域的区位因素对产业布局的影响

在产业布局中,地区、地点和厂址的布局关系密切。地区布局是宏观层面的总体布局,具有战略性意义,地点布局是产业布局中观层面的中间环节,厂址布局则是产业布局的微观层次。从时间顺序上来看,决策顺序依次为地区布局—地点布局—厂址布局,这三个阶段各自需要考虑的影响因素也不同。总体上来看,地区布局的范围较大,主要考虑资源条件和社会发展的综合平衡与需要,地点布局和厂址布局的范围较小,主要考虑建设条件和生产条件。具体要考虑的影响因素见下表。①

---

① 王亚飞:《区域经济可持续发展条件下重庆产业布局研究》,重庆大学出版社2005年版。

表9-1 产业布局不同层次的主要影响因素①

序号	区位因素	地区布局	地点布局	厂址布局
1	自然因素 矿物原料与燃料动力 水资源 土地资源 地形地质	＋＋ ＋ －	＋ ＋＋ ＋ －	－ ＋ ＋＋ ＋＋
2	经济因素 现有经济基础 基础设施 集聚作用 居民、劳动力的数量和质量	＋＋ ＋ ＋ ＋＋	＋ ＋＋ ＋＋ －	－ ＋＋ ＋＋ －
3	社会政治因素 均衡布局 民族政策 环境保护与生态	＋ ＋ －	＋ － ＋	 － ＋
4	运输和运费	＋＋	＋	
5	经济地理位置	＋＋	＋	

9.1.2 产业布局的区位指向分析

区位指向就是经济活动在进行区位选择时,所表现出的对特定区位尽量趋近的趋势。一般情况下,产业布局的区位指向大致可以分为以下几种。

一、自然资源和自然条件指向

自然资源和自然条件指向是指经济活动的区位选择主要受自然资源分布和自然条件因素的影响,在空间分布上也趋向于相关自然资源集中和自然条件较好的地方。一般来说农业和采矿业受自然资源和自然条件的影响较大,基本上是这种指向。

二、原料地指向

某些产业在生产活动中,需要投入大量的原材料,因此产业活动的区

① "＋＋、＋"表示各因素对该布局产生影响的强弱程度,"－"表示基本不产生影响。这里的厂址布局除了包括工业企业外,还包括第三产业设施和运输枢纽。

位更倾向于原理供给集中的地方,因此表现为原材料指向。比如高耗能的建材、钢铁、木材加工、各种农副产品加工业、重型机械制造等产业基本上都是原料地指向。

三、燃料动力指向

有些产业活动在生产过程中需要消耗大量的燃料,有些产业则是需要获得稳定的动力来源,因此它们在进行区位选择时,比较倾向于选择靠近燃料和动力供给的地区。比如高耗能的有色金属冶炼、稀有金属生产、火力发电、石油化工、电冶合金等都属于燃料动力指向型的产业。

四、劳动力指向

有些经济活动在生产过程中对劳动力的需求非常大,或者是对某种类型的劳动力有很强的依赖性。因而在进行区位选择时比较趋向于相关劳动力集中的地方,因此表现为劳动力指向型产业。一般来说劳动力指向又分为两种,一种是廉价劳动力指向型产业,比如纺织、服装、制鞋和烟草等;另一种是高素质劳动力指向型产业,比如信息、电子、生物工程以及新型材料等。

9.1.3 区域产业布局指标体系构建

在区域经济实现可持续发展的条件下,产业布局指标体系的构建要综合考虑以下几个方面:首先是要不脱离区域发展的客观基础,并能够分析、阐释和体现区域产业布局的现实基础。其次就是能够分析、阐释和体现区域产业的合理布局,全力推进区域经济的可持续增长潜力。最后是对区域产业合理布局目标进行可行性研究和分析。

区域产业布局系统的客观基础就是指现实基础子系统,区域产业布局要充分考虑区域的客观基础,也就是包括社会经济基础和自然资源基础等在内的客观条件。应当根据区域的不同条件来制定产业布局的各项合理战略规划。

9.2 中国周边四省区产业功能区布局

产业布局是一个区域经济发展的核心问题,区域产业的合理布局不仅关系到各类资源的合理利用,还将影响到其他各项建设事业的布局,甚至有可能影响到整个区域的协调发展和国民经济的可持续发展。因此,在开放条件下,合理分析中国周边四省区的产业布局形势是区域可持续协调发展的重要环节。为此,本小节将在考虑各类影响因素的基础上,进一步整合区域产业动态协调体系的动态结论,试图搭建由广东、广西、海南、云南四省组建的区域产业功能区布局体系,为以后区域产业的协调发展提供理论上的参考,同时也为区域经济的更为协调可持续发展带来实践意义上的借鉴。

9.2.1 中国周边四省区区域产业的总体空间布局

根据前面对国内外产业功能区布局的经验借鉴及对世界产业布局的新特征与演化方向和全球工业发展形势的分析来看,凡是国内外经济较发达的区域经济一体化基本上都是在经济较为发达地域构筑工业产业经济轴带,进而形成产业集群,以产业集群的形式来提升区域整体竞争实力,从而带动周围地域的经济发展。因此,中国周边四省区产业轴带,主要为工业轴带的建立,要充分利用地域优势及产业基础优势。在促进高新技术产业、能源型产业等集聚化的同时,加强区域间的产业配套能力,实现区域产业的高效、协调发展。此外,在发展电子信息、通用设备等高技术产业的同时不能放弃传统产业,而应努力加强对传统产业的技术改造,以实现区域产业的现代化。

在开放条件下,更应积极培育中国周边四省区之间的产业工业轴带。如图9-1,首先应依托东西走向的广大铁路线路,培育三省之间的工业主轴(昆明—南宁—湛江),如图红色双线表示,由于昆明和南宁分别都是云南和广西省的首府兼中心发展城市,其高科技人才及技术都较为集中,因此,可以发展电子等高科技产业。同时通过湛江又沟通了以广州、珠

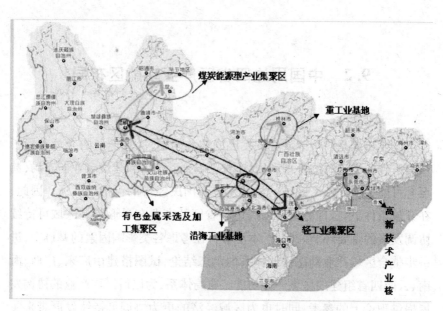

图9-1　中国周边四省区区域产业功能区布局

江、深圳为核心的高新技术产业核,进而可以使昆明通过南宁一起更好的承接广东发达地区的产业转移,学习并试图与其相关企业进行合作,形成斜字型L的高新技术产业带。

在主轴构建的基础上,以昆明、南宁市为核心,培育纵向的东中西两条工业轴带。西部工业轴带以昆明为核心,连接北部的煤炭能源型产业集聚区和南部的有色金属采选业及加工集聚区。而中部工业轴带则以南宁市为核心,北连梧、柳、桂重工业基地,南通防城港、北海市、钦州市沿海工业基地。东部则有湛江连通云南、广西主要产业发展基地与珠江三角洲发展区。而海南省则可以通过琼州海峡和经济带右端与湛江相连,从而融入三省区之间的产业发展。

尤其对于那些四省区需高度重视其协调发展的产业:塑料制品业、专用设备制造业、通信计算机及其他电子制造业、橡胶制品业、电气机械制造业、造纸及纸制品业、食品制造业及加工业、燃气生产和供应业、纺织业、交通运输制造业、水的生产和供应业等应通过该工业轴带,进行四省区之间的协调发展。同时,协调发展较弱的产业:金属制品业、化学及其制品业、黑色金属矿采选业、有色金属加工业应加强协调发展、烟草加工业、电力热力供应业、黑色金属加工业、皮革毛皮等制品业、家具制造业、非金属矿采选业、木材竹藤等制品业、印刷记录媒介复制等产业的协调性也应该通过此工业轴带加以重视协调发展。

此外,从上图可以看出,南宁市成为横向、纵向经济带之间的枢纽。因此,应给予高度的重视。

9.2.2 中国周边四省分省区产业布局

在综合协调布局四省区产业的基础上,为更深入的探测各省区的产业布局状况,本小节将进一步分省份布局各省的产业经济发展带。

一、广东省产业空间布局

广东在工业上具有比较优势,从上文的产业四分位划分中得知,尤其在通信计算机及其他电子制造业、电气机械制造业等高科技行业,皮革毛皮等制造业、服装及纤维制造业、纺织业等传统领先行业,以及塑料制品业、金属制品和家具制造业中处于极端的优势地位。同时造纸业、建材业等森工行业,设备制造业等产业也处于比较优势地位。为此,我们将主要特色产业的划分加以空间布局,见下图:

我们将广东省划分出一个核、四个区。一个核是指以广州、东莞、深圳、中山等珠江三角洲带的高新技术产业核,该核拥有全国最先进的科学技术和技术型人才,主要进行通信计算机及其他电子制造业、新材料、环保、节能与新能源、海洋生物等高科技行业的发展,重点提升高新技术研发与制造水平,推进电子信息产业优势产品向自主研发和品牌销售等高端环节延伸。

四个区主要指:(1)珠江西部的家电、五金、纺织产业集聚区,该区主要以优势传统产业为主,同时可以发展相关产业,如旅游住宿和餐饮、房地产等两大类产业。(2)以揭阳、潮州、汕头一区域的建材、机械产业集聚区,重点发展汽车等大型机械制造业。(3)以茂名、湛江为核心的森工、食品加工产业集聚区,主要在于该区域山地较多,应注重资源的合理有效利用。(4)珠江三角洲以北的建材、轻纺、电子产业集聚区,该产业集聚区主要是由高新技术产业核、揭阳、潮州、汕头集聚区与珠江西部集聚区拓展而形成。

以上的广东的空间产业简化布局主要是考虑到现有广东珠江三角洲

图 9-2　广东省产业空间布局

地带土地利用的紧缺,而将产业逐渐转移至其他临近地区以及山区产业转移工业园区,以充分利用现有的土地资源,避免出现"楼中城"现象。

二、广西壮族自治区产业空间布局

虽然广西的整体工业不及广东省发达,但是近年来广西的工业发展迅猛,从而也形成了一些优势产业,主要有食品制造业及加工业,专用设备制造业、通用设备制造业等设备制造业,非金属产业的加工和采选业,以及有色金属加工业、纺织业、医药业等属于潜力型发展产业。此外,无论是在资源型产业还是在技术型产业上都取得了较大的进步。

对于广西的产业分布主要分为三个基地、三个一,外加七个集聚地。其中三个基地主要指由钦州市、防城港市、北海市组成的沿海工业基地,南宁市为核心的高新技术产业基地,以及以桂林市为核心的高新技术产业基地。其中,(1)在沿海工业基地中,钦州市应巩固已有的基础,发挥临海、临港区位优势,加强对外合作,重点发展重化工业;防城港也应依托临海,借助与云南毗邻的优势条件,发挥口岸经济;北海市的区位条件使北海处于北部湾对外开放的最前沿,应努力打造北海成为"北部湾电子信

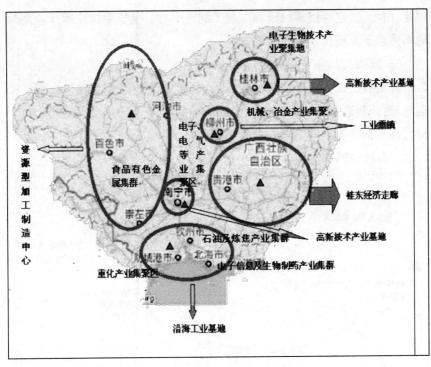

图9-3 广西壮族自治区产业空间布局

息产业基地"。(2)之所以将南宁划分为高新技术产业基地,原因在于南宁的科技资源相对较集中,且拥有中国—东盟博览会永久会址和中国—东盟经济园的优势,因此,应重点发展其高科技产业,加强与东盟经济合作。(3)以桂林为核心的高新技术产业基地有着独特的地理自然环境优势,有利于生物制药技术等高新技术产业的研发,因而,桂林等周边市区应加强该产业专业人才的引进,努力开发制药等高新技术产业,力争打造广西最优势的高新技术产业基地。

三个一指河池、百色、崇左组成的资源型加工制造中心,以贵港、来宾、贺州所组建的桂东经济走廊,以柳州、梧州为核心的工业重镇。而七个集聚地主要指沿海工业基地生产的石油及炼焦产业集群、电子信息及生物制药产业集群、重化产业集聚区,该类集聚区主要得益于钦州、北海、防城港临海的独特优势。电子、电气等产业集群和机械冶金产业集群主要得益于梧州、柳州工业重镇的优势。而食品有色金属集群则得益于以河池、白色、崇左所组成的资源型加工制造中心。电子生物技术产业集聚地则得益于高新技术产业基地。

三、海南省产业空间布局

海南省的工业发展相对比较落后，主要的优势产业有黑色金属矿采选业、医药制造业、饮料制造业、交通运输制造业、燃气生产和供应业、木材竹藤等制品业。海南主要发展以重大项目和高新技术产业为主的新型工业。具体空间布局如下：

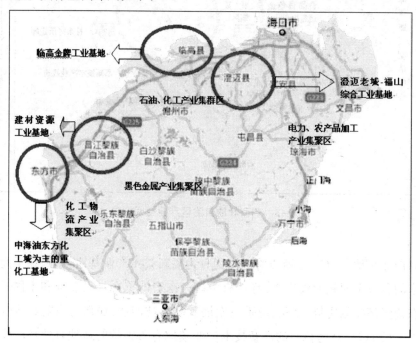

图9-4　海南省产业空间布局

对海南省的工业布局主要在于西北部沿海的四个工业基地：澄迈老城——福山综合工业基地、临高金牌工业基地、昌江石禄——叉河工业基地、中海油东方化工城为主的重化工基地。其中，澄迈老城——福山综合工业基地主要发展以玻璃工业、大型木材加工、太阳能电池、石油化工等综合性产业，临高金牌工业基地则主要以海洋工程用的工业制造、港口物流业及部分重化工等海洋特色产业，昌江石禄——叉河工业基地则以建材资源工业为主，中海油东方化工城为主的重化工基地主要发展天然气化工、电力、盐化工、可燃冰工业及港口物流业。

此外,海南省应发挥自身的优势,大力发展旅游产业、制药产业以及其他海洋特色的新型产业。

四、云南省产业空间布局

云南的优势产业主要有烟草加工业、有色金属加工业、印刷记录媒介复制、黑色金属加工业。其中尤其以烟草加工业最为突出。其产业的空间布局如下图:

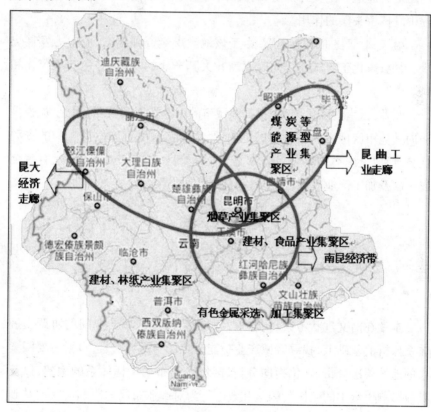

图9-5 云南省产业空间布局

对云南省的产业布局主要以交通线路为依托,形成从昆明向三角(如图所示西北、东北、南部)三个方向辐射的产业带,主要包括:(1)沿滇越铁路、昆河公路建设南昆经济带。(2)沿广大铁路和昆大高速公路构建昆大经济走廊。(3)沿昆曲高速公路、贵昆铁路建设昆曲工业走廊。

第一，对于南昆经济带，由于有色金属丰富，可以形成有色金属采选及加工集聚区。此外，可以重点发展生物、水能、矿产等资源，从而有效的带动文山壮族苗族自治州区域经济的发展，从而形成满足西南部出海大通道条件的南昆经济带。

第二，对于昆大经济走廊，应重点发展水能、矿产和旅游资源。随着远期广大铁路的西延，昆大经济走廊将成为云南走向东南亚进入印度洋的路上大通道。昆大经济走廊在云南乃至全国对东南亚及南亚开放的进程中发挥桥头堡的作用。

第三，对于昆曲工业走廊，由于该地区煤炭资源丰富，应大力发展煤炭、火电、煤化工等工业。同时逐渐壮大其产业的规模，并使其规范化和科学化。

此外，云南省除昆明外，各其他城市的工业发展都较弱，因此，加强昆明向其他市区地带的工业辐射是关键。同时，云南省应发挥自身的资源优势，形成全国类的煤炭等能源型产业集聚区、烟草产业集聚区、有色金属采矿及加工产业集聚区、建材和林纸产业集聚区。

本章小结

本章在前文现状考察、国内外经验借鉴以及区域产业间的协调发展体系探析的基础上，找寻区域产业功能区布局的影响因素，包括主要因素中的地域层次分析、区位指向分析、区域产业布局指标体系的构建，以及其他影响因素中的新区位因素和政府行为对产业布局的影响。在此基础上，进一步探测世界产业布局的新特征与演化方向，构思中国区域产业区建设。基于此，构建中国周边四省区的产业功能区布局体系，其中包括四省区区域产业发展的总体空间布局，以及四省区各自产业发展的空间布局。

本章对开放条件下四个省区的产业协
调发展和产业功能区布局提出相应的协调
政策建议和发展对策。论述了我国区域产
业政策面临的新选择,就是要确立区域产业
结构优化升级导向,选择合适的区域产业技
术政策,增加产业发展中技术的作用,在借
鉴国内外区域和产业发展政策的基础上,结
合自身情况制定相关政策。以及周边省区
进行产业政策协调的目标,就是加强各省区
的经济协作,在实现广东产业高度化的同时
将相关产业向其他省区进行转移,各省应当
结合自身的优势形成各省区的特色主导产
业,增加进取性产业政策的实施力度。针对
四个省区的主导产业提出相应的产业发展
政策建议。以及四个省区的产业功能区布
局政策建议,以及从四个省区内部的产业协
调和四个省区之间的产业协调以及四个省
区和东盟之间的产业协调三个方面提出产
业协调发展政策建议。

第 *10* 章
产业动态协调发展与产业功能区布局政策建议

10.1 区域主导产业协调发展与产业功能区布局的一般性对策

从区域产业政策的角度看,区域的主导产业要协调发展,就要科学选择对各个省区的主导产业,突出其特征,也要完善区域的主导产业规划,并培养主导产业的自组织能力,促进产业的协调发展。产业的功能区布局主要是培养产业的增长极,并发挥市场和政府的双重作用,促进功能区布局的优化。

10.1.1 区域主导产业协调发展的一般性对策

从产业政策的实施层面看,确定主导产业是推动区域主导产业发展的着力点。主导产业发展政策包含主导产业选择、培育与发展,从我国周边的实际情况来看,选择与发展周边省区的区域主导产业需要从完善发展规划、培育自我组织能力、选好投资重点等方面入手,形成完整的主导产业政策体系,从而最终实现推动产业结构升级,促进省际经济又好又快发展。

一、科学选择各省区的主导产业,突出主导产业三个特征

从上文的分析来看,我国在区域主导产业选择中普遍存在区域主导产业选择同构以及主导产业覆盖面过广等问题,本文认为应该因地制宜、科学地选择区域主导产业,尤其要避免各省区之间的同构和选择面涵盖整个产业体系的问题,避免产业同构主要是为了突出比较优势,防止恶性竞争等,选择面过广则不利于突出产业的发展重点和主导产业的带动作用。同时也要注意主导产业的未来发展前景,主导产业应当是市场前景看好、有广阔发展空间的产业。这就是区域主导产业在区域、产业和时间上的三个特征的共同要求。

1. 选择区域主导产业要因地制宜,突出区域分工

从区域划分的经济层面来看,区域主导产业是形成区域分工的标志,在选择区域主导产业时必须要以当地的特色产业和优势产业作为选择基

础,并找出区域中该地区富有竞争优势和代表性的产业,作为定性分析的主要对象,并对产业的市场环境和未来成长性、战略地位、关联程度等方面的综合能力进行详细分析,作为进一步定量分析的选择基准。并通过对采集指标的具体计算和分析,客观的选择适合各省区经济结构和发展方式特点的产业作为区域主导产业,从而与其他区域形成鲜明的对比和差别,使主导产业成为区域分工的风向标。

2. 选择区域主导产业要科学判断,突出主导特征

选择的主导产业,必须是在整个产业体系中具有一定带动性且关联效应比较大的产业或产业群。有些地区在对主导产业进行选择时总是一概而论,没有主次之分,这实际上相当于没有对主导产业进行选择。因此,在进行主导产业选择时,可以先通过定性分析,对整个产业系统进行适当筛选,首先剔除那些已经或即将成为夕阳产业或比较弱小的产业,得到一个涵盖主要产业的集合;在这个基础上,再通过定量分析进行选择,将定性分析与定量分析相结合,从而可以更有效的剔除未来发展能力较弱、产业关联效应不强的产业,可以有效避免主导产业不具主导特征的问题。

3. 选择区域主导产业要目光长远,突出产业发展

在选择主导产业时,要注重选择发展前途好、未来关联带动作用强的产业。因此就要求在定性分析过程中注意分析产业未来发展所面临的外部环境和自身存在的内部条件,那些目前虽然没有形成很大规模,但具备自身发展能力和市场需求比较大的产业也要放入待选集合中。在进行定量分析时,也要注重对产业成长性指标进行判断,注意对那些综合得分虽然不高,但成长性指标比较好的产业进行进一步分析,选择那些具备自身成长性和外部市场环境以及关联带动效应比较强的朝阳产业作为区域主导产业,这样可以更加突出未来产业结构调整和优化升级方向,也更有利于带动地区经济发展。

二、完善区域的主导产业规划,明确产业间功能定位

我国很多地方在产业发展方面都存在资源配置效率低的问题,最主要的一个原因就在于政府制定发展战略规划时,对主导产业的选择不够科学和明晰、准确。中国现在正处于体制转轨时期,特别是在社会主义市场经济建设过程中,工业化的中期,某些地区的市场化水平也不高,政府

发挥政策作用的空间也就更大。这种作用往往可以通过制定"五年规划"来实施,现在"十二五"规划的征求意见稿已经出炉。而且产业发展规划将对各省各行业的主管部门、各企事业单位的发展、资源配置都将起到决定性的作用。比如广西"十一五"规划中要求重点培育和发展汽车、铝业、钢铁、石油化工、锰业、糖业、林浆纸、医药、茧丝绸、工程机械等十大产业集群。虽然这种产业发展导向是正确的,但还需要进一步细化和明确。因为这十大产业基本覆盖了全部的工业产业,应当进一步确定主导产业并对其进行培育和发展。而且,我国各地区在进行主导产业选择时存在严重的趋同性,这也说明了各地是以贯彻落实国家产业政策作为主要目标的,而忽略了各产业间的功能定位,更缺少明确的区域主导产业规划。因此,周边各省区应当根据实际经济发展情况和其他条件,在制定"十二五"规划基础上,进一步明确各产业的发展战略,也就是明确当前区域的主导产业部门,并制定相应的政策,引导社会资源重点流向主导产业领域,从而也就明确了区域经济的产业功能定位与布局。在优先发展主导产业的同时,也要发挥主导产业的带动作用,推动其他产业的共同发展。并且努力培养优势产业和特色产业,推动其进一步发展壮大,努力培育新的主导产业。

10.1.2 区域产业布局的一般性对策建议

区域产业优化的其中一个重要主题就是产业布局优化,产业布局优化就是指从空间生产力组织的角度来研究调整区域产业布局,从而使生产力的空间组织更加合理,有效的降低资源浪费,节约生产成本,提高经济效率。从本质上来看,区域产业布局是一种结合地理空间和环境来安排生产分工,是区域视角下的生产力宏观组织形式。

一、培育增长极,通过打造轴线形成产业链

周边省区的产业布局是一个客观和主观相互作用的过程。在经济发展过程中,可以依据增长极——轴线——网络这种经济发展动态过程,分别采取不同的发展模式,从而找准经济增长和协调的平衡点。

1. 开发增长极

在各种生产要素禀赋有限的情况下,要想经济发展,首先可以选择几个发展潜力较大、区位条件较好的城镇或产业园区,并对其进行政策和资金的重点扶持,使其成为区域的增长极,再通过扩散和集聚效应带动周边地区的产业发展。对增长极的培育应当依据以下原则进行:一是要正确选择主导企业和支柱企业;二是要建立和健全区际增长传递机制;三是要营造良好的经济背景环境。

2. 开发轴线

以各种生产要素相对集中的增长极为中心,也就是经济实力和物质技术基础较强的地区,可以沿轴线向周围地区延伸,进行循序渐进的开发,逐步积累,从而形成产业带、产业链。这种轴线可以是现成的交通干线或者是新开辟的其他途径。

3. 开发网络

在开发了增长极和轴线后,地区经济发展条件已经初具规模,基础设施也比较完善,城市化进程中的人口素质也在逐步提高,增长极和轴线的扩散效应和回流效应可以通过运输、通讯网络等方式实现,通过这些轴线的交织可以连接成纵横交错的产业带,从而推进新产业的集聚和形成,促进区域经济的发展。

二、发挥市场对资源配置的基础性作用,加强政府的宏观调控

根据区域经济的发展规律,市场对资源配置起基础性作用,所以我们要积极培育要素市场,完善市场机制。但是市场机制不可避免的会导致区域经济发展的差距加大和市场失灵等问题,因此就需要政府加强宏观调控职能,尤其是跨省区的政府调控。

建设先进产业基地,在推进产业园区化的基础上,积极推进相关产业的集聚步伐,对于提高产业的竞争力,打造相应产业中心地位具有十分重要的战略意义。因此应当按照集聚化的思路,积极调整现有的产业政策和区域政策,实行新的基于产业集群的产业政策和区域政策,或者是根据具体的某一类产业的布局,分门别类制定具体的产业布局政策,使之能够更明显的起到产业布局应有的集聚效应。

三、制定区域产业集聚发展战略,增强产业布局的集聚效应

大量的相关企业在地理上的集中、以灵活专业化为核心的社会网络、建立在合作和竞争基础上的互动机制、积极向上的良好创新氛围等,都是产业集聚成功并保持竞争优势的基础。

一旦产业集聚形成并成熟后,就可以在全国甚至世界范围内形成比

较强的竞争优势,占有较高的市场份额,也会形成知名区域品牌效应。在市场经济比较完善的条件下,产业集聚通过多种途径和机制将对企业、产业甚至区域的经济竞争力都会产生重要影响,同时通过企业间的合作竞争、社会化的市场组织网络,使得产业集聚对整个区域的竞争力都能得到提升,并形成非集聚和集聚外的企业所无法拥有的集聚竞争力。

10.2 我国周边各省区的具体产业政策与协调

我国周边四个省区应当根据各个省区的具体省情,结合国家和区域相关发展规划,制定具体的产业政策,包括四个省区各自的主导产业政策,产业的功能区布局政策和四个省区之间的产业协调政策。

10.2.1 周边四个省区的主导产业发展政策建议

四个省区应当根据上文通过动态协调模型等实证分析得出的结果,结合四省区所具有的相关比较优势,发展自身的主导产业。

一、广东的主导产业发展建议

广东的经济发展基础是四个省区里面最强的,但是广东的主导产业和优势产业发展也需要政府和市场的相应结合,以取得更大的发展。

1. 电子电气制造业

广东的资金和技术都占有非常大的优势,电子信息技术的发展对经济的贡献作用非常明显,广东政府应当加快电子信息工业结构调整步伐,大力发展以新一代移动通信产品为主的通信设备以及以数字产品为主的消费类电子制造业,推动微电子、新型元器件、软件等成为支撑行业发展的主导产品,形成全国重要的集成电路设计、软件开发和新型显示器件产业群,将广东省建成世界重要的电子信息产品制造和研发基地。

电气产业的发展对制造业和交通运输业、甚至各行各业的机械化都非常重要,广东也应当壮大电气产业的发展。完善汽车产业支撑体系,推动企业提高产品的开发能力和核心竞争能力,形成以广州轿车工业为龙头,汽车和摩托车及其零部件协调发展的格局。重点发展能源设备等重大技术装备,电子器件生产设备、医疗影像设备等高技术装备和数控系统、精密测试仪器等基础装备,提高电子电气的系统集成能力;进一步提高通用装备产品和专用设备产品的产量和质量,建立起具有先进装备制造业特征、技术先进、产业结构合理的装备制造体系。

2. 纺织服装和皮革制品业

纺织服装和皮革制品业是广东的传统优势产业,也聚集了大量外来务工人口,广东应当继续发展这个传统优势产业。以家用纺织制品和服装生产为龙头,以面料为突破口,延伸产业链条,并按产业链配套扩大高质量高附加值产品的比重,促进纺织服装业从数量主导型向品牌效益型转变。在劳动密集型产业的基础上,增加服装设计能力和服装质量,扩大向东盟的出口量。

另外,广东政府除了在发展这个产业的同时,也要以人为本,注重提高劳动人口的工资水平和福利待遇。提高广东纺织服装皮革制品业的口碑,为向其他地区扩展投资设厂和扩大市场做好铺垫。

3. 金属塑料家具和家电制造业

随着科学技术的发展,生活生产中对金属制品和塑料制品的需求越来越大,很多高技术设备和精密仪器也需要不同的合金制品。因此广东应当积极应对市场需求,加速金属制品的发展,加大技术投入,努力研发各种高、中、低端的金属材料和制品。家具制造业随着房地产市场的发展也逐渐扩张起来,广东的家具生产除了满足一般住户的基本需求外,也可以加大对家具制品的设计投入,以满足不断变化的市场需求。与家具相应的是家电制造业,广东可以以家电产品结构调整和技术进步为重点,逐步提高高技术产品比重,鼓励家电企业向国际化发展,做强做大知名品牌企业集团,提高广东省家电产品、产业国际竞争力。

4. 金融和房地产业

广东的金融和经济发展水平在四个省区里面是最好的,但是广东的经济发展乃至整个中国和世界的发展都不断呼吁金融能够更好地为经济和生活服务。而且广东集聚非常多优秀的金融人才,高等院校和科研机构也非常多,广东政府应当鼓励金融服务创新,稳步发展综合类、衍生类金融服务,发展壮大保险业,不断推出迎合消费者心理的保险产品,提高保险的服务质量,积极拓展理财业务、个人消费信贷业务和电子银行等金融业务,提高金融机构的效益。着力加快中心城市的金融业发展,按高标准来规划建设广州、深圳金融商务区,推进广州、深圳区域金融中心建设,并增强区域金融中心的辐射带动功能,加快发展其他市区的金融发展。继续做大广东省金融总量,做强金融机构,提高广东省金融产业的核心竞争力,加快建设金融强省。

另外,广东的房地产市场泡沫也比较明显,广东政府应当加强对房地产一级市场的调控,培育和完善二、三级市场,扩大房地产的有效需求;积极发展经济适用住房、廉租房和普通商品住宅的建设。

二、广西的主导产业发展建议

广西应当依托原有优势传统主导产业,不断发展壮大已有优势,更要充分利用现有资源,形成自己的主导产业和优势产业。在政府打造 14 个千亿产业和 4 个新兴产业的过程中,逐渐发展相应主导产业,并带动其他产业的发展。

1. 制糖产业

广西的糖业是广西的一大产业特色,也是支柱产业之一。广西糖业的销售收入、利润和税收都位列全区前茅,也解决了 1200 万农民和数十万产业大军的就业和生计。但是糖业的生产运作模式还有待改进和提高。广西传统生产模式下,每 3000 万吨甘蔗就会产生约 100 万吨废糖蜜,330 万吨蔗渣和 310 万立方米酒精废液,有些蔗渣造纸的企业也会产生大量的黑液并直接排放后污染河流。[①] 如何提高广西糖业的生产效率,促进产业链的发展以及产业结构升级是我们要解决的一个重点问题。

蔗糖生产的产业链,除了蔗渣造纸、废糖蜜制酒精外,在蔗糖生产过程中的滤泥和酒精废料中含有的有机物也可以作为化肥来提高甘蔗的产量和糖分。一般来说,蔗糖产业自身就是一个很大的生产链:甘蔗——制糖——糖蜜——酒精——酒精废料——复合肥——甘蔗,还包括各个环节的流通运输、销售管理等其他环节。从蔗糖出发可以形成具有一定规模的新兴产业组合的糖业产业集群。这些新兴产业组合可以包括新型制糖产业、蔗渣制浆造纸产业、蔗糖深加工产业、生态农业产业、生物工程产

---

① 张永成:《基于循环经济视角的广西制糖产业结构优化升级策略》,《改革与战略》2006年第 12 期。

业以及现代物流产业等。通过发展深加工环节的能力和技术,延长产业链条,增加增值环节的生产,拓展利润空间。

政府在广西蔗糖产业结构优化升级中也要发挥具体的综合性作用。首先就是要协调好利益分配,必须考虑蔗农的利益,增加蔗农的生产积极性和改善蔗农的收入条件和生产环境。也要协调好蔗农、制糖企业、协会中介和流通企业之间的利益分配。政府在税收方面可以给予优惠,针对目前糖厂设备生产率低的情况,加大对生产能力为主的扩建和新建项目。

广西政府也要建立蔗糖市场调控的有效机制,根据国内生产成本、国际市场糖价走势等,合理确定并定期公布对蔗糖的保护价、目标价以及最高价,并综合运用包括生产、信贷、进出口、库存和限制糖精生产等在内的政策工具,力保糖价的相对稳定波动。一是扶持建立完善蔗糖的储备制度,根据战略要求和市场调控的需要建立蔗糖储备制度是非常必要的,为了发挥其作用,必须走市场和政府引导相结合的方式。二是要有计划的调控甘蔗的种植面积,支持完善广西蔗糖市场体系,并努力争取在期货公司、交割仓和结算中心等方面占有一定的份额,发挥广西的甘蔗主产区、蔗糖主产地和贸易集散地的地位作用,共同分享改革和市场发展带来的利益成果。

2. 医药产业

广西的中草药物种达到 4623 种,居全国第二,而且广西的传统中医药、壮医药和瑶医药都得到了快速发展。广西也把发展现代医药、民族医药、保健医药和医药机械等医药制造业列为 14 个千亿元产业之一,《广西壮族自治区医药制造工业调整和振兴规划》更是为发展医药产业提出了战略指导。

随着世界各国对中草药的不断重视,广西也迎来了良好的发展机遇和外部环境。广西应当继续保持中药在医药产业中的主导地位,加强对壮药和瑶药的发展力度,树立民族医药品牌效应。另外,广西也要利用其丰富的海洋生物资源,将引进技术成果、联合研发与自主创新相结合,对海洋生物资源进行筛选,发展海洋生物制药。

广西有很多中小型制药企业由于规模小,无法形成规模效应,广西应当发扬被列入国家重点中药企业 50 强的桂林三金药业集团公司和玉林制药厂的领头军作用,做大做强广西的医药产业,扩大企业的规模,或者将不同的企业联合在一起,形成医药产业园区,带动其他全区医药制造企业的全面优化升级。

虽然广西的中草药品种和规模都比较大,但是面对国际竞争的新态势,使用高新技术对草药产业进行大规模的改造是提高国际竞争力的主要手段,广西应当将高新技术和传统中药产业进行渗透融合和有效互动,增加医药产品的附加值。针对广西的医药工业创新能力弱的特点,广西政府应当加强与广东等外省的技术交流与合作,对区内的医药研发机构以及科研单位提供更多的资金支持,努力研发新的医药产品,实现医药产品的升级换代,努力适应市场的需求。针对医药企业筹措发展资金困难的弱点,可以制定相应的财政补贴政策,并鼓励国内外的大型医药企业在广西境内设立分支机构或新建公司,并对其提供其他的优惠政策,以利用外来资金来共同开发广西的医药产业。

广西的中医药产业经过几十年的发展,很多中成药产品也是享誉国内外的,在市场开拓方面,广西应当抓住中国—东盟自由贸易区的发展契机,大力开展中药的国际营销,积极发挥南宁、东兴、凭祥和龙邦等中药材一类国际贸易口岸的作用,巩固东南亚市场,并开拓新市场。

医疗器械的发展对广西来说也非常重要,广西应当利用地域和劳动力资源优势,通过外来投资和合作带动医疗器械产业的发展,大力支持广西的优势医药器械产品的发展。

3. 设备制造业

广西的专用设备和通用设备制造业由于劳动力优势等发展比较迅速,广西应当充分发挥高新技术开发区的孵化、辐射和带动作用,促进工业优化升级。根据各市区位优势、资源优势和产业基础,推进设备制造工业园区建设,特别是加强国家和自治区级工业园区建设,促使其成为现代工业的聚集区。加强配套零部件的生产规划,以及产品的销售,使之成为完整的产业链。并以柳工、银河科技等上市公司为领头军,加大专用和通用设备的投入力度,积极进行技术引进和自主研发相结合,并与广西大学为主的高等院校进行科研合作开发,不断适应市场的需求,积极吸引国内外的投资,在广西设立相应的分支机构或者是直接投资设厂、技术入股等。不断发展壮大广西的设备制造业。

4. 采矿和矿物制品业

广西受欧亚、印度、太平洋三大板块的共同影响,造就了鲜明奇特的地形地貌景观、得天独厚的成矿地质构造条件,使广西地壳蕴藏着较为丰富的矿产资源。广西矿产资源的分布有着明显的地域差异。桂南、桂东、桂中、桂西、桂北5个地域由于成矿地质条件存在明显差异,而形成了各自独特的矿产资源。

桂南分布有黑色金属、有色金属以及部分非金属矿产,同时也是广西油气远景区。桂东是广西仅次于南丹的有色金属生产基地,同时也是广西花岗岩、大理岩石材生产基地。桂中分布有能源矿产、黑色金属矿产和冶金辅助原料矿产、化工原料矿产、建材以及其他非金属矿产。桂西蕴藏着丰富的有色金属和贵金属,是广西有色金属和贵金属生产基地。广西境内已探明资源储量的铁、铌、钽、滑石大部分分布于桂北。

广西可以根据资源指向原则,合理布局采矿和矿物制品业的布局,建设不同矿种的工业园区和工业基地,重视矿产资源的勘探,为发展提供有力的资源支撑。并注意对生态环境的保护,对开采不合理和破坏比较大的开采方式进行强制整理。提高开采和冶炼矿产的效率,减少浪费,并提高矿物制品的附加值。

三、海南的主导产业发展建议

海南独特的地理位置使其拥有丰富的热带资源和海域资源,应当充分利用现有资源不断发展海南的主导和优势产业,并依托国际旅游岛的打造机会,使产业不断向前发展。

1. 饮料制造业

海南有丰富的热带水果,如椰子、香蕉、芒果、菠萝、木瓜等,但多年来,这些水果主要还是以原果方式销往岛内外。海南企业对水果的深加工,大多数仍然停留在低水平,因此对热带农副产品加工的开发和生产前景广阔。海南可以将各种水果制成饮料,并且饮料品牌的美誉度也可以借助国际旅游岛的建设不断得到提升。但是海南饮料企业要借得国际旅游岛的"东风"再腾飞,就得改变单纯依赖外部经济环境的局面,从企业自身做文章,改变企业的品牌战略,突破岛屿经济的限制,再次走出岛外。海南企业要紧紧依托海南热带农产品资源丰富的特点,发挥海南独特的地理区位优势,开发独特的水果等饮料产品。同时要建立集约化、现代化的经营模式,扩大企业的生产规模,发挥规模经济效应。由于海南远离大陆,岛内资本力量较小,企业还应当利用创业板等资本市场融资机会,积极扩大规模实现效益的提高。

2. 燃气生产和供应业

海南拥有丰富的石油和天然气资源,但是燃气生产和供应业的发展也要坚持科学发展原则。海南应当努力加大对优势和重要矿产资源的勘查,从不同角度吸引国家资金和社会资金投入到海南的地质勘查中,开展全岛重要矿种和重要成矿带的矿产资源勘查与潜力调研评价,摸清海南的主要矿产资源。并根据具体的资源指向建设不同的石油和天然气开采基地和生产供应企业,为生产和生活提供稳定的燃气供应。

积极参与和支持南海海域的石油、天然气以及天然气水合物资源的勘探、开发与研究,海南政府也应当为其提供前沿性服务,将海南建成南海油气勘探开发基地。陆地则重点支持海南岛西部油气的勘查和地热及油页岩的勘查与开发工作。鼓励海南省内外的投资者在海南投资设厂,从事海洋能源勘查开发与加工。尽快形成一批新的燃气后备基地和接替基地,增强海南的燃气供应和保障能力。

3. 旅游业

海南有丰富的热带旅游资源,旅游业也逐渐成为海南第三产业中的支柱产业。海南应当继续围绕建设旅游强省的目标,认真组织实施《海南旅游发展总体规划》,推进旅游业的升级转型。制定相应鼓励政策引进国内外大企业大集团,对旅游精品景区、度假休闲区进行高起点规划、高水平建设,积极推进西沙旅游开发。加强道路、供水、供电、污水和垃圾处理、旅游厕所、中英文标识等配套基础设施建设。着力把海口、三亚、琼海等市打造成各具特色、风格鲜明的旅游名城。优化旅游产品结构,提升旅游产品的文化内涵,深度开发高尔夫度假休闲游、保健康复游、热带森林游、水上运动游、会展旅游等产品,提高度假休闲旅游产品和专项旅游产品的比重。积极发展红色旅游、生态旅游和民俗旅游。配套完善与旅游相关的购物、餐饮、文化娱乐等服务业。整合资源、推进整体联动营销,积极开辟新航线,努力开拓客源市场。借鉴境外旅游管理的成熟经验,加大改革力度,逐步理顺旅游产业管理体制和行业自律机制,加强诚信建设,在海内外旅游市场上更快更好地树立起良好的旅游形象。加快现有旅行社整合重组,提高经营管理和服务水平。扩大旅游业对外开放,通过兴办中外合资旅行社、外商独资旅行社等方式,加快与国际旅游大集团的合资、合作。

四、云南的主导产业发展建议

云南的经济发展基础相对比较落后,但是海南同样根据不同的资源禀赋差异和比较优势,在政府的支持下,在发展主导产业和其带动作用下,不断发展云南的产业。

1. 烟草加工业

虽然云南的地理气候环境非常适合烟草的种植,但是云南的卷烟产品很多都属于地方性销售,覆盖全国的名牌产品比较少。因此云南应当弘扬"两烟"传统优势,紧扣不同消费者的口味,提高高档卷烟在国内市场的份额。另外就是加强行业整合,强化市场营销,做大品牌效应,也可以加强与国内外的大型烟草公司合作,通过合作或合资等方式培育知名卷烟品牌。在 CAFTA 进程中,努力扩大烟叶和卷烟对东盟的出口,并逐步打开其他国外市场。根据市场需求,积极研制混合型、低焦油、低危害卷烟,不断满足消费者的口味和心理需要,并注重减少对人体的危害。以技术创新为先导,提升烟草产业整体竞争力,保持云南烟草作为中国最大生产基地和重要研发中心的地位。

针对烟草加工企业,卷烟公司要逐步建立现代企业制度,加快产业结构的战略调整,不断优化资源配置,从烟草种植到烟草加工、研发和销售,形成自己的产业链,不断培育烟草的新品种,发展烟草加工产业的规模经济效应。

2. 金属加工业

云南有丰富的有色金属和黑色金属,可以发挥资源、能源优势,建设和扩大稳定的后续资源基地。以市场为导向,重点延伸培育锡、铜、铝、铅、锌等有色金属产品加工产业链,继续积极培育以有色金属和稀贵金属为重点的新材料产业群;不断进行产品研发,发展各种合金制品满足市场需求。合理开采黑色金属矿产,形成开采——加工——销售的产业链,推进钢铁工业技术装备和产品升级。把云南建设成国家级有色金属冶炼及深加工基地、世界级锡工业及深加工基地、面向周边国家和地区的钢铁工业基地。

3. 旅游业

云南拥有非常丰富的旅游资源,但是由于各种因素的制约,云南的旅游业整体发展水平并不高。要加快云南旅游业的发展,使其作为云南的一大品牌特色和主导产业,必须加大政府的投入,打造精品,发展旅游业配套设施和关联产业的发展,形成产业集群式发展。

在对旅游资源进行开发时也要考虑环境的承载能力,实现可持续开发利用,也要加大基础设施建设,加强道路建设,改善运输条件,尽快形成航空、铁路、公路和水运相辅相成、安全舒适、方便快捷的旅游交通网络,切切实实改善云南的旅游通达条件。

云南省政府在为旅游产业提供基础设施建设资金的同时,也应当为产业集聚区内的企业提供良好的制度环境,主要包括:取消各种不合理收费,简化各种手续,提供良好的公共产品和服务;发挥政府的经常性服务职能,为旅游中小企业提供信用评级和贷款担保等服务;对相关企业提供技术创新资金、人才和税收服务等;加强对旅游产业区的支撑服务体系建设,包括教育培训机构、信息服务机构等。

旅游产业集群是旅游和相关产业的集群,这就决定了旅游产业集群的发展离不开这些产业的共同努力。考虑到各个部门之间的利益协调问题,应当构建一个旅游产业集群发展机构,由政府主导,并包括旅游、文化、交通、能源、发改委和财政等部门。这个机构的主要职责就是建立有效的合作机制和利益分配机制,解决跨行业之间和行业内部的合作问题,同时促进相关企业拥有和保持较强的创新能力,促进云南的旅游产业结构优化升级,并最终保障和促进旅游产业集群的健康快速发展。

早期阶段,旅游企业间的相互依赖是产业集群形成和发展的力量源泉,但是同类企业集群的竞争也是很残酷的,由于相互模仿和标准的相似性,也会导致旅游产品退化,对游客的吸引力减弱。如何实行差异化,并产生互补性、获得合作与竞争的益处,云南省政府应当加强对旅游企业创新能力的扶持,可以设立相应的旅游创新基金,使各个旅游企业形成自己的旅游品牌特色。

10.2.2 周边四个省区的产业功能区布局政策建议

通过上文分析得出了四个省区的产业功能区具体布局。如何加快发展产业功能区的发展力度,不仅需要各产业区内的企业努力,也需要四个省区的相应协调以及产业功能区布局政策的支持。

一、构建四个省区的产业布局协调机制

四个省区应当建立产业布局协调机制,不同的地区有不同的资源禀赋优势,但是有些地方的资源禀赋非常相似,如何使其协调发展,避免恶性竞争,就要求四个省区的政府相关部门基于整体利益的考虑,建立产业布局的协调机制。

针对资源指向型产业功能区,能够在不对资源造成浪费或贱卖的情况下,实现各个相似产业功能区的合作与双赢。在协调产业布局的过程中,也要加强资源产业的上下游关联,促进产业链的发展,增加产业链各环节的附加值。

针对劳动力指向型产业功能区,相应的协调机制也能够更好的保护生产工人的基本权利,避免通过压低劳动力价格来获得比较优势,而是通过提高工人自身素质和劳动效率的方式来获得经济效益。在对劳动力素质提高方面,应当积极与产业区内外的相关学校和培训机构以及产业的内部机构相结合,不断提高劳动效率。

针对技术和资金指向型产业功能区,能够通过技术引进和自主研发相结合,通过自主筹资和政府出资相结合,增强其技术的专业化和资金的利用效率,增强产销能力,实现产业功能区布局的集聚效应。尤其是广西、海南和云南等地,很多产业功能区都对资金和技术的需求非常大,因此也需要四个省区构建相应的协调机制,使资金和技术能够进行合理分配。

二、制定区域性的产业集聚发展战略

政府制定的产业集聚发展战略对产业集聚合理有序发展的意义非常重大,目前已经建立的各种开发区、高新区和工业区等,特别是制造业的园区化进程发展很快而且也收到了集聚经济的效果。但是这些园区很多产业门类混杂在一起,缺乏专业化分工协作的经济联系,更没有形成建立在合作竞争基础上的互动机制和完善的市场组织网络,离真正的产业布局集聚还有一定的差距。

四个省区的政府制定区域性的产业功能区发展战略,应当安排各省区进行相应的资源开发和基础设施建设。对于这种区域性的基础资源开发项目,应当努力争取国家的相应投资倾斜。对于跨省区的能源、交通等重大基础设施建设,应当以国家投资为主进行建设,并积极调动地方和民间资本的投资。

调整加工工业的区域布局,广西、海南和云南的经济经过一定程度的发展后,也具备了产业承接能力,四个省区的政府应当积极引导劳动密集型产业和资源加工型产业向广西、海南、云南等地区转移,从而实现其产业结构的优化升级。在产业转移过程中也可以争取中央财政和地方财政的转移支付,逐步增加对四个省区的财政支持。

加强四个省区的经济联合与技术合作,这主要就是加大广东地区与其他地区的技术合作,广东的一些先进技术可以通过技术培训、引进等不同的方式转移到其他省区,使其他省区的技术水平向广东靠拢。鼓励广东的资本投资于其他省区,采取多种形式与其进行资源的联合开发。

产业布局也要和政府的财政、货币政策和其他产业政策相结合,并通过在空间、时间和产业上的不同侧重,使之相互补充相互促进,共同推进周边省区的产业布局完善和产业发展。

三、提高省际产业关联度,建立四个省区之间的经济新秩序

四个省区虽然进行不同的产业功能分区,但是地域的分工和区位差异、资源禀赋的差异,在客观上要求各个地区之间要加强往来、分工合作、优势互补。近些年来,四个省区之间的联系虽然加强了,但由于相关利益冲突的存在,联系还是不够密切。

因此虽然四个省区进行不同的产业分工和产业功能区布局,但是从整体上来说,四个省区应当结成利益联盟,加快资金、人才、资源和技术的流动速度,改变相应落后地区的不利格局,也改变部分地区供大于求的要素市场状况。

四个省区的产业功能区应当扩大开放力度,从与其他产业区的合作中不断挖掘经济发展潜力,使不同的产业功能区在求异存同的状态下向前发展。把地区经济利益的外向循环和内向循环有机结合起来,通过市场机制促进要素的流动和公平竞争,互惠互利。因此应当提高省际之间的产业关联度,加强地域之间的分工合作,建立四个省区之间的经济新秩序。

经济新秩序的建立单纯靠市场机制的运行需要漫长的时间,因此四个省区的政府应当制定相应的政策,积极引导经济新秩序的建立和完善。

10.2.3 周边四个省区的产业协调发展政策建议

四个省区之间的产业协调发展不仅需要市场的力量,也需要相关政府部门的通力合作,制定相应政策,不仅实现四个省区各自内部的产业协调发展,也要加强省际之间的产业协调,以及四个省区和东盟之间的产业协调。

一、四个省区内部的产业协调发展政策建议

从上文的分析来看,四个省区的第一、第二、第三产业从整体上来说都是向前发展的。从 Knernel 密度函数、"基尼系数"和"泰尔指数"的测度来看,四个省区第一产业的发展差距逐渐缩小并趋于协调,但是对四个省区的地市级数据分析来看,第二产业和第三产业的发展存在地域性的不平衡,存在多极分化的情况。

四个省区不同的地级市之间的经济基础和发展速度不一,第二产业和第三产业的发展情况差距也非常大,尤其是三、四线城市的第三产业发展情况明显落后于一、二线城市的发展水平,第二产业的发展情况也与一线城市有比较大的差距。如何实现各地区的产业协调和共同发展,先富带动后富,是四个省区政府需要解决的一个重要问题。

1. 促进第二、第三产业的地区平衡发展

加速城市化和城镇一体化进程,是促进第二、第三产业的地级市之间的平衡发展、进行产业结构循序渐进转变、促进经济社会发展的重要动力。四个省区内部的各个地级市尤其是比较落后的地级市,省政府和市级政府应当制定相应的鼓励本土企业发展的具体政策,建立城市化与区域产业结构演变的调控体系。加强大城市职能的扩散作用,通过对都市区的建设形成都市集群,发挥城镇地区对产业结构转换的载体作用,有效促进大都市圈为主体的产业空间协调体系。积极发挥大城市周围的中小城市的产业配套体系和承接能力,通过构建产业链条形成优势产业空间。相对不发达城市的政府应当主动与相对发达城市的政府联系,加大对大城市成熟制造业的配套设备的制造转移,努力为自己的辖区引进不同的产业,丰富产业结构。第三产业的发展主要看地区的经济发展状况而定,在承接产业转移的同时,可以加强配套设施的建设,诸如零售、餐饮、住宿、旅游、金融保险业等的发展。地级市政府应当加速小城镇建设,通过乡镇合并与城镇一体化提高小城镇的规模水平,并将城镇建设的重点由数量扩张转向产业发展,逐渐将小城镇作为县域产业结构发展的增长极。加速对城市整合进程的力度,努力构建近域城市整合的产业结构与地域空间体系。

2. 促进各地区第二产业内部结构协调发展

从上面的分析来看,四个省区的第二产业,除了广东的第二产业内部结构比较完善和合理外,其他三个省区的不同地区都需要进行相应的调整,实现协调发展。

(1)实行大企业和中小企业共同发展

不同的地级市,大企业和中小企业应当既分工明确又紧密协作,通过大企业带动中小企业的成长与发展,充分发挥各方面的优势,形成金字塔形的企业结构和以大企业为核心的企业群。通过市场手段促进大型优势企业在技术、资本、市场方面的强强联合,发挥大企业在产业结构调整中的主力作用,加强中小企业促进技术创新和活跃市场的功能,促进大企业和中小企业的优势互补,共同发展。

(2)通过招商引资促进产业结构调整

各个地级市可以通过招商引资方式,充分利用本地的劳动力、资源优势,努力吸引国内外的资本,加强与其他地区尤其是发达地区的经济技术交流与合作,形成多层次、宽领域的开放格局。除了吸引外部资本外,也要注重对民间资本的募集,促进民营企业的发展。

(3)实行工厂退城入县策略

从几个省区的发展现状来看,很多制造业主要布局在经济相对发达的市区,将工厂从城市搬迁到县城或者镇上,不仅可以充分利用其劳动力等资源,而且也可以带动县城的其他配套产业的发展和生活设施的完善。而且还可以完善市区的城市规划,对工厂的资产盘活、调整创新都大有裨益,因此各地级市也可以将相应部分工业布局到县城,将县城的工业做强做大,改变县城的经济结构。

(4)调整高新技术产业战略部署

几个省区的很多地级市的高新技术产业发展相对滞后,各地应当立足于实际情况,突出重点,选择相应的突破口,发展相应的高新技术产业。一是用各地优越的资源条件或者政府的鼓励和优惠政策,吸引外面的资本进入。二是可以通过已有相关企业建立与大企业或跨国公司的联系,实现高新技术产业的突破发展。三是引导传统工业走新型工业发展道路,以信息、电子等高新技术改造传统工业企业,建立现代企业制度,努力向现代企业靠拢。

3. 促进各地区第三产业内部结构协调发展

各地区的第三产业都有向上发展的趋势,但是有些地方的第三产业发展明显不足,尤其是一些比较落后的地区,第三产业的内部结构也非常不完整。

(1)需要相应第二产业发展做后盾和支持

一个地方要想发展好第三产业,就必须解决好吃、住、行、玩以及市政、生活基础设施的配套建设等问题。这需要相应的经济实力作后盾,也需要相应的产业来支持。一个地区所需的消费用品也有相当大部分由工业来提供,而且工业的发展也可以带动第三产业的发展。

(2)处理好第三产业内部的比例关系

由于商贸业在第三产业中占的比重比较大,同等的资本量可以提供更多的就业机会,为了满足对第三产业内部结构的调整,以及商贸业自身素质的提高和人民生活水平的改善,各地可以加快对商贸业的发展力度,提高其质量和效益。交通运输和邮电通信业也是现代经济发展的基础部门,对现代经济生活的影响越来越大,因此各地区也应当努力改善交通运输条件和进行通信设施的建设,这也可以为产业和经济发展的顺利进行提高效率。另外一个是金融保险和房地产业,一般的县级城市和乡镇的金融保险业发展非常缓慢,这就需要政府的相应鼓励政策使其进入到这些地区,为生产和生活服务。

(3)促进传统第三产业的现代化

一些经济不发达的地区的第三产业发展存在诸如基础设施不完备、技术和信息含量不高等问题。促进传统产业的现代化,就要建立现代化的生活服务设施,实现生活服务的社会化,建立现代化的流通机制,通过不同的方式改造流通领域,实现流通的机械化、自动化和现代化,并建立现代化的交通运输网络和交通管理体系,以及邮电通信网络。

(4)鼓励新兴第三产业的发展

目前,信息服务业、咨询服务业和广告服务业都是具有广阔市场前景的新兴行业,发展新兴第三产业也可以改善不合理的产业结构,对促进科技发展和提高信息化水平都有重要作用,现在很多地级市的信息和咨询业规模都比较小,市场程度也不高,各个信息系统不能形成网络化,没有形成规模优势。因此需要大力发展信息、咨询服务业,强化对经济信息网络体系的建设,大力发展电子信息技术。

二、四个省区之间的产业协调发展政策建议

从上文的分析可以看出,我国周边省区在产业发展中,有各自的比较优势和比较劣势存在,如何在发展各自经济的同时,又能促进各方的利益协调,增强合理化产业政策的实施效果,是四个省区政府间要解决的另外一个问题。各个省区除了要在各自的产业政策方面加强协调外,也要注重省区之间的贸易往来方面的政策,避免恶性竞争,提高资源的利用效率。

1. 建立省际利益协调机构,避免恶性竞争

在资源利用和市场竞争方面,各个省区之间的资源禀赋优势各不相同,但是又对其他省区的资源要素有很大依赖性的时候,更需要对其进行合理协调了。有些协调的具体操作可能还会对其他产业的发展产生不同程度的正面影响或负面影响。各省区之间对生产要素的贸易和资源输送都对产业的发展有重大影响。尤其是省际贸易壁垒的存在,也使得省区之间的贸易往来或者是生产资料无法得到最优化配置,如何来协调省区之间的贸易,为产业的发展保驾护航,也是我们需要重点考虑的议题。

四个省区虽然不管是在出口产品方面还是内部的贸易方面,有一定的市场竞争性,如何协调各省区的利益竞争,实现共同发展,就需要建立一个四个省区的利益协调机构,这个利益协调机构可以由四个省级政府共同组建一个新的机构,并分别建立各个省区的分支机构。也可以由国家发改委在产业协调司的基础上建立一个专门针对四个省区的一个分支机构,来进行产业规划和协调。

2. 建立跨省区的方便快捷的物流系统和通信系统

从上文的分析来看,广东在交通运输、仓储及邮电通信业发展方面的速度相对来说比其他三个省区要缓慢一些,这也是由于其他三个省区原来的交通运输、仓储和邮电通信业的发展基础比较落后,现在正迎头赶上的原因造成的。从上文对四个省区所具有的自然资源和要素禀赋状况的

分析来看,方便快捷的交通运输对省际之间的资源和产品的运输往来非常重要,仓储业对产业的发展也是非常重要的,需要仓库来存储一系列制造工厂指定送往某一特定地区或从其他地区接收的材料或产品,有效的仓储管理和整合可以尽可能地降低运输费率,这也是提高产业发展效率的一个重要环节。当今社会对信息资源的速度和准确性要求越来越高,邮电通信业的发展和效率提高亦是刻不容缓。因此四个省区的产业协调发展,建立跨省区的方便快捷完善的物流系统和通信系统非常重要。

四个省区应当整合资源,建立标准,构建跨省区的现代化物流体系。统筹规划物流基础设施建设,重点加强港口基础设施、航空物流设施、货运通道、物流园区、农产品批发市场建设,逐步形成四个省区分工协作、布局合理的物流基础设施网络。进一步推广应用现代物流管理技术,加快完善企业物流,引导扩大物流需求,积极培育专业化、社会化的物流服务企业,大力发展"第三方"物流。搭建物流公共信息服务平台,加快发展集装箱运输、散货运输、多式联运等现代运输方式,引导各种运输方式之间、各类物流企业之间的衔接配套,降低物流成本,提高配送效率。

3. 加强四个省区之间的水电供应协调

水资源对经济的发展和人民生活都非常重要,如果没有合理的规划和协调,在可预见的将来,水资源将会成为区域之间资源大战的一个重要内容。周边省区要想优化产业结构,实现产业的动态协调发展,也要协调好水资源的利用与分配问题。尤其是有些河流流经多个省份的情况下,如何协调省际之间的水资源使用,是周边省区产业协调发展需要解决的一个重要问题。

(1)优化水资源开发利用和配置体系

加强水资源调蓄和配置工程建设,实现以流域为单元的水资源统一管理、合理配置。合理开发利用东江、西江地表水及岩溶石山地区和雷州半岛地下水等优质水资源。加强统一调度,协调城乡生活、生产和生态用水,逐步构建经济社会发展与水资源、水环境承载能力相协调的水资源配置体系。抓紧开展研究治理珠三角的咸潮问题。

(2)继续建设水电基地,完善西电东输工程建设

云南和广西可以继续发展壮大电力工业。发挥资源优势,创新电力开发模式,建立带动当地经济社会发展的长效机制,大力发展水电;加快

建设澜沧江、金沙江、怒江、南盘江和红河水等水电基地,把云南、广西建成以水电为主的全国优质能源基地。加快体制创新,实施矿电结合,促进高载能产品发展。在加快发电建设步伐的基础上,努力建设和完善西电东输工程,实现对广东用电量的充分供应,实现电力销售市场。

(3)建设水利工程,加强对水的时空调节力度

我们知道,珠江水系的水资源非常丰富,珠江水系的主干西江发源于云南的马雄山,流经云南、贵州、广西和广东四个省省区。由于各个省区对水资源的需求不同,尤其是水资源在时空上的分布不均衡,水利工程对水资源的调节性能也比较低,而且广东的工业用水量和生活用水量的需求都非常大,供需矛盾比较突出。广东处于珠江下游地区,如果对珠江水系的水资源大量使用,势必会影响中上游其他省份尤其是广西的利益。在广西、云南,水也是一项非常重要的资源,各省区都可以充分利用水资源实现自身利益的最大化。广东和广西、云南之间如何对水资源的利用加以协调,会严重影响到双方产业的发展。因此应当加强对水利工程的建设,扩大蓄水容量,实现时空的协调。

4. 实现四个省区的生产要素分配协调,实现共同发展

从上文的分析可知,四个省区的生产要素禀赋差异很大,广西、云南、海南有丰富的自然资源和劳动力,但是资金和技术比较缺乏,而广东有先进的技术和充裕的资金,因此,在生产要素分配方面,对生产要素进行协调分配,对各省区的共同发展非常重要。

(1)健全劳动力市场,促进劳动力要素的合理流动

改革现有的户籍制度,比如广西、云南、海南的劳动人口流向广东,应当通过剥离与户籍直接关联的福利关系,从而保障劳动力的同等待遇。建立完善的社会保障体系,为劳动力在四个省区的自由流动免除后顾之忧。四个省区也可以实现联省户籍制度,相当于四个省区内部的人口流动可以不受限制,并且享受原来在本省的同等待遇。在市场化的条件下,劳动力会逐渐在各个区域间实现最优化配置。

(2)健全资本要素市场,促进资本要素的合理流动

高效健全的金融体系是资本市场发展的基础,也是现代经济发展的源泉。四省区之间要健全资本要素的合理流动,一是要鼓励在落后地区设立商业银行和其他非银行金融机构,制定相应的优惠政策,降低准入门

槛;二是可以扶持一部分具有增长潜力的公司上市,扩大直接融资的比例;三是通过发展区域产业投资基金和区域创业投资基金,降低其设立条件,从而吸引广东的资金流向其他三个省区支援其产业发展。四是引导广东的民营资本进入广西、云南和海南,鼓励其直接投资办厂或者是兼并相关企业,或者设立分公司或加工基地,直接将资本和技术带过去。

(3)加强技术领域的合作交流

可以通过四个省区之间的人才资源、科研机构和大中院校等多元主体的合作,来加强区域之间的技术扩散与合作。也可以针对某个具体的问题或项目,由政府或相关部门出面,组织各省区进行合作交流、技术渗透。或者可以制定相应优惠政策鼓励广东有先进技术的企业在其他相对落后地区进行技术入股,共担风险、共享收益。也可以通过人才吸引政策,吸引相关技术人才到不同的地区和产业领域。

三、四个省区和东盟之间的产业协调政策建议

为了促进 CAFTA 的顺利建设,使区内各国都可以享受自由贸易区带来的福利,更需要双方进行合作,并采取相应的对策措施,尽可能消除现有的各种问题。为此,周边四个省区和东盟可以积极协调产业政策、贸易政策和投资政策等,目标都是为了促进中国和东盟的经济联系,增加区域的福利增长,避免中国和东盟的恶性竞争,同时不断完善 CAFTA 的协调机制,使其成员国家能够实现利益的均衡分配。

1. 市场和政府政策结合,促进四省区和东盟的产业结构良性竞争

四个省区和东盟应当结合自身的发展优势和不足,建立特色产业结构,实现产业的国际转移、加快产业集聚的发展,努力打造具有国际竞争力的产业基地。另外,应当依托双方的比较优势,以调整产业结构为导向,发展双向投资,注重四省区和东盟的投资政策、对外贸易政策和产业政策的相互协调。

在目前情况下,四省区和东盟应积极协调产业政策,并制定和实施与之配套的贸易政策,优化产业结构,在保证促进效率的必要竞争的同时,尽可能地减少不必要的内耗,增强经济的互补性和竞争力。四个省区和东盟国家应当将贸易政策与协调后的产业政策相互配套,才能使产业政策的效果更加明显。对于区内各成员国经过协调后确定发展的主导产业和重点产业,四个省区也可以在贸易政策上予以扶持;对于协商确定的需

要转产、限产和停产的产业,也应当取消贸易政策上相应的优惠措施;对于共同发展的产业,相应国家应当积极协商,对促进出口的政策进行量化,决定各国在出口政策方面对各产业的扶持力度,或者通过建立共同的投资区等方式进行扶持,对落后地区也可以给予适当优惠,主要是要避免恶性竞争。

2. 把握总体发展的同时突出产业结构的深层次调整

首先,四个省区应当将出口优势向投资经营优势转化。四省区在东盟的投资选择包括:围绕农业的各个环节发展需要的商品生产,劳动密集型出口生产和原材料生产,与东盟一些经济实力比较强的国家要发展经贸关系,实施市场转换。也可以实施贸易—投资一体化战略,通过出口打响品牌,然后进行投资生产占领市场。

其次,加强技术和资本领域的合作,在不同的领域可以分别实施技术输出和资本输出、技术引进和资本引进相结合。可以建立农业科技园区和工业科技园区发展农业科技合作与工业科技合作。

再次,可以鼓励四个省区的企业入驻东盟国家的经济特区,利用已有的不同地区的合作成就辐射周边地区,通过参与大湄公河次区域合作,进一步发展经贸关系和开展经济合作开发,开通四省区和东盟之间的国际旅游路线,利用两地的旅游资源开展合作。

3. 不同的产业要有不同的合作思路

首先在农业方面,广西、海南和云南的农业占比较大,与东盟国家相比优势不明显。因此我国的几个省区应当加快成立亚热带农产品加工基地,在农业竞争中抢占农产品加工制高点。不仅可以提高农产品的附加值,还可以从东盟国家进口热带农产品,作为加工基地的原料。

其次在工业方面,四个省区应当从资源优势和区位优势出发,进行合理的产业规划布局,将工业化发展扩大与东盟的产业合作作为主要合作空间。在出口产品上,发展产业内分工和产业间分工相结合,以解决双方竞争性过强和互补性不足问题。

再次在工程与劳务合作方面,东盟国家在交通、水电和矿产开发方面有较大的工程合作需求,四个省区在这方面有相应的建设能力,可以积极承揽各类工程项目,在输出劳务的同时也带动了技术设备的输出。

最后在工贸合作方面,通过加工装配方式转移周边省区的工业企业剩余加工能力以及传统技术，进行产业结构的调整。也可以到东盟经济发展水平不高的国家去进行跨国经营，或者是吸引东盟经济发展水平较高的国家到周边省区来投资设厂，取得双赢效果。

本章小结

本章对开放条件下粤、桂、琼、滇四个省区的产业协调发展和产业功能区布局提出相应的协调政策建议和发展对策。

论述了我国区域产业政策面临的新选择，就是要确立区域产业结构优化升级导向，选择合适的区域产业技术政策，增加产业发展中技术的作用，在借鉴国内外区域和产业发展政策的基础上，结合自身情况制定相关政策。以及周边省区进行产业政策协调的目标，就是加强各省区的经济协作，在实现广东产业高度化的同时将相关产业向其他省区进行转移，各省应当结合自身的优势形成各省区的特色主导产业，增加进取性产业政策的实施力度。

本章分别针对四个省区的主导产业提出了相应的产业发展政策建议，以及四个省区的产业功能区布局政策建议。并分别从四个省区内部的产业协调、四个省区之间的产业协调以及四个省区和东盟之间的产业协调三个方面提出产业协调发展政策建议。

参考文献

1. Hendecson, J. V. *Efficiency of Resource Usage and City Size*, Journal of Urban Economics, 1986.

2. Audxetsch, D. B. and Feldman, M. P., *R&D Spilloves and the Geography of Innovation and Production*, American Economics Review, 1996.

3. Wan den Berg. L, Braun. E. and van Winden. W. *Growth Clusters in European Cities*; An Integral Approach, Urban Studies. 2001.

4. N. Dayasindhu, Embeddedness, *Knowledge Transfer, Industry Clusters and Global Competitiveness*: *A Case Study of the Indian Software Industry*, Technovation, 2002.

5. Airriess CA. *Regional Production, Information-Communication Technology, and The Developmental State*; *The Rise of Singapore as A Global Container Hub*, Geoforum 2001.

6. Itsutomo MITSUI. *Indutrial Cluster Polices and Regional Development in the Age of Globalization*, 30th ISBC in Singapore 2003.

7. 周肇光:《论马克思产业协调思想的科学内涵及其现实意义》,《当代经济研究》2006 年第 3 期。

8. 苏明吾:《产业政策作用的局限性与产业协调发展对策》,《中州学刊》2002 年第 7 期。

9. 宋明霞:《产业协调是地区发展的核心》,《市场报》2003 年 5 月 17 日。

10. 颜芳芳:《对城市化与第三产业协调发展的思考》,《北方经济》2005 年第 12 期。

11. 邓良、王亚新:《金融危机后我国劳动密集型与资本密集型产业协调发展的经济学研究》,《经济体制改革》2010 年第 1 期。

12. 付伟:《论优区位产业协调发展理论及实施模式》,《哈尔滨商业大学学报》2005 年第 3 期。

13. 程淑佳、于国政、王肇钧：《区域产业协调发展中的制度因素分析》，《工业技术经济》2009 年第 12 期。

14. 罗勇：《区域合作背景下广西产业结构调整的战略考虑》，《学术论坛》2006 年第 4 期。

15. 邢焕峰、谷国锋：《东北地区产业协调机制研究》，《经济纵横》2007 年第 2 期。

16. 高相铎、李诚固：《东北老工业基地区域产业协调的机制与对策研究》，《东北亚论坛》2006 年第 1 期。

17. 冯玫：《京津冀产业协调发展的障碍与对策》，《产业与科技论坛》2008 年第 9 期。

18. 黎树式、曾令锋：《广西右江流域产业协调发展初步研究》，《广西师范学院学报》2005 年第 9 期。

19. 唐明义、杨波：《德国区域经济政策的启示》，《民族经济与社会发展》1998 年第 2 期。

20. 陈璟、牛慧恩：《区域产业政策实施机制及其应用探讨》，《地域研究与开发》1999 年第 4 期。

21. 刘继光：《中国区域产业政策的效力分析》，《中国经济评论》2003 年第 7 期。

22. 刘吉发、龙蕾：《产业政策学》，经济管理出版社 2004 年版。

23. 杨静文：《产业政策与地区政策的融合：理论与经验》，《经济管理研究》1997 年第 1 期。

26. 崔万田：《产业政策的区域特征与设计》，《经济动态》2008 年第 5 期。

27. 徐康宁：《开放经济中的产业集群与竞争力》，《中国工业经济》2001 年第 11 期。

28. 罗志慧：《广东省在"泛珠"区域经济合作中的地位及推动作用》，华南师范大学硕士学位论文，2007 年。

29. Diego Puga, Anthony J. *Venables Agglomeration and Economic Development*：*Import Substitution vs. Trade Liberalization*, The Economic Journal, 1999.

30. Gordon H. Hanson. *Regional Adjustment to Trade liberalization*, Regional Science and Urban Economics,1998.

31. Amiti, M. *Specialization Patterns in Europe*, Weltwirschaftliches Archiv 1999.

32. Alonso Villar. Olga. *Spatial Distribution of Production and International Trade: A Note*, Regional Science and Urban Economics,1999.

33. Alonso Villar. Olga. *Large Metropolises in theThird World: An Explanation*, Urban Studies 2001.

34. Montfort, Nicolini. *Regional Convergence and International Integration*, Journal of Urban Economies,2000.

35. Paluzie E. *Trade Policy and Internal Geography*, Papers in Regional Science 2001.

36. Brulhart, M. *Evolving Geographical Specialization of European Manufacturing Industries*, Weltwirschaftliches Archiv, 1999.

37. Baldwin. R, R. Forslid, P. Martin, G Ottaviano and F. Rober – Nicoud . *The Core–Periphery Model: Key Features and Effects*, Draft Chapter 1of Public Policies and Economic Geography , Princeton University Press, Princeton,2003.

38. Fujita, Hu. *Regional Disparity in China 1985 – 1994: the Effects of Globalization and Economics Liberation*, the Annals of Regional Science, 2001.

39. Crozet, Koeing – Soubeyran. *Trade Liberalization and the Internal Geography of Countries*, CREST Working Paper,2002.

40. Gaulier et al. *China's Integration in East Asia: Production Sharing, FDI&High–Tech Trade*, CEPII Working Paper,2005.

41. 林琳:《产业内贸易研究———一般理论与中国的经验分析》,山东大学博士学位论文,2005 年。

42. 陈迅、李维、王珍:《我国产业内贸易影响因素实证分析》,《世界经济研究》2004 年第 6 期。

43. 大卫·李嘉图:《政治经济学及赋税原理》,商务印书馆 1990 年版。

44. Yamawaki Hideki. *The Evolution and Structure of Industrial Clusters in Japan.* ,Sma Economics,2002.

45. 李飞:《区域主导产业选择研究综述》,《河南社会科学》2007 年第 3 期。

46. 刘再兴:《区域经济理论与方法》,中国物价出版社 1996 年版。

47. 王岳平:《中国工业结构调整与升级:理论、实证和政策》,中国计划出版社 2001 年版。

48. 周振华:《产业政策的经济理论系统分析》,中国人民大学出版社 1991 年版。

49. 冯杰、荣朝和:《关于地区或城市主导产业选择基准与方法的探讨》,《经济地理》1999 年第 6 期。

50. 阚滨、张德荣、韩长金:《谈确定地区主导产业及其选择标准》,《宏观经济管理》1997 年第 4 期。

51. 冒小栋、王亚平:《"十一五"时期江西工业主导产业选择初探》,《景德镇高等专科学校学报》2005 年第 4 期。

52. 郑长娟:《齐齐哈尔市工业主导产业的选择》,《理论观察》2001 年第 1 期。

53. 王宏伟、朱德威:《城市主导产业选择的模糊优选模型方》,《经济地理》1994 年第 3 期。

54. 蔡艺:《主成分方法在综合评价中的应用》,《中国统计》2005 年第 2 期。

55. 张根明、刘韬:《基于 DEA 模型的高新区主导产业选择分析》,《技术经济与管理研究》2008 年第 2 期。

56. 王旭、陈嘉佳:《区域生产性服务业发展主导产业选择模型研究》,《中央财经大学学报》2008 年第 3 期。

57. 赵永刚、王燕燕:《区域主导产业选择指标体系的设计》,《武汉工程大学学报》2008 年第 9 期。

58. 王艳秋、朱兆阁:《基于灰关联和主成分分析的大庆主导产业选择》,《辽宁工程技术大学学报》2009 年第 1 期。

59. 王敏晰、李新:《基于粗糙集方法的国家高新区主导产业选择模型》,《商业研究》2010 年第 1 期。

60. 刘洋:《基于泛北部湾经济合作区的广西主导产业选择》,广西师范大学硕士学位论文,2008 年。

61. Scott. *The Collective Order of Flexible Production Agglomerations*: *Lessons for Local Economic Development Policy and Strategic Choice*. Economic Geography,1992 Vol. 68.

62. Grabher. *The Embedded Firms*: *on the Social –Economics of Industrial Networks*. London. EC4P4EE,1993

63. Krugman. *International Economics*: *Theoryand Policy*(*4th Edition*). Addison–Wesley Longman,Inc,1997

64. Hubert Schmiz,Khalid Nadvi. *Clustering and Industrialization*:*Introduction*. World development,1999 Volume 27 Number 9.

65. Porter. *Clusters and New Economics of Competition*. Harvard Business,1998.

66. 胡志坚:《国家创新系统—理论分析与国际比较》,社会科学文献出版社 2000 年版。

67. 石培哲:《产业集聚形成原因探析》,《经济师》2000 年第 3 期。

68. Dick,A. *Does Import Protection Act As Export Promotion？Evidence From The United States*. Oxford Economic Papers,1994.

69. Eaton,Jonthan,Grossman,Gene M. *Optimal Trade and Industrial Policy under Oligopoly*,Quarterly Journal of Economics 1986.

70. Brander,James A.,Spencer,Barbara J. *Export Subsidies and International Market Share Rivalry*,Journal of International Economics,1985.

71. 梁碧波:《贸易保护与幼稚产业的成长——国际的经验与中国的选择》,《国际经贸探索》2004 年第 3 期。

72. 田玉红:《美日贸易政策与产业政策协调体制的比较与启示》,《财经问题研究》2008 年第 5 期。

73. 戴军:《战略性贸易政策与美国产业国际竞争力的复兴与再造》,《湖南行政学院学报》2004 年第 6 期。

74. 牛勇平:《战略性贸易政策与产业政策实施的国际经验及其启示》,《山东社会科学》2005 年第 11 期。

75. 梁滢:《我国实施战略性贸易政策的产业选择》,《商业时代》2008

年第 12 期。

76. 吴伟:《贸易政策和产业政策协调的思考》,《对外经贸实务》2008 年。

77. 田玉红:《我国幼稚产业发展政策与贸易政策的协调研究》,《对外经济贸易大学学报》2007 年。

78. 殷晓红:《以贸易政策促进产业结构调整》,《天津市财贸管理干部学院学报》2003 年。

79. 李明圆:《论日本产业政策与贸易政策的融合》,对外经济贸易大学硕士学位论文,2005 年。

80. 中国人民银行上海总部课题组:《东京城市经济圈发展经验及其对长三角区域经济一体化的借鉴》,《上海金融》2008 年第 4 期。

81. 王双玲:《日本大都市圈的产业转移与地域演化》,东北师范大学博士学位论文 2007 年第 7 期。

82. 邹志鹏:《墨西哥:借力自由贸易促进产业调整》,人民网 2010 年第 7 期。

83. 涂志玲:《从 NAFTA 十年成效看南北型区域经济合作》,《世界经济与政治论坛》2005 年第 4 期。

84. 张璟:《论墨西哥加入 NAFTA 的得失及对我国的启示》,《今日南国》2009 年第 8 期。

85. 季旭东:《NAFTA 对墨西哥产业布局和产业竞争力的影响》,《南京社会科学》2005 年第 7 期。

86. 韩超:《北美自由贸易协定与墨西哥产业结构调整》,对外经济贸易大学硕士学位论文,2005 年。

87. 黄溪航:《北美自由贸易区产业内贸易研究》,广西大学硕士学位论文 2006 年。

88. 秦婷婷:《东亚区域产业转移研究》,吉林大学博士学位论文,2008 年。

89. 张建:《区域产业分工演进与东亚经济合作》,吉林大学硕士学位论文,2007 年。

90. 史智宇:《东亚产业内贸易发展趋势的实证研究——对发展我国与东亚产业内贸易的政策思考》,《财经研究》2003 年第 9 期。

91. 史智宇、易行健:《东亚产业内贸易的发展趋势》,《世界经济》2003 年第 12 期。

92. 石静、王鹏:《水平和垂直产业内贸易的实证研究:基于国家特征的视角》,《世界经济研究》2008 年第 4 期。

93. 杨洪杰:《论东亚产业分工体系的不平衡性》,吉林大学硕士学位论文 2009 年。

94. 赵曙东:《日本首雁效应的衰落》,《南京大学学报》1999 年第 8 期。

95. 徐世刚、姚秀丽:《"雁行模式"与东亚地区产业分工的新变化》,《东北亚论坛》2005 年第 3 期。

96. 胡少聪:《东亚产业发展的新变化及其影响》,《国际问题研究》2002 年第 5 期。

97. 姚瑜滢:《东亚产业转移的地区政治效应分析》,山东大学硕士学位论文,2008 年。

98. 张建平:《东亚各国(地区)产业结构比较研究》,吉林大学硕士学位论文,2007 年。

99. 刘心舜:《东亚区域经济一体化与中国产业结构演进》,厦门大学硕士学位论文,2006 年。

101. 赵峰:《论产业集群对振兴东北老工业基地的战略支持》,《经济纵横》2006 年第 10 期。

102.《北京创造特色产业集群带》http://www. gov. cn。

103.《天津今后 10 年间将投 2680 亿建三大石油化工园》http://www. mysteel. com。

104. 袁培红、樊浩峰:《大力发展产业集群 推动河北结构升级》,《宏观经济管理》2005 年第 4 期。

105. 张国云:《产业集聚:整合提升各类园区 》,《中国经贸导刊》2003 年第 18 期。

106. 庞小欢:《长三角产业结构优化研究》,江苏大学硕士学位论文,2009 年。

107. 王健:《论长江三角洲、珠江三角洲产业结构变化与区域经济发展——兼论对东北地区的借鉴》,吉林大学硕士学位论文,2007 年。

108. 张永成:《基于循环经济视角的广西制糖产业结构优化升级策略》,《改革与战略》2006 年第 12 期。

109. 孙班军、朱燕空:《协同论在企业集团核心竞争力构建中的应用》,《企业管理》2007 年第 31 期。

110. 张英、刘逾琳:《从需求偏好相似理论预测中国—东盟自由贸易区的贸易前景》,《区域经济》2007 年第 9 期。

111. 党军、冯宗献:《对华贸易摩擦与我国对外贸易理论方向调整——基于收入需求偏好相似理论的分析》,《人文地理》2007 年第 5 期。

112. 冯晓玲:《考特纳模型下的需求偏好相似论》,《大连海事大学学报》2005 年第 2 期。

113. 韦海鸣:《浅析产业内贸易理论》,《广西经济管理干部学院学报》1999 年第 4 期。

114. 黄绥彪:《财政学》,广西教育出版社 2004 年版。

115. 田丽敏、谭力文:《产业梯度转移与中西部地区产业升级——基于全球价值链理论的分析》,《经济研究导刊》2010 年第 3 期。

116. 梁琦:《空间集聚的基本因素考察》,《衡阳师范学院学报》2003 年第 24 卷第 5 期。

117. 易宪容:《外资性与经济效益》,《湖湘论坛》1994 年第 1 期。

118. 姜鑫、罗佳:《从区位理论到增长极和产业集群理论的演进研究》,《山东经济》2009 年第 1 期。

119. 陈朝斌、程俐骢、李昊:《经典区位选择理论的数例解析》,《徐州师范大学学报》2009 年第 35 卷第 5 期。

120. 刘强:《区位理论、区位 因子与中国产业集群形成机理》,《河南社会科学》2008 年第 16 卷第 1 期。

121. 王慧:《劳动地域分工理论在区域开发规划中的作用》,《地域研究与开发》1996 年第 2 期。

122. 黄友爱:《区域经济合作理论对发展中国家区域经济合作的影响与启示》,《经济界》。

123. 孙海燕、王富喜:《区域协同发展的理论基础研究》,《经济地理》2008 年第 28 卷第 6 期。

124. 王帅力、单汨源:《基于复杂系统理论的珠三角产业集群升级分析》,《研究管理》2006 年第 3 期。

125. 李鸣、平瑛:《产业结构优化理论综述及新进展》,《黑龙江农业科学》2010 年第 3 期。

126. 黎鹏:《区际产业的互补性整合与协同发展研究——理论依据、实践需求和方法论思路》,《社会经济发展》2003 年第 5 期。

127. 李松志、肖佑兴:《云南参与泛珠三角洲合作的理论基础及其启示》,《经济问题探索》2006 年第 1 期。

128. 孙利娟:《比较优势、竞争优势、后发优势的综合分析——基于产业创新的角度》,《经济论坛》。

129. 鲍辉:《后发地区的后发优势发挥——基于区域贸易中的技术扩散和创新视角》,《经济研究导刊》2010 年第 17 期。

130. 杨坚、司帆:《区域后发优势理论:来自中国的证据》,《经济问题探索》2009 年第 9 期。

131. 欧向军、沈正平、朱灵子、秦永东:《长夜结构转换对区域经济差异的影响初探——以江苏省为例》,《工业技术经济》2007 年第 3 期。

132. 胡峰:《区域经济增长与产业结构转换的理论分析》,《新疆财经》2001 年第 1 期。

133. 李坤望:《国际经济学》,高等教育出版社 2005 年版。

134. 王慧、史同广:《劳动地域分工理论在区域开发规划中的作用》,《区域经济研究与开发》1996 年第 15 卷第 2 期。

135. 翁计传:《珠江三角洲工业结构趋同性研究》,《世界地理研究》2006 年第 1 期。

136. 谭福河、孔令秋、杨立斌:《长江三角洲地区产业结构趋同化分析》,《商业研究》2003 年第 17 期。

137. 单德鹏、王英、王如渊:《成渝地区工业产业趋同性及其绩效研究》,《地域研究与开发》2008 年第 5 期。

138. 向军:《甘肃各地区产业趋同性的比较研究》,《牡丹江师范学院学报》2008 年第 3 期。

139. 陈海华:《我国区域产业结构趋同问题研究》,《经济研究》2005 年第 2 期。

140. 刘凌瑜:《长株潭城市群三次产业趋同性与互补性分析》,《中国集体经济》2005 年 10 月上期。

141. 张梅、陈喜强:《CAFTA 进程中粤、桂、云、琼四省区产业结构与就业结构协调问题研究》,《经济问题探索》2009 年第 6 期。

142. 黄倩岚:《CAFTA 背景下地区产业政策协调问题研究——基于粤桂地区区域分工的视觉》2008 年。

143. 杨林、陈喜强:《论 CAFTA 进程中粤桂琼滇产业结构与就业结构协调》,《改革与战略》2009 年第 8 期。

144. 施锦:《在 CAFTA 条件下广西及周边地区的分工现状问题》,《工业技术经济》2007 年第 10 期。

145. Wassily Leontief. *Quantitative Input and Output Relations in the Economic Systems of the United States*, The Review of economic statistics, 1936, Vol. 18, No. 3, pp. 105–125.

146. Wassily Leontief. *Interrelation of Prices*, *Output*, *Savings and Investment*, The Review of Economic Statistics, 1937, Vol. 19, No. 3, pp. 109–132.

147. Wassily Leontief. *Introduction to a Theory of the Internal Structure of Functional Relationships*, econometrica, 1947, Vol. 15, No. 4, pp. 361–373.

148. 列昂惕夫:《1919—1939 年美国经济结构》,商务印书馆 1993 年版。

149. 列昂惕夫:《投入产出经济学》,中国统计出版社 1990 年版。

150. 西蒙·库兹涅茨:《各国的经济增长》,商务印书馆 1985 年版。

151. 西蒙·库兹涅茨:《现代经济增长》,北京经济学院出版社 1989 年版。

152. 罗斯托:《从起飞进入持续增长的经济学》,四川人民出版社 1988 年版。

153. 钱纳里:《工业化和经济增长的比较研究》,上海人民出版社 1995 年版。

154. 纪宝成、杨瑞龙:《中国经济发展研究报告 2002》,中国人民大学出版社 2003 年版。

155. 宫占奎:《亚太经济发展报告 2002》,南开大学出版社 2002 年版。

156. 宫占奎、孟夏、刘晨阳：《中国与东盟经济一体化：模式比较与政策选择》，中国对外贸易出版社 2003 年版。

157. 金哲松：《国际贸易结构与流向》，中国计划出版社 2002 年版。

158. 钟契夫、陈锡康、刘起运：《投入产出分析（修订本）》，中国财政经济出版社 1993 年版。

159. 张亚雄、赵坤：《区域间投入产出分析》，社会科学文献出版社 2005 年版。

160. 国家信息中心：《中国区域间投入产出表》，社会科学文献出版社 2005 年版。

161. 刘勇：《区域经济发展与地区主导产业》，商务印书馆 2006 年版。

162. 李春林：《区域产业竞争力——理论与实证》，冶金工业出版社 2005 年版。

163. 汪斌：《全球化浪潮中当代产业结构的国际化研究》，中国社会科学出版社 2004 年版。

164. 李明志、柯旭清：《产业组织理论》，清华大学出版社 2004 年版。

165. 金芳：《产业全球化及其对中国产业发展的影响》，《世界经济研究》2004 年第 9 期。

166. 钱晓寒：《产业全球化与战略全球化的有效契合》，《华东理工大学学报》2004 年第 1 期。

167. 王夏阳：《跨国公司对华投资的产业关联效应研究》，《经济师》2001 年第 4 期。

168. 李永：《我国目前产业关联结构效果的实证分析》，《广西社会科学》2003 年第 3 期。

169. 章文光、梁丽红：《跨国公司与中国企业产业关联分析》，《中国流通经济》2004 年第 11 期。

170. 刘菁、任曙明：《跨国公司国际产业转移机制研究》，《经济与管理》2005 年第 10 期。

171. 邬滋：《产业关联效应分析及产业结构调整的政策建议》，《经济论坛》2004 年第 20 期。

172. 丰志培、刘志迎：《产业关联理论的历史演变及评述》，《温州大学学报》2000 年第 1 期。

173. 周松兰、刘栋:《产业关联分析模型及其理论综述》,《商业研究》2005 年第 5 期。

174. 张秀娥:《全球化背景下的各国经济相互依赖与博弈》,《株洲工学院学报》第 19 卷第 5 期。

175. 夏明、彭春燕:《20 世纪末期中国产业关联变动和结构升级》,《上海经济研究》2004 年第 3 期。

176. 廖春花:《泛珠三角区域合作背下的云南产业结构调整初探》,《经济问题探索》2006 年第 2 期。

177. 毛蕴诗:《从广东实践看我国产结构转型、升级》,《经济与管理研究》2008 年第 7 期。

附　录

附表 7-1　直接消耗系数矩阵

0.1750	0.0010	0.0867	0.0033	0.0007	0.0116	0.0009	0.0096
0.0003	0.0272	0.0013	0.0254	0.0830	0.0184	0.0003	0.0000
0.0740	0.0080	0.3771	0.0556	0.0062	0.0453	0.0194	0.0721
0.0851	0.3928	0.1222	0.5958	0.2439	0.5189	0.0930	0.0779
0.0310	0.1432	0.0381	0.0344	0.2420	0.0227	0.0286	0.0365
0.0001	0.0005	0.0000	0.0001	0.0011	0.0000	0.0069	0.0063
0.0401	0.1852	0.0765	0.0466	0.0529	0.0737	0.0810	0.0417
0.0353	0.1630	0.0346	0.0445	0.0966	0.0486	0.1972	0.2127
0.1499	0.0056	0.1669	0.0141	0.0000	0.0089	0.0010	0.0299
0.0000	0.0462	0.0178	0.0871	0.1275	0.0519	0.0002	0.0004
0.0566	0.0172	0.1296	0.0411	0.0022	0.0263	0.0079	0.0640
0.1030	0.1170	0.2157	0.3549	0.0298	0.4821	0.0628	0.0926
0.0043	0.0506	0.0313	0.0481	0.0523	0.0063	0.0238	0.0359
0.0002	0.0013	0.0006	0.0003	0.0002	0.0000	0.0078	0.0142
0.0282	0.1233	0.0808	0.0827	0.0098	0.0793	0.0320	0.0594
0.0105	0.1292	0.0888	0.1161	0.3048	0.0822	0.2327	0.18696
0.1388	0.0242	0.1525	0.0190	0.0000	0.0052	0.0006	0.0141
0.0035	0.1209	0.0037	0.1271	0.0635	0.0512	0.0001	0.0004
0.0372	0.0186	0.1272	0.0149	0.0094	0.0183	0.0253	0.0849
0.1000	0.2609	0.0739	0.3587	0.0794	0.5343	0.1740	0.1192
0.0091	0.0771	0.0148	0.0761	0.2044	0.0049	0.0095	0.0236

0.0005	0.0011	0.0002	0.0003	0.0007	0.0000	0.0051	0.0052
0.0650	0.2126	0.0880	0.1347	0.0725	0.0957	0.0937	0.0642
0.0208	0.0528	0.0428	0.0254	0.0783	0.0284	0.1817	0.1544
0.0885	0.0010	0.2452	0.0122	0.0045	0.0281	0.0002	0.0373
0.0024	0.0584	0.0088	0.0351	0.1232	0.0265	0.0002	0.0004
0.0698	0.0104	0.1978	0.0314	0.0034	0.0329	0.0195	0.0816
0.1062	0.2223	0.1053	0.4557	0.0874	0.5101	0.1057	0.0705
0.0040	0.0812	0.0561	0.0487	0.2890	0.0215	0.0389	0.0329
0.0000	0.0026	0.0001	0.0003	0.0002	0.0000	0.0046	0.0061
0.0310	0.0631	0.0147	0.0308	0.0046	0.0105	0.0726	0.0159
0.0653	0.0713	0.0376	0.0569	0.0347	0.0652	0.4222	0.2655

附表7-2　总产出与总需求

单位(万元)	广东		广西		云南		海南	
	总产出	总需求	总产出	总需求	总产出	总需求	总产出	总需求
农业	18565921	20987683	9446702	8795865	7729084	7851828	3537480	1664183
采选业	4022191	6910256	1278450	1746489	1213360	1457009	113855	164259
轻工业	55644245	46870248	7381831	4137291	7875235	5425609	880518	1339611
重工业	153790651	152634138	14043074	13025171	8592294	12521009	1727741	3480013
电力、气、水生产供应业	18576121	18830369	1443535	1708816	2078930	1894805	227791	542879
建筑业	22806767	22806767	6268375	6442287	6532509	6574691	1362527	1466240
商业、运输业	34003204	26545626	7092127	6651407	5136267	5048137	2014141	982329
其他服务业	74970992	74915873	10463724	16121576	10053025	10734081	3437277	3702815

附表7-3 区域间最终使用及总产出

单位（万元）		最终使用				净流出	总产出
		广东	广西	云南	海南		区域间投入总产出
广东	农业	14392563.2382	2861330.2296	1412015.3028	0	-2421763	24361375
	采选业	5452547.3320	788593.6081	404530.5898	0	-2888065	9900556
	轻工业	41937318.1823	2733303.6884	2325917.5131	0	8773996	92973445
	重工业	139164690.1067	9071603.0275	6299564.7566	0	1156513	285201142
	电力、气、水生产供应业	16955255.5922	1145859.6990	867177.5588	0	-254248	36168310
	建筑业	17154564.1553	2605499.2829	1481590.6119	0	0	21910551
	商业、运输业	21154388.8461	3064719.4392	1489375.5335	0	7457578	53222191
	其他服务业	62009931.6914	8182749.8353	3765849.2218	0	55119	108390449
广西	农业	3536541.2245	3742426.5401	1121858.0247	0	650837	12422921
	采选业	807974.5504	622008.3467	193823.9865	0	-468039	27786510.6
	轻工业	2170431.0362	752970.4735	389222.1631	0	3244537	9050602.2
	重工业	6962854.6841	2415944.9521	1019123.3122	0	1017901	20320287
	电力、气、水生产供应业	902126.2738	324473.0646	149186.2982	0	-265280	2388067.3
	建筑业	2841074.0318	2296561.2622	793394.1545	0	-173913	5937944.9
	商业、运输业	3107760.5840	2396194.1806	707471.9137	0	440720	11071481
	其他服务业	7823866.3400	5494695.8594	1536317.6288	0	-5657852	15860319

单位（万元）		区域间投入产出						
		最终使用				净流出	总产出
		广东	广西	云南	海南		
云南	农业	3025456.3546	2128749.3768	5317954.6725	0	-122744	14307943
	采选业	645972.4649	330652.3544	858654.4237	0	-243649	3564187.2
	轻工业	2727711.0328	629200.9909	2710469.3238	0	3117697	13138849
	重工业	6414505.3321	1479864.5123	5202320.9312	0	-3928715	20249735
	电力、气、水生产供应业	958780.3304	229259.2662	878441.1430	0	184125	4132378.7
	建筑业	2779075.8008	1493455.6840	4299706.2336	0	-42182	8729628.5
	商业、运输业	2260724.9513	1158827.1072	2851289.5528	0	88130	11352290
	其他服务业	4992997.6276	2331202.8149	5431914.1494	0	-681056	17307885
海南	农业	33122.1827	63358.8535	0	13342329.0000	1873298	22615319
	采选业	3761.6527	5234.6908	0	13342329.0000	-50404	20574790
	轻工业	34787.7487	21815.8472	0	13342329.0000	-459091	20248678
	重工业	92087.8770	57758.5081	0	13342329.0000	-1752270	19135280
	电力、气、水生产供应业	14206.8035	9223.9702	0	13342329.0000	-315087	20337522
	建筑业	32053.0121	46770.7710	0	13342329.0000	-103713	20584844
	商业、运输业	22751.6186	31666.2729	0	13342329.0000	268715	20965489
	其他服务业	89077.3410	112927.4905	0	13342329.0000	497562	21398876
合计		370500960	58628902	51507169	106738632	8998657	970609846

附表 8-1　五行业四省两两之间的协调关系

	海南云南	海南广西	海南广东	云南广西	云南广东	广西广东	海南云南	海南广西	海南广东	云南广西	云南广东	广西广东
	农林牧渔业						建筑业					
1997	0.000000	0.000327	0.002899	0.003743	0.081077	0.918915	0.000000	0.000000	0.000000	0.000000	0.000000	0.000016
1998	0.000000	0.000000	0.245279	0.000000	0.021312	0.000001	0.003805	0.000358	0.002719	0.005639	0.635389	0.138117
1999	0.000000	0.271877	0.048141	0.332279	0.287559	0.489759	0.000000	0.199096	0.000001	0.000000	0.000000	0.413302
2000	0.000000	0.180725	0.668683	0.285994	0.719926	0.963985	0.715646	0.000000	0.022737	0.000000	0.000000	0.532994
2001	0.000000	0.000000	0.000000	0.000000	0.000000	0.012374	0.271955	0.000000	0.000000	0.000000	0.000000	0.728778
2002	0.000000	0.000000	0.000000	0.000000	0.000000	0.014653	0.766370	0.528500	0.954920	0.773844	0.179524	0.117658
2003	0.000000	0.067235	0.063263	0.030621	0.000000	0.000000	0.340612	0.714324	0.271491	0.480788	0.596410	0.087200
2004	0.000000	0.172908	0.281157	0.793122	0.735110	0.000115	0.000001	0.000070	0.000000	0.000234	0.000000	0.000102
2005	0.000000	0.591021	0.000723	0.709699	0.000130	0.970351	0.240696	0.000000	0.000000	0.000067	0.002940	0.000050
2006	0.000000	0.000000	0.970525	0.000000	0.000002	0.013196	0.000000	0.044054	0.000000	0.000000	0.000000	0.000000
2007	0.000000	0.000000	0.006221	0.000000	0.894777	0.015345	0.000000	0.832530	0.000027	0.000105	0.231169	0.254116
2008	0.000000	0.239007	0.049206	0.038766	0.095139	0.931957	0.680272	0.820803	0.007403	0.012982	0.978877	0.000488
	工业						交通运输、仓储及邮电通信业					
1997	0.000000	0.395616	0.000000	0.000000	0.000000	0.000000	0.000000	0.000000	0.000000	0.000028	0.001347	0.000013
1998	0.039635	0.574292	0.084302	0.092993	0.024110	0.714934	0.000000	0.000000	0.002260	0.000000	0.000000	0.000000
1999	0.000000	0.118681	0.000000	0.000000	0.102148	0.000000	0.000000	0.000000	0.000000	0.000000	0.000000	0.000000

产业协调与产业功能区研究——

	海南云南	海南广西	海南广东	云南广西	云南广东	广西广东	海南云南	海南广西	海南广东	云南广西	云南广东	广西广东
2000	0.031918	0.081823	0.220290	0.095117	0.020298	0.000351	0.000000	0.000000	0.000000	0.003611	0.000000	0.000000
2001	0.580190	0.000248	0.000169	0.002955	0.000589	0.106878	0.000000	0.125480	0.879062	0.083856	0.000000	0.000116
2002	0.000000	0.000000	0.000000	0.000000	0.000000	0.000000	0.350385	0.000127	0.009272	0.000000	0.045673	0.000000
2003	0.000000	0.031559	0.000001	0.000000	0.818306	0.000000	0.197031	0.000351	0.019172	0.009716	0.000002	0.013190
2004	0.000390	0.066384	0.000093	0.000073	0.154410	0.000000	0.000000	0.000000	0.153967	0.000000	0.725804	0.000000
2005	0.000024	0.455101	0.000000	0.000011	0.462142	0.000021	0.000000	0.020517	0.000000	0.000000	0.000000	0.000039
2006	0.000000	0.000022	0.000000	0.000000	0.131929	0.000000	0.004404	0.000000	0.000000	0.015294	0.000000	0.000000
2007	0.000000	0.000009	0.000000	0.000000	0.000000	0.000000	0.007979	0.000001	0.011272	0.000000	0.709516	0.000000
2008	0.000000	0.008603	0.000000	0.000108	0.000108	0.000000	0.000000	0.003076	0.000006	0.000000	0.000000	0.261909
批发零售贸易餐饮业												
1997	0.031377	0.000176	0.004137	0.000164	0.530627	0.000000						
1998	0.868549	0.622807	0.101523	0.000002	0.000071	0.657151						
1999	0.000959	0.335440	0.230049	0.194977	0.946801	0.060671						
2000	0.888566	0.092287	0.029894	0.131840	0.851459	0.000157						
2001	0.144202	0.145023	0.028907	0.001224	0.059746	0.807433						
2002	0.000000	0.000000	0.000000	0.000000	0.000000	0.000000						
2003	0.000275	0.583822	0.235049	0.121580	0.000000	0.187138						

年份	海南云南	海南广西	海南广东	云南广西	云南广东	广西广东						
2004	0.091065	0.843681	0.035396	0.000097	0.000000	0.114738						
2005	0.000000	0.393736	0.000000	0.078299	0.000000	0.000004						
2006	0.058959	0.000039	0.103605	0.001920	0.019333	0.000000						
2007	0.000000	0.008167	0.002560	0.204810	0.000000	0.000001						
2008	0.823357	0.924308	0.002571	0.000000	0.011569	0.000063						

附表 8-2　五行业四省三者之间的协调关系

年份	农林牧渔业				建筑业				工业			
	海南云南广西	海南云南广东	海南广西广东	云南广西广东	海南云南广西	海南云南广东	海南广西广东	云南广西广东	海南云南广西	海南云南广东	海南广西广东	云南广西广东
1997	0.342710	0.959541	0.959073	0.267580	0.002165	0.000000	0.002275	0.000000	0.001263	0.000609	0.000000	0.000000
1998	0.038442	0.050629	0.005663	0.003902	0.919896	0.921717	0.784684	0.949241	0.154150	0.541372	0.142521	0.394651
1999	0.657356	0.817635	0.746565	0.673343	0.075463	0.010801	0.169788	0.007429	0.737944	0.351686	0.000000	0.000000
2000	0.121841	0.201770	0.536613	0.172724	0.522756	0.108179	0.009005	0.000381	0.016342	0.414458	0.290108	0.016966
2001	0.000001	0.000000	0.058248	0.038654	0.358043	0.391364	0.055600	0.445927	0.086628	0.000001	0.003044	0.000045
2002	0.000000	0.000000	0.314874	0.563346	0.009497	0.014422	0.003637	0.004382	0.000000	0.000000	0.000000	0.000000
2003	0.001753	0.020619	0.102410	0.059100	0.000259	0.000018	0.000393	0.000848	0.464399	0.000000	0.464399	0.454195

产业协调与产业功能区研究

	海南云南广西	海南云南广东	海南广西广东	云南广西广东	海南云南广西	海南云南广东	海南广西广东	云南广西广东	海南云南广西	海南云南广东	海南广西广东	云南广西广东
2004	0.262685	0.389630	0.372490	0.241541	0.000623	0.002022	0.000003	0.000000	0.004644	0.050624	0.000631	0.054598
2005	0.551950	0.239006	0.001257	0.002016	0.194927	0.211265	0.000721	0.000589	0.009548	0.321712	0.009418	0.309873
2006	0.000018	0.331243	0.426508	0.000015	0.000000	0.000000	0.000000	0.000002	0.000000	0.086644	0.000000	0.091595
2007	0.058727	0.664878	0.554678	0.055647	0.021145	0.166236	0.004101	0.009868	0.000002	0.000000	0.739824	0.000000
2008	0.673226	0.782462	0.699212	0.809933	0.078680	0.009039	0.046275	0.011436	0.002137	0.001894	0.411929	0.000541
	交通运输、仓储及邮电通信业				批发零售贸易餐饮业							
1997	0.001170	0.000093	0.000039	0.007695	0.003359	0.006278	0.005729	0.001633				
1998	0.028523	0.001790	0.022097	0.028999	0.053701	0.722765	0.771168	0.338137				
1999	0.094136	0.000026	0.000038	0.040592	0.602103	0.527719	0.537675	0.636449				
2000	0.054505	0.000000	0.000000	0.015926	0.000765	0.205371	0.000904	0.057400				
2001	0.008193	0.134711	0.345002	0.029899	0.063896	0.032825	0.048578	0.020071				
2002	0.000302	0.002622	0.003023	0.002434	0.000000	0.016200	0.000000	0.015274				
2003	0.000007	0.000160	0.003905	0.004276	0.314180	0.441703	0.451048	0.472631				
2004	0.007027	0.273498	0.507176	0.403060	0.217140	0.566529	0.326075	0.413489				
2005	0.067415	0.000000	0.340780	0.000000	0.565156	0.006894	0.012256	0.546364				
2006	0.000737	0.000561	0.366067	0.192250	0.259241	0.811462	0.365303	0.075693				

	海南云南广西	海南云南广东	海南广东广西	云南广东广西	海南云南广西	海南云南广东	海南广东广西	云南广东广西
2007	0.311747	0.173985	0.391526	0.326119	0.583209	0.030969	0.022243	0.482862
2008	0.000000	0.000000	0.000000	0.000000	0.000000	0.000000	0.000199	0.000178

附表 8 - 3 微观动态协调模型中 29 个大细分行业的两省之间的协调指数

	电力热力供应业							电气机械制造业					
	海南云南广西	海南云南广东	海南广东广西	云南广东广西	海南云南广西	海南云南广东	海南广东广西	云南广东广西	海南云南广西	海南云南广东	海南广东广西	云南广东广西	广西广东
1997	0.000000	0.000000	0.000000	0.071809	0.000000	0.000002	0.000000	0.000014	0.005077	0.000140	0.368408	0.000046	0.000173
1998	0.000000	0.000000	0.493702	0.106532	0.000000	0.003396	0.000000	0.062889	0.000717	0.000000	0.002651	0.000000	0.003531
1999	0.000000	0.000000	0.000000	0.006584	0.000000	0.000054	0.000000	0.000093	0.130755	0.137443	0.000929	0.002853	0.001212
2000	0.000000	0.000000	0.016639	0.472249	0.595332	0.116236	0.000000	0.000000	0.053522	0.654233	0.000259	0.000000	0.000403
2001	0.000000	0.000048	0.000001	0.000000	0.000000	0.027260	0.000000	0.000000	0.000045	0.000016	0.000000	0.000000	0.004470
2002	0.000032	0.000000	0.000000	0.000018	0.000000	0.000005	0.000000	0.000000	0.000000	0.030651	0.000183	0.000000	0.427295
2003	0.000000	0.016277	0.000000	0.000000	0.000001	0.000001	0.000000	0.000000	0.000001	0.009506	0.000000	0.000000	0.000000
2004	0.000046	0.000001	0.055321	0.000000	0.000000	0.034411	0.000000	0.000000	0.091523	0.000000	0.001393	0.679987	0.203511
2005	0.000000	0.000000	0.000000	0.000000	0.000000	0.000000	0.006739	0.006739	0.091523	0.001255	0.001255	0.030227	0.331000
2006	0.000512	0.000000	0.000000	0.001582	0.000000	0.000000	0.241062	0.676968	0.000776	0.404920	0.404920	0.020841	0.000531

年份	海南云南	海南广西	海南广东	云南广西	云南广东	广西广东	海南云南	海南广西	海南广东	云南广西	云南广东	广西广东
2007	0.028483	0.000000	0.000002	0.000082	0.000000	0.000000	0.000000	0.000000	0.262126	0.000000	0.000060	0.050117
2008	0.000000	0.004566	0.000000	0.000003	0.000001	0.000000	0.008391	0.161715	0.000000	0.000270	0.404464	0.228817
	纺织业						非金属矿采选业					
1997	0.000023	0.002697	0.002542	0.123063	0.799891	0.000000	0.086644	0.586074	0.000000	0.017580	0.000000	0.000178
1998	0.010502	0.000000	0.000000	0.000003	0.737021	0.043902	0.409404	0.002310	0.266266	0.079205	0.014789	0.090625
1999	0.000079	0.069053	0.144806	0.000000	0.111742	0.000000	0.000000	0.000000	0.002505	0.000000	0.001116	0.000080
2000	0.411249	0.034258	0.000003	0.000775	0.546630	0.000001	0.589501	0.000000	0.000463	0.000795	0.000000	0.000010
2001	0.000834	0.000000	0.003516	0.000067	0.000000	0.205444	0.000564	0.164112	0.711207	0.308925	0.000002	0.000047
2002	0.000007	0.000000	0.278581	0.000153	0.000041	0.000000	0.498017	0.024737	0.000293	0.001222	0.000012	0.000523
2003	0.005337	0.015583	0.000000	0.044243	0.000000	0.000221	0.000000	0.042739	0.000035	0.186190	0.000000	0.000000
2004	0.000000	0.034803	0.000000	0.000000	0.078615	0.000000	0.047835	0.858802	0.000090	0.000000	0.000000	0.161649
2005	0.000000	0.000000	0.000000	0.000156	0.015741	0.000000	0.127816	0.000000	0.000000	0.000005	0.002658	0.074844
2006	0.064678	0.155501	0.001104	0.065085	0.000036	0.330698	0.000000	0.000000	0.000000	0.040240	0.000000	0.000000
2007	0.021304	0.035849	0.846998	0.611202	0.178047	0.228345	0.726980	0.000000	0.000000	0.683114	0.000000	0.000000
2008	0.000000	0.000000	0.000000	0.000000	0.000000	0.000156	0.000000	0.268095	0.720007	0.000285	0.037565	0.005374
	非金属矿物制品业						服装及纤维制造业					
1997	0.001817	0.018668	0.000000	0.000000	0.000000	0.000000	0.002198	0.000000	0.067161	0.000000	0.015221	0.764166

年份	海南云南	海南广西	海南广东	云南广西	云南广东	广西广东	海南云南	海南广西	海南广东	云南广西	云南广东	广西广东
1998	0.000000	0.000337	0.000000	0.000000	0.000000	0.000000	0.001601	0.000000	0.021241	0.005483	0.023953	0.934406
1999	0.080881	0.000003	0.000000	0.142050	0.000000	0.000000	0.248913	0.000037	0.105025	0.000034	0.372239	0.599486
2000	0.185696	0.466447	0.000000	0.158847	0.000000	0.000013	0.000000	0.250449	0.000002	0.000033	0.002183	0.000000
2001	0.179692	0.000000	0.000001	0.268921	0.000291	0.322912	0.000000	0.223309	0.000000	0.721781	0.036445	0.000000
2002	0.962074	0.000359	0.007619	0.270919	0.000000	0.940135	0.000975	0.000000	0.000000	0.000000	0.000000	0.000151
2003	0.000000	0.000000	0.000000	0.553581	0.000000	0.087701	0.000000	0.000954	0.000000	0.000210	0.003133	0.000718
2004	0.000000	0.749093	0.000000	0.000000	0.000220	0.000000	0.000000	0.000000	0.028041	0.039469	0.000000	0.000000
2005	0.000004	0.000000	0.000000	0.001476	0.000000	0.000085	0.795366	0.114745	0.123129	0.019097	0.000020	0.052561
2006	0.036073	0.000055	0.000001	0.000000	0.000000	0.000000	0.000033	0.871573	0.004160	0.121155	0.249573	0.061745
2007	0.003050	0.000000	0.000000	0.000035	0.000000	0.616998	0.000000	0.000824	0.000000	0.000000	0.000000	0.000202
2008	0.417444	0.000000	0.144399	0.352251	0.000000	0.483821	0.000000	0.000000	0.000000	0.000000	0.000317	0.000023

年份	黑色金属加工业						黑色金属矿采选业					
	海南云南	海南广西	海南广东	云南广西	云南广东	广西广东	海南云南	海南广西	海南广东	云南广西	云南广东	广西广东
1997	0.062521	0.083831	0.000447	0.000000	0.131576	0.016934	0.281476	0.152989	0.609125	0.006531	0.002275	0.000172
1998	0.000000	0.000000	0.010067	0.369966	0.000000	0.000000	0.891440	0.000060	0.074535	0.176972	0.258849	0.208051
1999	0.022094	0.007406	0.001647	0.000000	0.494276	0.972940	0.000000	0.000000	0.145349	0.000000	0.821179	0.000000
2000	0.000000	0.000002	0.419465	0.001461	0.009430	0.013255	0.000538	0.012510	0.008246	0.055892	0.932136	0.000321
2001	0.021996	0.039263	0.004612	0.001685	0.000000	0.000000	0.582436	0.025293	0.007720	0.000000	0.122448	0.000000

年份	海南云南	海南广西	海南广东	云南广西	云南广东	广西广东	海南云南	海南广西	海南广东	云南广西	云南广东	广西广东
2002	0.000099	0.100061	0.334965	0.000186	0.000025	0.012937	0.061844	0.000924	0.680475	0.272043	0.000000	0.019432
2003	0.000000	0.000000	0.000000	0.000000	0.000000	0.000000	0.795848	0.000000	0.000742	0.000000	0.000012	0.056172
2004	0.028370	0.192314	0.035955	0.001142	0.193484	0.455387	0.000000	0.000000	0.008695	0.078101	0.200981	0.000000
2005	0.000008	0.000000	0.437207	0.000305	0.000190	0.002479	0.039426	0.294234	0.576840	0.043703	0.017511	0.000000
2006	0.000001	0.001557	0.084316	0.108553	0.000011	0.002671	0.314072	0.002241	0.002950	0.013448	0.032164	0.027234
2007	0.819062	0.596846	0.000024	0.019690	0.846239	0.801681	0.000007	0.873793	0.514858	0.594145	0.341262	0.000000
2008	0.000038	0.291157	0.796974	0.427537	0.007115	0.020561	0.418509	0.000000	0.248669	0.000000	0.023159	0.493275
	化学及其制品业						家具制造业					
1997	0.000000	0.000000	0.000000	0.000000	0.000000	0.000000	0.000000	0.479702	0.043354	0.880575	0.000009	0.744263
1998	0.629066	0.613091	0.000488	0.000151	0.000217	0.000000	0.442400	0.014389	0.049450	0.078831	0.034935	0.009968
1999	0.045576	0.072012	0.005786	0.000000	0.657991	0.000000	0.766326	0.000017	0.012697	0.203869	0.144145	0.073917
2000	0.115275	0.000000	0.000000	0.001259	0.000003	0.000000	0.000000	0.000000	0.000000	0.629858	0.000000	0.007813
2001	0.006678	0.990469	0.000103	0.000000	0.127181	0.014442	0.000000	0.006628	0.000000	0.000398	0.000000	0.000000
2002	0.011023	0.001165	0.006089	0.000001	0.369782	0.000005	0.018826	0.312703	0.049602	0.000003	0.047654	0.378255
2003	0.000000	0.304910	0.000000	0.010161	0.028295	0.397521	0.000000	0.143246	0.000000	0.000002	0.030696	0.039161
2004	0.000000	0.427734	0.000000	0.000000	0.000000	0.201069	0.000000	0.000269	0.000000	0.000000	0.000000	0.000883
2005	0.000011	0.023596	0.000000	0.034097	0.263290	0.302055	0.000000	0.000039	0.000229	0.000000	0.000235	0.000000

	海南云南	海南广西	海南广东	云南广西	云南广东	广西广东	海南云南	海南广西	海南广东	云南广西	云南广东	广西广东
2006	0.163790	0.034809	0.190479	0.000967	0.000000	0.000321	0.000000	0.937336	0.000317	0.099372	0.000000	0.174302
2007	0.090077	0.002060	0.221152	0.426007	0.000006	0.008875	0.000001	0.000000	0.000545	0.000000	0.000195	0.000411
2008	0.000000	0.146816	0.000000	0.000000	0.000000	0.000000	0.000000	0.363174	0.000000	0.004917	0.000000	0.770307
	交通运输造业						金属制品业					
1997	0.022339	0.000000	0.009513	0.000366	0.000000	0.000000	0.000000	0.000000	0.694216	0.043113	0.000000	0.000191
1998	0.000042	0.000000	0.132934	0.000000	0.436262	0.000984	0.005586	0.000000	0.443052	0.084879	0.000003	0.166384
1999	0.526189	0.312737	0.001916	0.633214	0.068611	0.510320	0.001460	0.086026	0.981463	0.977720	0.000000	0.838206
2000	0.028644	0.001483	0.000000	0.000000	0.000000	0.000022	0.227077	0.078301	0.735749	0.184614	0.675367	0.975878
2001	0.702304	0.048825	0.004270	0.000256	0.092378	0.148027	0.000152	0.000383	0.005609	0.000000	0.735595	0.000020
2002	0.099512	0.019396	0.151472	0.011055	0.000020	0.865812	0.000000	0.002031	0.002130	0.000564	0.000241	0.935298
2003	0.012371	0.000861	0.705125	0.000000	0.000000	0.000000	0.000143	0.000002	0.000251	0.013160	0.249524	0.000152
2004	0.000002	0.000127	0.000909	0.000000	0.000012	0.175850	0.000001	0.000000	0.731093	0.410891	0.110076	0.000649
2005	0.000322	0.000000	0.000001	0.119587	0.469932	0.845166	0.000000	0.000363	0.894626	0.819189	0.000000	0.003973
2006	0.003737	0.053218	0.000012	0.881981	0.046907	0.392267	0.000149	0.351203	0.002742	0.075761	0.000019	0.937839
2007	0.000000	0.000000	0.000000	0.012476	0.000007	0.000000	0.000899	0.000002	0.541266	0.020723	0.039288	0.000003
2008	0.036020	0.000000	0.000000	0.682273	0.000000	0.004361	0.000000	0.676004	0.750333	0.000026	0.225394	0.000311
	木材竹藤等制品业						皮革毛皮等制品业					

	海南云南	海南广西	海南广东	云南广西	云南广东	广西广东	海南云南	海南广西	海南广东	云南广西	云南广东	广西广东
1997	0.001013	0.000000	0.002071	0.051948	0.909263	0.034226	0.000000	0.008751	0.221464	0.123996	0.044116	0.000002
1998	0.021101	0.019691	0.000000	0.000000	0.508795	0.000014	0.000000	0.000000	0.000000	0.000052	0.292309	0.005048
1999	0.049665	0.000500	0.008079	0.066331	0.000000	0.006847	0.000017	0.000000	0.011616	0.000000	0.000000	0.000000
2000	0.000894	0.043009	0.000000	0.000276	0.000000	0.000000	0.000273	0.047061	0.005258	0.110564	0.000354	0.339756
2001	0.000000	0.000048	0.000548	0.002589	0.127972	0.000000	0.283531	0.560892	0.654529	0.027617	0.453732	0.496558
2002	0.062012	0.000000	0.000000	0.000000	0.001141	0.000000	0.012201	0.024681	0.000000	0.000000	0.001737	0.000007
2003	0.472478	0.000000	0.000000	0.000002	0.000000	0.000000	0.061610	0.000002	0.000011	0.000000	0.000000	0.000072
2004	0.000551	0.000000	0.184123	0.000000	0.000001	0.996607	0.000000	0.000000	0.485661	0.000000	0.000000	0.802955
2005	0.000035	0.000000	0.000094	0.137755	0.001419	0.000346	0.000000	0.000000	0.000049	0.000000	0.000082	0.096852
2006	0.615381	0.000040	0.316584	0.040103	0.000000	0.889903	0.000000	0.000000	0.000042	0.000000	0.827363	0.000000
2007	0.743995	0.422504	0.514079	0.000416	0.493021	0.002612	0.059825	0.000204	0.000000	0.691481	0.791325	0.062083
2008	0.465180	0.606114	0.000136	0.379254	0.552639	0.001536	0.022429	0.000000	0.000000	0.000135	0.050777	0.001123
	燃气生产和供应业						食品制造业及加工工业					
1997	0.101079	0.963879	0.381743	0.680353	0.288186	0.155114	0.003791	0.025670	0.000000	0.724890	0.054970	0.723980
1998	0.409824	0.000000	0.633082	0.978871	0.289525	0.000000	0.000000	0.244514	0.023460	0.422548	0.000000	0.009834
1999	0.000000	0.838385	0.948164	0.914942	0.024999	0.001797	0.000000	0.956591	0.000000	0.149906	0.000000	0.636395
2000	0.162854	0.003720	0.097675	0.830677	0.151778	0.000256	0.216985	0.705685	0.000000	0.000299	0.000000	0.000000

续表

	海南云南	海南广西	海南广东	云南广西	云南广东	广西广东	海南云南	海南广西	海南广东	云南广西	云南广东	广西广东
2001	0.000000	0.000176	0.509184	0.193030	0.000000	0.000000	0.001569	0.872769	0.030862	0.006658	0.000000	0.176135
2002	0.122790	0.373963	0.229881	0.000530	0.329073	0.000000	0.000000	0.000000	0.000000	0.126984	0.000000	0.000184
2003	0.000000	0.000000	0.017139	0.210620	0.802550	0.000000	0.000000	0.865076	0.000952	0.000000	0.087277	0.139418
2004	0.072379	0.107063	0.105398	0.791421	0.169931	0.003249	0.000000	0.000000	0.000019	0.002275	0.000016	0.009964
2005	0.911455	0.013785	0.137538	0.001197	0.114733	0.009138	0.622395	0.387023	0.008750	0.917040	0.447199	0.205672
2006	0.000000	0.040187	0.074322	0.000000	0.000000	0.024798	0.000000	0.000000	0.000000	0.000000	0.000000	0.000067
2007	0.000361	0.000000	0.077120	0.647514	0.418339	0.000000	0.000000	0.580232	0.000000	0.979626	0.000000	0.091200
2008	0.169315	0.000789	0.000017	0.926597	0.044228	0.003902	0.000000	0.000711	0.000000	0.087371	0.000000	0.952368
	水的生产和供应业						塑料制品业					
1997	0.000000	0.000000	0.000000	0.000000	0.000002	0.000000	0.054800	0.000000	0.019181	0.018223	0.213325	0.327703
1998	0.000051	0.005750	0.000209	0.000918	0.000000	0.000000	0.583958	0.897955	0.509165	0.333816	0.006645	0.250900
1999	0.000310	0.116600	0.000000	0.018863	0.000000	0.114404	0.108155	0.001329	0.000381	0.506734	0.000000	0.181965
2000	0.000000	0.000000	0.000000	0.000000	0.000000	0.000000	0.026181	0.000006	0.000000	0.000018	0.000000	0.001203
2001	0.501350	0.000000	0.000000	0.000005	0,000000	0.000064	0.016145	0.003884	0.100362	0.026467	0.000000	0.000043
2002	0.019273	0.011705	0.120281	0.637719	0.304185	0.071489	0.000000	0.000000	0.000000	0.000147	0.000000	0.024683
2003	0.000000	0.000000	0.000000	0.010712	0.000000	0.804837	0.461264	0.010387	0.007154	0.775319	0.000000	0.033202
2004	0.082837	0.000000	0.167877	0.312116	0.301807	0.705357	0.113808	0.144995	0.008049	0.110114	0.027147	0.065110

通信计算机及其他电子制造业

年份	海南云南	海南广西	海南广东	云南广西	云南广东	广西广东
2005	0.000000	0.000000	0.000000	0.184448	0.000000	0.000000
2006	0.000000	0.000000	0.000064	0.000002	0.000000	0.001443
2007	0.000000	0.003816	0.000403	0.819199	0.000610	0.177658
2008	0.025355	0.000000	0.000000	0.021910	0.006721	0.465746
1997	0.000243	0.375353	0.000034	0.172439	0.281849	0.210173
1998	0.000000	0.000000	0.000000	0.000000	0.000000	0.249759
1999	0.000000	0.791319	0.000000	0.000000	0.000000	0.000003
2000	0.297596	0.004564	0.335641	0.000003	0.021461	0.000010
2001	0.000000	0.000000	0.000001	0.000000	0.000000	0.000000
2002	0.000019	0.000572	0.019015	0.000000	0.000000	0.000154
2003	0.000000	0.173102	0.000000	0.000000	0.000004	0.320360
2004	0.003880	0.173102	0.303838	0.003493	0.000022	0.910652
2005	0.000000	0.000611	0.000000	0.003951	0.000127	0.000001
2006	0.000000	0.155347	0.759611	0.015236	0.009848	0.000025
2007	0.005590	0.000000	0.034299	0.000001	0.000099	0.033482
2008	0.000000	0.138442	0.000004	0.095057	0.621582	0.021223

通用设备制造业

年份	海南云南	海南广西	海南广东	云南广西	云南广东	广西广东
2005	0.004979	0.119448	0.000108	0.422107	0.645441	0.663840
2006	0.015026	0.970607	0.399521	0.388125	0.000430	0.000032
2007	0.088687	0.000893	0.019854	0.098327	0.014286	0.010529
2008	0.000002	0.000000	0.000003	0.005613	0.000000	0.022578
1997	0.111844	0.000000	0.004223	0.000007	0.000000	0.004172
1998	0.000000	0.000000	0.000000	0.000047	0.000000	0.386790
1999	0.000000	0.002105	0.000000	0.000518	0.000000	0.000015
2000	0.966552	0.000000	0.000000	0.000045	0.000000	0.442014
2001	0.000000	0.000309	0.168028	0.000000	0.037539	0.000902
2002	0.000000	0.000040	0.007311	0.010133	0.000000	0.000015
2003	0.000000	0.000066	0.003892	0.000000	0.000000	0.000023
2004	0.000000	0.177816	0.000006	0.643388	0.028822	0.000000
2005	0.000000	0.000000	0.000000	0.000000	0.000004	0.000000
2006	0.510322	0.646174	0.050289	0.483256	0.000000	0.454097
2007	0.967411	0.000557	0.000000	0.007252	0.110350	0.808806
2008	0.033538	0.256928	0.000001	0.195119	0.000269	0.849575

橡胶制品业 / 医药制造业

	海南云南	海南广西	海南广东	云南广西	云南广东	广西广东
1997	0.000000	0.000000	0.006417	0.000000	0.000000	0.003559
1998	0.000032	0.005194	0.133503	0.000000	0.142501	0.000009
1999	0.407902	0.002772	0.285032	0.017994	0.249422	0.000000
2000	0.000199	0.000328	0.012907	0.000000	0.000000	0.685279
2001	0.000000	0.189359	0.000000	0.000000	0.000000	0.000000
2002	0.000000	0.000000	0.000000	0.000000	0.001524	0.155147
2003	0.157659	0.000000	0.003002	0.000000	0.000095	0.000000
2004	0.000000	0.000000	0.000000	0.000001	0.000653	0.000000
2005	0.000000	0.000000	0.010591	0.742793	0.000000	0.217513
2006	0.000000	0.000030	0.000000	0.000000	0.000000	0.000000
2007	0.058749	0.194442	0.000608	0.000000	0.000000	0.677291
2008	0.000000	0.000000	0.000000	0.000000	0.040838	0.418936
1997	0.022606	0.002551	0.560636	0.028284	0.985458	0.877999
1998	0.098963	0.000078	0.784719	0.000000	0.009574	0.012379
1999	0.083320	0.000000	0.000921	0.000000	0.001364	0.211813

烟草加工业 / 饮料制造业

	海南云南	海南广西	海南广东	云南广西	云南广东	广西广东
1997	0.011529	0.241364	0.010767	0.000140	0.483144	0.282334
1998	0.000004	0.000093	0.363670	0.000131	0.000000	0.000000
1999	0.138801	0.977849	0.000709	0.071802	0.156027	0.033629
2000	0.000123	0.000001	0.000000	0.000001	0.490483	0.000000
2001	0.052625	0.040179	0.160706	0.000112	0.000118	0.000006
2002	0.001858	0.023727	0.267370	0.896150	0.000000	0.000375
2003	0.000575	0.703779	0.000073	0.004655	0.013697	0.358068
2004	0.083655	0.000336	0.000001	0.000002	0.085169	0.014971
2005	0.493422	0.000000	0.000000	0.003276	0.046533	0.000000
2006	0.000000	0.079979	0.001431	0.000190	0.000000	0.225158
2007	0.000091	0.145486	0.220051	0.519223	0.000023	0.102920
2008	0.896363	0.000031	0.000000	0.001225	0.940358	0.000009
1997	0.000108	0.000009	0.000000	0.000000	0.019429	0.000000
1998	0.000000	0.010275	0.000332	0.000000	0.000329	0.000000
1999	0.000000	0.283489	0.191790	0.000000	0.000000	0.000005

年份	海南云南	海南广西	海南广东	云南广西	云南广东	广西广东	海南云南	海南广西	海南广东	云南广西	云南广东	广西广东
2000	0.000000	0.000001	0.044826	0.000015	0.005859	0.005866	0.009968	0.000433	0.010880	0.056071	0.147086	0.355902
2001	0.000000	0.734231	0.364287	0.000296	0.285579	0.208005	0.000000	0.000000	0.000000	0.000000	0.000000	0.000000
2002	0.000000	0.251862	0.000684	0.000000	0.000000	0.000000	0.000000	0.199105	0.000000	0.037896	0.000001	0.000000
2003	0.000000	0.000000	0.597823	0.072516	0.000000	0.000000	0.435872	0.908838	0.000204	0.003590	0.300721	0.001262
2004	0.000000	0.000000	0.655800	0.000000	0.000000	0.075853	0.000000	0.539389	0.231147	0.000016	0.130561	0.000069
2005	0.011978	0.024526	0.875071	0.352742	0.000080	0.070200	0.000000	0.075309	0.000556	0.002274	0.000002	0.000000
2006	0.000001	0.872492	0.000102	0.383287	0.000025	0.585094	0.001468	0.011887	0.064199	0.000000	0.267049	0.000000
2007	0.715219	0.178722	0.232723	0.000016	0.038403	0.675278	0.000000	0.932837	0.000000	0.000000	0.000000	0.000000
2008	0.000029	0.000000	0.000000	0.000019	0.039251	0.000006	0.000038	0.000000	0.000000	0.000533	0.000000	0.000000
	印刷记录媒介复制						**有色金属加工业**					
1997	0.002582	0.000000	0.000071	0.000000	0.200887	0.000000	0.000000	0.000000	0.000001	0.000000	0.000000	0.000000
1998	0.000000	0.000000	0.000000	0.004401	0.000111	0.000000	0.000075	0.000000	0.000000	0.000000	0.117402	0.000000
1999	0.231236	0.001802	0.000000	0.000000	0.000285	0.000000	0.000007	0.008848	0.085368	0.000000	0.235388	0.246314
2000	0.000000	0.001253	0.000000	0.000000	0.855634	0.000000	0.000000	0.000000	0.000000	0.758198	0.003303	0.000179
2001	0.250105	0.000000	0.000000	0.000013	0.644887	0.000038	0.000000	0.000001	0.000001	0.000020	0.005876	0.001015
2002	0.000000	0.000021	0.000624	0.000000	0.093567	0.000000	0.201624	0.256026	0.274143	0.000000	0.227419	0.998863
2003	0.000000	0.000000	0.008527	0.000000	0.000078	0.000000	0.000001	0.010798	0.133059	0.000000	0.825453	0.287998

年份	广西广东	云南广东	云南广西	海南广东	海南广西	海南云南	广西广东	云南广东	云南广西	海南广东	海南广西	海南云南
2004	0.659205	0.328091	0.000000	0.580982	0.112519	0.074880	0.000022	0.433638	0.000000	0.002747	0.000007	0.000000
2005	0.000004	0.834754	0.000000	0.000000	0.000006	0.028172	0.000000	0.000012	0.919373	0.000000	0.391961	0.000000
2006	0.041652	0.502298	0.142758	0.000283	0.645814	0.308681	0.000006	0.000669	0.164449	0.000000	0.000393	0.000000
2007	0.000000	0.000000	0.000092	0.000022	0.384135	0.000000	0.035042	0.447678	0.000000	0.930200	0.000000	0.012986
2008	0.052152	0.348814	0.000033	0.000778	0.000002	0.126397	0.000000	0.000000	0.000000	0.000000	0.000000	0.000000
	造纸及纸制品业						有色金属矿采选业					
1997	0.000000	0.147582	0.002961	0.000000	0.000003	0.006949	0.000035	0.000574	0.000000	0.968062	0.121729	0.000011
1998	0.000027	0.038767	0.000000	0.188367	0.225424	0.000000	0.001297	0.362086	0.000013	0.000551	0.006263	0.002813
1999	0.005093	0.072653	0.205792	0.018562	0.428438	0.000179	0.171541	0.048811	0.008152	0.001078	0.000006	0.000001
2000	0.000000	0.023215	0.000001	0.000020	0.000551	0.000002	0.000148	0.000015	0.000000	0.000000	0.000000	0.000015
2001	0.000000	0.006774	0.000000	0.236794	0.028118	0.000149	0.000608	0.000021	0.000000	0.000002	0.809637	0.301725
2002	0.000000	0.000823	0.049032	0.000000	0.000000	0.033657	0.000000	0.171744	0.000001	0.000488	0.000000	0.000000
2003	0.010523	0.000000	0.000000	0.028627	0.001622	0.279593	0.000000	0.048838	0.000188	0.001707	0.000000	0.000000
2004	0.156716	0.000481	0.000000	0.000000	0.005504	0.000206	0.000000	0.645812	0.000003	0.818398	0.000000	0.000000
2005	0.000000	0.000000	0.000000	0.000000	0.000000	0.000000	0.000000	0.002220	0.000000	0.000000	0.000000	0.000000
2006	0.378314	0.000000	0.036243	0.310131	0.727146	0.001083	0.608978	0.505764	0.067289	0.005433	0.134483	0.306326
2007	0.493735	0.048632		0.002887	0.196765	0.001773	0.000000	0.000010	0.000000	0.000000	0.000000	0.000158

产业协调与产业功能区研究——

	海南云南	海南广西	海南广东	云南广西	云南广东	广西广东	海南云南	海南广西	海南广东	云南广西	云南广东	广西广东
2008	0.000000	0.000000	0.000003	0.000009	0.012659	0.000000	0.453862	0.012318	0.000179	0.373921	0.000100	0.746335
专用设备制造业												
1997	0.000000	0.003637	0.000000	0.145141	0.000000	0.051432						
1998	0.385971	0.002212	0.195669	0.141480	0.574351	0.681449						
1999	0.000000	0.036112	0.000000	0.002118	0.000002	0.028286						
2000	0.000000	0.000001	0.000000	0.750154	0.059064	0.025695						
2001	0.247979	0.000000	0.000000	0.000000	0.000000	0.112137						
2002	0.000000	0.175609	0.000000	0.000699	0.000529	0.000094						
2003	0.000000	0.100014	0.000042	0.000000	0.000001	0.000000						
2004	0.000000	0.000000	0.000000	0.000013	0.083687	0.000000						
2005	0.763995	0.000000	0.000000	0.364913	0.494014	0.001985						
2006	0.000000	0.000011	0.000000	0.553574	0.000000	0.000000						
2007	0.006708	0.678532	0.000000	0.000012	0.041886	0.007255						
2008	0.399220	0.805210	0.000000	0.000000	0.001183	0.000000						

附表 8-4 微观动态协调模型中 29 个大细分行业的三省之间的协调指数

年份	电力热力供应业				电气机械制造业				纺织业			
	海南云南广西	海南云南广东	海南广西广东	云南广西广东	海南云南广西	海南云南广东	海南广西广东	云南广西广东	海南云南广西	海南云南广东	海南广西广东	云南广西广东
1997	0.001882	0.000000	0.008004	0.000337	0.006067	0.038758	0.030806	0.005953	0.000023	0.001075	0.000214	0.001513
1998	0.057794	0.034175	0.094318	0.038391	0.025791	0.002651	0.001185	0.063061	0.000000	0.000000	0.000000	0.000011
1999	0.000126	0.207704	0.213494	0.212747	0.023608	0.004588	0.050358	0.017077	0.000000	0.000006	0.000001	0.000050
2000	0.196863	0.216364	0.216621	0.100703	0.040847	0.008812	0.396224	0.868647	0.000032	0.414499	0.000178	0.317348
2001	0.179415	0.022414	0.317971	0.097777	0.000000	0.000000	0.000000	0.000000	0.073267	0.000002	0.048980	0.377576
2002	0.993072	0.572858	0.944687	0.863023	0.000196	0.290641	0.116663	0.000001	0.983696	0.947866	0.192610	0.903428
2003	0.119220	0.116348	0.116198	0.002596	0.000000	0.172475	0.414408	0.000000	0.077533	0.000300	0.000195	0.081518
2004	0.176944	0.038522	0.148031	0.063722	0.035026	0.001024	0.047956	0.353553	0.000830	0.002468	0.002341	0.475407
2005	0.001925	0.000000	0.002247	0.000000	0.208279	0.068531	0.218484	0.024623	0.006658	0.000000	0.000000	0.028008
2006	0.018086	0.004705	0.010374	0.109202	0.061023	0.179927	0.085332	0.343801	0.300011	0.405917	0.186362	0.149998
2007	0.542615	0.363870	0.455780	0.198523	0.000000	0.091165	0.283100	0.000000	0.033937	0.012928	0.004183	0.185218
2008	0.000000	0.000000	0.125649	0.000000	0.734780	0.986124	0.867759	0.834831	0.000000	0.000000	0.000000	0.000000

年份	非金属矿采选业				非金属矿物制品业				服装及纤维制造业			
	海南云南广西	海南云南广东	海南广西广东	云南广西广东	海南云南广西	海南云南广东	海南广西广东	云南广西广东	海南云南广西	海南云南广东	海南广西广东	云南广西广东
1997	0.194919	0.022466	0.358673	0.005565	0.713005	0.653515	0.737160	0.001624	0.001407	0.075208	0.000013	0.031578
1998	0.009100	0.002168	0.007530	0.011736	0.001449	0.000000	0.046368	0.000000	0.335866	0.329431	0.310550	0.343438

年份	海南云南广西	海南云南广东	海南广西广东	云南广西广东	海南云南广西	海南云南广东	海南广西广东	云南广西广东	海南云南广西	海南云南广东	海南广西广东	云南广西广东
1999	0.000002	0.000000	0.000001	0.000000	0.000683	0.003481	0.000671	0.010722	0.001779	0.317257	0.263334	0.279490
2000	0.238973	0.011809	0.000303	0.238072	0.477427	0.014717	0.098492	0.610376	0.010090	0.547485	0.950504	0.006995
2001	0.154857	0.001499	0.197161	0.001942	0.195526	0.004222	0.005953	0.341052	0.001573	0.526464	0.308246	0.013505
2002	0.668987	0.052967	0.170304	0.023325	0.845723	0.163413	0.676777	0.140064	0.000000	0.000000	0.598969	0.360256
2003	0.282347	0.002008	0.018908	0.448420	0.023795	0.005734	0.036569	0.004604	0.000000	0.000000	0.477432	0.023592
2004	0.095518	0.049785	0.070012	0.190096	0.008041	0.000000	0.000263	0.000000	0.000000	0.017033	0.314245	0.000000
2005	0.060098	0.002309	0.000000	0.000001	0.000028	0.752920	0.638201	0.000000	0.268418	0.004296	0.016683	0.136925
2006	0.389052	0.000000	0.000000	0.342311	0.000002	0.000001	0.000541	0.061869	0.948761	0.961212	0.366762	0.345856
2007	0.009326	0.000000	0.000000	0.064921	0.000001	0.000000	0.000000	0.004359	0.000005	0.026529	0.001062	0.090216
2008	0.272989	0.004736	0.343526	0.211385	0.284813	0.198188	0.000381	0.000000	0.000000	0.000096	0.000000	0.583415

年份	黑色金属加工业				黑色金属矿采选业				化学及其制品业			
	海南云南广西	海南云南广东	海南广西广东	云南广西广东	海南云南广西	海南云南广东	海南广西广东	云南广西广东	海南云南广西	海南云南广东	海南广西广东	云南广西广东
1997	0.005140	0.052068	0.009765	0.077800	0.024483	0.180057	0.357922	0.044130	0.191253	0.000000	0.000000	0.000000
1998	0.325725	0.345118	0.336060	0.345017	0.015049	0.522573	0.041253	0.382750	0.046637	0.044995	0.361292	0.392845
1999	0.000003	0.609398	0.474265	0.006341	0.000000	0.420739	0.000000	0.000000	0.627998	0.097582	0.102960	0.289133
2000	0.507205	0.023804	0.269384	0.000083	0.345195	0.456566	0.749971	0.662001	0.691335	0.000027	0.667966	0.000031
2001	0.034486	0.892864	0.892871	0.510039	0.000551	0.173228	0.000591	0.000895	0.108833	0.076597	0.427381	0.073370

年份	云南广西广东	海南广西广东	海南云南广东	海南云南广西	云南广西广东	海南广西广东	海南云南广东	海南云南广西	云南广西广东	海南广西广东	海南云南广东	海南云南广西
2002	0.797450	0.466930	0.486419	0.746732	0.533210	0.527881	0.089833	0.511585	0.598141	0.623787	0.528911	0.000012
2003	0.363952	0.416505	0.521184	0.120917	0.777189	0.662440	0.080090	0.399150	0.616046	0.414620	0.308997	0.000046
2004	0.013172	0.200798	0.191110	0.146049	0.000002	0.000598	0.000004	0.000002	0.005438	0.432670	0.275046	0.261411
2005	0.097084	0.246425	0.001569	0.369557	0.255226	0.435359	0.088416	0.216452	0.020494	0.208189	0.074999	0.191540
2006	0.978125	0.876314	0.968081	0.971542	0.000014	0.011074	0.012480	0.000058	0.441765	0.809838	0.499704	0.226441
2007	0.036634	0.062829	0.134849	0.022189	0.133415	0.115631	0.487764	0.066263	0.199316	0.462432	0.385579	0.011625
2008	0.000000	0.000588	0.000000	0.000000	0.040045	0.053098	0.555695	0.033254	0.076362	0.002746	0.063381	0.000011
	金属制品业				交通运输制造业				家具制造业			
1997	0.360999	0.937376	0.610339	0.902865	0.000245	0.052509	0.000245	0.346514	0.000014	0.000174	0.000016	0.000060
1998	0.083910	0.095855	0.003186	0.000887	0.014523	0.166918	0.000000	0.000376	0.477326	0.187223	0.648476	0.055126
1999	0.460865	0.149562	0.002445	0.000568	0.216719	0.000164	0.051836	0.000089	0.421912	0.662751	0.151303	0.700867
2000	0.261381	0.002886	0.483755	0.276295	0.000000	0.000000	0.000022	0.000509	0.611990	0.000441	0.001013	0.490857
2001	0.312622	0.102230	0.055149	0.245787	0.677025	0.401501	0.805624	0.702211	0.000000	0.000000	0.000000	0.000000
2002	0.025311	0.002877	0.002993	0.024274	0.038292	0.322975	0.126591	0.326773	0.012560	0.101670	0.064106	0.005589
2003	0.804047	0.363408	0.402974	0.880570	0.922234	0.000000	0.013062	0.011590	0.021083	0.254919	0.538882	0.033595
2004	0.179099	0.033246	0.831969	0.004879		0.920426	0.194498	0.053109	0.809811	0.001144	0.006876	0.505365

产业协调与产业功能区研究

	海南云南广西	海南云南广东	海南广西广东	云南广西广东	海南云南广西	海南云南广东	海南广西广东	云南广西广东	海南云南广西	海南云南广东	海南广西广东	云南广西广东
2005	0.000000	0.165841	0.218022	0.000000	0.092604	0.125977	0.086870	0.124114	0.539576	0.646955	0.779470	0.644126
2006	0.000000	0.000000	0.000000	0.000044	0.046914	0.125312	0.185741	0.016363	0.221594	0.457034	0.456907	0.290247
2007	0.000000	0.000908	0.026402	0.000000	0.365816	0.001178	0.000000	0.000000	0.912541	0.892048	0.901701	0.903802
2008	0.343914	0.323369	0.883048	0.018145	0.005346	0.007181	0.323216	0.072308	0.612019	0.513834	0.021302	0.515730
	木材竹藤等制品业				皮革毛皮等制品业				燃气生产和供应业			
1997	0.223480	0.266568	0.276587	0.289832	0.000025	0.179691	0.000000	0.386647	0.475390	0.610433	0.176607	0.548024
1998	0.680158	0.883069	0.461084	0.356330	0.056032	0.017484	0.078419	0.032060	0.599759	0.622956	0.126148	0.143499
1999	0.627654	0.311401	0.176242	0.385851	0.000000	0.506582	0.495056	0.000000	0.001397	0.874071	0.057950	0.005072
2000	0.234525	0.018351	0.000645	0.196478	0.184213	0.539447	0.190423	0.486374	0.001396	0.005204	0.001351	0.033539
2001	0.228042	0.123020	0.070581	0.020080	0.005729	0.398976	0.000006	0.000087	0.000008	0.003660	0.000013	0.005649
2002	0.001040	0.013599	0.000186	0.000013	0.940945	0.248357	0.413250	0.531355	0.686647	0.941504	0.110692	0.063319
2003	0.009680	0.336928	0.037644	0.169685	0.000991	0.416750	0.155793	0.001673	0.684482	0.000000	0.000375	0.147612
2004	0.220171	0.198677	0.348200	0.088936	0.020178	0.000349	0.000374	0.014956	0.074907	0.486433	0.600573	0.572838
2005	0.515167	0.479613	0.000743	0.024323	0.004638	0.075593	0.002940	0.002935	0.958720	0.133589	0.073485	0.547513
2006	0.333712	0.320431	0.302623	0.212420	0.000464	0.119083	0.119458	0.000004	0.000000	0.000000	0.000000	0.000000
2007	0.780402	0.774334	0.580115	0.584901	0.247617	0.022148	0.039082	0.537495	0.499475	0.027003	0.004118	0.094349

年份	食品制造业及加工业				水的生产和供应业				塑料制品业			
	海南云南广西	海南云南广东	海南广西广东	云南广西广东	海南云南广西	海南云南广东	海南广西广东	云南广西广东	海南云南广西	海南云南广东	海南广西广东	云南广西广东
2008	0.271610	0.271924	0.303198	0.000007	0.349904	0.355229	0.332587	0.475334	0.006101	0.387851	0.010889	0.480396
1997	0.331646	0.605705	0.323064	0.850752	0.975344	0.000001	0.000016	0.991300	0.735617	0.709842	0.757470	0.694483
1998	0.424384	0.360730	0.319764	0.265180	0.000000	0.096410	0.000007	0.000000	0.386947	0.419936	0.021527	0.181123
1999	0.346650	0.052933	0.144717	0.094009	0.006390	0.009210	0.000004	0.347984	0.116840	0.066263	0.367914	0.320905
2000	0.000716	0.202347	0.001522	0.000012	0.000000	0.000000	0.000000	0.000000	0.236818	0.168519	0.385495	0.344756
2001	0.204350	0.005812	0.094355	0.255402	0.000000	0.000000	0.000278	0.000896	0.516017	0.131971	0.697643	0.171285
2002	0.456344	0.000000	0.388521	0.000001	0.123061	0.882996	0.002004	0.346712	0.137587	0.278331	0.380842	0.145247
2003	0.078939	0.105903	0.178014	0.061518	0.000000	0.000000	0.000000	0.004851	0.611790	0.355956	0.015148	0.013273
2004	0.050960	0.000000	0.000006	0.173190	0.584649	0.060859	0.107576	0.625167	0.382032	0.317647	0.385692	0.546590
2005	0.533323	0.538899	0.611645	0.563564	0.932305	0.000000	0.857129	0.000000	0.021461	0.111045	0.092144	0.022673
2006	0.020010	0.051405	0.000032	0.053960	0.011077	0.009672	0.011316	0.000000	0.174301	0.483908	0.449161	0.205260
2007	0.174530	0.014206	0.116320	0.037462	0.000227	0.000000	0.000000	0.024797	0.000925	0.000004	0.000006	0.000003
2008	0.014213	0.018359	0.049365	0.100656	0.000000	0.000001	0.000000	0.031758	0.300438	0.073775	0.064637	0.261319
	通信计算机及其他电子制造业				通用设备制造业				橡胶制品业			
1997	0.487757	0.583334	0.317031	0.838428	0.050756	0.619911	0.124806	0.032889	0.000000	0.544300	0.006146	0.000292

续表

	海南云南广西	海南云南广东	海南广西广东	云南广西广东	海南云南广西	海南云南广东	海南广西广东	云南广西广东	海南云南广西	海南云南广东	海南广西广东	云南广西广东
1998	0.000000	0.000000	0.015734	0.149720	0.016755	0.000004	0.000012	0.086253	0.000816	0.106114	0.000002	0.000398
1999	0.031831	0.000575	0.978665	0.000007	0.000020	0.000098	0.000000	0.000000	0.040840	0.040955	0.010553	0.043332
2000	0.309106	0.366865	0.333609	0.318668	0.982623	0.887309	0.083239	0.086189	0.045874	0.054453	0.020567	0.045868
2001	0.000000	0.000000	0.000000	0.000000	0.025909	0.073198	0.366858	0.093951	0.000000	0.000000	0.000000	0.000000
2002	0.039061	0.000063	0.003958	0.000776	0.000000	0.718370	0.380065	0.000000	0.208055	0.000000	0.014722	0.000001
2003	0.000000	0.000000	0.006449	0.000116	0.000000	0.000000	0.470139	0.253548	0.000002	0.000876	0.000001	0.000751
2004	0.437156	0.155119	0.348936	0.201664	0.838314	0.055711	0.004316	0.137703	0.495320	0.371925	0.297185	0.568426
2005	0.000021	0.000001	0.000002	0.104843	0.000000	0.575608	0.000000	0.633698	0.067314	0.338548	0.092071	0.436569
2006	0.060785	0.189381	0.420842	0.038748	0.792481	0.917246	0.799763	0.900761	0.756974	0.964401	0.000151	0.994226
2007	0.847299	0.044452	0.837363	0.061996	0.505290	0.305646	0.641917	0.432670	0.185521	0.099137	0.901323	0.204478
2008	0.032201	0.001471	0.239431	0.000132	0.217269	0.326467	0.062873	0.281982	0.000000	0.000000	0.007185	0.000000
	烟草加工业				医药制造业				饮料制造业			
1997	0.785377	0.716517	0.303111	0.416064	0.302213	0.648269	0.464403	0.175654	0.000000	0.308880	0.000000	0.024469
1998	0.013477	0.106446	0.012593	0.095795	0.454153	0.585477	0.130313	0.795836	0.060680	0.000521	0.030414	0.291644
1999	0.390990	0.000010	0.000000	0.169990	0.937108	0.624212	0.654047	0.797696	0.000006	0.000002	0.000000	0.000017
2000	0.162948	0.312858	0.020019	0.088203	0.065987	0.318247	0.347730	0.068263	0.093300	0.000006	0.153736	0.000008

	海南云南广西	海南云南广东	海南广西广东	云南广西广东	海南云南广西	海南云南广东	海南广西广东	云南广西广东	海南云南广西	海南云南广东	海南广西广东	云南广西广东
2001	0.178937	0.473461	0.428823	0.812789	0.116839	0.112910	0.139086	0.212026	0.086677	0.000000	0.048465	0.000000
2002	0.215509	0.000681	0.000223	0.152834	0.232528	0.862193	0.089568	0.486580	0.043768	0.020439	0.044749	0.049197
2003	0.149342	0.000514	0.126002	0.000193	0.000848	0.304533	0.304692	0.000814	0.037804	0.088656	0.124546	0.027632
2004	0.730528	0.592893	0.355854	0.620334	0.000000	0.122512	0.046692	0.000000	0.000000	0.000029	0.000000	0.000000
2005	0.027478	0.539409	0.005636	0.365793	0.615734	0.679415	0.894755	0.667813	0.126384	0.057390	0.096485	0.025068
2006	0.000004	0.000000	0.000004	0.000000	0.608746	0.187645	0.308394	0.329914	0.016985	0.000001	0.259226	0.000208
2007	0.064594	0.038262	0.078203	0.054104	0.617098	0.012299	0.501773	0.264632	0.000000	0.000000	0.000000	0.000000
2008	0.656241	0.923170	0.976581	0.705276	0.000001	0.391688	0.533900	0.000006	0.374088	0.005891	0.592942	0.004067
	印刷记录媒介复制				有色金属加工工业				有色金属矿采选业			
1997	0.210481	0.096145	0.008467	0.107396	0.213404	0.002579	0.017121	0.256100	0.323808	0.268653	0.160512	0.319871
1998	0.440624	0.000000	0.000000	0.111797	0.341539	0.880513	0.000000	0.162813	0.004472	0.282143	0.003554	0.103213
1999	0.001634	0.000000	0.000214	0.000000	0.677544	0.002418	0.002402	0.684242	0.122535	0.500929	0.208683	0.482123
2000	0.000159	0.000768	0.000396	0.000248	0.002331	0.042523	0.880013	0.098117	0.000000	0.000000	0.112864	0.457355
2001	0.000000	0.000000	0.000000	0.000000	0.520777	0.019240	0.028104	0.019243	0.011578	0.017593	0.185021	0.123243
2002	0.784259	0.054349	0.000000	0.001256	0.000048	0.000000	0.000000	0.127739	0.013720	0.237492	0.151439	0.074577
2003	0.745887	0.962812	0.000000	0.000000	0.305347	0.502112	0.631243	0.491740	0.003817	0.136661	0.391327	0.002067

年份	海南云南广西	海南云南广东	海南广西广东	云南广西广东	海南云南广西	海南云南广东	海南广西广东	云南广西广东	海南云南广西	海南云南广东	海南广西广东	云南广西广东
2004	0.000018	0.002632	0.000013	0.002074	0.962693	0.500770	0.000001	0.534505	0.001958	0.320761	0.241722	0.000414
2005	0.000495	0.000000	0.000164	0.000000	0.877835	0.502208	0.450231	0.832324	0.000000	0.000399	0.000000	0.000000
2006	0.000000	0.005874	0.000000	0.000936	0.045025	0.129020	0.106338	0.122726	0.307961	0.459069	0.153296	0.578153
2007	0.227619	0.564603	0.000286	0.000064	0.856070	0.665226	0.172767	0.295218	0.000055	0.000290	0.000005	0.002172
2008	0.000000	0.000000	0.000000	0.000000	0.665902	0.644191	0.591850	0.590519	0.005897	0.135819	0.008993	0.121834
	造纸及纸制品业				专用设备制造业							
1997	0.317611	0.000634	0.172128	0.000007	0.003640	0.027538	0.000000	0.000000				
1998	0.013754	0.017980	0.637922	0.612560	0.530167	0.240330	0.349881	0.307802				
1999	0.298470	0.171205	0.188993	0.372716	0.000000	0.000105	0.000105	0.000001				
2000	0.203353	0.222505	0.068239	0.267704	0.000175	0.000176	0.000179	0.000167				
2001	0.265622	0.063591	0.157298	0.173866	0.002294	0.300787	0.000000	0.000000				
2002	0.000006	0.145073	0.000053	0.003729	0.288198	0.320055	0.192911	0.202217				
2003	0.009845	0.003983	0.010319	0.004190	0.000001	0.000000	0.000006	0.000008				
2004	0.204698	0.078320	0.000000	0.000000	0.046624	0.000000	0.000000	0.000000				
2005	0.000000	0.000000	0.000000	0.000000	0.152085	0.004949	0.008705	0.000131				
2006	0.894763	0.950124	0.919744	0.931273	0.000000	0.000000	0.000000	0.000000				

	海南云南广西	海南云南广西	海南广西广东	云南广西广东	海南云南广西	海南广西广东	海南广西广东	云南广西广东
2007	0.494941	0.946428	0.382489	0.973517	0.591110	0.114626	0.010056	0.510856
2008	0.172284	0.159567	0.046989	0.328537	0.004041	0.000001	0.229654	0.000003

附表 8－5　微观动态协调模型中 29 个大细分行业的四省之间的协调指数

	海南云南广西	海南广西广东	云南广西广东	海南云南广西	海南云南广西	海南广西广东	海南广西广东	云南广西广东	海南云南广西	海南云南广西	海南广西广东	云南广西
	1997	1998	1999	2000	2001	2002	2003	2004	2005	2006	2007	2008
电力热力供应业	0.012309	0.391930	0.003132	0.246625	0.153188	0.095070	0.032884	0.452373	0.001514	0.183604	0.383102	0.587517
电气机械制造业	0.000315	0.000905	0.214446	0.653580	0.340730	0.353625	0.115455	0.136045	0.477164	0.000044	0.296437	0.034946
纺织业	0.092655	0.203954	0.000127	0.156596	0.003376	0.023400	0.000808	0.000001	0.039318	0.001717	0.368444	0.184926
非金属矿采选业	0.000000	0.133331	0.354090	0.262368	0.000000	0.097094	0.000000	0.047329	0.168455	0.128569	0.392313	0.138374
非金属矿物制品业	0.017934	0.141270	0.000617	0.690139	0.383475	0.003897	0.396649	0.243188	0.020374	0.008241	0.997860	0.757192
服装皮及纤维制造业	0.564235	0.197376	0.018816	0.192798	0.121442	0.330997	0.000000	0.501254	0.400491	0.885748	0.400953	0.000000
黑色金属加工业	0.549710	0.296583	0.109570	0.038379	0.011058	0.009268	0.000000	0.004165	0.005469	0.162339	0.403547	0.558260
黑色金属矿采选业	0.207834	0.160814	0.000000	0.477706	0.192198	0.471879	0.315369	0.000009	0.399328	0.000148	0.001300	0.365414
化学及其制品业	0.211276	0.158894	0.000000	0.315821	0.277910	0.472143	0.303354	0.000003	0.497969	0.000132	0.002064	0.504343
家具制造业	0.000520	0.031395	0.005072	0.039394	0.616299	0.105573	0.000001	0.112432	0.193916	0.312366	0.351428	0.000002
交通运输制造业	0.000000	0.001766	0.001901	0.000000	0.005327	0.003738	0.129146	0.000703	0.119783	0.034335	0.000079	0.195819
金属制品业	0.481184	0.229110	0.000012	0.470039	0.486470	0.010029	0.115097	0.138599	0.321840	0.395553	0.007840	0.202220
木材竹藤等制品业	0.000000	0.000616	0.241782	0.120224	0.124706	0.000000	0.061066	0.362716	0.350088	0.094658	0.209912	0.124171
皮革毛皮等制品业	0.000008	0.445241	0.053164	0.003879	0.024284	0.008452	0.033496	0.001227	0.570971	0.076698	0.426680	0.362372

	1997	1998	1999	2000	2001	2002	2003	2004	2005	2006	2007	2008
燃气生产和供应业	0.017070	0.148928	0.379875	0.341931	0.001613	0.312312	0.204396	0.114278	0.019018	0.017731	0.311724	0.000000
食品制造业及加工工业	0.401554	0.438286	0.039367	0.372409	0.000017	0.000000	0.262682	0.004915	0.096463	0.000471	0.014411	0.277555
水的生产和供应业	0.323800	0.000050	0.000221	0.000000	0.000000	0.000025	0.000065	0.001355	0.000956	0.000000	0.000002	0.000000
塑料制品业	0.000915	0.388614	0.666323	0.784088	0.507323	0.167171	0.098224	0.163484	0.000000	0.300889	0.000210	0.130427
通信计算机及其他电子制造业	0.444813	0.650408	0.000004	0.028138	0.000000	0.657143	0.037578	0.471568	0.340012	0.139007	0.007943	0.000680
通用设备制造业	0.142485	0.298800	0.000000	0.009098	0.441330	0.249046	0.402754	0.350633	0.000000	0.245233	0.390224	0.400000
橡胶制品业	0.000000	0.040693	0.324042	0.547201	0.429036	0.000052	0.384553	0.322395	0.199488	0.002622	0.421150	0.057841
烟草加工业	0.451058	0.000012	0.035076	0.004252	0.139547	0.280362	0.543107	0.021543	0.050227	0.004432	0.516420	0.220715
医药制造业	0.026859	0.098226	0.657356	0.738701	0.608484	0.305358	0.242077	0.010288	0.248617	0.240091	0.095687	0.422500
饮料制造业	0.373555	0.156284	0.367557	0.630470	0.105546	0.108566	0.829760	0.000000	0.223594	0.580089	0.182040	0.272681
印刷记录媒介复制	0.003377	0.380016	0.001025	0.000000	0.000233	0.064100	0.079590	0.111742	0.153389	0.333606	0.000000	0.332143
有色金属加工工业	0.110727	0.000000	0.002981	0.548924	0.182793	0.033947	0.304173	0.655879	0.038051	0.195068	0.256384	0.245192
有色金属矿采选业	0.000165	0.054731	0.711288	0.743017	0.048811	0.015662	0.000082	0.325450	0.445090	0.519861	0.211735	0.130662
造纸及纸制品业	0.000003	0.332281	0.614896	0.029807	0.109874	0.309620	0.298115	0.013708	0.000000	0.000192	0.172534	0.263472
专用设备制造业	0.000000	0.227228	0.332740	0.310824	0.042953	0.332965	0.665711	0.629460	0.005512	0.009404	0.231408	0.000498

后　记

随着《中国—东盟自由贸易区框架协议》的签订，我国周边省区与东盟国家之间的经贸、旅游等往来也日益增长，尤其广东、广西、海南、云南等省区的经济往来密切，经济关联度不断提高，周边省区的产业发展环境将产生很大的变化。为应对日益开放的外部环境、面向 CAFTA 的推进和建成，周边省区产业发展的整体筹划、动态协调、合理分工、互补共赢，形成合理的产业功能分区、建立必要的新产业区，构建合理的产业功能区布局体系，保障周边省区产业的动态协调与共赢式和谐发展，具有非常重要的实践意义。通过理论分析、现实考察以及实证测度，课题组提出开放条件下我国周边省区的产业功能区布局体系，并就开放条件下周边省区产业动态协调发展与产业功能区布局提出相应的政策建议，以期为实现开放条件下中国周边省区产业的协调发展乃至中国与东盟产业的和谐共赢发展提供科学的解决路径。为此，在总课题"CAFTA 进程中我国周边省区产业政策协调与区域分工研究"中必须有"开放条件下区域产业的动态协调发展与产业功能区布局研究"这个子课题。在 CAFTA 框架下，本研究拟通过对中国周边四省区内部与外部环境进行考察及国内外区域产业协调发展的经验借鉴，以期构建开放条件下区域产业协调发展的动态均衡模型，在此基础上明确区域功能定位。最终提出促进周边省区产业经济发展的对策措施，使各产业在互动的基础上获得更好的发展。

在课题的研究过程中，虽然遇到了很多困难，但是经过课题组成员的共同努力，都一一克服。尤其在实证数据的查找过程中，由于指标数据之多年限之长，造成数据的整合统一困难，最后在全体课题组成员的协作努力下找齐所有数据，并经过一系列的数学模式处理，保证了模型的可操作性。另外，由于行业分类之多，共涉及 50 多个数理模型，要想使得每个模型获得最优拟合效果成为了又一难点。最后，经过大家齐心努力，克服了所有困难。当看到厚厚的成稿时，每一位成员都欣慰不已。在此，感谢范祚军教授、李红教授为本课题的完成做了许多艰苦细致的工作,提出了很多让课题组成员受益匪浅的建议,以及硕士研究生陆晓琴、刘灿霞、张靖雪、阮锟、何安妮、王珊珊以及本科生张明康直接参与了课题研究、撰写相关研究报告,付出了辛勤的劳动。课题的最终完成与整个课题组成员的分工协作与合作精神是分不开的,这个课题凝聚了整个课题组成员的智慧,是大家共同努力的结果。

虽然课题每一位成员都尽自己最大努力完成了课题研究工作,但是,由于水平有限、时间较紧,难免有疏漏和不足之处,恳请各位专家与读者批评指正。

黎　鹏

2010 年 12 月于广西南宁

责任编辑:骆　蓉
封面设计:周涛勇

图书在版编目(CIP)数据

产业协调与产业功能区研究/黎　鹏　著. —北京:人民出版社,2011.12
ISBN 978－7－01－010386－0

Ⅰ.①产…　Ⅱ.①黎…　Ⅲ.①产业经济学-研究-中国　Ⅳ.①F121.3

中国版本图书馆 CIP 数据核字(2010)第 227123 号

产业协调与产业功能区研究

CHANYE XIETIAO YU CHANYE GONGNENG QU YANJIU

黎　鹏　著

人民出版社 出版发行
(100706　北京朝阳门内大街 166 号)

北京市文林印务有限公司印刷　新华书店经销

2011 年 12 月第 1 版　2011 年 12 月北京第 1 次印刷
开本:700 毫米×1000 毫米 1/16　印张:23.75
字数:384 千字

ISBN 978－7－01－010386－0　定价:46.80 元

邮购地址 100706　北京朝阳门内大街 166 号
人民东方图书销售中心　电话 (010)65250042　65289539